*Rainer Wiedemann*

# »Gute Qualität muss wachsen«

## Landleben in Schleswig-Holstein damals und heute

Für die finanzielle Förderung des Buchprojektes dankt der Autor folgenden Institutionen

Friedrich Bluhme und Else Jebsen-Stiftung

Possehl-Stiftung

Reinhold-Jarchow-Stiftung

Rose-Stiftung

Stiftung Schleswig-Holsteinische Landschaft

© 2017 Wachholtz Verlag – Murmann Publishers, Kiel/Hamburg

Das Werk, einschließlich aller seiner Teile, ist urheberrechtlich geschützt.
Jede Verwertung ist ohne Zustimmung des Verlages unzulässig.
Das gilt insbesondere für Vervielfältigungen, Übersetzungen, Mikroverfilmungen und die Einspeicherung und Verarbeitung in elektronischen Systemen.

Gesamtherstellung: Wachholtz Verlag
Printed in Europe
ISBN 978-3-529-05190-6

Besuchen Sie uns im Internet:
www.wachholtz-verlag.de

# Inhalt

**Grußworte** – Klaus Schlie, Dr. Christel Happach-Kasan   7

**Vorwort** – Rainer Wiedemann   9

**Dat Leven vun en Buur**   11

**Hof Beeck** – Lübeck-Oberbüssau   15

**Hof Bertelsen** – Lübeck-Wulfsdorf   23

**Hof Brandt** – Kaiser-Wilhelm-Koog   27

**Hof Cordes** – Ammersbek/Hoisbüttel   33

**Hof Drath-Bacher** – Lübeck-Kronsforde   39

**Hof Dürkop** – Duvensee/Lauenburg   47

**Hof Henk** – Lübeck-Pöppendorf   53

**Hof Kallmeyer** – Lübeck-Ivendorf   59

**Hof Kreimer** – Rondeshagen   65

**Hof Kung** – Luhnstedt   71

**Hof Küntzel** – Lübeck-Niederbüssau   77

**Hof Martens** – Kühsen   83

**Hof Meetz** – Lübeck-Kronsforde   93

**Hof Meins** – Lübeck-Kronsforde   103

**Hof Mohr** – Heringsand   117

**Hof Nissen** – Dagebüll   123

**Hof Petersen** – Lüchow   127

**Hof Schlichting** – Lübeck-Wulfsdorf   137

**Hof Schmidt** – Lübeck-Niederbüssau   141

**Hof Spindler** – Rothenhausen   147

**Hof Steffen** – Quarnbek   155

**Hof Störtenbecker** – Burg a. Fehmarn    **159**

**Hof Thorn** – Lübeck-Vorrade    **165**

**Hof Untiedt** – Tröndel b. Emkendorf    **173**

**Hofgemeinschaft Rothenhausen**    **179**

**Jugend-Naturschutz-Hof Ringstedtenhof** – Lübeck-Vorrade    **195**

**Landhandel Friedhelm Michaelis** – Krummesse    **201**

**Landwege e. V./Weidenhof** – Lübeck/Schattin    **207**

**Reiterhof Daerr** – Bargteheide    **217**

**Stadtgut Krummesse/Hof Brömbsenmühle** – Lübeck    **223**

**Thünen-Institut** – Trenthorst/Wulmenau    **241**

**Glossar**    **249**

# Grußworte

*Klaus Schlie*
Präsident des Schleswig-Holsteinischen Landtages

**Liebe Leserinnen und Leser,**

Die Landwirtschaft ist ein prägender Teil unserer Kulturgeschichte – Schleswig-Holstein ist ein Land, das ohne Menschen, die in der Landwirtschaft arbeiten, nicht denkbar ist. Die Bedingungen allerdings, unter denen hier im Land zwischen den Meeren Äcker bestellt, Tiere gehalten und die Ernte eingebracht wurde, haben sich innerhalb der letzten Jahrzehnte tiefgreifend verändert.
Von diesen Veränderungen erzählt dieses Buch, das speziell die Menschen zu Wort kommen lässt, die diese Umbrüche selbst miterlebt und vor allem auch selbst gestaltet haben. Das sind Berichte aus erster Hand, die dieses Buch zu einem besonderen Leseerlebnis machen.
Der Autor Rainer Wiedemann stellt den Bauernhof ins Zentrum seiner Betrachtung und ermöglicht damit Einblicke in die entscheidenden Dreh- und Angelpunkte landwirtschaftlichen Lebens und Arbeitens seit Jahrhunderten. Es ist dieser in Eigenverantwortung bewirtschaftete Betrieb, der sich immer schon wirtschaftlichen Konjunkturzyklen, technologischem Wandel und gesellschaftlichen Veränderungen durch alle Zeiten hindurch stellen musste.
Dabei spielt der Begriff des »Wachstums« eine wichtige Rolle. »Gute Qualität muss wachsen« – so lautet der Titel dieses Buches. Das ist kein Plädoyer für ein ungebremstes Wachstum und kein Lobgesang auf den überdimensionierten landwirtschaftlichen Großbetrieb, sondern hier wird der uralten und mittlerweile wieder geschätzten und anerkannten Erkenntnis Rechnung getragen, dass Wachstum in der Landwirtschaft mit Augenmaß und mit einem nachhaltigen Verständnis für Qualität einhergehen muss, um unsere Natur- und unsere Kulturlandschaft zu bewahren und den kommenden Generationen damit zu erhalten.
Denn auch das ist eine bemerkenswerte Seite landwirtschaftlichen Lebens und Arbeitens, nämlich das Bewusstsein, nur Teil einer langen Kette von einander verbundenen Menschen zu sein, die Hof und Betrieb jeweils durch ihre Zeit nach besten Kräften führen und beides dann an einen Nachfolger weitergeben. Es ist dieses Bewusstsein, das Verantwortung und Augenmaß bei allen Entscheidungen einfordert und damit einen Maßstab auch bei wichtigen Entscheidungen in gesamtgesellschaftlichen Fragen bietet.
»Gute Qualität muss wachsen« – damals und heute, und auch in der Zukunft. Ich wünsche allen Leserinnen und Lesern viel Vergnügen beim Blick auf eine historische und wissenschaftliche Betrachtungsweise der Landwirtschaft unseres Landes Schleswig-Holstein.

*Dr. Christel Happach-Kasan*
FDP-Bundestagsabgeordnete (2002–2013) und Expertin für Ernährung und Landwirtschaft

**Liebe Leserinnen und Leser,**

Landwirtschaft in Lebensbildern. Rainer Wiedemann lässt in seinem Buch Menschen aus der Landwirtschaft von ihrem Leben erzählen, von Kindheit, Schule und Ausbildung, Heirat und Kindern, dem Wandel auf den Betrieben, der Freizeit. Kein Lebensweg gleicht dem anderen. Aber allen, die hier zu Wort kommen, ist eine gewisse Zufriedenheit mit dem Erreichten gemeinsam.
In den Lebensbildern können wir die durchgreifenden Änderungen der letzten Jahrzehnte in der Landwirtschaft miterleben. Die Mechanisierung ist unaufhaltsam vorangeschritten, die Motoren wurden stärker – so wie es auch bei unseren Autos zu beobachten ist. Gerade die Berichte aus den frühen Nachkriegsjahren sind spannend. Es wird von einem Deutz-Trecker erzählt mit 12 PS – das reicht heute gerade mal für einen Rasenmäher! Ein weiterer Trend ist die Spezialisierung. Niemand betreibt noch Ackerbau und Viehzucht, das volle Programm mit Rindern, Schweinen, Geflügel, Getreide und Hackfrüchten. Nein, entsprechend den standörtlichen Gegebenheiten und ihren Neigungen entschieden sich die Landwirte für die jeweilige spezielle Ausrichtung ihrer Betriebe.
Landwirte sind Unternehmer. Sie ergreifen die Chancen, die sich ihnen bieten. Das kann die Direktvermarktung ihrer Produkte sein, die Bereitstellung von erneuerbaren Energien durch den Betrieb einer Biogasanlage, das Aufstellen von Windrädern, Photovoltaikanlagen auf den Scheunendächern, aber auch die Bereitstellung von Dienstleistungen für den Reitsport, das Engagement in der Umweltbildung. Auch wenn die von der EU gezahlten Flächenprämien ein wichtiger Teil des Einkommens in der Landwirtschaft sind, müssen alle Landwirte nach Wegen suchen, die Existenz ihrer Betriebe durch unternehmerische Entscheidungen zu sichern. Das wird in den Lebensbildern deutlich. Landwirte sind nicht nur von Wind und Wetter abhängig, sondern auch von politischen Entscheidungen, von Marktbedingungen. Im 90. Psalm heißt es in Martin Luthers Übersetzung: »Und wenn's köstlich gewesen ist, so ist es Mühe und Arbeit gewesen.« Auch das ist in diesen Lebensberichten zu spüren.

»Im Märzen der Bauer die Rösslein einspannt.
Er setzt seine Felder und Wiesen in Stand.
Er pflüget den Boden er egget und sät
und rührt seine Hände früh morgens bis spät.«

Das Lied stammt aus dem 19. Jahrhundert aus den Sudeten. Es beschreibt eine romantische Vision bäuerlichen Lebens. Doch die Landwirtschaft des 19. Jahrhunderts, als ein Landwirt mit harter Arbeit gerade mal vier Menschen ernährte – heute sind es 140 – spiegelt sich in seinen Versen nicht wider. Und auch die heutige Landwirtschaft sieht anders aus als dort beschrieben. Ein Traktor mit 200 PS und GPS-Ausrüstung war zur Zeit des Liedes nicht vorstellbar. Und dennoch ist dieses Lied beliebt und fehlt in keiner Liedersammlung. Wir haben den Wunsch, dass Landwirtschaft so wie dort beschrieben sein möge. Aber wir sollten Wunsch und Wirklichkeit nicht verwechseln und heutige Landwirte nicht an den im 19. Jahrhundert niedergeschriebenen Wünschen messen.
Allen Leserinnen und Lesern wünsche ich Freude an den Bildern und Texten, Anregungen für ihren nächsten Spaziergang durch Raps- und Weizenfelder oder beim Einkauf im nächsten Hofladen. Die Produkte dort sind so vertrauenswürdig wie die Menschen, die hier uns einen Blick in ihr Leben gestatten.

# Vorwort

Schon seit den 1970er Jahren verfolge ich mit großem Interesse die Veränderungen in der Landwirtschaft vor Ort und habe sie mit zahlreichen Fotos dokumentiert. Zusammen mit den teilweise historischen Aufnahmen aus den Sammlungen der Landwirte möchte ich diese hier präsentieren. Ich habe viele Landwirte besucht, die mir ihre Geschichten erzählten und ihre Fotoalben für mich öffneten. Diese Geschichten und Bilder sowie meine Fotografien sollen gleichsam Erinnerungen wecken und als Zeugnis der jüngsten Vergangenheit betrachtet werden.

Der Ausgangsbereich meiner Untersuchungen liegt bei den landwirtschaftlichen Betrieben im Großraum Lübeck. Meinen Radius erweiterte ich von hier aus in alle Himmelsrichtungen. So besuchte ich Höfe im Süden unseres Landes bis an die Stadtgrenze Hamburgs, im Nordosten bis zur Insel Fehmarn, von Kiel über die Mitte des Landes zur Westküste bis hinauf nach Dagebüll. Viele der Höfe werden im herkömmlichen Familienbetrieb geführt, aber ich besuchte auch eine Hofgemeinschaft, in der sich vorher völlig fremde Familien heute gemeinsam Landwirtschaft betreiben. Sowohl konventionell geführte Betriebe als auch Biohöfe finden ihren Platz in diesem Buch, nicht zuletzt gab auch der stellvertretende Leiter des Tühnen-Instituts für Ökologischen Landbau Aufschluss über die Forschungsarbeit des Instituts. Neben klassischen Mischbetrieben mit Ackerbau und Viehhaltung finden sich auch Betriebe, die sich auf das eine oder das andere spezialisiert haben. Einige der Landwirte sind zusätzlich auch Betreiber von Windkraft- oder Biogasanlagen. Auch einen Landhandel habe ich besucht, es gibt Geschichten aus einem Heu- und Strohhotel, und einige Höfe bieten Angebote speziell für Kinder.

Das Buch macht deutlich, wie unterschiedlich landwirtschaftliche Betriebe aufgestellt sein können und wie groß die Bandreite an kreativen Lösungen für die Zukunft ist. Doch nicht alle Höfe hielten den Entwicklungen der letzten Jahrzehnte stand. Einige Landwirte mussten ihren Betrieb aufgeben – aus wirtschaftlichen Gründen oder auch, weil sich kein Hoferbe oder Pächter fand. Auch diese ehemaligen Landwirte, die heute teilweise ganz andere Berufe ausüben, haben mir die Türen geöffnet, von früher erzählt und auch berichtet, warum sie ihren Hof nicht mehr weiterführen konnten.

Die Berichte der Landwirte gehen zum Teil bis in die Zeit vor Kriegsende zurück. Es gibt Geschichten von der Flucht und von Flüchtlingsunterbringungen. Die Landwirte erzählen von der wirtschaftlich sehr schwierigen Zeit nach 1945, als schwere Feldarbeiten noch mit Pferden verrichtet wurden und Handarbeit noch Usus war. Anekdoten aus dem Alltagsgeschehen verleihen den Erzählungen eine gewisse Würze und werden mit Sicherheit neben allen Berichten über die Härten des Landlebens auch für das eine oder andere Schmunzeln beim Leser sorgen.

Da ich selbst nicht aus der Landwirtschaft komme, eignete ich mir im Zuge meiner Recherche für das Buch ein gutes Hintergrundwissen an. Eine große Hilfe war die vorhandene Literatur zur Landwirtschaft in Schleswig-Holstein. Besonders hilfreich war mir »Von der Steckrübe zur Biogasanlage. Pflanzenanbau in Schleswig-Holstein ab 1945« von Nils Cramer. Was ich im Rahmen dieses Buches nur anreißen kann, hat Herr Cramer sehr detailreich aufgezeichnet. Über das Leben der Landfrauen während des Zweiten Weltkrieges und in den Jahren danach gibt Doris Tillmanns Buch »Landfrauen in Schleswig-Holstein 1930 bis 1950 – Zeitgeschichte und Alltagsleben« Aufschluss. Einen weiteren Denkanstoß geben die vielen Bildbände, die zum Beispiel Gerätschaften zeigen. Auch hier wird ein anderer Aspekt zur schleswig-holsteinischen Landwirtschaft beleuchtet. »Gute Qualität muss wachsen« verfolgt mit seinen Zeitzeugeninterviews einen erinnerungsgeschichtlichen Ansatz, wobei auch die jüngste Vergangenheit mit einbezogen wird und ebenso einige Ausblicke in die Zukunft gewagt werden.

Gedanklich begann meine Arbeit schon vor sehr vielen Jahren. Im Winter 2011 wurde ich als Gymnasiallehrer in den Ruhestand geschickt und konnte mich fortan intensiver mit der Arbeit an diesem Projekt beschäftigen. Ich besuchte nun häufiger Landwirte, um sie von meinem Projekt zu überzeugen. Angefangen habe ich in meinem eigenen Wohnort Lübeck-Kronsforde, ein damals durchaus

*Vorwort*

noch landwirtschaftlich geprägter Ort, den ich bis zum Jahr 2000 noch als »echtes Dorf« bezeichnen möchte. 1976 zog ich von Lübeck auf einen Resthof nach Kronsforde und erlebte in den folgenden Jahren die ersten Auflösungen der Dorfgemeinschaft und die Aufgabe kleinerer Höfe. Durch das Sammeln von historischen Daten bei den ansässigen Bauern und meine Herausgabe einer Dorfchronik des Ortes Kronsforde im Jahr 1997, aber auch durch weitere Aktionen als zeichnender und fotografierender Künstler lernte ich viele Höfe kennen, auch in den Nachbardörfern. Je mehr Informationen ich bei meinen Interviews sammeln konnte, desto größer wurde mein Interesse auch an Höfen außerhalb von Lübeck, da mir inzwischen klar wurde, dass in anderen Landesteilen zum Beispiel andere Witterungs- und Bodenverhältnisse herrschten, die eine andere Bewirtschaftung und Hofführung erforderten. Beim Durchkreuzen der schleswig-holsteinischen Landschaft erkannte ich auch immer größere Unterschiede in der Architektur der Hofgebäude, ihrer Größe und Gebäude-Anordnung.

Ich plante, 50 Landwirte im ganzen Land zu besuchen und hoffte, die Arbeit in zwei Jahren zu einer Buchfassung zusammentragen zu können. Doch diese Arbeit erwies sich als deutlich zeitaufwendiger als ich anfangs angenommen hatte. Diese zeitliche Ausdehnung meines Projekts erwies sich schließlich als äußerst vorteilhaft, denn so konnte ich auch die jüngsten Entwicklungen der landwirtschaftlichen Betriebe in Schleswig-Holstein mit einbeziehen und zum Beispiel neue Betriebsausrichtungen in meiner Sammlung erfassen. Das notwendige Durchhaltevermögen konnte ich vor allen Dingen dank der großen Unterstützung aller Landwirte, die immer voll hinter meinem Projekt standen, aufbringen.

Insgesamt ist ein Buch voller lebendiger Porträts entstanden, das zum Verständnis der Entwicklungen im Landleben beitragen soll. So möchte ich einen Beitrag dazu leisten, das bisherige Bild der Landwirtschaft neu zu formieren. Ich denke da doch an ein positives Bild.

Ich bin allen Bäuerinnen, Bauern, Land- und Agrarwirten sowie allen anderen in der Landwirtschaft arbeitenden Personen, die mir mit so viel Offenheit und Vertrauen entgegengekommen sind, zu großem Dank verpflichtet. Sie nahmen sich zum Teil sogar mehrfach die Zeit, damit ich ihre Lebensgeschichte zu ihrem Beruf in der Landwirtschaft korrekt aufzeichnen konnte.

*Rainer Wiedemann*

# Dat Leven vun en Buur

Bi so'n Buur, al oolt an Daag,
kümmt lütt Enkel an un fraagt:
Opa – warüm wurrst du Buur?
So'n Leven is doch bannig suur.
Wenn ik mal groot bün – dat's doch klaar,
Warr ik Lehrer oder Professor.
Dar hest ok mal 'n frien Dag,
statt ewig mit dat Veehtüüch Plaag.

De Ool kickt sik verwunnert um
un seggt: Nu hör mal to, mien Jung,
as ik so'n lüttjen Bengel weer,
do see mien Vadder: Jung, hör her!
Wenn du mal groot büst, segg ik di,
denn warrst du Buur, jüst so as wi.
Dien Vadder, Opa un Urahn
sünd ok al dissen Weg langgahn;
du büst de veerte Generation.

Un denn hett he mi noch belehrt:
So'n Buur, mien Jung, warrt ok verehrt.
De Minschen all in Land un Stadt
warn ohn' de Buur ja gar nich satt.
Un frie büst du in dien Entschluß,
un kener seggt di, wat du musst.
Un in de School, mien Jung, dat's wahr,
dar lehrt man uns, dat weer doch klaar,
dar predigt man uns jeden Dag,
so'n Buur weer 'n ganz besonnere Slag.

Denn keem de Lehr. Nu schulln wi lehr'n,
man düchti wat to produzeern.
In jede Eck, dar mutt wat wassen;
un op de Vörfrucht goot oppassen,
in Ordnung holen de ganze Fluur,
so see to mi mien Chef, de Buur.
Holl disse Regel fast,
denn stimmt bi di de Kass!

Denn wurr ik Buur, glieks na de Krieg,
vergeten harr 'k den groten Sieg.
Nu wull 'k ehr wiesen, wat ik kunn,
mit 'n Masse Lüüd um mi herum.
Nu wurr dar seit un hackt un wüüt
för all de hungerige Lüüd.
Kantüffeln, Melk, Gemüse, Koorn,
so makten wi dat – de eerste Jahr'n.

Doch as wi se eerst all harn satt,
do ännert sik op eenmal wat.
Do deen de Lüüd all vun uns lopen,
un wi mussen uns Maschinen kopen.
Un wiel wi dat as Lütt' nich lehrt,
makten wi eerstmal düchti wat verkehrt.
De Trecker weer mal groot, mal lütt,
un oftmals güng he ok in Grütt.
Meihwark, Ploog – de ganze Schiet
stunn dagelang denn bi de Schmitt.

An besten güng toeerst dat Plögen,
mien Jung, glöv mi, ik will nich lögen,
wenn ik de Trecker harr in't Oog
un Opa heel de Sachse-Ploog.
De Treckerie, see de Berater,
ist für den Sohn, nicht für den Vater.
Un as denn allens flutscht op't Feld,
fehlt uns op eenmal unse Geld.

Denn kemen dar Lüüd vun wiet un siet
un seen, nu kummt en nie Tiet:
Entweder wachsen oder weichen,
und spezialisieren und dergleichen!
Dat hulp ja nix, wat schulln wi doon?
Wi wulln ja schließlich överstahn.

Doch mit de Technik nich alleen
kaamt jüm Buurn nu op de Been.
Ok de Chemie mööt jüm begriepen
un nich blots jümme Ossen kniepen;
un ökonomisch mööt jüm denken.
Se deen sik bald dat Muul verrenken.
Un wenn nich recken deit de Lohn,
erhöht man jümme Produktion.

Un nennt jüm fortan Ünnernehmer!
Wi Kloken finn'n dat angenehmer.
Un de Riesen vun de Industrie
heten denn jüst so as wi.

Verdammt, mien Jung, du schullst nich gloven,
de Leistung – ja, de güng na baven.
Wenn fröher wi snacken deen von Punnen,
so rekneten wi plötzlich nu in Tunnen;
un melkt wurr nich mehr blots in Kannen,
op eenmal bruukten wi darto Wannen;
un bi de Swien, gloov mi dat man,
fung ünner hunnert kener an.

As wi dat all'ns harr torecht,
güng uns dat plötzlich wedder schlecht.
Nu keem de Politik darmang
un maakt uns ganz gehöri bang.
Wi schulln doch bitte nich vergeten,
dat man nich all de Kraam kunn eten.
Un plotzlich wurrn wi denn belehrt,
wi möken allens ganz verkehrt.

Man see uns uk ganz unverhahlen:
Wi köönt de Schiet nich mehr betahlen.
Wenn man ok hungert in de Welt –
för disse Lüüd hebbt wi keen Geld.
So seen de Lüüd vun unse Staat,
jedoch wi harrn en nie Raat:

Nebenerwerb ist die Devise,
denn kaamt jüm rut ut jümme Krise.
Un wenn de Bruur bruukt en Verehrerin,
söök he sik doch en Lehrerin.
Een op de Hoff, een in de School,
denn schüllt jüm sehn, denn löppt dat woll.

Bi jümme Melk, dar kriegt jüm Quoten,
un wi, de Staat, wi warrn utloten,
woveel dat lieden kann op 'nmal,
de Buurn, de is dat denn egal;
denn wenn dat Quantum rünner geiht,
de Pries sik gau na baven dreiht.
Un för de Ploogbuurn, deen se seggen,
wüllt wi en ganz Deel Land stillleggen.

Wi wüllt de Menge reduzeern,
statt ümmer mehr to produzeern.
Un darför kriegt jüm ok noch Geld
för't Nixdoon op dat egen Feld.

As all'ns nu weer schöön in de Reeg
un man de Schiet vun neeg beseeg,
do weer de Barg nich lütter worn,
de Navers blaasten nu in't Hoom.
Un plötzlich stellten wi fast – o weh!
dar ännert sik nix in de EWG.
De Zeitung, Rundfunk und so weiter
kritisierten uns mal frech, mal heiter.
Statt dat se uns noch respekteren,
doon se uns kräftig blots belehren:
Jüm sei'n, wat kener eten mag,
un jammern blots de ganze Dag.

Op eenmal föhr de Jung dartwüschen,
nu wull he ok mal werr mitmischen:
Vun de School will ik di informeern,
wi schüllt dat »Riesenspielzeug« lehrn.
Dat is en Stück ut ole Tieden,
trotzdem mag ik dat Stück geern lieden.
Wenn 'k di hör, Opa, mutt ik seggen,
mutt man dat gründlich överleggen –
en Ogenblick wurr he ganz still –
ob man woll hüüt noch Buur warrn will.

Mien Entschedung fallt mi nich mehr suur,
denn dat »Riesenspielzeug« is de Buur,
en Speelttüüch, Opa, wunnerschöön,
de Dichter hett dat richtig sehn.

De Ool kickt still vör sik hendal:
Segg doch den enen Vers nochmal.

»Der Alte wird gar ernsthaft
und wiegt sein Haupt und spricht:
Was habt ihr angerichtet?
Das ist kein Spielzeug nicht!
Wo ihr es hergenommen,
da tragt es wieder hin!
Der Bauer ist kein Spielzeug,
was kommt euch in den Sinn«

**Sönke Paulsen (1926–2016),**

langjähriger schleswig-holsteinischer
Raiffeisenpräsident.

# Hof Beeck — Lübeck-Oberbüssau

## Gustav Beeck

* 1937
Beruf: Landwirt i. R.

Der Bruder meines Vaters Gustav Beeck, mein Onkel Karl, erbte nach dem Jüngstenrecht den Hof in Oberbüssau. Er starb in der Kriegsgefangenschaft 1946. Seine Ehe war kinderlos. Meine Tante Erna war rechtmäßig die Vorerbin des Hofes. Mein Vater kaufte derweil 1933 seinen eigenen Hof in Klein Parin. Der Hof hatte eine Größe von 25 Hektar und war ein Milchviehbetrieb. Ich besuchte die Grundschule in Klein Parin und konnte leider nicht in eine landwirtschaftliche Lehre auf anderen Höfen gehen, da ich auf unserem Hof gebraucht wurde. Mein Vater war damals sehr krank. Nach meiner dreijährigen Berufsschulzeit lernte ich zwei Semester an der Landwirtschaftsschule in Lübeck und war damit etwa 1957/58 fertiger »Staatlich geprüfter Landwirt«. Bis 1966 habe ich auf dem väterlichen Hof gearbeitet.

Nach dem Kriegsende standen auf dem Dorfplatz in Klein Parin viele Trecks mit Planwagen. Unser Dorfvorsteher verteilte die vielen Flüchtlinge. Zu uns kamen drei Familien, die jeweils in einem Zimmer unterkommen mussten. Viele der auch später aus der Kriegsgefangenschaft nachkommenden Männer waren Handwerker. Einige kamen bei der Flender Werft in Lübeck-Siems unter, andere wurden umgeschult. Einige der Familien siedelten sich dann in Klein Parin, Rensefeld und Stockelsdorf an. Meine Tante war immer schon eine sehr moderne Frau, und sie hatte für alles ein offenes Ohr. Sie war nach 1945 auch zu den auf ihrem Hof und im Ort wohnenden Flüchtlingen sehr großzügig. Als Kind verbrachte ich häufig meine Ferien bei ihr, und ich liebte es, mit ihr zusammen nach Hamburg zum Zoo Hagenbeck zu fahren oder in Hamburg eine Hafenrundfahrt zu machen. Sie besaß in den 1960er Jahren sogar schon eine Kühltruhe, in die unter anderem auch die geschlachteten Puten einer Nachbarin kamen. Andere Bauern mussten ihre einzufrierenden Nahrungsmittel noch in ein Gemeinschaftskühlhaus bringen.

Ich konnte frisch verheiratet 1966 den Hof in Oberbüssau pachten und wurde 1977 nach dem Tode meiner Tante Eigentümer des Hofes. Bis zu ihrem Tode wohnte meine Tante mit ihrem neuen Mann, Friedrich Kröger, bei uns auf dem Anwesen. Meine Eltern verkauften 1966 im Rentenalter ihren Hof in Klein Parin und zogen zu uns auf den Hof in Oberbüssau. So konnten sie auch etwas Geld in diesen Hof investieren. Als meine Frau und ich den Hof übernahmen, fuhren wir schon zusammen mit meinem Schwager einen selbstfahrenden Mähdrescher. Ansonsten hatten wir zwei Schlepper, einen Fahr mit 24 PS und einen Deutz mit 38 PS. Zum Hof gehörten 48 Hektar. Wir hatten Schweine, Sauen und 20 Kühe, aber zur Eigenversorgung auch Enten, Gänse und Hühner. Ansonsten betrieben wir die damals übliche Landwirtschaft: Ackerbau mit Hackfrüchten, Getreideanbau und Wiesen für die Heuernte. Spannend war für uns früher die Hausschlachtung, so zum Beispiel wenn die Tiere an einer Leiter angebunden zur Auskühlung hingen und der Schlachter anschließend die Tiere zerteilte. Das Fleisch wurde direkt verwertet, ein Großteil wie Schinken und Wurst wurde geräuchert. Der Rest wurde gebraten und eingeweckt. Ab den 1980er Jahren bauten wir Spargel in Selbstvermarktung an.

1996 verpachtete ich aus Alters- und Krankheitsgründen den Hof an meinen Schwiegersohn Andreas Schlichting, den Mann meiner Tochter Elisabeth. Meine andere Tochter Stefanie ist OP-Schwester. Im großen und alten Wohngebäude des Hofes wohnt nun mein Sohn Jan Phillip. Beruflich arbeitet er als Zimmermann, was wir als Eltern sehr begrüßen. Das passt sehr gut zu einem alten Gebäude. Alle unsere drei Kinder sind verheiratet, so dass wir mit zwei Schwiegersöhnen, einer Schwiegertochter und unseren vier Enkeln immer viel Besuch in unserem kleinen Altenteilerhäuschen haben. Unser Haus liegt ja direkt neben den anderen Hofgebäuden, auf die ich aus unseren Fenstern immer einen guten Überblick habe. Mit meinen neuen Knien kann ich meinem Sohn helfen, das Hofgelände sauber zu halten, ich mähe noch den Hausrasen und füttere die Tiere im Winter.

Neben der Arbeit auf dem Hof war ich 34 Jahre im Kirchenvorstand in Genin. Es ist nicht mein Lebensinhalt, jedes Jahr wie andere in den Urlaub zu fahren. Dennoch habe ich in meinem Leben zusammen mit meiner Frau schon viele Länder bereist. Wir besuchten den ausgewanderten Bruder meiner Frau in Australien, wir waren unter anderem in Polen, Ungarn, Schweden und Dänemark. Mit dem Verein Lubeca waren wir auch einige Tage in Büsum. Das reicht aber auch; wir sind zufrieden mit dem, was wir hier haben.

*Gustav Beeck im Sommer 2012*

Die Enkel von Gustav und Gudrun Beeck sorgen ständig für ein volles Haus und packen auch auf dem Hof mit an.

Hofanlage Beeck. Fotos: Wiedemann

# Gudrun Beeck

geborene Johannsen
1944–2014
Beruf: Hauswirtschafterin, Bäuerin

Mein Vater, Willi Johannsen, war ein studierter Landwirt. Seine Frau und meine Mutter Elisabeth war eine Bauerntochter aus Lockwisch. Nach 1945 bewirkte die Land- und Bodenreform, dass ein Teil des Gutes Trenthorst für den Bau von Siedlungen enteignet wurde. 200 Hektar durfte der damalige Besitzer Herr Reemtsma behalten. Davon übergab er 80 Hektar an meinen Vater, der fortan mit seiner Familie das Gut bewirtschaftete und auf ihm lebte. Ich kam auf dem Gut zur Welt und hatte noch drei ältere Geschwister: meine zehn Jahre ältere Schwester Christa und meine beiden Brüder Peter und Volker. Peter übernahm später den Hof meines Vaters, Volker wurde Optiker und wanderte nach Australien aus. Nach dem Krieg standen viele Trecks mit Pferden und Wagen auf dem Hof; Flüchtlinge, die Unterkunft und Arbeit suchten. Viele Familien kamen auf dem Gut Trenthorst unter und eine große Anzahl blieb auch dort. Nach und nach kamen dann auch noch viele Männer aus der Kriegsgefangenschaft dazu. Bei uns im Haus arbeitete jahrelang ein Mädchen, das bis zu ihrer Hochzeit bei uns blieb. Ich selbst wuchs auf dem Hof mit allen Freiheiten und Pflichten auf, und ich kann behaupten, dass ich eine ganz tolle Kindheit hatte. Wir bewohnten das Verwalterhaus links auf dem Hofplatz, rechts im Haus des symmetrisch gestalteten Hofplatzes wohnten andere Verwalter und Bürovorsteher. Die Häuser besaßen damals alle Zentralheizung, hatten fließend Wasser und alle Annehmlichkeiten. Es gab viel Personal und Sekretärinnen. Zum Hof gehörte in den frühen Jahren nach dem Krieg auch ein alter Opel mit Holzvergaser. Das Gut hatte die stattliche Anzahl von 120 Arbeitspferden. 37 Hektar waren Obstplantagen, auf denen wir Äpfel und Kirschen anbauten. Um das Obst von den Plantagen zum Gut zu transportieren, gab es eine extra Lok und einen Tieflader. Das Obst wurde auf dem Gut vorsortiert und in Kühlräumen gelagert. Wenn die Kühlhäuser leer waren und nicht für das Obst genutzt wurden, wurden die Räume zwischenzeitlich auch von dem Marzipan-Hersteller Gebr. Carstens zur Kühlung der Marzipanmasse genutzt.

Mein Vater war ein Riesenkerl und für alle eine Respektsperson. Er achtete damals sehr darauf, dass ich alles in der Landwirtschaft erlernte, auch wenn man es vielleicht dann später doch nicht gebrauchen konnte. Er hätte es gerne gesehen, wenn ich als eine gut erzogene Tochter aus gutem Hause Blockflöte und Klavierspiel gelernt hätte und nicht wie ein Junge durch die Gegend getobt wäre. Wenn wir Kinder einmal gegen seine Prinzipien handelten oder unsere Mutter ihm Negatives über uns zu berichten hatte, wurden wir von unserem Vater der Reihe nach über seine Knie gelegt. Aber das war damals wohl so üblich und wir schätzen und liebten unseren Vater dennoch sehr. Er war trotz der Strenge ein herzensguter Mann, der sehr großzügig sein konnte. Wir Kinder waren glücklich, wenn wir mit ihm am Kamin lagen und er uns plattdeutsche Geschichten vorlas. Einmal hatten wir Kinder ihm mit einem Kinderstreich aber etwas Entsetzliches angetan, das natürlich wieder seine Folgen hatte. Wir hatten an den Hintern seiner Hose ein Schweineschwänzchen angenäht. Als er morgens vor seinen Angestellten stand, um die Arbeit zu verteilen, bemerkte er zu seinem Ärger, wie einige Arbeiter über etwas an ihm grinsen oder kichern mussten, was aus seiner Sicht ja Autoritätsverlust bedeutete. Statt mit Humor zu antworten und selbst über den Kinderstreich zu lachen, wurde er sehr böse.

Bei der Apfelernte musste ich immer beim Sortieren helfen. Es kamen dafür auch Arbeitslose aus Lübeck. Sie wurden in Wagen zu uns gebracht und zuerst von meinem Vater kontrolliert, ob sie auch Fingernägel hatten, die kurz und

*Hof Beeck – Lübeck-Oberbüssau*

Gut Trenthorst. Fotos: Wiedemann

gepflegt genug für das Pflücken und Sortieren der Äpfel waren. Für den Verkauf wurden die guten Äpfel in Kisten aus Spanholz mit gewelltem Papier gelegt, weniger gute Äpfel kamen direkt in die Kisten, und die schlechtesten kamen auf den Kipper für die Apfelmusherstellung bei Paul Erasmi. Als Kinder mussten wir aber auch Rüben hacken, mit der Hand melken, grüne Bohnen und Erbsen pflücken und pulen und vieles mehr. Als ich etwas älter war, kochte ich auch mal für eine Kolonne von 120 Personen.

Kinder waren auf Gut Trenthorst ganz selbstverständlich und wichtig. Wir mussten nicht nur arbeiten, sondern durften auch die Freiheit genießen, die das Dorfleben so mit sich brachte. Wie häufig saß ich damals mit anderen Kindern bei den Arbeitern vor den Türen und bekam aus den Küchen zum Beispiel einen Pfannkuchen herausgereicht. Ganz toll waren die Erntedankfeste mit den geschmückten Festumzügen, bei denen alle Personen auf dem Gut mit einbezogen wurden. Gegessen und getanzt wurde im Saal über dem Kuhstall mit einer großen Theke für die Getränke. Ich erinnere mich, wie mein Vater Würstchen auf ein Band aufgezogen hatte und wir Kinder nach den hochgehaltenen Würstchen schnappen mussten. Mitte der 1960er Jahre hörten diese dörflichen Feste in Trenthorst wie auch in anderen Dörfern leider auf.

Ich erinnere auch noch, wie wir es als Kinder genossen haben, das lange, geschweifte Geländer im herrschaftlichen Gutshaus der Familie Reemtsma herunterzurutschen. In der mit Marmor ausgestatteten Eingangshalle stand bei der Treppe ein hölzerner »Wächter«. Als Kind behauptete ich immer, dass dort ein großer Holzmann steht. Aus der heutigen Sicht ist er tatsächlich relativ klein.

Bis 1966 bewirtschaftete mein Vater das Land, bevor er es an meinen Bruder Peter übergab. Mein Vater starb 1983. Als der Besitzer Herr Reemtsma starb, blieb das Gut Trenthorst in Besitz der Familie und war Witwensitz. Ich habe Frau Reemtsma als sehr natürliche, liebevolle Dame und uns Kindern sehr aufgeschlossene Frau in Erinnerung. Sie spielte viel mit uns Kindern, egal aus welchem Haushalt, und nahm mich auch manchmal mit nach Hamburg. Zur Schule ging ich in die zum Gut gehörige Grundschule in Wulmenau. Mit 16 Jahren begann ich meine dreijährige Lehre zur Hauswirtschafterin auf drei verschiedenen Höfen. Die erste Station war bei Gerhard Stoltenberg im Kreis Segeberg, die zweite bei Gustav Kiehn in Fahrendorf bei Geesthacht und die dritte bei Inge Bruhns in Pöhlitz bei Bad Oldesloe. Dann ging es weiter zur Landwirtschaftsschule in Bad Oldesloe und zur Frauenfachschule in Glücksburg. Dort lernte ich auch das Theaterspielen. Mit der Landjugend gab es Ausflüge mit einem VW-Bus nach Reinfeld. Einmal im Monat konnte ich auch mit dem Bus nach Lübeck zum Theatererlebnis. In Molfsee bei Kiel und später in Gnissau arbeitete ich einige Zeit als Hauswirtschafterin.

Als ich mich verlobte, steckte meine Mutter meinen zukünftigen Mann in einen Anzug und so gingen wir den langen Gang im Gutshaus auf »Madame«, Frau Reemtsma zu, die uns auf ihrem Sofa sitzend empfing. Dies war ein üblicher Anstandsbesuch, den die Gutsherrin auch erwartete. 1966 heirateten mein Mann und ich, und ich zog am Hochzeitstag mit ihm auf seinen gerade gepachteten Hof seiner Familie. Wir wohnten dort mit Tante Erna – sie war die Tante meines Mannes –, meinen Schwiegereltern und einer alten Melkfrau. Zum Hof gehörte natürlich ein großer Gemüsegarten. Mir trauten die beiden Frauen aber nicht zu, dass ich in ihm richtig wirtschaften konnte. Also beaufsichtigten sie mich, und ich durfte nur Unkraut jäten. Aber das berührte mich nicht besonders, zumal ich nach neun Monaten dann meine erste Tochter zur Welt brachte.

Aber ich war die zweite Treckerfahrerin neben meinem Mann auf dem Hof! Mein Mann pflügte und drillte. Ich war für die Bodenbearbeitung, das Mähen und Pressen zuständig, bis mein Sohn diese Arbeit übernehmen konnte. Ich war eine der ersten Frauen, die das Getreide zum Silo nach Kronsforde fuhr. Diese Arbeit machte mir mehr Spaß als Unkrautjäten im Gemüsegarten. Ich war richtig froh und dankbar, wenn ich zum Treckerfahren gerufen wurde. In Kronsforde wurde natürlich beim Silo unter den Männern gelästert, da die Arbeit des Getreidefahrens bisher reine Männersache war. Dummerweise reichte meine Kraft nicht aus, die schweren Klappen beim Hänger zu öffnen, gegen die zusätzlich das Gewicht des Getreides drückte, wodurch sich die Männer bestätigt sahen.

Bis in die 1970er Jahre habe ich noch an die 30 Kühe gemolken. Wir hatten jedoch schon eine Melkanlage. Die Milch wurde anfangs noch traditionell mit einem Eimer in die Milchkannen geschüttet, die dann an einer Milchrampe zweimal am Tag von der Lübecker Meierei Hansano abgeholt wurden. Später wurde die Milch über die Vakuumpumpe und Pulsatoren direkt über ein Sieb in die Kannen geleitet. Als wir anfingen, die Milch im Wasserbad zu kühlen, musste sie auch noch zweimal am Tag abgeholt werden. Später, als wir Kühlwannen besaßen, reichte es, wenn Hansano einmal am Tag kam. Mit der Kuhstallvergrößerung 1983 kam auch die Modernisierung der Ställe. Standen die Kühe vorher auf Stroh, so dass wir zweimal am Tag ausmisten mussten, so standen sie jetzt auf Gummimatten mit Grillen und Kanälen hinter den Tieren für die Entkotung. Wenn die Kühe morgens heraus- und abends wieder hereinkamen, mussten sie früher einzeln los- und angebunden werden. Jetzt wurden alle Tiere gleichzeitig über einen Hebel freigelassen. Für unsere Schweine und Sauen ließen wir unsere Kartoffeln bei Herrn Holm auf dem Krummesser Stadtgut dämpfen. Das war praktisch, denn er hatte neben seinem Brennhaus für den Krummesser Korn eine große Grube, in die

*Hof Beeck – Lübeck-Oberbüssau*

wir unsere Kartoffeln abwerfen konnten. Die gedämpften Kartoffeln rochen immer etwas säuerlich. Für die Fütterung stachen wir entsprechende Mengen mit einem Spaten in unserem Silo ab.

Seit den 1970er Jahren bin ich in dem Verein der Lübecker Landfrauen. Da ich auf dem Hof und mit den Kindern genug zu tun hatte, war ich kein so aktives Mitglied. Meine Familie war mir sehr wichtig, sie machte mir sehr viel Freude, und ich vermisste eigentlich nichts. Sehr viel Spaß machte mir aber das Singen im Landfrauenchor, wo ich etliche Jahre mitmachte. Der Brustkrebs und die Bestrahlung mit der Folge von Bronchialschädigungen machte mir das Singen auf Dauer schwer. Einige tolle Urlaube mit dem Lubeca-Verein und mit dem Verein der Lübecker Landfrauen habe ich aber doch miterlebt. Heute genieße ich mein Leben mit meinem Mann auf unserem sehr schön und hoch gelegenen Altenteil, von dem ich einen tollen Blick auf unseren alten Hof werfen kann, aber auch eine sehr schöne Aussicht auf unsere Felder am Kanal habe. Ich freue mich auf den Besuch meiner vielen Enkelkinder.

*Gudrun Beeck im Sommer 2012 – Leider verstarb diese tolle Frau am 04.10.2014. Sie hinterlässt auf dem Hof und in der Familie eine große Lücke.*

Gudrun Beeck ist mit der Landwirtschaft aufgewachsen. Bis zu ihrem Tod 2014 unterstützte sie wie selbstverständlich ihren Schwiegersohn auf dem Hof.

Gut Trenthorst. Fotos: Wiedemann

*Hof Beeck – Lübeck-Oberbüssau*

Auch heute erntet die Familie Beeck mit Schwiegersohn Andreas Schlichting noch Weizen. Heutzutage werden die Felder jedoch mithilfe von großen Maschinen beackert. Foto: Wiedemann

# Hof Bertelsen  Lübeck-Wulfsdorf

## Stefan Bertelsen

*1972
Beruf: Landwirt

Meine Eltern Hanna und Bernd Bertelsen bewirtschafteten früher etwa 100 Hektar Land. Der Betrieb umfasst heute ca. 190 Hektar. Nach meiner vierjährigen Grundschulzeit in der Grundschule Wulfsdorf besuchte ich ein Jahr lang die Geibel-Realschule in Lübeck, dann vier weitere Jahre die Grönauer-Baum-Schule. Meinen Realschulabschluss machte ich 1990 an der Gewerbeschule 3 in Lübeck. Als Kind durften meine beiden Geschwister, die vier Jahre ältere Christina und der zwei Jahre ältere Hans-Peter, natürlich schon kräftig auf dem Hof mithelfen, zum Beispiel bei der Strohernte und beim Jungkartoffelsammeln und sortieren. Unsere Traktoren fuhr ich auch schon als Zehnjähriger, den Führerschein durfte ich erst mit 15 Jahren machen. Mit 15 saß ich auch auf unserem ersten Claas-Drescher.

Meine Eltern bauten hauptsächlich Getreide und Raps sowie Kartoffeln und Spargel an. Auch mein Großvater hatte schon Spargel angebaut, und er war wohl der erste Spargelbauer im Ort. Den Kuhbestand von 15 Tieren schafften meine Eltern 1978 ab und erhielten dafür eine Prämie, von der unter anderem ein Jungviehstall als Bullenmaststall umgebaut wurde. Somit entstand ein neuer Betriebszweig mit Kälberaufzucht und Bullenmast. Die Bullenaufzucht betreiben wir auch heute noch. Zurzeit haben wir 24 Kälber im Stall und 24 Bullen, die im Alter von 20 Monaten zum Schlachthof gehen. Meine Eltern beschäftigten zur Spargelernte in den Anfangsjahren nur deutsche Erntehelfer. Ende der 1990er Jahre kam die erste polnische Familie, von der heute immer noch Familienmitglieder mithelfen. Seit ca. fünf Jahren kommt ebenfalls eine rumänische Familie zur Spargelzeit angereist. Nach wie vor können wir aber auch auf die Unterstützung von deutschen Spargelstechern zählen.

Mein erstes Lehrjahr verbrachte ich auf dem Kuhbetrieb der Familie Struwe in Dummersdorf, ein Lehrbetrieb mit Milchkühen und Ackerbau. Das zweite Lehrjahr lernte ich auf dem Hof der Familie Eckhoff, heute Familie Siemers, mit Mastschweinen, Bullenmast und Ackerbau in Alt-Mölln. Danach wurde ich über die Sommerzeit auf dem Hof meiner Eltern angestellt. In den Winterhalbjahren besuchte ich zwei Jahre lang die Landwirtschaftsschule in Bad Oldesloe. Darauf folgten zwei Jahre Studium an der Höheren Landwirtschaftsschule in Lensahn. Nach meinem Abschluss 1996 arbeitete ich voll auf dem Betrieb meiner Eltern mit. Im Jahr 2001 überschrieben mir meine Eltern den Hof und zogen sich selbst auf das Altenteil auf der gegenüberliegenden Straßenseite zurück. Meine Eltern sind nach wie vor eine unersetzliche Hilfe, wie zum Beispiel bei der Kartoffel- und Spargelernte sowie bei Ratschlägen zu wichtigen Entscheidungen.

2005 heiratete ich Brit Stothfang, die mit ihren Eltern 1987 nach Wulfsdorf zog. Mit ihr habe ich inzwischen zwei Söhne: Henri (geboren 2005) und Jonas (geboren 2007).

Unser heutiger Betrieb ist vielfältig aufgestellt. Wir bauen weiterhin Spargel (4,5 Hektar) und Kartoffeln (3,5 Hektar) an, Getreide wie Weizen, Gerste und Hafer sowie Raps und Zuckerrüben. Zudem bewirtschaften wir Grünlandflächen. Das Getreide verkaufen wir an Raiffeisen oder den ATR Landhandel. Den Spargel stechen wir ca. acht Jahre lang. Neue Pflanzen beziehen wir von einem Züchter, der seine einjährigen Pflanzen rodet und verkauft. Wir setzen die Wurzelschnüre mit einer Pflanzmaschine in den Boden ein und lassen sie dann zwei Jahre ruhen. Im dritten Jahr ernten wir den ersten Spargel etwa drei bis vier Wochen lang und können im Folgejahr voll ernten. Jedes Frühjahr decken wir den Spargel mit einer Folie ab, ohne diese müssten wir morgens und nachmittags ernten, da sich sonst die ausschießenden Früchte durch die Sonne violett verfärben würden. Außerdem wird der Erntebeginn beschleunigt. Die Folie ist auf der einen Seite schwarz, um den Boden

*Hof Bertelsen – Lübeck-Wulfsdorf*

Familie Bertelsen und Freunde: Brit Bertelsen, Kjell Schulz, Moritz Schulz, Henri Bertelsen, Stefan Bertelsen.

Brit und Stefan Bertelsen heirateten 2005. Zusammen mit den Söhnen Henri und Jonas leben sie auf dem Hof in Wulsdorf. Fotos: Wiedemann

schneller zu erwärmen und so das Spargelwachstum anzuregen. Bei zu großer Hitze wird die Folie auf die weiße Seite umgedreht, um das erhöhte Wachstum zu drosseln. Eine Folie mit sandgefüllten Taschen hält etwa acht Jahre und muss dann als Sondermüll entsorgt werden.

Unser Fuhrpark bestand zuerst nur aus einem Eicher 25 PS Traktor, dann folgten ein Ford 60 und ein MF 45. Später kauften wir uns einen IHC 80 PS und einen Schlüter 105 PS. Heute fahre ich John Deere Trecker mit unter anderem 200 PS. Bis vor etwa zehn Jahren ließen wir die Kartoffeln roden. Heute besitzen wir einen 30 Jahre alten Einreiher-Roder, mit dem vorher bei uns die Kartoffeln gerodet wurden. Der Roder sammelt, rüttelt und bunkert die Kartoffeln. Unseren ersten Mähdrescher, einen Claas-Standard, fuhr ich schon 1987 als 15-Jähriger. Das Gerät hatte ca. 2,80 Meter Schnittbreite und war ohne Kabine und Häcksler. Meine Eltern tauschten die Maschine mit einem Claas-Mercator 75, der inzwischen drei Meter Schnittbreite hatte; auch er war noch ohne Kabine. Diesen Mercator fuhren wir bis in die ersten 1990er Jahre. Zur Grenzöffnung der ehemaligen DDR 1989 bekam die Mutter meines Vaters ihren ehemaligen Hof in Großneuleben (Mecklenburg-Vorpommern) zurück. Der 50 Hektar große Hof liegt etwa sechs Kilometer Luftlinie von uns Wulfsdorfern entfernt. Durch den Bau der A 20 hatten wir hier in Wulfsdorf etwas Land verloren, in Mecklenburg-Vorpommern konnten wir aber 25 Hektar Land dazukaufen. Heute haben wir dort etwa 90 Hektar Ackerland, die wir bis zum Jahr 2003 mit einem New Holland-TX 34 ernteten. Diese Maschine hatte mein Vater noch gekauft. Heute besitzen wir einen Holland-TX 68 mit 7,30 Meter Schnittbreite, mit dem ich auch für einige andere Betriebe mitdresche.

Vor dem Zweiten Weltkrieg gab es in Wulfsdorf neun landwirtschaftliche Betriebe. Nach der Flurbereinigung 1972 hörten viele Betriebe auf. Heute gibt es in Wulfsdorf noch drei wirtschaftende Betriebe: Hof bzw. Reitstall Mund (Pferdepension und Ackerbau), Vorwiesenhof Schlichting (Ackerbau, Zuckerrüben, Spargel, Milchkühe und Geflügel) und unseren Hof Bertelsen (Ackerbau, Spargel, Kartoffeln, Zuckerrüben, Bullenmast).

*Stefan Bertelsen im Sommer 2013*

Familie Bertelsen bei der Kartoffelernte.

Heute werden die Rüben mit großen Maschinen geerntet und (wie rechts unten) mit der Rübenmaus aufgesammelt, gewaschen und verladen.
Fotos: Wiedemann

# Hof Brandt  Kaiser-Wilhelm-Koog

## Karl-Albert Brandt

\* 1954

Beruf: Land- und Energiewirt

Meine Mutter, Ilse Brandt geb. Peters, ist hier im Kaiser-Wilhelm-Koog geboren. Als sie als junge Erwachsene eine Haushaltslehre in Hennstedt (Kreis Dithmarschen) machte, lernte sie meinen Vater Rudolf Brandt kennen, heiratete und zog auf dem Hof seiner Familie in Hennstedt ein. Ich kam 1954 in Heide zur Welt und bin in Hennstedt auf unserem 25 Hektar großen Milchviehbetrieb groß geworden. Als Jugendlicher war es für mich eine Pflicht, kräftig mit anzupacken, wie zum Beispiel beim Melken und Heumachen. Zur Schule ging ich in Hennstedt. Nach Beendigung meiner Hauptschulzeit startete ich gleich meine dreijährige Lehre: Zwei Jahre arbeitete ich auf dem elterlichen Betrieb, ein weiteres Jahr auf einem anderen Milchviehbetrieb in Albersdorf. Mein Vater ließ seinen Milchviehbetrieb 1965 auslaufen. Milchvieh findet man im Kaiser-Wilhelm-Koog nur ganz selten. Die Flächen auf der Ackermarsch sind dafür zu schade. Die Böden sind ideal für Getreide, Kohl, Möhren und Zuckerrüben. Mit 17 Jahren beendete ich meine Ausbildung und startete ein halbes Jahr später als Angestellter bei meinem Onkel. 1973 musste ich meinen Grundwehrdienst in Seth absolvieren, konnte aber zur Erntezeit Urlaub nehmen und nach Hause fahren. Ich hatte einen großzügigen Hauptmann, der für die Arbeit auf dem Land großes Verständnis zeigte. Überhaupt möchte ich diese Zeit bei der Bundeswehr nicht missen, machte ich dort doch eine Reihe an Lebenserfahrungen und sammelte Menschenkenntnis. Im Anschluss an diese Zeit besuchte ich zwei Wintersemester die Landwirtschaftsschule in St. Michaelisdonn und legte dort auch meine Landwirtschaftsmeisterprüfung ab. In den 1980er Jahren konnte ich meine Prüfung für den Tierwirtschaftsmeister, Bereich Schafhaltung, in Futterkamp ablegen.

1980 heiratete ich meine Frau Elisabeth, geb. Denker. Sie hatte ihre Wurzeln auch in der Landwirtschaft, ihre Eltern führten einen Milchviehbetrieb in Brunsbüttel. Wir bekamen drei Kinder. Nina, geb. 1983, wurde Kommunikations-Designerin, Jan, geb. 1986, studiert Maschinenbau und Tim, geb. 1996, ist noch Schüler.

Die Petershöfe umfassten in den frühen 1980er Jahren 37 Hektar mit Grünland für die Tiere und Ackerland für Kohl, Getreide und Rüben. Zurzeit bauen wir keine Rüben mehr an, wir besitzen aber noch das Lieferrecht dazu. Unsere Ochsen wurden auf dem Grasland auf Eiderstedt bis zur Schlachtreife ohne Zufütterung gemästet. Als ich den Hof 1980 als Pächter übernahm, hatte der Rinderbetrieb 37 Hektar Eigenland und 60 Hektar Pachtgrünland auf Eiderstedt. Ich pachtete den Betrieb auf zwölf Jahre und bekam ihn 1992/93 übertragen. Mein Onkel mit jetzt 86 Jahren arbeitet immer noch jeden zweiten Tag mit auf dem Betrieb. 1986/87 stellten wir in der Sommerzeit in die leeren Rinderställe – die Tiere waren ja auf Eiderstedt – ca. 200 Ferkel zum Mästen ein. Später bauten wir den Stall für 120 Schweine um. In dieser Zeit ließen wir auch unseren ersten Güllebehälter aufstellen. Aus wirtschaftlichen Gründen bauten wir 1989 schon eine erste Ferienwohnung, 1991 eine zweite als weiteres finanzielles Standbein aus. 1993/94 brachten wir unsere Rinder ganz nach Eiderstedt und bauten deren Stall für die Schweinemast um. Auf unseren Wiesen auf Eiderstedt liefen und laufen auch etwa 200 Mutterschafe, die im Stall ablammen. Es sind reine Fleischschafe, die über hiesige Händler vermarktet werden und meist ins Ruhrgebiet verkauft werden. Nun, da unsere Rinder ganz auf Eiderstedt waren, hielten wir um die 700 Mastschweine auf unserem Betrieb im Kaiser-Wilhelm-Koog. Sie wurden über die Norddeutsche Fleischzentrale (NFZ) in Schleswig und Bad Bramstedt, heute VION, vermarktet. Heute werden die Tiere auch nach Weißenfels, Uelzen, ins Vogtland und nach Perleberg gebracht. Ein guter Freund regelt die Vermarktung, so dass ich mich darum kaum kümmern muss. Im Gegenzug helfe ich ihm bei der Betreuung seiner Windräder.

*Hof Brandt – Kaiser-Wilhelm-Koog*

1996 ließen wir uns zwei Kühlhäuser für unseren Kohl aufstellen, für unsere Möhren hatten wir Möhrenerzeuger aus Dithmarschen ein Kühlhaus angemietet. Seit ca. 15 Jahren bauen wir Möhren an und im Versuch auch Kohlrabi, Sommergemüse und Feldsalat. Mit Salat machten wir keine guten Erfahrungen, weil wir zu schlechten Zugang zum Markt hatten. Niedersachsen ist zum Beispiel mit Eisbergsalat marktführend. Auf unseren eigenen Flächen bauen wir heute ca. zehn Hektar Kohl und zehn Hektar Möhren an. Die kleinen Kohlpflanzen kommen von der Firma H. C. Diener in Schülp.

2005 ließen wir uns eine große Maschinenhalle erstellen, die wir für unsere Trecker, unsere Kohlpflanzmaschine und die Lagerung der schweren, großen Schlepperreifen nutzen, aber auch als Pflanzenschutzraum, der in der konventionellen Landwirtschaft Pflicht ist. Wir besitzen einen 130 PS starken Deutz und einen Massey Ferguson mit 40 PS sowie gemeinschaftlich mit den Nachbarhöfen einen weiteren Deutz mit 100 PS. Seit 50 Jahren haben wir im Koog eine Maschinengesellschaft. In der Erntezeit lassen wir durch Lohnunternehmer dreschen und unsere Zuckerrüben abernten.

Der Kohlanschnitt ist Mitte September, und mit diesem Termin beginnen auch die »Dithmarscher Kohltage«. Der Kohlanschnitt findet immer auf einem anderen Hof statt. Auch Ende Juli wird je nach Witterungsverlauf bereits Kohl geschnitten und direkt ab Feld an die Gemüsehändler geliefert. Ab dem 1. Oktober beginnt das offizielle Kohlschneiden. Für das Kohlschneiden unserer 19 Hektar großen Kohlanbauflächen beschäftige ich etwa einen Monat lang neun bis zehn polnische Mitarbeiter. Pro Tag arbeiten wir mit diesen Mitarbeitern etwa 40 Tonnen Kohl auf. Geerntet wird bis zum ersten Frost, ab Mitte November sind dann unsere Kühlhäuser voll. Ansonsten schaffen wir unsere Arbeit im Familienbetrieb. Mein ältester Sohn Jan studiert zwar Maschinenbau, er hilft aber mit, wann und wo es seine Zeit zulässt

Der Kohlanbau und sein Absatz unterliegen großen Schwankungen. Sehr großen Einfluss haben das Klima, die Wetterbedingungen und Naturkatastrophen auch in den anderen europäischen Anbaugebieten. Wenn in anderen Kohlanbaugebieten schlechte Bedingungen herrschen, können wir eine besonders erfolgreiche Saison haben und andersrum. So konnten wir Dithmarscher 2010 einen guten Verkauf mit 40 Cent pro Kilogramm wegen Trockenheit in Polen und Russland verzeichnen. 2011 war auch für uns der Boden zu trocken. 2012 bekamen wir nur acht Cent pro Kilogramm Kohl. Trotz der trockenen Perioden in diesen beiden Jahren wie auch im Folgejahr, bekommen die Pflanzen hier noch ausreichend Wasser. Unsere Marschböden liegen nur einen Meter über dem Meeresspiegel, entsprechend hoch ist der Grundwasserstand. Dithmarschen hat also einzigartige Bedingungen für den Kohl und besitzt heute das größte geschlossene Kohlanbaugebiet Europas. Mit einer leicht salzhaltigen Luft weht hier immer eine frische Brise, was bewirkt, dass die Pflanzen längst nicht so stark von Schädlingen befallen werden wie in anderen europäischen Anbaugebieten. In Dithmarschen werden in guten Jahren von den hiesigen

Kohl- und Möhrenfelder im Kaiser-Wilhelm-Koog.

Kohlstecklinge. Fotos: Wiedemann

Für die Rotkohlernte werden einige Wochen lang polnische Arbeitskräfte beschäftigt. Im restlichen Jahr schafft Familie Brandt den landwirtschaftlichen Betrieb fast ohne fremde Hilfe.

Im Wesselburener »Kohlosseum« befindet sich neben einem landwirtschaftlichen Museum auch die letzte Krautwerkstatt, in der Sauerkraut nur mit Salz und durch Milchsäuregärung hergestellt wird. Mittlerweile gibt es ein großes Sortiment an Produkten auf Kohl-Basis. Diese und weitere regionale Produkte werden im Bauernmarkt im »Kohlosseum« angeboten. Fotos: Wiedemann

*Hof Brandt – Kaiser-Wilhelm-Koog*

Karl-Albert Brandt für den Gemüsebauernverband Dithmarschen e.V.

Einlagern der Rot- und Weißkohlernte. Fotos: Wiedemann

Landwirten auf ca. 2500 bis 3000 Hektar etwa 80 Millionen Kohlköpfe im Jahr produziert. Auf 4000 Hektar insgesamt werden unterschiedliche Gemüsesorten angebaut. Davon entfallen etwa 2000 Hektar auf Weißkohl und 400 Hektar auf Rotkohl. Dazu bauen die Landwirte noch Wirsing, Möhren, Blumenkohl und sonstige Gemüsesorten an. Da die Bevölkerungsdichte hier in Dithmarschen nicht besonders hoch ist, liegt der Anteil der regionalen Direktvermarktung auch nur im einstelligen Prozentbereich.

Im Frischemarktbereich produzieren wir für die europaweite Versorgung der Großmärkte. 2013 konnten wir zwei Drittel der Kohlernte nach England verkaufen. Für den Kohl erhielten wir in diesem Jahr 15 Cent, was meines Erachtens ein guter Preis ist. 2014 war der Absatz von Rotkohl wieder gut in Richtung Spanien, Griechenland und auch Skandinavien. Dennoch gehen die Kohlbauern jedes Jahr aufs Neue ein Risiko ein. Sie wissen nie, ob sie ihre Ware für einen vernünftigen Preis verkaufen können. Die Veredelung unserer Produkte findet zum größten Teil leider nicht mehr in Dithmarschen statt. Zur Weiterverarbeitung geht unser Kohl zum Beispiel an große industrielle Salatfabriken im Ruhrgebiet. Es gibt hier heute auch nur noch eine Sauerkrautfabrik. Vor 30 Jahren gab es noch fünf Sauerkrautfabriken vor Ort. Bei Hubert Nickels, dem Krautmeister der Wesselburener Krautwerkstatt, kann man noch erleben, wie Sauerkraut auf ganz traditionelle Weise hergestellt wird – nur durch Salz und Milchsäuregärung. Es schmeckt daher milder und besser als das Sauerkraut, das bei konventioneller Herstellung der Konservenindustrie stark erhitzt werden muss. Dabei verliert das Kraut nämlich 60 Prozent seiner Inhaltsstoffe.

Von den hunderten Kohlsorten, die es eigentlich gibt, werden im konventionellen Kohlanbau für die Großindustrie im Prinzip nur noch fünf Sorten Winterkohl angebaut. Diese wurden insbesondere auf Eigenschaften wie Kühlfähigkeit und Lagerhaltigkeit gezüchtet. Wenn ich nach den Geschmacksunterschieden bei Weißkohl und Rotkohl gefragt werde, muss ich dazu sagen, dass bei den modernen Kohlsorten die Senföle herausgezüchtet wurden, die für den starken, fast unangenehmen Kohlgeruch verantwortlich waren. Die heutigen Kohlsorten riechen nicht mehr so streng. Der frische Herbstkohl im September ist am schmackhaftesten, da er mehr Zucker enthält. Der Kohl, den der Verbraucher das ganze Jahr über »frisch« im Supermarkt erhalten kann, ist der lagerfähige Winterkohl. Er ist etwas weniger süß, dafür umso knackiger.

Bei den Direktvermarktern selbst kann der Kunde aber noch spezielle Kohlsorten wie das Fildernkraut – eine Weißkohlsorte, die in spitzen Hüten zuläuft – erwerben. Diese Kohlvariante wächst in der Größe sehr unterschiedlich und benötigt viel mehr Handarbeit, darum findet man derartige Sorten als Raritäten eher auf den einheimischen Hofläden.

Zurzeit bin ich stellvertretender Vorsitzender des Gemüseanbauernverbandes und des Gemüseberatungsringes in Dithmarschen. Wir Kohlbauern müssen auch gute Kaufleute sein. Da das Land in Dithmarschen sehr teuer und die Pacht dementsprechend hoch ist, ist es für mich selbstverständlich, nach weiteren festen Standbeinen zu greifen. Und so kam ich zur Windenergie. Als ich meine rund 200 Rinder, die ich 1993 noch auf Eiderstedt mästete, verkaufte, steckte ich einen Teil des Erlöses in eine neue Schweinemastanlage, die ich noch heute betreibe. Den anderen Teil des Erlöses investierte ich in eine erste Windkraftanlage. Ich konnte diese Anlage auf meinem eigenen Grund aufstellen lassen, also außerhalb der ausgeschriebenen Windeignungsflächen. Wenn ich damals auch nur geahnt hätte, wie sich der Markt für alternative Energien entwickelt, hätte ich besser das ganze Geld in Windmühlen gesteckt. Schlechte Kohljahre wie 2011 werden mit den Einnahmen aus der Wind- und Solarenergie ausgeglichen und die Investitionen in so manche Kühlhäuser und Erntemaschinen wären ohne diese Zusatzeinnahmen nicht gelungen. Meine erste Photovoltaikanlage ließ ich mir 2003/04 auf die Dächer setzen.

Ich habe mich mit sieben anderen Windmüllern, die insgesamt zwölf Windräder besaßen, zusammengeschlossen. Inzwischen sind wir eine GmbH & Co. KG. Die Windanlagen liegen alle außerhalb von Windeignungsflächen. Das war nur möglich, weil Landwirte im Kreis Dithmarschen privilegiert bauen durften. Das sieht zum Beispiel in Nordfriesland ganz anders aus. Dort wurde nur auf ausgewiesenen Flächen gebaut, an diesen Anlagen konnte sich jeder beteiligen, was natürlich zu größeren, effizienteren Anlagen und zu mehr Akzeptanz in der Bevölkerung führte. 90 Prozent der Anlagen sind in Nordfriesland in der Hand von Bürgerinitiativen. Inzwischen bin ich Vorsitzender des Regionalverbandes Dithmarschen im Bundesverband Windenergie e. V. und Geschäftsführer von 19 Windanlagen, wovon auf meinem eigenen Land eine Anlage steht. An einem Bürgerwindpark von vier Anlagen im Kaiser-Wilhelm-Koog bin ich auch beteiligt. Im Laufe der Jahre wurden die Windkraftanlagen immer größer und effizienter. Unsere alten Windmühlen hatten eine Nabelhöhe von 45 Metern und eine Leistung von 1,5 Millionen Kilowatt. Inzwischen erreichen die neuen Mühlen schon 65 Meter und erbringen mehr als das Vierfache an Leistung. Jetzt manage ich als Geschäftsführer das Repowering der Anlagen im Kaiser-Wilhelm-Koog und der 13 Anlagen im Dieksanderkoog-Süd. Wir Anlagenbesitzer haben uns jetzt zu einer Trassengemeinschaft zusammengeschlossen, um so den Absatz zum Umspannwerk in einer Hand zu haben. Das hat die Vorteile, dass die Schleswig-Holstein Netz AG nur noch einen Ansprechpartner hat und die Anlagenbetreiber gemeinsam bei der Vermarktung großer Strommengen deutlich punkten können. Ein weiterer positiver Effekt ist, dass die Einspeisevergütung für alle gleich ist. 2012 machten die Windeignungsflächen in Schleswig-Holstein noch 0,8 Prozent der Landesfläche aus. Bis 2014 ist die Zahl schon auf 1,5 Prozent angestiegen. Daher finde ich es umso bedauerlicher, dass der Bau der Westküsten-Stromtrasse durch die niederländische Firma TenneT immer noch nicht wirklich vorangeschritten ist. Das ganze Engagement auf dem Feld der Windenergie führt dazu, dass ich die Hälfte eines normalen Arbeitstages in diese Aufgabenbereiche stecken muss.

*Karl-Albert Brandt im Mai/Oktober 2014*

Seit den 1990er Jahren steht auf dem Hof von Karl-Albert Brandt auch eine Windkraftanlage. Foto: Wiedemann

# Hof Cordes  Ammersbek/Hoisbüttel

## Dieter Cordes

\* 1957

Beruf: Landwirt, Diplom-Pädagoge

Meine Eltern kamen beide aus der Landwirtschaft. Meine Mutter aus einem kleinen Betrieb bei Stelle in Niedersachsen, mein Vater aus einem ebenso kleinen Betrieb von etwa 50/60 Hektar Eigenland aus einem Nachbarort. Mein Großvater starb 1944. Der ältere Bruder meines Vaters war im Krieg gefallen, sein jüngerer Bruder hatte den Hof schon übernommen, fiel dann aber auch im Krieg. So musste mein Vater, der eine Maurerlehre begonnen hatte, nach dem Krieg als 20-Jähriger den Hof übernehmen. Er machte seine Lehre auf dem eigenen Hof und besuchte nebenher die landwirtschaftliche Berufsschule in Winsen an der Luhe. Mein Vater hatte einen sehr schweren Stand im Dorf. Die älteren Bauern nahmen ihn, den jungen Kollegen ohne Hoferfahrung, nicht ernst. Er blieb aber hartnäckig bei seiner Entscheidung und biss sich durch.

Nach 1945 waren auf dem Hof meiner Eltern viele Flüchtlinge untergebracht. Einzelne von ihnen wohnten bis weit in die 1950er Jahre auf dem Hof, teilweise als Knechte oder Mägde sogar bis Mitte der 1960er Jahre. Danach gab es nur noch Erntehelfer für die Kartoffel- und Rübenernten. Die Betriebe, auf denen meine Eltern aufwuchsen, ähnelten einander sehr. Beide betrieben Milchwirtschaft. Während meine Eltern in den 1950er Jahren zwölf bis 15 Milchkühe hatten, was damals viel war, besaßen die Eltern meiner Mutter maximal zehn Kühe. Auf beiden Höfen wurden Getreide und Ackerfrüchte wie Rüben und Kartoffeln angebaut. Das war damals so üblich. Außerdem gab es Kleinvieh wie Mastschweine, Sauen, Enten, Gänse und Hühner. Vieles wurde noch auf dem Hof geschlachtet und direktvermarktet. Ebenso wurden die Kartoffeln, Eier und Geflügel überwiegend selbstvermarktet. Beide Mütter meiner Eltern pflegten ihre Gemüsegärten, was bedeutete, dass sie während der Erntezeit viel einkochten und einweckten.

Mein Vater war eigentlich ein »moderner« Landwirt, da er sich schon früh große Schlepper angeschafft hatte. So hatte er in den 1950er Jahren einen McCormick, wozu es große Eisenräder zum seitlichen Anschrauben gab, und einen Ritscher mit 15 bis 17 PS. In den 1960er Jahren kaufte er sich einen Fordson, 60 PS mit Frontlader. Natürlich hatte mein Vater in den 1950er Jahren bis in die 1960er auch noch Pferde. Er fuhr mit seinem Pferdegespann zum Melken auf die Weiden. Für das Erzeugen des Unterdrucks beim Melken hatte er eine Motorpumpe mit einem Zweitaktmotor dabei. Anfangs wurden seine Pferde auch zum Pflügen und Dungfahren genutzt. Mein Vater war ein vitaler, lebenslustiger Mann, der kein Schützenfest, keinen Feuerwehrball oder gar Karneval-Feierlichkeiten ausließ. Er konnte auch mehrere Tage hintereinander Skat spielen und seinen Hof dabei vergessen. Er wusste, dass seine Knechte dann seine und ihre eigene Arbeit verrichten mussten, und meine Mutter hatte zusätzliche Arbeit und Sorgen.

Ich kam 1957 zur Welt und war der Jüngste von vier Kindern. Es dauerte nicht lange, dann konnten wir als Kinder Trecker fahren und bei der Kartoffel- und Rübenernte sowie beim Melken, Heueinfahren und bei der Getreideernte helfen. Meine Mutter fuhr sogar Motorrad. Wir Kinder mussten natürlich überall mit anfassen und helfen. Ich erinnere mich noch sehr gut gerade an das anstrengende Rübenhacken und Kartoffelsammeln. Eingeschult wurde ich 1963 in die Grundschule in Pattensen. 1966 wechselte ich zur Oberschule nach Winsen an der Luhe. 1977 machte ich auf einem Landwirtschaftlichen Gymnasium in Bremervörde mein Abitur. Meinen Zivildienst absolvierte ich in einem Obdachlosenheim in Winsen, dann schloss ich bei meinem Schwager in Roydorf eine landwirtschaftliche Lehre ab. Hier wurde überwiegend Ackerbau, Sauenhaltung und Rindermast betrieben. Aber anstatt weiter diesen Weg zu verfolgen, fing ich 1980 aus idealistischen Gründen das Studium der Theologie und der Pädagogik in Göttingen und Hamburg an. Das Studium beendete ich 1987/88 mit einem Diplom. Während des Studiums lernte ich 1985 bei einem Feuerwehrball in Timmerhorn meine zukünftige Lebenspartnerin kennen, mit der ich dann wieder ganz neue Lebenspläne schmiedete: Wir planten zum Beispiel eine Hofgemeinschaft mit Direktvermarktung.

Meine Partnerin brachte drei Kinder aus erster Ehe mit. Unser gemeinsamer Sohn Johannes kam 1989 zur Welt. Im gleichen Jahr gründeten wir den Biohof am Schüberg in Ammersbek mit dem Ziel, eine vielfältige und ökologische Landwirtschaft zu betreiben. Unsere Idee war es, alle Kleintiere wie Ziegen, Schafe, Schweine, Hühner, Gänse und Enten wie auch Rinder zu halten und ebenso alle Gemüsesorten zu führen und direkt zu vermarkten. Ein integrierter Biohofladen und die private Kundenbelieferung mit Gemüsekisten waren damals innovativ und sehr gefragt. Das Geschäft mit den Gemüsekisten konnten wir bis 2000 aufrechterhalten, mussten es dann aber doch einstellen, weil der Lieferservice zu zeitaufwendig wurde. Den Laden selbst schlossen wir 2003/04 aus persönlichen Zwängen, aber auch, weil wir ungünstig zwischen zwei anderen Biohöfen (Wulfsdorf und Wulksfelde) lagen. Ab dem Jahr 2000 stellte ich den Betrieb auf weniger Produktionsfelder um. Ich vergrößerte den Betrieb auf 60 Hektar durch Zupacht und kaufte mir neue Maschinen, mit denen ich Ackerbau (Getreide, Mais) und Grünlandbewirtschaftung (Rindermast) betrieb, inzwischen auch mit einem Traktor mit 120 PS und digitaler Technik. Ich hielt 40 Rinder, deren Fleisch ich in der Direktvermarktung gut verkaufen konnte. Lohnarbeiten für andere Betriebe, unter anderem Miststreuen, Grünland-Bewirtschaftung (Heu- und Silagewerbung) und Pflügen sicherten mir die finanzielle Grundlage. Meine Arbeit begann morgens früh um sechs Uhr und endete im Schnitt um 20 Uhr. Meine Lebenspartnerin und ich hatten von 1999 bis zum Jahr 2006 zudem schwererziehbare Jugendliche in die Familie mit aufgenommen.

Auf dem elterlichen Hof kamen drei Generationen der Familie Cordes noch lange zusammen. Fotos: Privat

Der »Rinderbändiger« Johannes mit seinen Halbgeschwistern Kiene, Sebastian und Matthias. Auch Dackel Nelli ist dabei (1994).

Johannes Cordes (1991).

Dieter Cordes' Partnerin Gundula Paulitschek im gemeinsamen Hofladen (1995).

Sau Henriette von Borstel musste mit der Flasche großgezogen werden.

Sohn Johannes packt kräftig mit an, ob auf dem eigenen Güldener oder bei der Heuernte. Fotos: Privat

*Hof Cordes – Ammersbek/Hoisbüttel*

Heute reduziere ich meine Aktivitäten in Hoisbüttel auf Getreideanbau, eine Mutterkuhherde und Lohnarbeiten für andere Betriebe. Ich vermarkte meine Tiere weiterhin direkt, indem ich eine Rundmail an Privatkunden, an das »Haus am Schüberg« (ein kirchliches Seminarhaus) und ein Heim für Behinderte sende, wenn die Schlachtung ansteht. Ich will auch meine letzten zehn Jahre im Arbeitsleben etwas ruhiger angehen und mich mit Fragen beschäftigen, die auch meinen Kopf noch anders herausfordern. Ich merke körperlich das Älterwerden und versuche die Lebensqualität durch Urlaub, Freizeit und Kultur neu zu erleben. Jetzt habe ich vier Hektar Landflächen vor Hamburg, in der Nähe einer Waldorfschule und einer U-Bahn-Station, gepachtet, um hier Gemüseparzellen (48/96/144 Quadratmeter) für Einzelpersonen und für Familien anzubieten. Meine Idee dazu ist, die interessierten Personen bei der Bearbeitung ihrer Parzellen zu beraten und zu betreuen. Bei dieser Arbeit kann ich meine Ausbildung als Diplom-Pädagoge mit meinem landwirtschaftlichen Grundwissen zusammenbringen und anderen Menschen Spaß am landwirtschaftlichen Anbau vermitteln.

Und dennoch: Das Halten der Mutterkühe mit Kälbern und die Beziehung zu diesen Tieren waren und bleiben meine Herzensangelegenheit in der Landwirtschaft. Den Hof in Hoisbüttel soll mein Sohn Johannes übernehmen, der selbstständiger Garten- und Landschaftsbauer ist. Er beabsichtigt, mit in die Landwirtschaft einzusteigen.

*Dieter Cordes im Frühjahr/Herbst 2013*

Den Biohof am Schuberg soll Sohn Johannes später übernehmen. Foto: Privat

*Hof Cordes – Ammersbek/Hoisbüttel*

Biorinderherde von Dieter Cordes. Foto: Privat

# Hof Drath-Bacher   Lübeck-Kronsforde

## Gundula Drath-Bacher

geborene Schnoor
* 1941
Beruf: Landwirtin i. R.

Meine Eltern betrieben laut der Kronsforder Chronik den »Hof Nr. 5« in Lübeck-Kronsforde. Der Hof hatte die Größe von etwa 25 bis 26 Hektar. Ich kam 1941 zur Welt. Mein Vater, Otto Schnoor, war im Krieg in Frankreich eingesetzt und geriet dort in Kriegsgefangenschaft. Als er entlassen wurde und wieder nach Hause kam, war ich fünf oder sechs Jahre alt. Er erschien auf unserem Hof in einem Militärmantel. Da mein zwei Jahre jüngerer Bruder Wolfgang und ich ihn nicht gleich erkannten, erschraken wir und versteckten uns erst einmal. Er hatte Verletzungen am Arm, erzählte uns aber damals und auch später nichts über seine Kriegserlebnisse.

Mein Vater hatte seine eigenen Eltern auch sehr früh verloren. Er war gerade drei Jahre alt, als er seine Mutter 1914 verlor; sein Vater starb 1923. Sein ältester Bruder kam im Ersten Weltkrieg um. Mein Vater hatte aber noch fünf Schwestern, die sich um ihn und den Hof solange kümmerten, bis mein Vater ab 1932 seinen geerbten Hof selbst bestellen konnte. Alle seine Schwestern heirateten in andere Höfe ein.

Auf unserem Hof war nach dem Krieg ein Belgier zum Helfen eingeteilt. Außerdem wohnte hier die sechsköpfige Flüchtlingsfamilie Lander, die später nach Düsseldorf zog. Es gab auch junge Mädchen aus privaten Haushalten zum Helfen im Haushalt. Auch erinnere ich mich an eine Tante, die neben dem Hochofenwerk in Lübeck-Herrenwyk wohnte und zu uns raus aufs Dorf zum Helfen kam. Ihr Mann, mein Onkel Bruno, kam zu uns, um unsere Schweine zu schlachten. Ich durfte oder musste dabei das Blut rühren und immer etwas Essig dazugeben, damit es nicht klumpte. Jahre später schlachtete der Schäfer Hübenbecker aus Lübeck-Blankensee auf den Kronsforder Höfen Drath und Burmester. Um die Schweine gut zu füttern, dämpften wir bei ihm häufig unsere Kartoffeln. Das war nötig, um das Futter haltbarer zu machen.

Zur Schule ging ich in die etwa 15 Minuten entfernte Grundschule Niederbüssau am Krummesser Baum. Es war eigentlich selbstverständlich, dass ich meinen Beruf in der Landwirtschaft fand. Schon als Jugendliche lernte ich das Melken. Die Milch wurde in Kannen gefüllt, dann mit einem Wagen zur nicht weit entfernten Milchrampe in die Ortsmitte, am Brink, gebracht. Später hatten wir ein Fahrrad mit einer speziellen Halterung für die Kannen.

Meine Eltern hatten auch etwa drei Sauen und Ferkel. Einen Teil der Eier unserer 20 bis 30 Hühner verkauften wir direkt vom Hof. Unangenehm und anstrengend war für mich in meiner Kindheit das Sitzen auf dem Pferd während des Mist-Ausladens oder Getreide-Aufladens. So ärgerte ich mich oft über das Schlagen der Köpfe oder der Schweife der Pferde, wenn diese die lästigen Fliegen loswerden wollten und mich dabei trafen.

Beim Heumachen wurde das Heu auf den Dreibock, den dreibeinigen Reuter, geworfen. Es stand dann etwa zwei Wochen zum Trocknen auf den Wiesen, bis wir es auf die Wagen luden. Auf dem Heuboden trampelten wir Kinder es dann fest, um Platz für mehr zu schaffen. Unsere neue Scheune wurde 1950 gebaut, und auf unserer Diele wurde gedroschen. Jedes Mal, wenn Getreide benötigt wurde, droschen meine Eltern zwei bis drei Säcke. Ich stand dann hinter der Dreschmaschine, dort wo das Stroh herausflog, in einem Nebel von Staub und Dreck. Ich stapelte das Stroh, das dann wieder auf den Boden gebracht wurde.

1957 wurde ich in der Krummeser Kirche konfirmiert, unsere Kronsforder Kirche wurde erst 1969 fertiggestellt. 1958 gründeten wir mit anderen Jungbäuerinnen und Jungbauern, unter ihnen Erika Heitmann, Hans Scheel, Sigmar Heitel, Lothar Rehbein und Peter Burmeister aus Rothenhausen und Bernhard Meins eine Landjugendgruppe in Kronsforde. Es gab keine Bezugs- oder Anknüpfungspunkte zu der Landjugend von vor 1945. Neben

*Hof Drath-Bacher – Lübeck-Kronsforde*

Bauer Paul Drath bei der Ernte (1930/40er Jahre).

Ehepaar Drath in den 1940er Jahren.

Ehepaar Drath auf einem Lanz-Bulldog (1940/50er Jahre).

Gemolken wurde an einem Melkstand auf der Koppel (1970er–1990er Jahre). Fotos: Privat

ortsansässigen jungen Leuten stießen bald auch Landwirtschaftslehrlinge vom benachbarten Ziegelhof sowie aus Wulfsdorf, Vorrade, Nieder- und Oberbüssau dazu. 1960 stand ich vor einer schweren Entscheidung: ich konnte mit der Landjugend nach Berchtesgaden reisen oder das Geld für einen Führerschein erhalten. Ich zog Letzteres vor.

In den Jahren 1958/59 besuchte ich die erste Handelsschule in Lübeck und dann die Landwirtschaftsschule in der Beethovenstraße. Mit dem Bus konnte ich in die Stadt fahren, eine restliche Strecke musste ich zu Fuß bis zur Schule laufen, was zur Folge hatte, dass ich dort bei Regentagen häufig durchnässt ankam und die ausgezogenen Stiefel und Klamotten auf die Heizkörper zum Trocknen legen musste.

Der Verein Lubeca lud einmal im Jahr die ehemaligen Landwirtschaftsschüler und -schülerinnen zu einem Ball in die Gaststätte Muus in Israelsdorf ein. Dorthin fuhr ich mit dem Bus, zuvor musste ich mit einem mit Gummiband hochgebundenem Kleid noch zu Fuß von uns zu Hause zur Bushaltestelle Krummesser Baum laufen.

Meine Eltern hatten zehn bis 14 Kühe. Wenn meine beiden Eltern unterwegs waren, molk eine Frau Westphal mit mir die Kühe. Interessant war, dass Frau Westphal sich die Arbeitskleidung meiner Mutter anziehen musste, damit die Kühe nicht immer von ihr abrückten.

Bis 1996 gab es bei uns in Kronsforde den sogenannten »Aus- und Abtrieb«. Daran beteiligten sich die Bauern der Höfe Burmester, Schnoor und Drath-Bacher, da ihre Weiden doch relativ weit abseits von ihren Höfen lagen. Alle anderen Bauern halfen aber bei dem Treiben und kontrollierten, dass kein Tier ausbüxte. So wurden die Kühe auf der Kronsforder Hauptstraße einmal durch den Ort getrieben. Anschließend wurde auf dem Hof Drath-Bacher das Treiben gerne mit einem Bier und einem Schnäpschen gemeinsam gefeiert. Beim Einfahren des Getreides von den Feldern konnte ich als Jugendliche gute Sprüche zu hören bekommen, zum Beispiel von Herrn Kudsk aus Kronsforde: »Wenn Du feiern kannst, dann kannst Du auch arbeiten!«

1964 heiratete ich den auf der gegenüberliegenden Straßenseite wohnenden Bauern Hans-Jürgen Drath-Bacher. Mein Mann war ein Flüchtling aus Ostpreußen, der mit seiner Mutter Gertrud Bacher, geb. Stradt, ihrer Schwiegermutter und zwei Schwägerinnen vor den Russen in den Westen geflohen war. Unterwegs brachte seine Mutter noch Hans-Jürgens Bruder Dieter zur Welt. Bei der Flucht geholfen hatte ein beim Militär arbeitender Onkel. Er brachte die Familie mit einem Flüchtlingszug raus in den Westen, dort sollten die Flüchtlinge auf Orte in Schleswig-Holstein verteilt werden. Oma Stradt kam zuerst nicht mit, sie musste noch einmal zurück auf ihren Hof. Oma Stradt schaffte es aber später nach Bremen zu kommen. Gertrud Bacher kam mit ihren Kindern nach Lübeck-Kronsforde, wo sie mit weiteren Flüchtlingsfamilien auf dem Boden über dem Tanzsaal des Bauern und Gastwirts Meetz unterkam. Dort blieb die Familie für ca. fünf Jahre. Frau Bacher arbeitete, wie viele andere Frauen auch, für einen Zusatzlohn auf dem Gut Krummesse bei Familie Holm.

Für den Eigengebrauch machten unsere Eltern Ende der 1940er bis Anfang der 1950er Jahre auch Dickmilch und Quark, Kartoffelmehl und Sauerkraut. Auch hierbei half Frau Bacher: Sie füllte das Sauerkraut in Steinguttöpfe, die dann mit einem Holzdeckel abgedichtet und mit einem Feldstein beschwert auf dem Boden beim Bauern Meetz abgestellt wurden. Frau Bacher lernte in dieser Zeit auch unseren Nachbarn, den Bauern Paul Drath kennen. Sie heirateten 1951. Mit der Eheschließung wurde Hans-Jürgen Bacher von Paul Drath adoptiert. So erklärt sich auch der Name Drath-Bacher. Paul Draths Vater Wilhelm, der von 1935 bis 1945 Ortsbauernführer war, starb 1951, woraufhin der Hof in der Erbfolge an seinen Sohn Paul ging.

Bis in die 1950er Jahre waren auf dem Hof der Draths noch drei Pferde. Als die Traktoren kamen, verringerte sich die Zahl der Pferde. Der erste Traktor der Draths, ein Lanz-Bulldog mit 20 PS fuhr 6 km/h und musste noch mit einer Lötlampe angeworfen werden. Damit fuhr auch Hans-Jürgen noch Kartoffeln nach Cleverbrück.

Als Opa Paul Drath-Bacher mit 65 Jahren in Rente ging, konnte mein Mann den Hof übernehmen. Er bekam den Hof aber erst 1976 überschrieben, als sein Vater starb. Der Hof und der Wohntrakt der Familie Drath-Bacher waren eigentlich recht klein. 1962, als Hans-Jürgen seinen Wehrdienst leistete, wurde das Reetdach abgenommen und durch ein Eternitdach ersetzt. 1962 vergrößerte Paul Drath-Bacher das Hofgebäude, indem er das Haus nach Süden etwas verlängerte. In diesen Jahren gab es natürlich noch keine Zentralheizung und Isolierfenster. Im Winter beschlugen die Fenster mit Eisblumen, und für die Öfen musste auf dem Hof Holz gehackt und zurechtgesägt werden. Etwas später hatten wir zur Unterstützung einen Unternehmer mit einer Kreissäge bei uns.

In den 1960er Jahren gab Bauer Drath auf seinem Grundstück etwas Land frei, auf dem dann der ortsansässige Maurer Willi Göttel eine Gefrieranlage mit etwa 30 Fächern mauerte. Diese Anlage wurde von allen Kronsfordern genutzt, indem jeder sich ein Fach als Gefrierfach mietete. Als nach zehn Jahren die ersten Reparaturen fällig wurden, lohnte sich die Anlage nicht mehr, zumal dann auch die Kühltruhen immer preiswerter wurden und auf die einzelnen Höfe kamen. Der Platz der Anlage wurde von den Drath-Bachers fortan als Unterstand für das Mähwerk genutzt.

Nach meiner Eheschließung mit Hans-Jürgen 1964 zog ich auf den Hof der Familie Drath-Bacher, wo nach dem Krieg – also schon bevor ich dort wohnte – auch Flüchtlingsfamilien untergekommen waren. So hatten hier eine

*Hof Drath-Bacher – Lübeck-Kronsforde*

Familie Drath-Bacher mit Hans-Jürgen Drath-Bacher, seiner Tochter und Enkelkindern, im Hintergrund Wolfgang Schnoor (2008).

Ehepaar Drath-Bacher.

Gundula Drath-Bacher in ihrem Gemüsebeet. Mit dabei sind ihre Tochter und Enkeltochter. Fotos: Wiedemann

Frau Schütt mit drei Kindern und eine Frau Olowski mit vier Personen gewohnt. Das war dann inzwischen ein großer Haushalt geworden, was besonders deutlich wurde, wenn alle beengt in der Küche zusammensaßen. Es wohnten bei Drath-Bachers sogar drei Omas: Oma Drath, Oma Bacher und zeitweilig Oma Stradt.

1965 und 1971 kamen unsere Töchter Birgit und Maren auf die Welt. Neben der Hausarbeit und Kindererziehung hatte ich die typische Frauenarbeit auf dem Lande zu bewältigen. Dabei konnte ich mich aber immer auf die Hilfe meiner Schwiegermutter und auch meiner Eltern auf der gegenüberliegenden Straßenseite verlassen. Mein Hofgarten, ein Blumen- und Gemüsegarten, lief nebenher. Er gehört bis heute noch unbedingt zum Hof und zu meiner Arbeit. Ich setzte Kartoffeln, Wurzeln, Salat, Bohnen wie Erbsen und Erdbeeren nicht allein für den Haushalt, sondern auch für meine Kinder und Enkel zum Lernen.

Der Hof hatte etwa 26 Hektar. Neben Hackfrüchten bauten wir alle Getreidesorten in der Fruchtfolge an. Bevor wir einen Vollroder bekamen, warf mein Mann die Kartoffeln mit einem einfachen Roder nur auf. Ich musste hinter ihm herlaufen und die Früchte in Körbe aufsammeln.

Mit dem technischen Fortschritt hatten die Höfe Schnoor und Drath-Bacher auch bald einen gemeinsamen Kartoffelroder und eine zwei Meter lange Kartoffelklapper mit drei untereinander rüttelnden Sieben, was für uns Frauen die Arbeit natürlich sehr erleichterte. Aber meine Arbeit war für mich immer selbstverständlich. Es gab Leid und Freude. Ärgerlich waren natürlich die Hexenschüsse während der Erntezeit. Zum Glück gab es ab den 1960er Jahren die Lohn-Mähdrescher, die mit ihren immer größer werdenden Geräten an einem Tag die ganze Arbeit machten und unser Korn zum Silo der Raiffeisen GmbH brachten. Bis 1970 wurden bei uns noch Schweine geschlachtet und die Einzelteile verwertet, zum Beispiel eingeweckt. Dann wurde das private Schlachten verboten, und die in Krummesse ansässige Schlachterei Prösch übernahm diese Arbeit. Natürlich hatten wir, genauso wie die anderen Höfe, auch Hühner. Auch die machten Arbeit. Die Eier verkauften wir an private Haushalte.

Für das Vieh hatten wir genug Weiden und Wiesenflächen. Das Melken der Kühe auf der Weide machte ich bis zuletzt meist mit meinem Mann zusammen. Es ging während der Erntezeit auch alleine, da ich ja Traktor fahren konnte. Aber normalerweise fuhren wir zu zweit mit dem Traktor und dem Hänger für die Kannen und das Melkgeschirr zu unserem Milchvieh auf die Felder. Wir hatten auf der Weide einen Melkstand für 16 Kühe stehen. Mit etwas Schrot als Lockmittel kamen die Tiere sehr schnell in die Gestelle und ließen sich melken. Die Euter der Kühe mussten nach dem Melken mit Melkfett eingerieben werden, damit sie in der Sonne nicht verbrannten. Mithilfe einer Vakuumpumpe wurde die Milch in einen Tank aus Nirosta-Stahl gepumpt. Wieder zurück auf dem Hof wurde die Milch in eine Kühlwanne umgepumpt und dort auf vier Grad Celsius abgekühlt. Im Winter wurde die abgemolkene Milch direkt in die Wanne gepumpt.

1996 konnten wir und andere Kronsforder Landwirte wegen der geringen Größe unserer Höfe die Produktionsaufgaberente in Anspruch nehmen und in den Ruhestand gehen. Unsere Ländereien verpachteten wir; die Pächter konnten mit diesem Land ihre eigenen Höfe aufstocken, so dass diese Höfe eher Rendite abwerfen konnten.

Unsere zwei Töchter hatten auch andere Berufswege eingeschlagen. Unsere älteste Tochter Birgit baute mit ihrem Mann den Kuhstall meiner Eltern auf der gegenüberliegenden Straßenseite zu einem Teeladen aus und bewohnt mit ihrer Familie den Wohntrakt des Hofes meiner Eltern. Wenn sie selbst nicht im Laden anwesend sein kann, helfe ich gerne drüben aus.

*Gundula Drath-Bacher 2011/12*

Hans-Jürgen Drath-Bacher auf seinem inzwischen verpachteten Feld (2012). Foto: Wiedemann

*Hof Drath-Bacher – Lübeck-Kronsforde*

Melkanlage auf der Weide (1993). Foto: Privat

Hof Drath-Bacher (1990er Jahre). Foto: Wiedemann

Ehepaar Drath-Bacher mit ihrem Melkgeschirr (1996). Foto: Wiedemann

*Hof Drath-Bacher – Lübeck-Kronsforde*

Otto Schnoor, Vater von Gundula Drath-Bacher.

Milchbauer Wolfgang Schnoor, Bruder von Gundula Drath-Bacher, Kronsforde (1996). Fotos: Wiedemann

# Hof Dürkop — Duvensee/Lauenburg

## Gottfried Dürkop

\* 1943
Beruf: KFZ-Meister i. R.

Mein Vater Gottfried Dürkop, geboren 1909, besaß einen kleinen Nebenerwerbshof auf Duvensee Wall, einem von Moor umgebenen Landstrich. Im Haus war es kalt, der Wind pfiff durch das ehemals reetgedeckte Haus, das auch teilweise mit Stroh gedeckt war, weil das Geld für Reet fehlte. Eine Altenteilerin wohnte mit im Haus, wohl um zusätzlich etwas Geld dazuzuverdienen. Es gab einen mit Lehm verputzten Anbau zum Wohnen. Die Lehmdiele besaß noch einen Kiesboden, der am Wochenende geharkt wurde. Mein Großvater Gottfried Dürkop fiel im Ersten Weltkrieg. Er hinterließ sechs Kinder, wovon mein Vater der Älteste war. Mein Vater musste nun mit seiner Mutter zusammen den ärmlichen Hof führen. Auf Duvensee Wall galt das Ältestenrecht. Mein Vater schuftete von morgens früh bis zur Dunkelheit. Als Zwölfjähriger musste er den Pflug führen, obwohl er die Spur wegen seiner geringen Größe gar nicht sehen konnte. Er mähte Heide, um Streu für seine Kühe zu haben. Die Heide war sehr hart, und man konnte gar nicht glauben, dass der Jüngling die Ernte selbst auf den Wagen laden konnte. Während er mit seiner Mutter den Hof führte, konnten seine jüngeren Geschwister spielen und Kinderstreiche spielen. So zum Beispiel war am Haus eine Jauchekuhle mit Enten. Sein jüngerer Bruder, mein Onkel also, kam auf die Idee, eine Waschschüssel über die Entenschaar zu stülpen, worauf einige von ihnen krepierten. Mein Vater und meine Mutter Frieda Dürkop, geboren 1910, starteten nach ihrer Hochzeit 1934 ihre Landwirtschaft mit zwei Kühen. Sie konnten aber den Viehbestand später auf sieben erhöhen. Sie besaßen ca. sechs Hektar Eigenland und nutzten drei bis vier Hektar Pachtland in Sirksfelde. Das Pachtland bestand aus einem sehr sandigen Boden, geeignet damals für Roggenanbau. Die Weizenernte auf dem Land am Hof brachte damals auf dem Hektar etwa 20 Zentner. Heute wird auf etwa 100 Hektar geerntet. Meine Eltern lebten zwar in ärmlichen Verhältnissen, sie waren aber – wie wir Kinder – immer glücklich und zufrieden.

Ich kam 1943 auf die Welt und genoss meine Kindheit auf dem Land. Um etwas Geld dazuzuverdienen und über die Runden zu kommen, verkauften meine Eltern Eier, Milch und Fleisch von Hühnern, Enten und Schweinen. Die Milch brachten wir zur Meierei nach Labenz. Im Winter waren bei schlechten Witterungsverhältnissen die Straßen häufig bis zu zwei Meter hoch mit Schnee verweht, so dass unsere drei Kleinbauern dann abwechselnd die Milch mit Pferd und Wagen, später auch mit Hilfe der Trecker, quer über die Felder, Moorwiesen und über die Knicks nach Lüchow schleppen mussten. Unser Dorf bestand aus sechs Häusern, alles Nebenerwerbsbetriebe. Der Bruder meines Vaters besaß hier auch ein Haus. Er hatte zwei Kühe und arbeitete im Dorf. Als meine Eltern das Dach reparierten, ließen sie auch den Giebelschmuck, die hölzernen Pferdeköpfe am First, von einem Zimmermann reparieren. Unter ihnen war das Einflugloch einer Schleiereule. Soweit ich weiß, bedeuten die zwei Köpfe nach innen gerichtet, dass der Hof von einem einfachen, kleinen Bauern betrieben wurde. Sobald die Köpfe nach außen gerichtet waren, konnte man von einem größeren und eher herrschaftlichen Betrieb von mindestens 30 bis 40 Hektar ausgehen. Jeder Bauer hatte im Dorf etwas Land mit einem Pferd und einem Fuhrwerk. Die größeren Betriebe hatten jedoch eher sechs Pferde und Gespanne. Mein Vater zählte zu den kleineren bäuerlichen Betrieben und musste tagsüber auf einer Ziegelei hinter Lauenburg arbeiten. Das bedeutete, dass er sehr früh am Morgen mit dem Fahrrad losfuhr und abends nach seiner Heimfahrt zum Beispiel noch zum Sensen in die Wiesen musste.

Meine Eltern schlachteten ihre Schweine damals noch selbst. Das geschah in der kalten Jahreszeit. Wenn geschlachtet wurde, bereiteten wir früh morgens um sechs

Uhr auf dem Herd einen großen Kessel mit heißem Wasser vor. Das Tier, eine junge Sau, wurde dann unter großem Gequieke von drei bis vier Mann auf einen alten Trog gehoben und abgestochen, wobei das Blut aufgefangen und sofort gerührt wurde, damit es nicht gerinnen konnte. Der Trog wurde umgekippt und geleert, das Tier wieder im Trog abgebrüht, zweimal mit dem Schrubber kalt gesäubert, dann die Haare von der Haut abgeschabt. Nachdem die Klauen herausgerissen waren, wurde das Tier auf eine Leiter gebunden und hoch gegen eine Wand gelehnt. Jetzt konnten meine Eltern es aufschlitzen. Sofort schlängelten sich die Gedärme heraus. Die Dickdärme wurden umgestülpt und damit geleert und in Alaun gereinigt. Wir brauchten sie zum Beispiel für das Füllen mit der Zunge und den Speck. Die Dünndärme wuschen wir mit Wasser. Sie wurden für die Leberwürste gebraucht. Das Blut wurde zu Schwarzsauer gekocht und für den Sommer eingeweckt; wir hatten ja keinen Kühlschrank. Das Fett (Flom) wurde vom Bauchfell abgezogen, es wurde für die Fertigung des Griebenschmalzes genutzt. Die pergamentartige Haut wurde an die Küchenfliesen »geklebt«, um sie dort gestreckt trocknen zu lassen. Diese Haut konnten meine Eltern später zum Einnähen der Mettwürste nutzen.

Während des Krieges durften meine Eltern nur ein Tier im Jahr schlachten. Meistens schlachteten wir aber ein Tier mehr als erlaubt. Verkauft wurde nichts, alles war nötig für den Eigenverzehr. Ich erinnere mich noch, wie ich dem Fleischbeschauer, der gerade in der Küche stand und die gereinigte und aufgepustete Blase über dem Herd sah, ganz naiv erzählte, dass im Nachbarraum noch so ein Ballon sei. Meine Eltern reagierten schnell und meinten, dass dieser noch vom letzten Jahr stamme. Der Fleischbeschauer war aber gutmütig und brummte nur. Es gab in unserem strohgedecktem Haus auch eine Räucherkammer, die – obwohl es eigentlich verboten war – dennoch von uns genutzt wurde. Ich weiß noch, dass einmal ein Schinken in die Glut gefallen war und mein Vater am Abend einem merkwürdigen Geruch nachging und das Unglück entdeckte. Nach dem Abschaben der Kruste haben wir ihn dennoch verspeist. Den Erzählungen nach gab es während des Krieges in Duvensee auch polnische Kriegsgefangene als Zwangsarbeiter. Diese durften angeblich nicht die Wohnstuben der Bauern betreten und hatten ihren Schlafplatz in den Buchten der Schweineställe. Einige Bauern kamen wohl aber gut mit ihnen zurecht und ließen sie dann auch in ihre Wohnung. Das gab dann manchmal Ärger, und die Polen wurden von einigen nationalsozialistisch geprägten Leuten schikaniert und geprügelt. Nach dem Krieg kamen natürlich auch einige Flüchtlinge in unsere Dörfer. Es war zwar wenig Platz in den Häusern, aber wo Not war, wurde geholfen.

Mit sechs Jahren besuchte ich in Duvensee die Volksschule, wohin ich zu Fuß marschierte und später auch mit dem Fahrrad fuhr. In der Mitte der 1950er Jahre kam ich dann auf die Mittelschule in Sandesneben, die ich sechs Jahre besuchte. Der Schulweg, ein landwirtschaftlich genutzter Weg, war sehr uneben, noch nicht geteert und von Treckerspuren mit vielen Furchen stark aufgewühlt. Meine Schwester begleitete mich, und wir trugen meist Gummistiefel, die wir in der Schule auszogen und gegen andere Schuhe tauschten. Ich musste mich in der Schule oft umziehen, so verdreckt und verschwitzt war ich. Manches Mal ließ ich verzweifelt das Rad auch einfach im Knick liegen, wenn ich nicht weiter kam. Mein Vater musste es dann später mit dem Trecker einsammeln.

Ferien kannte ich nicht. Ich half überall mit, damit wir über die Runden kamen. Mit zwölf Jahren wollte ich mitarbeiten, um etwas Geld zu verdienen. So arbeitete ich in den Jahren 1955 bis 1957 bei dem Bauern Hans Petersen in Lüchow bei der Kartoffelernte mit. Da liefen dann zehn Mann in der Reihe, um die schon ausgerodeten Kartoffeln einzusammeln und dabei machten sich Knie und Rücken bemerkbar. Zwei Mann waren dafür abgestellt, die vollen Körbe auf die Hänger auszuleeren. Das Ganze dauerte dann zehn Tage. Der Landwirt Paul Petersen sammelte neben mir auch mit. Hinter ihm blieben aber häufig besonders viele Kartoffeln liegen. Von mir dazu befragt, antwortete er lakonisch: »Da kann ich nichts für, mir fehlt ein Finger, da rutschen mir die Kartoffeln nur so durch.« Als ich 13 oder 14 Jahre alt war, pflückte ich auf den Feldern von Bauer Hans Petersen Erbsen. Ich ging schon im Dunkeln, bevor die Sonne aufging, zum Feld, um den besten Platz zu bekommen. Der Zentner brachte sechs Deutsche Mark, und ich verdiente in der Zeit ab fünf Uhr morgens bis mittags um 14 Uhr 18 Mark. Vor der Bezahlung leerte der Bauer aber stichprobenweise einige Säcke, um zu überprüfen, ob sich ein Feldstein oder Lehmklumpen darin »verirrt« hatte. In der Herbstzeit sammelte ich Wiesenchampignons. Auch hier zog ich früh im Dunkeln los, damit mir andere Pilzsammler nicht zuvorkamen. In der Heide gab es Steinpilze. Meine Eltern verwendeten die Pilze zum Braten und zum Einwecken. In meiner Schulzeit in Sandesneben bekam ich von meinen Eltern eine Mark Taschengeld in der Woche, wovon ich mir wohl zweimal in der Woche für je zehn Pfennige ein Eis gekauft habe. Den Rest sparte ich mir für notwendige Kleidungsstücke. Es gab viel Arbeit, an der wir Kinder beteiligt waren. Ich hatte zum Beispiel beim Kalben einmal die Aufgabe, das Kalb umzudrehen. Auch bei einer Sau sollte ich mit meinen kleinen Armen und Händen bei der Geburt helfen und mit viel Kraft das Ferkel herausziehen. Als Kind sah ich einmal zu, wie eine Kuh nicht kalben konnte, da ihr Kalb zu groß war. Die Kuh wurde örtlich betäubt; das Kalb getötet und in fünf Teile zersägt und heruntergezogen. Das war für mich fast normaler Alltag. Mit Freunden zog ich nachmittags häufig los, um Kaninchen zu jagen. Das Frettchen und die Netze hatten wir uns von dem zuständigen

Jäger im Dorf geholt. Es gab Tage, da hatten wir um die 15 bis 20 Tiere im Sack. Entsprechend wurden wir vom Jäger entlohnt, der die Kaninchen einmal in der Woche in Hamburg verkaufte.

Nach der Frühjahrsbestellung von Sommerkorn und Hafer war das Heumachen dran. Dann kamen die Getreideernte und das Strohmachen. Es schlossen sich das Torfstechen und das Holzmachen für die Heizperiode an. Nachdem die Torfsoden in Blöcke gestochen und halb getrocknet waren, wurden sie in Pyramidenform aufgestellt und nach dem Trocknen abgeholt, um sie im Torfschuppen wieder aufzustapeln. Vom Förster bekamen wir für günstiges Geld Stämme im Wald zugeteilt, die wir nach dem Herausziehen kleinsägen und kleinhacken mussten. Es galt immer, morgens früh aufzustehen und früh am Abend so gegen 21 Uhr ins Bett zu gehen. Abends legten wir im Winter die Füße gegen den warmen Kachelofen und aßen gemeinsam Äpfel aus einem Korb, der jeden Tag gefüllt wurde. Wir hatten auf dem Heuboden bis zu fünf Zentner Äpfel gelagert. In der Dreschzeit war ich zuständig für das Strohstapeln. Ein Lohnunternehmer brachte im Winter die Dreschmaschine auf unsere Diele. Mein Onkel war Einleger, er warf das Getreide von oben in den Dreschkasten. Hinten heraus flog das zweimal gebundene Stroh, das ich dann erst einmal draußen stapeln musste, um es, wenn die Dreschmaschine wieder die Diele verlassen hatte, wieder ins Haus und nach oben auf den Strohboden zu bringen. Bei feucht eingelagertem Getreide, besonders bei Hafer, bestand die große Gefahr des Selbstzündens. Häufig ging mein Vater mit mir auf den Boden, um das Getreide auseinanderzuziehen, damit sich keine zu große Hitze entwickeln konnte.

Im Haus gab es schon Stromleitungen, die an die Wand genagelt waren. Wir hatten auch eine Wasserpumpe im Waschraum, aber einen Kühlschrank besaßen wir nicht. In Duvensee gab es ein Kühlhaus mit Kühlfächern, die man mieten konnte. Meine Eltern machten davon aber keinen Gebrauch, da sie lieber einweckten und räucherten. Das erste Telefon im Ort gab es beim Nachbarn, meine Eltern beteiligten sich an den Grundgebühren. Einen Fernseher besaßen wir natürlich auch nicht, ich durfte aber bei unserem Nachbarn mitschauen.

Meine Eltern hatten ein Pferd, die Lotte, eine Schimmelstute, die sie nach dem Krieg vom Militär geholt hatten. Die Lotte war aufgrund ihrer Erfahrungen mit Kriegslärm – ihr sind wohl die Bomben nur so um die Ohren geflogen – sehr schreckhaft. Sie lief immer mit den Kühen auf der Weide und ließ sich schwer einfangen. Mein Vater benötigte meist eine halbe Stunde, bevor er sie fassen konnte und am Halfter hatte. Sie wurde von uns zum Ziehen des Leiterwagens und in den ersten Jahren zum Pflügen gebraucht. Ich mochte keine Pferde. Mich hätte sie beinahe einmal beim Zurückbringen auf die Koppel erschlagen. Sie trat mit ihren mit Eisen beschlagenen Hufen aus und knapp an meinem Kopf vorbei, als ich beim Öffnen des Gatters einmal das Pferd nicht umgedreht hatte. Mein Vater schimpfte fürchterlich, und es war mir eine Lehre, immer das Pferd im Blickfeld zu haben. Meine Mutter hatte einen Bruder in Wentorf. Gelegentlich fuhren wir mit einer Kutsche, die für vier Personen Platz bot, dorthin. Auf der Hinfahrt war die Lotte leidlich friedlich, aber beim Besteigen der Kutsche zur Rückfahrt musste mein Onkel sie festhalten. Dann raste sie ohne Rücksicht auf Hindernisse und ohne zu halten über holprige Wege und durch Knicks, bis sie mit zitternden Flanken zu Hause wieder auf dem Hof stand.

Oft fragten mich die Eltern abends, ob ich zum Melken noch mit auf die Weide komme. Zu Beginn machten wir die Tour mit dem Fahrrad. Vater, Mutter und Sohn molken dann die sieben Kühe und nahmen die Kannen am Fahrradlenker hängend zurück auf den Hof. Einmal brach mir dabei der Lenker ab. Das Pflügen hatte bald ein anderer, benachbarter Bauer mit seinem Trecker übernommen. Mein Vater arbeitete dafür im Tausch bei ihm auf dem Hof. Eine Stunde Treckerarbeit waren zwei Stunden Mitarbeit wert. Unser 1962/63 angeschaffter Deutz-Trecker mit 12 PS war sowieso zu schwach für das Pflügen. Nachdem für die Milchkannen ein Gestell an sein Hinterteil gebaut war, kam er besonders für das Melken auf den Wiesen zum Einsatz. Ich habe meine Eltern noch vor meinen Augen, wie sie zum Melken fuhren. Mein Vater auf dem Führersitz und meine Mutter auf dem Notsitz auf dem Kotflügel.

Aus meiner Schulzeit kann ich noch folgende Geschichten erzählen: Unser Hauptlehrer in Duvensee, der die Klassen fünf bis neun unterrichtete, saß während des Religionsunterrichts gerne auf der Holzbank am Kanonenofen. Nasse Handtücher wurden auf eine Leine gehängt, die vor dem Ofen gespannt war. Da unser Lehrer dem Alkohol nicht abgeneigt und wohl auch übermüdet war, schlief er während einer Stunde einmal ein und träumte laut vom Skatspielen: »Pik ist Trumpf!« Wir Schüler – wir waren damals zwischen 30 und 40 Kinder – schlichen uns aus dem Klassenraum und liefen alle nach Hause. Das Unternehmen hatte für uns kein Nachspiel. Eine andere Geschichte aus der Mittelschule in Sandesneben: Unser Rektor hatte die Gewohnheit, sein Noten- und Notizbuch folgendermaßen zu benutzen: Stellte er einem Schüler eine Frage und die Frage konnte beantwortet werden, hieß es einfach: Setzen! Ohne eine Notiz im Buch. Wenn die Frage aber nicht beantwortet werden konnte, kam die Antwort: »Setzen, mangelhaft!« Und die Bewertung wurde notiert. Sobald im Aufsatz nicht differenziert mit Haupt- und Nebensatz formuliert wurde und stattdessen zwei Hauptsätze aneinandergereiht wurden, dann war die Bewertung nur ein »ausreichend«. Im Plattdeutschen wird meist in Hauptsätzen gesprochen, weshalb wir uns darin schwertaten. Wir hatten aber auch

*Hof Dürkop – Duvensee/Lauenburg*

Heuernte mit Pferd und Anhänger (1950er Jahre).

Hofgebäude im Duvenseer Moor (1950/60er Jahre). Fotos: Privat

einen tollen Klassenlehrer. Er teilte uns vor den Zeugnissen mit, dass er den schwächeren Jugendlichen nicht die Zukunft verbauen und sie »mitnehmen« wollte. So vergab er daher eine entsprechende Note, um die Versetzung nicht zu gefährden. Dies wurde vorher mit der Klasse diskutiert. Wir hatten auch viel Spaß in der Schule: Eine Mitschülerin hatte zu Hause Schlachtfest gehabt und brachte ein Schweineschwänzchen mit in die Klasse. Plötzlich hing das Schweineschwänzchen bei unserem Lehrer am unteren Teil seiner Jacke, der sich dann wunderte, warum im Klassenzimmer alle so laut lachten. Als er den Spaß durchschaut hatte, fragte er, ob er schon so mit Schwänzchen in die Klasse gekommen sei. Wir Schüler bejahten dies feige, wie wir damals waren. Mit diesem Lehrer machten wir am Ende der Schulzeit eine eindrucksvolle Klassenfahrt nach Flensburg. Ich habe diese Tour in bester Erinnerung.

Nach meiner Schulzeit machte ich eine Kfz-Lehre in Kastorf bei der Reparaturwerkstatt Werner Schmidt. Eigentlich wollte ich ja Förster werden. Mein Vater meinte, ich sollte damit noch etwas warten. Meine Eltern verlangten von keinem ihrer Kinder, dass sie zur Landwirtschaftsschule gingen, um den Hof weiterzuführen. Die Hofstelle war einfach zu klein, und sie hatte keine Aussicht zu überleben. Meine Schwester hatte in Sandesneben das Nähen gelernt. Sie nahm dann eine Anstellung bei einem Bauern in Schönberg an. Später arbeitete sie in der Gastronomie in Haffkrug, solange bis sie Mutter wurde. Nach meiner Lehrzeit ging ich für zwei Jahre zur Bundeswehr. Meinen Wehrdienst leistete ich an der Heeresoffiziersschule in Hamburg-Wandsbek ab. Nach meiner Bundeswehrzeit arbeitete ich in einem Kfz-Betrieb in Hamburg, wo ich später meine Meisterprüfung machte. Danach arbeitete ich mehrere Jahre in Ford-Betrieben in Bad Segeberg und Bad Oldesloe. Es folgten Beschäftigungen als Kfz-Meister in Lübeck und Mölln bis zur Rente. Ab meiner Heirat 1973 wohne ich in Kastorf im eigenen Haus.

In der Zeit meiner Meisterprüfung in Hamburg 1969 geschah es dann. Ich war gerade zu Hause bei meinen Eltern in der Stube vor dem inzwischen auch angeschafften Fernseher, als durch unser Haus ein Kugelblitz knallte. Der Fernseher verkohlte bis auf sein Gerüst. Der Stubenschrank fiel in sich mit dem ganzen Geschirr zusammen. Ich rannte sofort aus dem Zimmer, noch barfuß, um nach meinen Eltern zu schauen. Mein Vater hatte gerade auf der Karre Markstammkohl für die Kühe geholt und beim Stalltüre öffnen einen starken Schlag gegen den Kopf erhalten. Er war nur leicht am Hals und am Schlüsselbein verletzt. Zwei Kühe waren an der Kette sofort tot. Es brannte auf der Diele. Die Stromkabel an den Wänden schmorten. Mein Vater machte sofort die restlichen Kühe von den Ketten los und trieb sie nach draußen. Dann wurde das Pferd aus dem Stall geholt und auf die Wiese gebracht. Meine Mutter rannte in die Schlafstube, um die Papiere zu retten, die immer zum sofortigen Mitnehmen in einer Tasche bereitlagen. Ich rief den ankommenden Nachbarn zu, sie sollten meine Mutter weg vom Feuer führen und fuhr mein Auto aus der Gefahrenzone. Kopflos rannte ich jetzt in die Stube, um meine Papiere zu holen, Schuhe und Strümpfe anzuziehen. Es starben etwa 200 Hühner, unsere Schweine und zwei Kühe. Der Hof brannte bald lichterloh, er war ja zu zwei Dritteln mit Stroh gedeckt und zu einem Drittel mit Schiefer. Wir hatten zudem noch 1000 Liter Heizöl gelagert. Ich bin noch einmal durch ein zerborstenes Fenster ins Haus und holte mir dabei an der Hand eine große Schnittwunde, die ich später vom Arzt nähen lassen musste. Die anrückende Feuerwehr ließ den Giebel und den Schornstein wegen Einsturzgefahr herunterreißen.

Meine Eltern hatten außer ein paar Möbeln alles verloren. Sie konnten erst einmal in Bergedorf bei meiner Schwester wohnen, später konnten sie in Duvensee in einer Arbeiterkate unterkommen. Sie bekamen sogar die Genehmigung, einen Neubau neben ihrem abgebrannten Haus bauen zu lassen. Mit der Tätigkeit als Bauer machte mein Vater Schluss. Er fand in Hamburg als Straßenbauer Arbeit. In Hamburg arbeitete er noch etwa acht Jahre beim Pflaster- und Fliesenleger. Meine Mutter verstarb leider schon 1976; mein Vater starb 1995 und lebte bis dahin mit Unterstützung seiner Kinder allein in dem 1970 erbauten Haus. Das Haus wurde dann vermietet.

*Gottfried Dürkop im Mai 2015*

Bei dem Blitzeinschlag 1969 fing das Dach besonders schnell Feuer. Das Gebäude brannte komplett nieder. Foto: Privat

# Hof Henk — Lübeck-Pöppendorf

## Wilhelm Henk

*1935
Beruf: Bauer i. R.

Unser Betrieb in Pöppendorf ist die Stammstelle der Familie Henk. Mein Großvater Wilhelm Herbert hatte den Betrieb einmal verkauft und später wieder zurück erworben. Seitdem ist er aber ununterbrochen im Besitz unserer Familie. Mein Vater kam 1909 auf einer Hofstelle in Dummersdorf auf die Welt. Der ca. 50 Hektar große Betrieb der Großeltern und später meines Vaters hier in Pöppendorf war immer schon ein Milchbetrieb mit Ackerbau. Natürlich gab es auch Federvieh und ein paar Schweine zur Selbstversorgung. Auf Großvaters Anraten wurde in den 1920er Jahren von der etwa 50 Hektar großen Betriebsfläche die Hälfte an die Ehefrau eines Onkels väterlicherseits abgetreten. Dieser hatte geheiratet und war in wirtschaftlichen Nöten. Auf diesem Wege bekam mein Vater Geld und wirtschaftliche Güter, die später ausgeglichen und zurückgegeben wurden. Mein Großvater arbeitete auf dem Betrieb bis ins hohe Alter. Er bewohnte ein Altenteil auf dem Hofgelände, das er 1928 gebaut hatte. Nach seinem Tod zog mein Vater in dieses Haus. Als er im Zweiten Weltkrieg zum Wehrdienst eingezogen wurde, führte mein Großvater den Betrieb weiter, meine Mutter und ich als Junge halfen, so gut wir konnten. Als Helfer standen uns in der Kriegszeit zwei Franzosen als Zwangsarbeiter zur Verfügung, die im Schulgebäude der Ortschaft Dummersdorf untergebracht waren und von Soldaten täglich zu uns gebracht wurden. Nach Kriegsende wohnten in unserem Wohngebäude zehn und in unserer großen Scheune mindestens 20 Flüchtlinge. Die Flüchtlinge halfen uns bei der Ernte und besonders beim Kartoffelklauben. Nicht weit von unserem Betrieb befindet sich ein historischer Ringwall, der bis heute aus Denkmalschutzgründen nicht bewirtschaftet und erst recht nicht bebaut werden darf. Der Ringwall ist ein ehemaliger Burgwall gelegen an der Straße von Pöppendorf zum benachbarten Waldhusener Forst. Er gilt historisch als Paradebeispiel eines slawischen Burgwalls. An diesem Ringwall befand sich nach dem Kriegsende ein Entlassungslager (Zeltlager) der gefangen genommenen Wehrmachts-Soldaten, die aus Skandinavien zurückkamen. Die englischen Besatzungstruppen entließen die dort versammelten deutschen Soldaten erst, nachdem sie ihnen sämtlichen Schmuck abgenommen hatten. Wir Bauern besaßen einen Passierschein, um auf unseren Hof und auf unsere Ländereien zu kommen. Die englischen Soldaten wohnten in den Bauernhöfen auf Stroh, während die Offiziere Wohnstuben beschlagnahmten. Etwas später wurde das Lager durch Nissenhütten aus Wellblech weiter ausgebaut für Flüchtlinge und Zwangsaussiedler aus den Ostgebieten. Das Lager Pöppendorf galt als das größte Flüchtlingslager Schleswig-Holsteins. Berühmt wurde das Lager auch durch die Internierung der 1947 von den Briten in Palästina zurückgewiesenen KZ-Überlebenden des Schiffes Exodus. Mein Vater kam 1946/47 aus dem Krieg zurück. Er war in Kroatien stationiert, von wo aus er sich zu Fuß zurück durchschlug, in dem er immer wieder auf Bauernhöfen seine Hilfe und Mitarbeit anbot, so zum Beispiel auch eine gewisse Zeit lang am Bodensee.

Nach dem Krieg besaßen wir noch fünf oder sechs Pferde, die leistungsstärksten hatten wir in der Kriegszeit abgeben müssen. Mit den Pferden und einem Schleuder-Roder holten wir die Kartoffeln aus den Böden, die Frauen, Kinder und Jugendliche aus der Nachbarschaft sammelten die Kartoffeln auf. Ich war 17 Jahre alt, als mein Vater 1952 seinen ersten Deutz-Trecker kaufte. Vorher bin ich noch meinem Vater mit seinem Pferd hinterhergelaufen. Mit dem Trecker und einem Einreiher-Roder ging es dann flotter. Mein Vater führte seinen Betrieb so erfolgreich, dass er sich bald einen Flügeldrescher und einen Binder kaufen konnte. Auf seinen Äckern wurden Rüben, Kartoffeln, Hafer, Roggen und Weizen angebaut. Gemenge aus Hafer und Sommergerste benötigten wir für die Tiere als Futtermittel. Im Sommer wurde geerntet und im Winter auf der Diele mit einer eigenen Dreschmaschine gedroschen. Dann wurde das Stroh auf die Speicherböden geworfen. Der Wohnbereich war im Erdgeschoss, oben neben den Stroh- und Heuböden hatten wir noch zwei Stuben. Ich hatte noch zwei jüngere Schwestern. In Pöppendorf gilt das Jüngstenrecht. Meine Eltern bestimmten aber, dass ich als Sohn den Betrieb erben sollte, zumal ich immer unabkömmlich mitgearbeitet hatte. Ich hatte in dem Sinne auch keine Lehrjahre auf anderen Betrieben kennengelernt.

1961 heiratete ich Rosa Kaaksteen (geb. 1936), die ebenfalls aus der Landwirtschaft von einem Hof bei Ahrensbök kam. Mit ihr bekam ich drei Kinder: zwei Töchter, Heidi (geb. 1961) und Sigrid (geb. 1966) und zuletzt meinen Sohn Detlef (geb. 1977). Beide Töchter haben heute Bürojobs.

Anfang der 1970er Jahre arbeitete ich als Pächter, 1975 übernahm ich den Hof meines Vaters. Meine Eltern starben beide 1980. Ich war etwa drei Jahre Bauer dieses Betriebes, da hatte ich genug verdient und gespart, dass ich das Geld investieren konnte. So baute ich einen neuen Schuppen, eine neue Halle und einen Laufstall für 20 Kühe. Wir hielten die Rasse Schwarzbunte. Ich besaß schon bald eine Pflanzmaschine für Kartoffeln und Rüben. Mein erster Mähdrescher mit Presse war ein roter Bautz. Anfang der 1970er Jahre besaß ich eine kleine Unkrautspritze, dagegen nutzen wir heute eine moderne Zwölf-Meter-Spritze. 1977 erwarb ich einen damals modernen und automatischen Sammelanhänger für Stroh- und Heuballen mit Rutsche und Förderband. In den frühen 1990er Jahren pachteten wir 25 Hektar Fläche in Luschendorf dazu. Diese konnten wir später ganz übernehmen. Drei Hektar konnten wir von einer Cousine übernehmen und sieben Hektar von einem anderen Bauern dazu pachten. So wuchs unser Betrieb stetig. Bis zum Jahr 2014 war ich Jagdpächter in Pöppendorf und Dummersdorf.

Heute bin ich über 80 Jahre alt. Meine Frau starb im Jahr 2010. Ich bewohne das Erdgeschoss des alten Wohngebäudes, während mein Sohn später das von ihm selbst ausgebaute Dachgeschoss mit seiner Familie bezog. Solange ich durchhalte, werde ich auf dem Betrieb weiter voll mitarbeiten und zum Beispiel beim Pflanzen und beim Getreidetransport helfen.

*Wilhelm Henk im Herbst 2015*

Wilhelm Henk mit seinem Pferd (1950er Jahre).   Wilhelm Henk mit Hund auf dem Heuschober (1950er Jahre). Fotos: Privat

# Detlef Henk

*1977
Beruf: Landwirt

Ich wuchs auf dem Familienhof in Pöppendorf auf, und es war mir klar, dass ich den Milchbetrieb übernehmen wollte. Direkt nach meinem Hauptschulabschluss 1992 in der Schule Roter Hahn im benachbarten Ort Kücknitz machte ich mein erstes Lehrjahr auf dem Hof meiner Eltern. Ich erhielt eine Sondergenehmigung, auch die weiteren Lehrjahre zu Hause arbeiten zu können und musste dafür für jedes Lehrjahr zwei weitere Praxisjahre absolvieren. Nebenbei half ich beim Melken in einem Meisterbetrieb – auch ein Milchbetrieb – in Dummersdorf und beim Erstellen der Rundballen auf dem Erdbeerhof in Warnsdorf. Gleichzeitig besuchte ich die Berufsschule in Bad Oldesloe. Besonders intensiv beschäftigte ich mich mit Blattkrankheiten. Nach fünfjähriger Praxis auf den Höfen erhielt ich schließlich meinen Gesellenbrief. Mein Vater stellte mich für ein Jahr ein, und im Sommer 1999 durfte ich den Hof als Pächter übernehmen. Als solcher gründete ich mit dem Kollegen Wilhelm Struve aus Dummersdorf eine Maschinengemeinschaft, über die wir neue Technik preisgünstig auf den Hof bekamen. Diese Maschinengemeinschaft gibt es auch heute noch, sie läuft jedoch aus, da der Sohn meines Partners sich beruflich anders orientiert hat.

1995 bauten mein Vater und ich einen neuen Laufstall für 30 bis 35 Kühe und deren Nachzucht. Wir kauften dazu einen Futtermischwagen. Über Computertechnik wurde dem Futter Schrot zugefügt. Wir waren ein Milchklassenbetrieb, der monatlich einmal durch den LKV (Landwirtschaftlicher Kontroll-Verein) überprüft wurde. Geprüft wurden zum Beispiel die Milchleistung oder Tierkrankheiten. 1999 kaufte ich einen neuen Trecker der Firma Ford mit 125 PS, mein Vater fuhr noch einen älteren Fahr. Heute besitze ich einen 200 PS starken Traktor mit GPS. Überhaupt steckte und stecke ich das verdiente Geld in meine Maschinen und in den Ausbau unserer Häuser. 2005 baute ich in Eigenleistung das Dachgeschoss des Wohnhauses aus, so dass meine Eltern das Erdgeschoss für sich hatten. Unser altes Altenteilerhaus vermieteten wir. Inzwischen habe ich es saniert und in zwei Wohnungen eingeteilt, die auch wieder vermietet werden sollen.

2008 heiratete ich Marina Pagel aus Kücknitz (geb. 1978). Ich hatte sie auf einem Dorffest kennengelernt. Sie selbst kommt nicht aus der Landwirtschaft. 2009 kam unser Sohn Finn auf die Welt. Meine Frau hat sich inzwischen in der Landwirtschaft gut eingelebt und eingearbeitet. Sie hilft mir, wo es eben möglich ist. Im Sommer 2008 überschrieb mir mein Vater den gesamten Betrieb in vorweggenommener Erbfolge. Seit 2008 arbeite ich mit den Kollegen mancher benachbarter Betriebe zusammen und helfe aus. So arbeite ich als Aushilfsfahrer bei einem Lohnunternehmer, zum Beispiel während der Maisernte und dem Erntetransport für Biogasanlagen. 2009 kaufte ich mit einem Partner aus der Maschinengemeinschaft einen gebrauchten Mähdrescher, einen Claas mit 7,50 Meter Schnittbreite. Mit diesem Gerät kann ich 40 Hektar dazu gepachtete Fläche in Teutendorf abdreschen. Bis heute hat sich unser Betrieb auf 150 Hektar vergrößert. Im Jahr 2013 verkauften wir unseren Kuhbestand und starteten mit Lohnarbeiten. Mein gesetztes Ziel: Pferdefutter für die umliegenden Reiterhöfe anbauen und bereitstellen, um auch unsere Wiesen zu nutzen. Wir kauften uns einen Pressewickler und eine neue Spritze für 3000 Liter Flüssigkeit mit einem ausfahrbaren 24-Meter-Gestänge. Im benachbarten Dorf übernahmen wir damit den Pflanzenschutz für einen kompletten Betrieb. 2015 erwarb ich eine Hackschnitzelanlage. Mit entsprechend ausgestattetem Bagger knabbere ich die Knicks ab und schreddere das

In seiner Freizeit saniert und repariert Detlef Henk seine Maschinen. Fotos: Privat

Astwerk gleich zu kleinen Schnitzeln, die ich in unserem neuen Heizkraftwerk für das Heizen unserer Häuser nutze. Zuvor hatte ich mit Öl und Holz geheizt.

Unser großes Hofgebäude hatte früher ein Reetdach, heute ist es mit Pfannen eingedeckt. Unsere ehemalige Scheune ist heute immer noch zum Teil reetgedeckt. Wir haben sie inzwischen an einen Architekten verkauft, da sie als Abstellraum für uns nicht mehr brauchbar war. Die Tore sind einfach zu klein für unsere großen Maschinen. Pöppendorf hatte früher sieben große, aktive Betriebe, davon existieren heute nur noch zwei. Die umliegenden Ländereien sind relativ hügelig. Sie haben sandige Böden mit 25 bis 30 Bodenpunkten. Auf den in Luschendorf zugepachteten Flächen haben die Böden bis zu 62 Punkte. Sie sind schwerer, also tonig bis lehmig.

In meiner Freizeit widme ich mich meinen Hobbies. Wenn ich nicht gerade irgendwo an den Häusern baue oder renoviere, dann arbeite ich in meiner großen Werkstatt. So habe ich zum Beispiel einen alten Getreidehänger komplett auseinander gebaut, dann renoviert und neu gestrichen, um ihn nun wieder zusammenzusetzen. Oder aber ich arbeite in meinem Maschinenpark, in dem ich regelmäßig meine Maschinen pflege, reinige und instand halte. Krank werden darf man als Landwirt möglichst nicht. Wenn es aber doch passiert, dann gibt es die Betriebshelfer über die Berufsgenossenschaft. Ich habe auch zwei gute Kollegen, fähige Fachleute, die mir in der Winter-Werkstatt helfen. Des Weiteren gibt es im Nachbarort einen Kleinbauern, der mir bei Bedarf hilfreich zur Seite steht. Wenn mein Vater einmal nicht mehr mitarbeiten kann, dann müssen meine Leute mehr arbeiten. Notfalls gibt es die drei Betriebe in der Maschinengemeinschaft, die auch einspringen würden.

Alles in allem bin ich mit meiner Situation zufrieden und schaue optimistisch in die Zukunft.

*Detlef Henk im Herbst 2015*

Detlef Henk in seiner Maschinenhalle (2016). Foto: Wiedemann

# Hof Kallmeyer  Lübeck-Ivendorf

## Hans Heinrich Kallmeyer

\* 1934

Beruf: Landwirt i. R.

Die Familie Kallmeyer arbeitet seit vielen Generationen in der Landwirtschaft. Mein Großvater, Bauer Adolf Christoph Ludwig Kallmeyer (1860–1950), konnte 1931 eine Teilfläche seines landwirtschaftlichen Betriebes in Harburg Eißendorf als Bauland an die Stadt Harburg verkaufen.

Mein Vater, geboren am 30. September 1899, besuchte die Mittelschule in Harburg und die Höhere Landbauschule in Ebsdorf in Niedersachsen. Die Schule besteht heute noch. Danach arbeitete er als Milchkontrolleur im Harburger Raum. Im Ersten Weltkrieg musste er nicht an die Front, weil er wegen einer Operation am Blinddarm kriegsuntauglich war. Er wuchs in Eißendorf mit sechs Schwestern und einem älteren Bruder auf.

Um seinem zweiten Sohn Heinrich, meinem Vater, einen eigenen Betrieb zu kaufen, besichtigte mein Großvater viele zum Verkauf stehende Höfe. Infrage kamen zuletzt nur zwei Stellen: in Mecklenburg oder in Ivendorf bei Lübeck. 1931 wurde der Hof in Ivendorf gekauft. Er gehörte einem Makler, der den Hof bewirtschaften ließ. Der Betrieb umfasste 35 Hektar. Es gab 16 Milchkühe, vier Arbeitspferde sowie Hühner und Schweine zur Selbstversorgung. Der Haus- und Obstgarten betrug 10 000 Quadratmeter. In diesem Garten standen Apfel-, Birnen- und Pflaumenbäume, davon jeweils verschiedene Sorten. Die Rüben- und Kartoffelmieten fanden in diesen Gärten ihren Platz, und außerdem wurden manches Mal die Kälber dort versorgt. Am Haus standen zwei alte Walnussbäume, die es aber inzwischen nicht mehr gibt. Im Herbst wurden Äpfel und Birnen an die Arbeiter der benachbarten Flender Werke und des Hochofenwerkes verkauft.

Mein Vater heiratete am 8. Dezember 1933 Emmi Regine Süchting. Sie war Wirtschafterin auf dem benachbarten Ovendorfer Hof, der damals noch dem Großherzog von Oldenburg gehörte. Am 24. November 1934 kam ich zur Welt, dann folgte 1936 meine Schwester Erika und 1938 meine jüngste Schwester Margot. Bei der Geburt von Margot starb unsere Mutter an Kindbettfieber. Zwei Jahre später heiratete mein Vater seine Schwägerin Anneliese, die Ordnung in den frauenlosen Haushalt brachte. 1943 wurde mein Bruder Alfred geboren. Erika lebt inzwischen mit ihrem Mann in Topeka, Kansas USA, Margot hat einen Bauern aus der Nähe von Segeberg geheiratet, und Alfred hat ein Haus auf dem Hofgrundstück gebaut, wo er mit seiner Frau Annelie lebt. Zusammen mit seiner Tochter Sandra und Schwiegersohn Thomas bewirtschaftet er eine Tankstelle in Berkenthin.

1940 wurde ich in die Stadtschule Travemünde eingeschult. Wie viele Kinder in der Zeit betrachteten wir Jungs den Krieg als Abenteuer. Wir hofften im Unterricht auf die Sirenen eines Fliegeralarms, um vom Unterricht befreit zum Bunker laufen zu können. Viele Bauern hatten sich freiwillig zur Wehrmacht gemeldet. Einige mussten auf den Höfen bleiben, um die Bevölkerung zu ernähren und Aufsicht über die Höfe zu führen, deren Besitzer an der Front waren. Während des Krieges wurde mein Vater als Ortsbauernführer für die Dörfer Ivendorf und Pöppendorf verpflichtet. Da er nicht in der NSDAP war, wurde er nach dem Krieg von der Britischen Besatzungsmacht als Ortsbauernvorsteher im Amt belassen. In den letzten Kriegsjahren arbeiteten zwei französische Kriegsgefangene auf dem Hof, Josef und Harry. Wir kamen mit Josef und Harry gut zurecht. Josef schnitzte uns Kindern Holzfiguren. Die Gefangenen wurden morgens gebracht und abends ins Barackenlager nach Dummersdorf zurückbefördert. Mein Onkel Karl, Bruder meiner Mutter, wurde zur Waffen-SS eingezogen und kam erst spät aus der Kriegsgefangenschaft zurück. Er berichtete seiner Familie von schrecklichen Erlebnissen während des Krieges und in der Gefangenschaft. Ein Jahr später nahm er sich das Leben. Als der Krieg zu Ende war, war ich elf Jahre alt, und das Haus war voller Menschen. Oben in unserem reetgedeckten Bauernhaus lebten zwei Flüchtlingsfamilien. Die Familien bestanden aus Großeltern, Eltern und Kindern. Unten waren wir: Vater, Mutter, vier Kinder und die ausgebombte Tante aus Hamburg mit Sohn. Dazu kamen noch zwei entlassene Soldaten, die ihre Familien suchten. Auch die Knechtekammern im Stall waren belegt. Für die Flüchtlingsfamilien, die oben im Bauernhaus wohnten, wurden Herde aufgestellt, die mit Holz und Brikett befeuert werden konnten. Zudem wurden Schornsteinanschlüsse verlegt. Die Herde dienten zum Heizen und Kochen. Wir Kinder kamen gut miteinander aus, und auch unter den Erwachsenen gab es keine großen Probleme. Alle Flüchtlinge hofften, so schnell wie möglich in die alte Heimat zurückkehren zu können. Aber daraus wurde nichts.

Alle ehemaligen Grundbesitzer jenseits der Oder erhielten einen Lastenausgleich, und alle Grundbesitzer in der Bundesrepublik Deutschland haben einen Anteil dazu gezahlt.

»Was das deutsche Landvolk in den letzten Jahren geleistet hat, ist etwas Einziges und Einmaliges. Adolf Hitler. Milcherzeugungsschlacht 1942. Auf Grund der Entscheidung des Milchleistungsausschusses wurde der Bäuerin Frau Kallmeyer für hervorragende Leistungen im Kampf gegen die Fettblockade diese Urkunde zuerkannt« – unterzeichnet durch den Landesbauernführer. Mit solchen Urkunden versuchte das NS-Regime, die Bauern zu maximaler Produnktionsleistung anzutreiben, um den Mangel an Fetten und Ölen zu beheben. Die Urkunde zeugt von der offensiven NS-Propaganda.

Die Versorgung der Bevölkerung wurde durch Lebensmittelkarten geregelt. Der Vater eines Mitschülers war in Travemünde auf dem Versorgungsamt angestellt, und wir bekamen die entwerteten Karten in der Schule, um die Rückseite als Schreibfläche zu nutzen.

Bei uns auf dem Hof, wie im ganzen Dorf, wurden viele Kartoffeln angebaut. Die Einkellerungskartoffeln wurden im Herbst ausgeliefert, unter anderem in die Flüchtlingsnotunterkünfte auf dem Priwall. Da dort keine Keller vorhanden waren, behalfen sich die Menschen, indem sie die Bodenbretter hochnahmen und Erdgruben aushoben. Dort wurden die Kartoffeln, die Briketts und Kohlen frost- und diebstahlsicher gelagert.

Nach 1945 fand etwa ein Jahr lang kein Schulunterricht statt. Für uns Kinder, ob Flüchtling oder Einheimischer, war das ganze Gelände von Ivendorf bis zur Trave ein einziger Abenteuerspielplatz. Unter anderem sammelten wir Gewehre und Munition. Aus Gewehrmunition gewannen wir Schwarzpulver, das wir mit Brenngläsern und Zelluloid zur Explosion brachten. Wir bauten viele Sachen aus den Wasserflugzeugen aus, die auf der Rollbahn an der Trave standen. Nur an die Panzerfäuste trauten wir uns nicht. Einmal wurden wir erwischt, als wir aus einem englischen Jeep eine MP entwendeten. Der Jeep stand unbewacht vor unserer Haustür, weil die Soldaten die Jagdgewehre und sonstige Waffen meines Vaters einsammeln wollten. Daraufhin mussten wir auf die Polizeiwache in Kücknitz kommen. Wir Kinder und unsere Eltern kamen mit einer Verwarnung davon. Ein anderes Mal fanden wir in einem LKW zwei Feldtelefone. Da man sie mit einer Leitung betreiben konnte, spannten wir eine Leitung über die Straße zum Nachbargrundstück, wo meine Freunde, Flüchtlingskinder aus Ostpreußen, wohnten. So konnten wir damals schon mit zwölf oder 13 Jahren von Haus zu Haus telefonieren. Die Travemünder Stadtschule wurde als Lazarett und Flüchtlingsunterkunft genutzt. Als der Schulbetrieb nach einem Jahr wieder aufgenommen wurde, mussten wir in Baracken am Strandbahnhof unterrichtet werden, oder wir mussten auf den Priwall fahren. In den Kartoffelferien im Herbst halfen die zwölf- bis 15-jährigen Schulkinder gegen ein Entgelt, Kartoffeln zu sammeln. Bei uns auf dem Hof wurden etwa 1000 Zentner Kartoffeln geerntet.

Nach der Volksschule habe ich 1951–1952 die Landwirtschaftsschule in Lübeck absolviert. Da mein Vater unter einem »offenen Bein« zu leiden hatte, wurden ich und zwei weitere Arbeitskräfte auf dem Hof dringend gebraucht. Für mich fiel nicht mehr ab als ein großzügiges Taschengeld. 1952 kam der erste Trecker auf den Hof, ein Deutz. Von den vier Pferden wurden zwei verkauft und die anderen als Reitpferde behalten, denn das Reiten war meine Passion. Es handelte sich um Holsteiner, einen Wallach und eine Stute. Ich bin seit 1950 im »Travemünder Reiterverein von 1925«. Mit dem Verein nahm ich an Turnieren in der Umgebung teil. In meiner Zeit als Vorsitzender des Travemünder Reitervereins wurden bei uns diverse Turniere und Ringreiten mit anschließendem Schinkenessen auf der Scheunendiele veranstaltet. Zu dieser Zeit übernahmen auch meine Schwiegereltern den »Grünen Jäger« in Ivendorf, der heute von meinem Schwager Karl Heinz Sülberg und seiner Frau Maria sehr erfolgreich geführt wird. Meine Frau ist ausgebildete medizinisch-technische Assistentin, sie arbeitete eine Zeit lang in Australien und kehrte 1972 zurück nach Lübeck. In dem Jahr heirateten wir auch. 1974 kam unser Sohn Henner zur Welt. Er lebt heute mit seiner Frau Silke und der gemeinsamen Tochter Helene in Essen. Er ist Theaterregisseur, Silke ist Kostüm- und Bühnenbildnerin. 1976 wurde unsere Tochter Marianne geboren, die ein Germanistik- und Soziologiestudium hinter sich gebracht hat und in Dresden heute Deutsch als Fremdsprache unterrichtet. 1983 kam unser Sohn Martin dazu, der heute an der Humboldt-Universität zu Berlin Soziologie studiert und kurz vor seinem Master-Abschluss steht. Meine Frau machte in der Zwischenzeit ihr Fachabitur an der Dorothea-Schlözer-Schule, mithilfe des Landfrauenvereins verschiedene Fortbildungen und ihre »Meisterin der ländlichen Hauswirtschaft«.

Bis 1990 wurden auf dem Hof noch Milchkühe gehalten. Danach wurde auf Mutterkuhhaltung der Fleischrinderrasse Deutsch Angus umgestellt. Außerdem schafften wir Stellplätze für 18 Pensionspferde. Durch ein Inserat in den Lübecker Nachrichten wurden wir 1990 auf 50 Hektar Ackerland gleich hinter der Grenze zur ehemaligen DDR in Mecklenburg-Vorpommern aufmerksam. Bei einem Telefongespräch wurde klar, dass der Anbieter mit mir zur Landwirtschaftsschule gegangen war, und so bekamen wir den Zuschlag. Kolonnenweg und Grenzzaun waren noch intakt. Nach einem Gespräch mit der Bürgermeisterin in Pötenitz wurde mir widerwillig gestattet, den noch nicht geöffneten Grenzübergang zu nutzen. Nachdem der Kolonnenweg geräumt und die Zäune entfernt waren, konnte ich den Grenzstreifen pflügen.

1994 unternahmen wir mit dem Reiterverein eine Fahrt zur »Celler Hengstparade«. Dort reichte mir ein kleines Mädchen einen Prospekt, den ich erstmal nur einsteckte. Einige Tage später zeigte ich den Prospekt meiner Frau. Nach anfänglichem Widerstand fand sie die Idee auch nicht

Schweineschlachtung auf Hof Kallmeyer (1974). Foto: Privat

*Hof Kallmeyer – Lübeck-Ivendorf*

Melkzeit (1998). Foto: Privat

so schlecht: »Schlafen im Heu und Stroh«. Am 2. August 1995 bekamen wir endlich die amtliche Genehmigung zum Betreiben eines Heu- und Strohhotels. Es war gar nicht so einfach, alle Auflagen der Behörden zu erfüllen, insbesondere die des Brandschutzes. Wir boten Platz für 40 Übernachtungsgäste, davon fand ein Teil in fünf Pferdeboxen Platz, die Vierbeiner standen im Sommer ohnehin auf der Weide. Die Boxen wurden mit dem Hochdruckreiniger ordentlich gereinigt. Die restlichen Schlafplätze befanden sich in einem Gruppenraum in der alten Scheune. Als Unterlage wurden festgepresste Strohballen verwendet – genau der richtige Härtegrad für zivilisationsgeplagte Wirbelsäulen. Auf lose verteiltem Heu wurden dann Decken oder Schlafsäcke gelegt. So hatten wir die erste amtlich genehmigte Heuherberge in Schleswig Holstein. Unsere Gäste waren Kindergarten- und Schulkinder, aber auch Betriebsfeste wurden hier gefeiert. Auch Hochzeitsgäste waren hier untergebracht. Wir hatten bis zuletzt bis zu 1500 Übernachtungen im Jahr und manchmal sogar mehr. 1998 waren bei der Landwirtschaftskammer Schleswig-Holstein schon 29 Höfe gemeldet, die »Schlafen im Heu« anboten.

## Heu- und Strohgeschichten – Anekdoten von Übernachtungen im Stroh

1. Eine Geburtstagsgesellschaft im September
Es klingelt um 20 Uhr an unserer Haustür. Ich öffnete. Ein junges Paar beschwert sich über seltsame Töne im Stroh. Ich bin natürlich hingegangen, nahm die Forke und hob zwei Ballen Stroh aus dem Lager. Und sah: Es ist bloß ein Igel, der vorzeitig in den Winterschlaf gegangen war und diese Geräusche von sich gab.

2. Kinder mit Spinnen
Bei einem Kontrollgang beschweren sich drei kleine Jungen: »Hier können wir nicht schlafen, da sind zu viele Spinnen.« Ich erkläre den Kindern: Besser eine Spinne an der Decke, als morgens voller Mückenstiche aufzuwachen. Am nächsten Morgen erschienen die Kinder bei mir und meinten: »Wir brauchen eine Streichholzschachtel für Spinnen. Wir haben zu viele Mücken und Fliegen zu Hause!«

1995–2003 führten die Kallmeyers das erste Heu- und Strohhotel in Schleswig-Holstein.

3. Bettenmachen

Travemünder Woche: Die Unterkünfte in Travemünde sind allesamt belegt. Ein Paar kommt von der Fähre und fragt bei uns nach Unterkunft und Leihschlafsäcken. Wie sich später herausstellte, betreibt der Mann in Berlin ein Hotel mit 130 Betten. Fast neidisch staunt er, dass ich in fünf Minuten alle Betten gemacht habe. Ich brauchte ja nur das lose Heu und Stroh mit der Heugabel zu erneuern und aufzulockern.

Ein Lieblingsspruch von mir, den wir anlässlich der Silberhochzeit von Bekannten formulierten, war: »Wenn Sie einmal Probleme mit Ihrem Ehepartner haben, kommen Sie zu uns. Eine Nacht im Heu und Stroh macht die Liebe wieder froh!«

Ein schönes Lob aus zwei Wörtern kam von einem 14-jährigen Jungen aus einer größeren Jungendgruppe aus Hamburg. Er schaute nach der Übernachtung durch das Fenster in den Frühstücksraum. Der Tisch war gedeckt und das Frühstücksbuffet unter anderem mit wenigstens zehn verschiedenen bunten Packungen Cornflakes und Müsli bestückt. Dem Jungen entfuhr der Ausruf: »Oh, geil!« Ein besseres Kompliment kann es doch von einem Jugendlichen kaum geben!

Da unsere Kinder alle in anderen Berufen tätig sind, wurde der Betrieb 2003 eingestellt. Da war ich 69 Jahre alt. Ein Teil unserer Flächen wurde als Ausgleichsfläche für den Skandinavienkai abgegeben, der Rest wurde an andere Landwirte verpachtet. 2004 ließ ich zwei Ferienhäuser und ein Doppelhaus auf meinem Hofgelände errichten. Obwohl meine Frau und ich sehr gerne das Heu- und Strohhotel weiterbetrieben hätten, machten wir auch hiermit Schluss. Für die neuen Mieter wäre der Lärm der Kindergarten- und Schulkinder eine Zumutung.

Seit 2013 bieten wir aber ein neues Highlight an: »camp in my garden«. Unter www.campinmygarden.com kann man weltweit Zeltplätze in privaten Gärten finden und buchen.

Einmal Gastgeber – immer Gastgeber!

*Hans Heinrich Kallmeyer 2013/14*

# Hof Kreimer   Rondeshagen

## Alwin Kreimer

\* 1958
Beruf: Agraringenieur

Unseren Familienbetrieb im Ort Hopsten im Emsland führte schon mein Opa Anton Kreimer (1884–1966) Ende des vorletzten Jahrhunderts. Mein Vater Werner Kreimer (geb. 1927) war als 16-Jähriger im Zweiten Weltkrieg in Gefangenschaft geraten. Kurz nach dem Ende des Krieges konnte er auf den Hof zurückkommen. Meine Oma verstarb Ende der 1940er Jahre nach einer schweren Krankheit. Opa Anton lebte bei uns bis zu seinem Tod 1966. Mein Vater machte seine landwirtschaftliche Ausbildung mit den Lehrjahren und zwei Wintersemestern auf der Landwirtschaftsschule bei Münster und arbeitete ab 1957 auf dem elterlichen Betrieb voll mit. Der Betrieb war damals ein typischer Mischbetrieb von etwa 30 Hektar mit Heideland und Sandböden. Es war ein eisenhaltiger, schwarzer Sandboden, der als klassischer Standort für den Maisanbau galt und geeignet war für Rinder- und Schweinehaltung. Wir hatten zehn Kühe, Schweine und Federvieh. Hopsten hatte einmal 100 landwirtschaftliche Betriebe, wovon heute immerhin noch etwa 50 existieren. Es sind relativ kleine Betriebe mit intensiver Tierhaltung. 1957 heiratete mein Vater Maria Kreimer, geb. Böwer. Als ich 1958 zur Welt kam, besaß unsere Familie noch Pferde zum Pflügen und Rübenroden. Ich kann mich noch gut an das letzte Pferd erinnern. Unsere Familie war die erste, die 1957 im Ort schon einen PKW fuhr und 1956/57 einen Hanomag-Traktor besaß. Meine Mutter war diejenige, die sich zielbewusst für die Hühnerhaltung einsetzte und diese auch einführte. Mutter und Vater hatten bald um die 10 000 Hühner und waren finanziell erfolgreich bei der Selbstvermarktung der Eier und Tiere.

Meine Eltern waren sehr liberal in der Erziehung, sie überließen mir und meiner zwei Jahre jüngeren Schwester die Entscheidung des beruflichen Werdegangs. Während meine Schwester andere Pläne verfolgte, entschied ich mich schon bald, den landwirtschaftlichen Betrieb weiterzuführen. Da meine Mutter relativ jung erkrankte, kam mein Vater 1963 zu der Entscheidung, die Kühe abzuschaffen. Um den Betrieb zu vereinfachen, veränderte er die Strukturen des Hofes unter anderem durch Verkoppelung der Flächen und konzentrierte sich auf die Bullen- und Schweinemast. Meine Mutter starb 1976, da war ich gerade 18 Jahre alt. Meine Lehre konnte ich auf dem elterlichen Betrieb leisten, dann folgte das Landwirtschaftsstudium in Osnabrück, wo ich 1981 meinen Abschluss als Agraringenieur machte. Mein Vater verpachtete mir 1982 bis 1984 den Hof, den ich dann wenige Monate später übertragen bekam. Wir renovierten bzw. kernsanierten unsere alten Ställe und bauten das Eiergeschäft mit der Privatvermarktung an Wiederverkäufer weiter aus. 1986 traf uns die Krise auf dem Eiermarkt. 1986 war ein Jahr, in dem die Futterpreise extrem hoch stiegen. Wenn man bedenkt, dass 70 Prozent unserer Kosten durch das Hühnerfutter entstanden, kann man sich die Sorgen unter uns Geflügelbauern vorstellen. Die Inhaber der großen Lebensmittelmärkte versuchten uns Privatvermarkter aus dem Lieferantensystem für zum Beispiel Eisdielen, Bäcker und aus dem Einzelhandel zu verdrängen. Die herbeigeredete Cholesterinfrage tat ihr Übriges – der Eiermarkt destabilisierte sich. Es dauerte glücklicherweise nicht lange, da ebbte diese Krise auch schon wieder ab.

1986 heiratete ich Elisabeth Vennemann. Sie kam aus dem Nachbarort Dreier-Walde. Ihre Eltern bewirtschafteten selbst einen Mischhof von 22 Hektar. Sie selbst hatte BWL studiert und den Beruf der Industriekauffrau gelernt, was unserem Betrieb damals zugutekam. Sie erledigt auch heute noch die Büroarbeit des Betriebes. 1988 kam unser Sohn Peter auf die Welt. 1990 schafften wir unsere ca. 30 Bullen (Schwarzbunte) ab und verlegten uns auf Kälberaufzucht (Rotbunte). Wir hielten je zehn Kälber in einer

*Hof Kreimer – Rondeshagen*

Bucht und hatten bald einen Bestand von 500 Tieren. 1996 ließen wir uns einen neuen Stall für unsere Schweine erstellen. Zu dieser Zeit hatten wir einen Bestand von 1000 Mastschweinen. Unser Betrieb war inzwischen auf 45 Hektar angewachsen. Es war ein reiner Familienbetrieb mit der Unterstützung von zwei Rentnern aus der Nachbarschaft und einem Saisonhelfer. Letzterer hatte schon als Schüler bei uns ausgeholfen. Er war von seiner Arbeit damals so begeistert, dass er bei uns weiter arbeiten wollte. In diesen Jahren war der Betrieb wirtschaftlich angenehm zu führen, es war ein »Betrieb der kleinen Schritte«. Diese kleinen Schritte sind heute aus Kostengründen nicht mehr vorstellbar.

Um das Jahr 2000 entschieden wir uns, den Betrieb zu erweitern, was uns die Gemeinde Hopsten jedoch verweigerte. Die Ortsverwaltung hatte selbst andere Pläne und bot uns nach Verhandlungen an, unsere Hofflächen anzukaufen. Wir willigten in den Verkauf ein und machten uns auf die Suche nach Flächen, auf denen wir uns einen neuen Betrieb aufbauen konnten. Wir schauten uns nach der Öffnung der ehemaligen DDR auch in Mecklenburg-Vorpommern um, entschieden uns dann aber für 110 Hektar im Lauenburgischen, hier am Rande von Rondeshagen, wo wir von einer Besitzergemeinschaft Flächen ohne Gebäude erwerben konnten. Diese Flächen grenzen an die Ortschaften Rondeshagen, Bliestorf und Groß Weeden. Unsere Böden sind unterschiedlich, sie werden mit 50 bis 60 Bodenpunkten bewertet. Es gibt Abzüge wegen der schweren Bearbeitung. Der komplette Neubau eines Betriebes ist insofern von Vorteil, da man gleich alles nach aktuellsten technischen Standards erstellen lassen kann. 2003 war es dann soweit, wir bauten ein neues Wohnhaus, neue Ställe, eine Scheune und ein Getreidesilo. Auf das Stalldach ließen wir uns im Jahr 2010 eine Solaranlage montieren, so dass wir ca. 55 Prozent des Energiebedarfs im Betrieb damit decken können.

*Alwin Kreimer 2015/16*

Die Gülle der Schweine geht an eine Biogasanlage in Bliestorf. Von dort beziehen die Kreimers im Gegenzug den Strom für die Stallanlage.
Foto: Wiedemann

## Peter Kreimer

*1988
Beruf: Agrarbetriebswirt

Mein beruflicher Wunsch war schon seit meiner Kindheit die Landwirtschaft. Als Kind verbrachte ich meine Freizeit an der Seite von Opa auf unserem Hof in Hopsten. Ich begleitete ihn bei seinen Tätigkeiten in den Ställen, beim Hühnerschlachten oder beim Treckerfahren. Nachdem meine Eltern ihren Hof in Hopsten aufgegeben hatten und nach Schleswig-Holstein zogen, um in Rondeshagen einen neuen Betrieb aufzubauen, ging ich in Ratzeburg weiter zur Schule. 2006 beendete ich meine schulische Laufbahn in der Realschule in Ratzeburg und startete im gleichen Jahr meine dreijährige Ausbildung zum Landwirt. Das erste Lehrjahr arbeitete ich auf einem Betrieb mit Ackerbau und Sauenzucht in Großensee. Zeitgleich besuchte ich die Berufsschule in Mölln. Die beiden weiteren Lehrjahre arbeitete ich ebenfalls auf Betrieben mit Ackerbau und Sauenzucht, einmal in Emmelsbüll/Horsbüll, wozu die Berufsschule in Niebüll gehört, dann in Hemme mit der zugehörigen Berufsschule Meldorf. 2009 schloss ich die Lehre ab. Im Anschluss half ich meinem Vater ein halbes Jahr auf dem elterlichen Betrieb, dann zog es mich im Frühjahr 2010 für ein halbes Jahr nach Kanada, wo ich wieder auf einem 700-Hektar-Betrieb mit Sauenzucht arbeitete und Erfahrungen sammelte. In der Jahreszeit, in der ich mich in Kanada aufhielt, gab es anfangs meterhohen Schnee. Es gibt viel strengere und andere Hygieneauflagen als in Deutschland. Das »Einduschen« vor dem Betreten der Ställe war hier zum Beispiel generell Pflicht, um der Übertragung von Krankheiten entgegenzuwirken. Auch durfte nur Aufschnitt von den eigenen geschlachteten Tieren gegessen werden. Der Betrieb beschäftigte Mitarbeiter mit Nebenerwerbsbetrieben für Ackerbau und Mutterkühe. An meinen freien Wochenenden half ich ihnen beim Einfangen ihrer Tiere mit Quads und Pick-Ups. Es machte Spaß, und ich verbrachte meine Freizeit sinnvoll, zumal das nächste Dorf über eine Schotterpiste etwa 30 Kilometer entfernt war. Zum Einkaufen musste man 120 Kilometer fahren.

Wieder zurück in Rondeshagen begann ich im zweiten Halbjahr 2010 meine weitere Ausbildung an der Landwirtschaftsschule in Bad Segeberg. 2011 folgte der Besuch der Höheren Landwirtschaftsschule, wiederum in Bad Segeberg. 2012 verließ ich die Schule als staatlich geprüfter Agrarbetriebswirt. Mit einem befreundeten Kollegen ging ich 2012 noch einmal ins Ausland, dieses Mal nach West-Australien, als Erntehelfer auf einem Ackerbaubetrieb von 12 000 Hektar. Hier erlebte ich in der Zeit von Oktober bis Januar extreme Hitze und extreme Kälte. Die Erntetraktoren hatten dort 250 bis 580 PS, die mit GPS ausgestatteten Drescher fuhren zu dritt mit je einer Schnittbreite von 14 Metern.

Unser Zuchtbetrieb in Rondeshagen beherbergt heute etwa 2000 Mastschweine. Die Sauenhaltung ist mit 600 Tieren ausgegliedert. Wir haben mit etwas Abstand zu unserem Betrieb bei einem befreundeten Biogas-Landwirt zwischen Rondeshagen und Bliestorf eine Stallanlage für unsere Sauen bauen lassen. Je weiter die Stallungen auseinander liegen, desto günstiger und hygienischer ist die Haltung, in Bezug auf die Emissionen und die Gefahr von Ansteckungen. Die Gülle unserer Sauenanlage wird in der benachbarten Biogasanlage weiterverwertet. Im Gegenzug liefert die Energie der Biogasanlage die Beheizung für unseren Sauenstall. Mit dem Leiter der Biogasanlage, Herrn Hartmut Brandt, arbeiten wir eng zusammen; wir nutzen auch einen gemeinsam angeschafften Maschinenpark.

Insgesamt bewirtschaften wir heute 110 Hektar Eigenland und etwa 20 Hektar Pachtland. Hauptsächlich bauen wir Raps, Weizen, Gerste, Triticale und wenig Mais an. Triticale ist eine Hybridkreuzung aus weiblichem Weizen und

*Hof Kreimer – Rondeshagen*

Peter Kreimer arbeitete schon auf Betrieben in Kanada und Australien. Heute profitiert der Hof in Rondeshagen von seinen Erfahrungen.
Fotos: Wiedemann

männlichem Roggen und wird von uns als Futtergetreide genutzt. Wir besitzen eine Schrotmühle für das eigene Getreide und mischen das Futter für eine Flüssigfütterung. Nach der Schrotung des Getreides wird dieses in einen Behälter mit Rührwerk zusammen mit Wasser und Kartoffeldampfschalen (Abfallprodukt aus der verarbeitenden Kartoffel-Industrie) sowie Ergänzungsstoffen (Sojaschrot, Sojaöl, Mineralstoffe und Aminosäuren) vermischt. So wird das Futter insgesamt homogener.

Das Ziel eines jeden Zuchtbetriebes ist es, möglichst gesunde Tiere zu halten. Wir züchten nur für die eigene Produktion. Unsere Kreuzungssauen sind eine Mischung aus der Deutschen Landrasse und der Large White. Sie besitzen ein gutes Muskelfleisch und werden mit einem reinen Pietrain-Eber belegt. Das Ergebnis: gute Mastschweine für den Verkauf. Wenn die Sauen montags belegt werden, ist meist am 115. Tag, donnerstags, der Abferkeltag. Die Geburten geschehen meistens nachts. Wenn die Sauen beim Abferkeln Probleme haben, werden sie normalerweise zum Schlachter gebracht. Diese Auslese macht insofern Sinn, da die Tiere, Sauen wie Ferkel, beim nächsten Abferkeln nicht zu leiden haben. Wir haben bei 100 Sauen etwa einen Problemfall, was sehr wenig ist. Andere Landwirte haben prozentual mehr Problemfälle. Im Ferkelstall leben 20 Tiere zusammen. Die Jungtiere bewegen sich auf Warmwasserplatten mit einer Temperatur von anfangs 38 Grad Celsius, die nach und nach gesenkt wird auf 29 Grad Celsius. Die Sauengruppen leben mit bis zu 20 Tieren zusammen in Ställen von etwa 50 Quadratmetern. Die Sau will eine Temperatur von einheitlich 20 Grad Celsius und weniger. Die Wohlfühltemperatur liegt zwischen 16 und 24 Grad Celsius.

Für unseren Sauenbetrieb haben wir zwei feste Mitarbeiter angestellt, so dass uns durchaus auch Zeit für private Dinge bleibt. Die moderne Technik ersetzt inzwischen die körperliche Arbeit, so wird die Flüssigfütterung zum Beispiel durch computergesteuerte Pumpen via Handy geregelt. Futterzeit und -menge sind einprogrammiert. Wenn etwas bei den Lüftungsanlagen oder bei der Fütterung nicht funktioniert, gibt es Alarm. Die Mitarbeiter sind acht Stunden am Tag anwesend, so dass immer einer von uns eingreifen kann. Man kann die Anlagen nur über einen Umkleide- und Duschraum betreten. Die betriebseigenen Schutzanzüge und Plastikschuhe werden nach der Nutzung desinfiziert bzw. in einer im Vorraum vorhandenen Waschmaschine gereinigt und im Trockner getrocknet. Wenn ich in unserem Sauenbetrieb Kontrollgänge mache, fange ich aus hygienischen Gründen nach der Volldusche immer bei den jüngsten Tieren an und gehe dann weiter zu den älteren Tiergruppen. Um den Schutz vor Infektionen nicht zu unterbrechen, bleiben Tiere solange in ihren Abteilen, bis sie geschlossen herauskommen. Das bedeutet, dass keine Tiere aus anderen Gruppen zwischenzeitlich in diese Abteilung kommen können und dürfen. Nach ihrem Auszug wird mit einem Hochdruckreiniger und mit einem fettlösenden Reinigungsmittel der Raum gereinigt. Nach einer Abtrocknungszeit von etwa zwölf Stunden wird der gesamte Raum noch einmal mit einer Sprühlanze desinfiziert. Die Futtertröge werden extra gereinigt.

Zurzeit werden unsere Schlachttiere von der Firma Vogler mit Sitz in Niedersachsen abgeholt. Jeden Monat geben wir 180 Tiere ab mit einem Verkaufspreis von etwa 180 Euro das Stück.

*Peter Kreimer 2015/16*

Die Sauenstallanlage umfasst 600 Tiere (2017). Foto: Wiedemann

# Hof Kung  Luhnstedt

## Klaus Kung

\* 1951
Beruf: Landwirt i. R.

Im Mai 1992 feierte unser Hof sein 250. Jubiläum mit einem großen Empfang von Kollegen und Politikern. Unsere Vorfahren lassen sich nachvollziehen bis auf das Jahr 1680. Jürgen Pahl aus Jevenstedt, Sohn des älteren Jürgen Pahl, kaufte 1742 in Luhnstedt eine halbe Hufe Land. Er hatte sich das Geld dazu durch Arbeiten im Rendsburger Stadtmoor, in Holland als Grasmäher und anschließend in der Marsch verdient. Die Familie Pahl ist Gründer dieser Hofstätte.

Mein Urgroßvater, Heinrich Pahl, hatte zwei Töchter, von denen eine meinen Großvater Otto Rohwer heiratete. Aus dieser Ehe entstammten wieder zwei Töchter, eine war meine Mutter, Anna Magdalena, geb. Rohwer. Meine Mutter heiratete 1938 in erster Ehe den Bauern Hans Schwager, der im Zweiten Weltkrieg fiel. Das Ehepaar hatte zwei Söhne, der ältere sollte die Landwirtschaft übernehmen und weiterführen. Nach dem Tod ihres Mannes war meine Mutter mit ihren beiden ersten Söhnen alleine, sie hatte aber Hilfe von einem Verwalter namens Ernst Dührsen. Auf der Hofstelle sind nach Kriegsende mehrere Flüchtlingsparteien untergekommen. Es herrschte jedoch bittere Not, und die Flüchtlinge halfen sich, indem sie nach der Ernte zum Beispiel Kartoffeln und Ähren stoppelten und sich Hühnerbeine abkochten.

Ihre zweite Ehe schloss meine Mutter 1950 mit Horst Kung, geb. 1917, einem geflohenen Bauern aus Westpreußen. Das ist mein Vater, der nach seiner Flucht auf dem Betrieb meiner Mutter mitarbeitete. Bemerkenswert ist, dass der ortsansässige Pastor meine Eltern nicht kirchlich trauen wollte, da mein Vater ja ein Flüchtling war. Folglich kam es zu einer kirchlichen Haustrauung. Mein Vater pachtete den Betrieb mit seiner Eheschließung 1950 und konnte ihn 1964 ganz übernehmen. Der für die Übernahme des Hofes eigentlich vorgesehene Sohn aus erster Ehe hatte inzwischen in einen anderen Betrieb eingeheiratet und auf die elterliche Hofstelle zugunsten meines Vaters und meiner Mutter verzichtet. Der Betrieb ist seit 1923 ein anerkannter Ausbildungsbetrieb. Seit zwei Jahren ist er als solcher auch ausgezeichnet. Er hatte damals eine Größe von etwa 75 Hektar und war als Mischbetrieb breit aufgestellt. Es gab Pferde, Kühe, Schweine Geflügel, Kartoffel- und Getreideanbau. Unser Boden hat unterschiedlich 18 bis 45 Punkte; es gibt reinen Sandboden, lehmigen Sand und humusreiche Erde.

Als Arbeitskräfte standen meinen Eltern bis 1968 eine Melkfrau, bis 1955 ein Tagelöhner, zwei Auszubildende, ein weiterer junger Mann und bis 1960 zwei hauswirtschaftliche Hilfen zur Seite. 1953 gründete meine Mutter mit ihrer Mutter Anna Catharina Rohwer, geb. Pahl, den Landfrauenverein Legan, der heute 260 Mitglieder zählt. Mein Großvater Otto Rohwer gründete 1930 mit anderen Bauern eine Maschinengenossenschaft. Außerdem war er nach dem Krieg Mitbegründer des Bauernverbandes. Er selbst war von 1950 bis 1956 Landrat im Kreis Rendsburg. Er hatte eine politisch »saubere Vergangenheit« und genoss das Ansehen seiner Kollegen und in der Politik.

In den 1950er Jahren kam es zu einer rasanten Umstellung bei der Bestellung der Felder. Die Pferde und andere tierische Zugkräfte wurden durch Traktoren/Schlepper ersetzt, und viele andere Geräte wurden mechanisiert. Parallel dazu bahnte sich eine andere landwirtschaftliche Entwicklung an. Laut Statistik hatten die Bäuerinnen einen 14- bis 16-stündigen Arbeitstag mit hartem körperlichem Einsatz. Durch die Einführung des elektrischen Stroms konnten teure und fehlende Arbeitskräfte und die Arbeit der Bäuerinnen selbst durch neue Geräte und bessere Ausstattung ersetzt und erleichtert werden. Es gab nun Küchen mit Spülen und Kühlschränken, Waschmaschinen, Duschen, Elektroöfen, Melkmaschinen, Ausmist-Schieber etc. Mein Großvater hatte als Landrat gute Beziehungen zum damaligen

*Hof Kung – Luhnstedt*

Hof Kung (2012).

Hans Schwager mit seinem Pferdegespann (1932). Er war der erste Ehemann von Klaus Kungs Mutter Anna Magdalena. Hans Schwager fiel im Zweiten Weltkrieg. Fotos: Privat

Stromanbieter Schleswag und konnte erreichen, dass ganz Luhnstedt Mitte 1956 als Musterdorf elektrifiziert wurde. Am 15. Juni 1956 berichten viele regionale Zeitungen in Schleswig-Holstein über das Vorzeigedorf Luhnstedt. Es wurden bereits in den ersten 1950er Jahren ca. 200 voll elektrifizierte Beispielhöfe in ganz Westdeutschland eingerichtet. In Schleswig-Holstein verzichtete man auf solche Einzelbeispiele und schritt gleich zur Elektrifizierung einer ganzen Ortschaft mit vorwiegend landwirtschaftlichem Charakter. Zeitungen des Norddeutschen Wirtschaftsverlages berichteten überregional unter dem Titel »Heimat Schleswig-Holstein« am 17. August 1965:

»Luhnstedt wird zum Musterdorf der Bundesrepublik. Stromexperten wollen Landwirtschaft voll elektrifizieren – Kohleherde nur noch zum Mutter und Kind-Spielen. [...] Tatsächlich hat sich in den letzten Wochen so manches in Luhnstedt geändert. Die meisten von der Bevölkerung aufgeschriebenen Wünsche wurden bereits erfüllt. Mit zauberhafter Geste hatte die Elektrofee dafür gesorgt, dass die alten Torfherde verschwanden, das Hand-Melken aufhörte und die Landarbeit technisiert wurde. [...] Mit Interesse verfolgen die Luhnstedter die Arbeiten an der Straßenbeleuchtung. Obgleich der Ort nur ein paar Dutzend Häuser besitzt, soll eine vorbildliche Straßenbeleuchtung angelegt werden. Die Hausfrauen aber warten auf ihre Gemeinschaftswaschanlage und auf ihren Gemeinschaftskühlschrank, in dem fast jede Bauersfrau ihr Tiefkühlfach hat, in dem sie ihr Gemüse, das Obst und das Frischfleisch unterbringen kann. Für die Luhnstedter ist diese Entwicklung ihres Ortes ein erfreuliches Ereignis. Die wenigsten denken daran, dass sie als Experimentierfeld für die Elektrowirtschaft und die Stromversorgung sind. Während man in Luhnstedt die Vorzüge des Heugebläses, des elektrischen Häckselschneiders, der Melkmaschinen, des automatischen Stallentmisters und vieler anderer Einrichtungen schätzt, rechnen Stromexperten die Anschlusswerte für die Vollelektrifizierung eines kleinen Dorfes aus, um daraus Schlüsse für eine umfassende Elektrifizierung der westdeutschen Landwirtschaft zu ziehen.«

Meine Mutter war Vorsitzende der Tiefgefriergemeinschaft in Luhnstedt. Neben drei Einzelanlagen in größeren Betrieben wurde in einem zentral gelegenen Gebäude eine Gemeinschaftsgefrieranlage mit 26 Fächern und 150 bis 300 Litern Inhalt errichtet. Diese Fächer waren in einem isolierten Schrank untergebracht, und jeder Nutzer hatte einen eigenen Schlüssel für sein verschließbares Fach. In dieser Zeit war Luhnstedt ein Vorzeigeort, und folglich kamen viele Busse mit interessierten Landfrauen und Landwirten, die sich diese Neuerungen anschauen wollten.
1951 ließen sich die Großeltern ein Altenteilerhaus auf dem Betrieb neben dem Stall bauen. Der Bruder meines Großvaters war Architekt, und so kam es zu einem stattlichen Haus mit Walmdach. Mein Vater war eher ein Ackerbauer, der auch Milchvieh hielt. Waren es nach dem Krieg mehr Kartoffeln, die angebaut wurden, stellte er relativ schnell auf Steckrüben- und Zuckerrübenanbau um. Neben Zuckerrüben wurden auch Sommergerste und Hafer (Quetschhafer) für die Kälber angebaut. Mein Großvater hatte früher natürlich Pferde, jedoch wurden diese Tiere in den 1950er Jahren wegen der Mechanisierung abgeschafft. Unser Betrieb hatte sehr schnell einen eigenen Trecker (Fendt), verschiedene Pflüge, einen Miststreuer, eine Drillmaschine, Eggen und Selbstbinder und alles zum Heumachen wie Mähwerk, Kehrer und Schwader. Die Maschinengemeinschaft mit den nachbarlichen Kollegen besaß einen Mistgreifer, eine Strohpresse, eine Dreschmaschine (gezogene Mähdrescher), Walze, Güllewagen, einen Selbstbinder, Buschhacker für das Feuerholz in den Küchen und einen Kartoffelroder. Die Maschinengenossenschaft hat heute nach dem Strukturwandel in den letzten fünf Jahren kaum noch eine Bedeutung. Es gibt heute nur noch vier landwirtschaftliche Betriebe in Luhnstedt, die alle ihre eigenen Gerätschaften besitzen. Wir zum Beispiel haben heute bei

1960er Jahre: In Luhnstedt gab es, wie damals üblich, eine Tiefgefriergemeinschaft. Anna Magdalena Kung war hier Vorsitzende. Foto: Privat

einer Bewirtschaftung von 200 Hektar, davon 60 Hektar Getreide, drei Trecker mit 70, 105 und 140 PS zum Pflügen. Wir besitzen einen Pflug, Bodenbearbeitungsgeräte und eine Heuwerbungsmaschine. Die Aussaat von Getreide und Raps sowie deren Ernte erfolgt über einen Lohnunternehmer. Dieser macht auch die Aussaat und Ernte von Gras- und Mais. Diese Arbeiten haben wir ausgelagert, da es anders nicht mehr zu schaffen ist.

Ich kam 1951 auf die Welt und half als Jugendlicher auf unserem Betrieb beim Säen von Getreide und Raps mit. Ich erinnere mich noch gut an die Zeit des Kartoffelsammelns, bei der die Kartoffeln auf einen einachsigen Viehwagen geladen wurden, und an das Sammeln der Futterrüben mit Freunden aus dem Dorf. Um den Bedürfnissen der mithelfenden Personen auf dem Betrieb gerecht zu werden, wurde ein Viehanhänger mit provisorischem Toilettenhäuschen bereitgestellt. Nach vierjähriger Volksschulzeit in Luhnstedt besuchte ich die Realschule in Hohenwestedt. Nachdem ich als 15-Jähriger meine Schulzeit beendet hatte, arbeitete ich ein Lehrjahr auf dem elterlichen Betrieb, und 1968 machte ich ein Fremdlehrjahr auf einem Milchbetrieb in Bordesholm. Im selben Jahr bauten meine Eltern nach einem großen Feuer einen neuen Stall. Ab 1970 besuchte ich die Landwirtschaftsschule in Hohenwestedt und war nach zwei Wintersemestern staatlich geprüfter Landwirt. 1974 ergänzte ich meine Ausbildung und wurde Landwirtschaftsmeister. 1977 konnte ich bereits den elterlichen Betrieb pachten. 1980 heiratete ich meine Frau Marlies, geb. Sager. Ihre Eltern besaßen eine kleine Land- und Gastwirtschaft. Sie selbst hatte eine kaufmännische Lehre absolviert und betreute 1981 nach der Geburt unseres ersten Sohnes Henning und 1984 nach der Geburt unserer Tochter Hanna die »drei Ks« (Küche, Kinder, Kälber) und die Buchführung des Betriebs.

Während mein Vater mehr auf den Ackerbau gesetzt hatte, lag meine Begeisterung eher auf Seiten der Viehhaltung. Von meinem Vater konnte ich 27 Kühe mit Nachzucht übernehmen. Einen ersten Laufstall für bis zu 60 Kühe baute ich 1983. Ich pachtete Ackerland dazu und hielt 120 Mastschweine mit drei Durchgängen im Jahr. Heute halten wir immer noch 120 Schweine, die als Ferkel gekauft, ausgemästet und verkauft werden. Nach jeweils gründlicher Reinigung der Ställe werden wieder neue Ferkel gekauft. 2004 investierte ich in einen neuen Laufstall für 200 Kühe. 2010 konnte ich 60 Hektar Land von einem Landwirt dazu pachten, der aus gesundheitlichen Gründen seinen Betrieb nicht mehr selbst führen konnte. Ich übernahm auch seine Stallungen und Tiere, und er hilft auf seinem ehemaligen Betrieb mit, soweit er das noch kann. Unseren Milchbetrieb mit 200 Kühen betreiben wir sehr intensiv. Wir halten Rotbunte Schleswig-Holsteiner. Es handelt sich um Zuchtkühe, die auch über unseren Zuchtverband zum Beispiel nach Nordafrika, Italien oder Russland verkauft werden. Eine Kuh liefert etwa 9500 Liter Milch im Jahr. Nur wirklich kranke Tiere werden ausgegliedert. Alle Tiere, die nicht für die Zucht gebraucht werden, gehen in die Schlachtung nach Husum und Bad Bramstedt.

Der Hof ist geprägt als Ausbildungsbetrieb. Seit drei Jahren haben wir drei Auszubildende. Die Ausbildung dauert zwei bis drei Jahre. Jedes Jahr muss auf einem anderen Ausbildungsbetrieb gearbeitet werden. Die Lehrlinge bewohnen in der Zeit eigene Zimmer mit Fernseher, Dusche und Bad. Leider betrachten heute die jungen Menschen ihre Arbeit nur noch als Job, während sie früher für ihren Betrieb lebten. Unsere Auszubildenden bekommen wir häufig durch ehemalige Auszubildende vermittelt, insofern haben wir selten welche aus anderen Bundesländern und aus dem Ausland. Wir haben auch Praktikanten. Das sind häufig Studenten von der FH Kiel.

2013 übernahm unser Sohn Henning den Betrieb, und ich zog mit meiner Frau Marlies auf das Altenteil. Sie verstarb leider am 30. April 2015. Henning hatte nach seinem

Silageplatz auf dem Hof Kung (2016). Foto: Wiedemann

Drainage einer Wiese in Luhnstedt (2007). Foto: Privat

Abitur, einem Jahr Grundwehrdienst bei der Bundeswehr und einem Jahr Praktikum auf einem Mischbetrieb das Studium in der Fachhochschule für Landwirtschaft in Osterrönfeld aufgenommen. Während des Studiums machte er im Ausland ein Praktikum auf einem Rindviehbetrieb in Cornwall (England). Er schloss sein Studium mit einem Diplom in Agrarwirtschaft ab und erhielt darauf das Angebot eines Steuerberaters aus Hannover, eine weitere Ausbildung mit Buchführung zu starten. Er entschied sich dann aber doch für die Landwirtschaft und führt heute unseren Betrieb. Seine Betriebsführung ist vergleichbar mit meiner; sein Hauptinteresse gilt auch dem Milchvieh. Nebenbei ist er auch im Bauernverband und in der Gemeinde aktiv. Seine Schwester Hanna studierte Betriebswirtschaft und arbeitet heute in der Tourismusbranche bei Europcar.

Die Entwicklung in der Landwirtschaft beobachte ich etwas mit Sorge. In den Nachbarorten werden Ländereien von Spekulanten aufgekauft, was die Preise nach oben treibt. Konkurrenten sind die Biogasanlagen, die staatlich subventioniert werden. Diese Anlagen und deren Bewirtschaftung sehe ich durchaus kritisch. Die ersten subventionierten Anlagen lassen ihre Abwärme sinnlos verpuffen. Von den vorhandenen Anlagen gelten etwa ein Drittel als gut, ein anderes Drittel als eher schlecht und das letzte Drittel als sehr schlecht in der Ausnutzung. Kleinanlagen mit Gülle lohnen sich noch nicht.

Als Altenteiler lebe ich ganz zufrieden und kann über Langeweile nicht klagen. Ich vermisse zwar meine Frau, habe aber ein sehr gutes Verhältnis zu meinem Sohn und dessen Lebenspartnerin Andrea Langmaack, die im Betrieb in die Fußstapfen meiner Frau getreten ist: Sie übernahm die Buchführung. Zu den ehemaligen Auszubildenden habe ich weiterhin einen sehr guten Kontakt, desgleichen pflege ich die Kontakte zu Vereinskollegen und guten Freunden. Dann gibt es eine Reihe Ehrenämter, die mich ausfüllen. Ich bin Prüfer in der Kommission für landwirtschaftliche Ausbildung. Seit 30 Jahren bin ich ehrenamtlich im Wasser- und Bodenverband Luhnau tätig, seit 15 Jahren als Vorsitzender des Verbandes. Zurzeit arbeite ich in Kiel ehrenamtlich als Richter im Sozialgericht. Im Bauernverband war ich von 1980 bis 2010 ehrenamtlich aktiv. In der Hansano-Meierei (heute Arla) war ich 25 Jahre Beiratsmitglied. Und dann bin ich seit 25 Jahren noch Jagdhornbläser des Hegerings Oldenhütten. Durch all diese Tätigkeiten konnte ich als Landwirt weit über den Tellerrand blicken.

*Klaus Kung im Herbst 2014/15*

Laufstall auf dem Hof Kung. Foto: Wiedemann

# Hof Küntzel  Lübeck-Niederbüssau

## Gerhard Küntzel

* 1946
Beruf: Landwirt

Meine Kindheit verbrachte ich in Lübeck-Niederbüssau. Nach meiner Schulzeit machte ich eine Lehre zum Landwirtschaftsgehilfen, bei der ich auf verschiedenen Betrieben arbeitete. Dann besuchte ich für zwei Wintersemester die Landwirtschaftsschule in Lübeck, die Sommersemester verbrachte ich auf anderen Höfen, zwecks Spezialisierung auf den verschiedensten Arbeitsgebieten. Auf dem Ziegelhof, bei den Eltern meiner späteren Frau, war ich kurz vor meiner Meisterprüfung, die ich 1970 ablegte. Meine Examensarbeit war eine Arbeit über den Ziegelhof. Ich arbeitete dort als Wirtschafter. Mein Bereich war der Ackerbau. In der Brüterei und bei der Junghennenaufzucht musste ich hin und wieder aushelfen.

1974 übernahm ich den Hof meiner Eltern. Zusätzlich zu meiner Arbeit als Landwirt ließ ich mich zum Pflanzenschutztechniker ausbilden und legte dazu eine Prüfung in der Kieler Landwirtschaftskammer ab. Der Pflanzenschutz entwickelte sich ab den 1960er Jahren und war in den 1970er Jahren ganz neu aufgestellt. Durch laufende Veränderungen und Verbesserungen auf diesem Gebiet ließen sich gezielt »Unkräuter« wegspritzen. Heute wird noch gezielter und bewusster gespritzt. Nach meiner Prüfung war ich in der Lage, andere Landwirte in ihrer Tätigkeit zu beraten.

Über die Direktvermarktung der Eier von anfangs 2500 Legehennen in unserem ehemaligen Kuhstall konnten wir das nötige Geld für dringende Investitionen auf unserem Hof verdienen. Ab 1977 konnten wir den Spargel stechen, den wir 1974 angebaut hatten. Als mein Vater krank wurde und wir seine Hilfe nicht mehr hatten, wurden 40 Zuchtsauen abgeschafft.

1981 konnten wir den elterlichen Betrieb meiner Frau übernehmen und pachten. Nun hatten wir plötzlich Platz für über 6000 Legehennen. Die größte Herausforderung war die Direktvermarktung der Eier anstatt eines Verkaufs über Händler. Meine Frau und ich waren aber ein gutes Team, und wir hatten ja unseren inzwischen gut laufenden Hofladen und eine Reihe fester Kunden. Auf Flächen, die wegen ihrer Feuchtigkeit nicht für den Anbau von Getreide genutzt werden konnten, stellte ich zunächst fünf Hochlandrinder. Heute besitze ich über 25 Tiere. Obwohl wir heute die Tiere nicht mehr selbst schlachten dürfen, wird das Fleisch meiner Hochlandrinder natürlich auch direktvermarktet. Ab 1989 hatten wir einen Praktikanten aus Estland, danach auch Praktikanten aus der Sowjetunion. Estland hatte große Schwierigkeiten beim Aufbau seiner eigenen Landwirtschaft. Ich sammelte im Umkreis von Lübeck gebrauchte Maschinen und organisierte Hilfstransporte nach Estland. Mit der Hilfe meines Freundes Klaus Blümel fuhr ich einmal einen Dreiachser, gezogen von einem Unimog, über Rostock und Tallin nach Pernu. Viele von unseren Lehrlingen und Praktikanten aus dieser Zeit besuchen uns bis heute immer wieder.

1991 pachteten wir noch 160 Hektar Land dazu. Heute haben wir etwa 270 Hektar Land zu bewirtschaften. Wir haben die Hoffnung, dass eine unserer Töchter bereit ist, die Leitung unserer Höfe zu übernehmen, wenn wir diese aus Altersgründen nicht mehr führen können.

*Gerhard Küntzel im Sommer 2012*

*Hof Küntzel – Lübeck-Niederbüssau*

Die Eier vom Hühnerhof werden direktvermarktet.

Gerhard Küntzel und Sabine Möller (2008): Seit Gudrun Küntzel im Rollstuhl sitzt, kann sie den Direktverkauf nicht mehr alleine bewältigen. Sabine Möller hilft ihr seitdem tatkräftig. Fotos: Wiedemann

Gerhard Küntzel baut selbst Getreide an, hilft aber auch den Nachbarn bei der Ernte. Hier wird ein Rapsfeld vom Nachbarbauer Schmidt geerntet.
Foto: Wiedemann

# Gudrun Küntzel

geborene Wegener
* 1953
Beruf: Meisterin der ländlichen Hauswirtschaft

Meine Eltern bewirtschafteten den Ziegelhof, einen etwa 50 Hektar großen Hof zwischen den Ortschaften Rothenhausen und Moorgarten. Ich wuchs dort mit meiner Schwester auf. Der bäuerliche Betrieb meiner Eltern war ursprünglich auf Ackerbau und Rindviehhaltung ausgerichtet. Wir hatten aber auch eine Brüterei mit Elterntierhaltung und Junghennenaufzucht. Wir Kinder mussten schon früh mit Hand anlegen und zum Beispiel die Eier sortieren. In der Brüterei durfte ich dabei helfen, die Bruteier aus dem Vorbrüter in die Brutmaschine zu transportieren. Es war eine schweißtreibende Angelegenheit, denn der Raum musste sehr warm gehalten werden, damit die Eier nicht auskühlten. Es wurden jährlich etwa 200 000 Küken gebrütet. Zur Schule ging ich in die Grundschule Schenkenberg. Es gab dort nur einen Klassenraum, und alle Schüler wurden in diesem Raum unterrichtet. Später besuchte ich die Ernestinenschule in Lübeck. In Lensahn machte ich dann meine Ausbildung zur Meisterin der ländlichen Hauswirtschaft. Als junges Mädchen hatte ich neben der Schule natürlich auch auf dem Hof und im Garten zu helfen. In meiner Freizeit war ich als Schülerin im Lübecker Frauenruderclub aktiv, wofür ich häufig und regelmäßig trainierte und auch erfolgreich an Regatten teilnahm. So wurde ich zum Beispiel deutsche Vizemeisterin im Einer-Skiff.

1971 heiratete ich Gerhard Küntzel, der auf dem Hof meiner Eltern angestellt war. Ich meldete mich von der Schule ab und zog mit ihm nach Niederbüssau. Bevor wir auf seinen elterlichen Hof zogen, bauten wir das Wohnhaus um. Der Betrieb war vorher verpachtet gewesen, und so übernahmen wir Inventar, zum Beispiel Maschinen und Vieh. Das Wohnhaus bekam zwei Eingänge, so dass die Altenteilwohnung meine Schwiegereltern von uns getrennt war. Meine Schwiegermutter Vizentia war eine Perle von einem Menschen! Sie war herzensgut und hilfsbereit und kümmerte sich viel um unsere 1971 und 1973 geborenen Töchter. Das war zu jener Zeit in einem Mehrgenerationenhaus ab und zu nötig, da wir jüngeren Frauen auf dem Hof sehr viel zu tun hatten. Unsere Töchter wohnen inzwischen beide in Westfalen. Sie sind verheiratet und führen beide landwirtschaftliche Betriebe (Schweinemast mit Sauenhaltung und Mischfutterwerk). Inzwischen sind zu meiner Freude schon sechs Enkel auf der Welt.

Ursprünglich war der Küntzel-Hof auch auf Ackerbau und Rindviehhaltung ausgerichtet. Wir fingen früh mit der Hühnerzucht, Legehennenhaltung und dem Verkauf von Eiern an, dann aber auch mit dem Anbau und der Direktvermarktung von Spargel. Beides sind arbeitsintensive Gebiete. Wir hatten anfangs etwa 500 Hühner, heute bis zu 5500 Hühner in der Bodenhaltung und in Spitzenzeiten etwa fünf Hektar Spargelanbau. Die Hühnerhaltung und -zucht und die Direktvermarktung von Eiern und Geflügelfleisch war notwendig, um verhältnismäßig schnell ein geregeltes Einkommen zu erreichen. Hierfür war ein Kundenstamm wichtig. Von meiner Schwiegermutter konnten wir zwar einige Kunden übernehmen, wir mussten aber auch selbst mögliche Kunden in privaten Kreisen, bei Geschäften, in Restaurants oder Hotels von unserer Ware überzeugen. Die Mund-zu-Mund-Propaganda half natürlich auch. Zu meiner Arbeit gehörte auch die Lehrlingsausbildung in der Hauswirtschaft auf unserem Betrieb. Insgesamt hatte ich im Laufe der Jahre zehn Lehrlinge, die ein Jahr lang auszubilden waren, dann wechselten sie pflichtgemäß auf einen anderen Hof, um auf diversen Fachgebieten vielfältige Erfahrungen sammeln zu können. Bis ca. 1980 half ich auch mit auf dem Feld, zum Beispiel fuhr ich das Getreide zur Genossenschaft oder zur eigenen Getreidetrocknung auf den Hof, ansonsten hatte ich genug damit zu tun, die Eier an die Kunden zu liefern, vor allem zu Hotels, Restaurants oder auch Privatkunden. Den Rest vertrieb ich im eigenen Hofladen. 1977 fing mein Mann mit der Lehrlingsausbildung an, und ich bekam mehr Zeit für den Hofladen, der schnell in Lübeck und Umgebung bekannt und beliebt wurde. Im März 1977 legte ich die Prüfung zur Hauswirtschafterin ab.

Seit 1980 veranstalteten wir jährlich einen Ostermarkt, auf dem wir Hühner, Eier, Eierlikör, Spargel, Marmeladen und diverse andere Artikel, zu denen auch Kuchen, Kaffee, Wein und Bratwürste gehörten, anboten. Der Markt wurde von der Lübecker Bevölkerung gut angenommen und war bald sehr beliebt. Ich war zuständig für die Verköstigung der Besucher und das Auswählen der Kunsthandwerker. Viele, auch ehemalige Lehrlinge und Praktikanten, halfen auf diesem Markt mit; sie kamen in der Osterzeit extra aus anderen Städten angereist, ja selbst aus Estland. Seit 2004 können wir diesen Ostermarkt leider nicht mehr anbieten, da ich wegen eines Schlaganfalls an den Rollstuhl gebunden bin. Wenn meine gesundheitlichen Zustände es zulassen, würde ich den Ostermarkt gerne wieder aufleben lassen.

Bis heute bieten wir von Kindergärten und Schulklassen sehr gerne angenommene Führungen auf dem Bauernhof an, damit die Kinder zum Beispiel lernen, woher die Milch kommt und dass Kühe nicht wie in der Schokoladenwerbung lilafarben sind. Mein Mann führt die Schulklassen, während ich die jüngeren Kindergartengruppen betreue. Beliebt sind natürlich das Streicheln der Kaninchen, das Füttern der Kühe mit Brot oder das Treckerfahren. Aber auch die Hühner und Eiergelege, die Milch- und Fleischkühe kommen natürlich nicht zu kurz. Besonders beliebt bei Groß und Klein ist das Sortieren der Eier mit der Eiersortiermaschine. Inzwischen gehört zu diesen Erkundungen auch ein Frühstück mit Eiern und Geflügelwurst. Eigens für die jungen Besucher steht bei uns auf dem Hof sogar ein gesponserter Toilettenwagen.

In den Lübecker Landfrauenverein trat ich 1977 ein. Ich hielt und halte diesen Verein für sinnvoll und wichtig, nicht zuletzt wegen der Möglichkeiten zur Weiterbildung. Durch den Kontakt und den Gedankenaustausch mit anderen Frauen und ihren Berufen erhöht sich das Verständnis für die Arbeit der Landfrauen in der Landwirtschaft. 1980 wurde ich im Vorstand Beisitzerin, 1982 Protokollantin, 1988 wurde ich zur Zweiten Vorsitzenden gewählt und 1995 übernahm ich den Posten der Ersten Vorsitzenden, den ich dann bis 2004 durch Wiederwahlen behielt. Wir sind Mitglied im Schleswig-Holsteinischen Landfrauenverband. Der Landesverband hält in Kiel seine jährlichen Jahreshauptversammlungen ab, zu denen ich immer gern gefahren bin. Neben unter anderem den Satzungsfassungen und Vorstandswahlen, guten Vorträgen und dem Kontakt und Gedankenaustausch mit anderen Ortsvorsitzenden und Mitgliedern gab es fruchtbare Diskussionen und gute Angebote der Weiterbildung. Über das alles konnte ich dann im Lübecker Landfrauenverein berichten. Ich setzte mich dafür ein, dass es mehr und auch zeitlich versetzte Veranstaltungen gab, so zum Beispiel einmal nachmittags und einmal abends im Monat, damit die Berufstätigen und zeitlich und arbeitsmäßig stark eingebundenen Frauen möglichst einen der Termine wahrnehmen konnten. Zu diesen Veranstaltungen gehören zum Beispiel Vorträge, Diskussionen, Fahrten, Ausflüge, ein Chor und eine Jazztanzgruppe. Über eine Kontaktsuche einer Landfrau aus Durban (Südafrika) und mit der Unterstützung einer Landfrau aus unserem Vorstand entstand ein Kontakt nach Südafrika. Aus diesem Kontakt entwickelte sich eine dreiwöchige Fahrt dorthin. Die Landfrau aus Durban stellte ein Programm zusammen, an dem um die 30 Landfrauen aus Deutschland teilnahmen. Wir besuchten verschiedene Farmen, zum Beispiel Zuckerrohrfarmen, schliefen auch einmal auf solch einer Farm und trafen uns mit der Frauenorganisation »Woman-Institution«. 2006 wurde ich Ehrenvorsitzende und stellvertretende Vorsitzende bei den Lübecker Frauen- und Sozialverbänden.

Wenn ich zurückblicke, dann habe ich mit meinen vielen Tätigkeiten auf dem Bauernhof ein sehr aktives und gutes Leben geführt: Ich hatte die Freiheit zu bestimmen, was ich am Tag arbeiten wollte, ich brauchte morgens keine Anfahrt zur Arbeitsstelle, und ich hatte eine sehr angenehme gemeinsame Tätigkeit zusammen mit meinem Ehemann und war auch während der Arbeit für meine Kinder immer erreichbar.

*Gudrun Küntzel 2011/12*

# Hof Martens Kühsen

## Hildegund Martens

geborene Brandt
* 1942
Beruf: Bäuerin i. R.

Meine Mutter stammt aus Tramm im Lauenburgischen von einem kleinen Hof und einer Familie mit sieben Kindern. Vor dem Zweiten Weltkrieg hatte meine Mutter auf dem Lauenburger Hof im Ort Sandesneben in der Küche gelernt. Sie hatte unter anderem auch eine Saison auf Rügen gearbeitet, dann als Mamsell (Köchin) mit vielen anderen Küchenmädchen bei Graf Bernsdorf auf dem Gut Wotersen. Nach der Eheschließung meiner Eltern kam ich 1942 in Mölln zur Welt. Mein Vater arbeitete als Verwalter auf einem Hof in der Gemeinde Krukow im Kreis Herzogtum Lauenburg. Er wurde während des Krieges eingezogen und kam nicht mehr zurück. Meine Mutter arbeitete in der Küche und bekochte die Herrschaften des großen Hofes in Krukow. Sie und ich durften bei dem Bauern mitessen, waren aber ganz klar untergeordnet. Ich erinnere noch gut, wie ich einmal von den Herrschaften Fleischklöße bekam und der einarmige Bauer mir den Rest der Klöße vom Teller fortnahm. Wir hatten auf dem Hof ein Schlafzimmer zugeteilt bekommen. Spielzeug besaßen wir kaum, aber ich hatte eine Puppe mit Holzpantoffeln. Das war mein Lieblingsspielzeug. Es wurde immer gearbeitet, und alle vier Wochen wurde gewaschen. Wenn schon mal gewaschen wurde, dann aber auch alles: Ich saß in einer Decke eingehüllt und sah bei der Wäsche zu. Da wir keine Schleuder hatten, wrangen zwei Frauen die ganze Wäsche mit der Hand aus und hingen sie nass auf die Leine. Unser Brot wurde im Backhaus auf dem Hof mit Sauerteig gebacken; es hielt wochenlang. Mithilfe einer Maschine wurde Zuckerrübensirup hergestellt. Das Kartoffelmehl für die Küche stellten wir her, indem wir Kartoffelmus auf Bettlaken strichen, die dann über Holzböcke gespannt auf dem Rasen im Garten zum Trocknen standen. Das Mus trocknete in der Sonne zu Mehl.

In Krukow war nach dem Krieg das Haus voll mit Flüchtlingen. Hauptnahrungsmittel waren für alle Pellkartoffeln. Bei den Flüchtlingsfamilien waren viele Kinder dabei, so dass ich immer genug Spielkameraden hatte. Ich rannte in alle Ecken und tauchte auf dem Hof überall auf und war bei allen auch gerne gesehen. Und was haben wir damals im Herbst an Äpfeln und Nüssen gesammelt! Einmal hat mir meine Mutter eine besondere Freude gemacht. Sie stibitzte ein Ei und verrührte es mit Zucker zu einem Zucker-Ei. 1949 zog meine Mutter mit mir nach Labenz, nachdem sie dort den Bauern Martens geheiratet hatte. Ich war selig, nun wieder einen Vater zu haben – wie die anderen Kinder auch, deren Väter aus dem Krieg heimkehren konnten. Mein Stiefvater hatte zwei Kinder mit in die Ehe gebracht. Minna, seine Mutter, hatte scheinbar etwas gegen Kinder und war sehr streng zu uns, vor allem, wenn sie uns mit den »Schundheftchen« erwischte: Wir lasen »Prinz Eisenherz«. Der Hof meines Stiefvaters hatte 25 Hektar, und meine Eltern bauten, wie hier damals üblich, Hackfrüchte und Getreide an. Wir hatten auch Schweine und zehn Kühe in einem Kuhstall am Wohnhaus.

Mit sieben Jahren wurde ich 1949 zur Osterzeit in die Volksschule in Juliusburg bei Krukow eingeschult. Im Herbst des Jahres zogen wir nach Labenz. In der dortigen Grundschule gab es nur einen Raum, in dem unterrichtet wurde. Es wurden wöchentlich vormittags und nachmittags im Wechsel die erste bis vierte Klasse und die fünfte bis neunte Klasse unterrichtet. Die einheimischen und die Flüchtlingskinder wurden gemeinsam unterrichtet. Ich war ein sehr ängstliches Kind und versteckte mich die erste Zeit häufig. Unser Lehrer ging mit uns Kindern zum Wehrensteich – das ist ein Fischteich –, um uns das Schwimmen beizubringen. Zum Teich gehörte ein tiefer Graben mit einer Schleuse zum Abfischen. Hier lernte ich mit der Hilfe von vier Jungen das Schwimmen. Nach drei bis vier Schwimmzügen konnte ich am anderen Ufer wieder stehen. Im Teich selbst übten wir Kopfsprünge von einem Holzkasten, oder wir schwammen zu den Seerosen, da dort das Wasser einfach wärmer war. Nach dem Baden hatten wir oft Blutegel am Körper, die wir uns dann gegenseitig abzogen. Wir fanden sie eklig und glitschig. Als Schülerin ging ich wie damals üblich mit Schürze zum Unterricht. In der Schule gab es einen geregelten Tafeldienst, wozu es zwei Lappen gab: einen zum Feuchtwischen und einen zum Trockenreiben. Und sonnabends mussten auch die Tafelrahmen geputzt werden. Wer sich weigerte, erhielt Stockschläge. Zur Kartoffelernte war für mich 14 Tage lang Kartoffeln sammeln und Geld verdienen angesagt. Da konnten auch die Lehrer in der Schule nichts gegen sagen, wenn fast alle Kinder zu dieser Zeit die Schule schwänzten. Ganze Familien stoppelten sogar noch nachts mit dem Dreizack. Als Schülerin war ich natürlich auch groß genug, um beim Melken zu helfen. Wir hatten ein Melkgeschirr auf einem Behälter mit einem Pulsator von der Firma Westfalia. Auf dem Hof in Labenz hatten wir anfangs noch zwei Arbeitspferde, die wir zum Melken und zum Ziehen des Milchwagens einsetzten. Mein Vater kaufte sich dann einen Lanz-Bulldog, den er noch mit einer Lötlampe und einem Schwungrad anschmeißen musste. Mein Mann hatte diesen Trecker später von einem meiner Halbbrüder abkaufen können.

In der Volksschule blieb ich insgesamt neun Jahre. Ich wäre sehr gerne noch zu einem Aufbauzug in Sandesneben weiter zur Schule gegangen. Während andere Schüler und Schülerinnen sogar nach Lübeck zur Domschule oder auf das Gymnasium zum Katharineum gehen durften, war bei mir das Thema mit dem Satz der Eltern erledigt: »Du heiratest sowieso einen Bauern!« 1958 wurde ich als 15-Jährige aus der Schule entlassen. Ich blieb dann erst einmal ein Jahr lang zu Hause, um dann in die Lehre und damit auf andere Höfe zu gehen. In meiner Lehrzeit verbrachte ich ein Jahr bei dem Bauer Jäger in Hützfeld bei Bosau. Das war ein großer Hof mit Lehrbetrieb. Wir zwei Lehrlinge hatten ein gutes Verhältnis zu der ganzen Familie. Nebenher besuchte ich die Berufsschule in Eutin. Von Hützfeld nach Eutin fuhr ich meist mit dem Fahrrad, um mir das Busgeld zu sparen. Von dem ersparten Fahrgeld von jeweils 1,30 DM konnte ich mir einen Teelöffel für meine Aussteuer kaufen. Mein nächster Lehrbetrieb war der Kartoffelhof Dittmer in Wulfsdorf vor Lübeck. Dieser Hof hatte knapp unter 100 Hektar Land. Ich erinnere mich noch sehr gut an die anstrengende Zeit, wenn ich 14 Tage im September und 14 Tage im Oktober Kartoffeln sortieren musste, die dann nach Lübeck zum Verkauf gingen. Zu dieser Zeit besuchte ich die Berufsschule in Lübeck. Als Lehrgeld bekam ich im ersten Lehrjahr 30 im zweiten 40 und im dritten 50 Mark, dazu kamen natürlich Kost und Logis auf dem Hof. 1958/59 übernahm mein Bruder den kleinen Hof meiner Eltern. 1959 adoptierte mich mein Vater. Meine Eltern zogen nach Ratzeburg und betrieben in einem großen Familienhaus eine Fremdenpension mit Sommergästen. Ich fuhr jede Woche einmal zu meinen Eltern nach Ratzeburg. Meine Mutter war eine herzensgute Frau, die eigentlich nur gearbeitet und sich dagegen auch nie gewehrt hatte. Meinen Vater kann

Schwiegervater Martens mit Nachbarskindern (1950/60er Jahre). Foto: Privat

ich nur als sehr tüchtig, aber äußerst sparsam bezeichnen. Im Oktober 1989 starb mein Vater, ein Vierteljahr später starb meine Mutter.

Als ich 15 Jahre alt war, hatte ich schon meinen zukünftigen Mann kennengelernt, mit 17 verlobte ich mich. Im November 1961 heiratete ich den Landwirt Heinrich Martens (geb. 1934) und zog zu ihm nach Kühsen. Unsere erste Tochter Anke bekam ich 1962. Sie sollte eigentlich Rebecca heißen. 1966 folgte unsere zweite Tochter. Im Krankenhaus wollte mein Mann dann zumindest ihr den Namen Rebecca geben. Doch mein Vater, der früher aktiv in der nationalsozialistischen Partei tätig war, war dagegen, weil er meinte, dass Rebecca ein Judenname sei. In meiner Not wandte ich mich an den Pastor, mit dem wir uns dann auf zwei Namen, Rebecca und Anne, einigten. Rebecca kam neun Wochen zu früh auf die Welt. Sie wog nur 1800 Gramm und musste per Krankenwagen von der Frauenklinik Bergedorf zum Kinderkrankenhaus Rothenburgsort bei Hamburg gebracht werden. Mein Mann fuhr dann jeden zweiten Tag mit meiner Milch dorthin, damit unsere Tochter Muttermilch bekommen konnte. Meine zweite Tochter war als Kind häufig krank und zeigte sich sehr eigensinnig. Sie hatte dann in ihrem folgenden Bruder Jochen, der 1975 zur Welt kam, einen tollen Lieblingsbruder zum Toben und zum Kuscheln.

Der Hof der Eltern meines Mannes hatte damals 40 Hektar. Es gab dort Schwarzbunte als Milchkühe und für die Nachzucht. Auf der Hauskoppel liefen Angler Sattelschweine herum. Es gab auch immer schon ein paar Schafe, die mein Schwiegervater an die Türken verkaufte. Mein Schwiegervater war eigentlich mehr Händler als Bauer. Er kaufte sich 1960/61 zwei ehemalige Flüchtlingsbaracken aus dem Ort Blankensee, die er hier wieder aufbaute und als Ställe für unsere Tiere nutzte. Er half auch überall auf dem Hof mit und verrichtete die Dinge, zu denen mein Mann gar keine Lust hatte, zum Beispiel zerbrochene Gartengeräte wieder instand zu setzen. Insgesamt hatten meine Schwiegereltern 30 Schweine, zwölf Milchkühe und ein paar Färsen, eine Menge Hühner und Enten, die sie nach dem Schlachten freitags nach Lübeck fuhren und wie die Eier unserer Hühner direkt aus dem Auto verkauften. Sie hatten dafür einen festen Platz auf dem Parkplatz hinter dem Kaufhaus Herder, den der Parkplatzwärter auch immer für sie frei hielt. Nach der »Eiertour« gab es für die Kinder als Mitbringsel Bonbons oder auch Kleidung. Heute braucht man Kinderklamotten eigentlich nicht mehr neu einzukaufen, es gibt genügend Familienmitglieder, Nachbarn und Kinderkleider-Flohmärkte, die getragene Kinderkleidung günstig weitergeben oder auch verschenken. Mein Schwiegervater hatte sich 1961 das Haus als Altenteiler gebaut, in dem ich heute noch mit meinem Mann [gestorben im März 2013, Anm. des Autors] lebe. Dieses Haus liegt gegenüber dem eigentlichen Hof auf der anderen Straßenseite.

1962 ließen wir uns einen Stall für 300 Mastschweine bauen und einen kleineren für 200 Ferkel. Unsere Milchkühe schafften wir in den Jahren 1966/67 ab. Wir hatten während

Hof Martens. Foto: Wiedemann

der ganzen Zeit, in der wir Kühe hielten, nie eine Melkmaschine besessen und mussten immer mit der Hand melken. Wir trieben die Kühe dazu zweimal am Tag in eine Bucht auf der Weide. So manches Unglück erlebten wir mit den Tieren: Unsere Kälber fütterten wir zur Aufzucht mit Milchpulver. Einmal hatten die Tiere Salmonellen und kippten tot um wie die Fliegen. Der Tierarzt hatte sie umsonst dagegen gespritzt. 1972 war für die Familie ein besonders schweres Schicksalsjahr. Auf unserem Hof ist die Schweinepest ausgebrochen, und die gesamte Hofanlage wurde zum Sperrbezirk erklärt. Die Tiere aus dem großen und kleinen Stall – auch die nicht erkrankten – wurden alle geholt und von einem Abdecker mit einem Kleinkalibergewehr getötet. Der Tierarzt war sich nicht sicher, woher die Krankheit der Ferkel kam, vielleicht waren sie schon bei der Lieferung krank. Aufgrund der Hofsperrung hatten wir vier bis sechs Monate keinen Verdienst, und wir mussten vor dem Neuanfang alle Ställe per Hand mit Seifenstein schrubben. Danach sahen die Ställe aber immerhin wie neu aus.

Mein Schwiegervater ritt noch in den 1970er Jahren auf seinem Norweger. Auch mein Mann hatte früher Pferde, die er auch ritt. Zur Erntezeit fuhr mein Mann immer den Trecker und benötigte uns Frauen und die Kinder als Hilfe beim Abladen. Sein Vater konnte in den 70er Jahren auch noch mit dem Stroh und Heu zwischen dem Hof und den Feldern hin- und herfahren. 1976 übernahm mein Mann endgültig den Hof seiner Eltern. Sein Vater starb 1980, seine Mutter 1995. Mein Mann war ein kluger und guter Wirtschafter. Er konnte Kanalwiesen gegen andere Wiesen und Koppeln über das Amt für Ländliche Räume eintauschen und auch einiges dazukaufen. So wurde unser Hof sehr schnell der größte im Ort Kühsen. Mein Mann hatte sich etwa 75 Hektar als Ziel gesetzt, besaß aber zuletzt knapp 90 Hektar. Schon seit 50 Jahren ist mein Mann schwerbehindert. Er hat immer sehr hart gearbeitet. Er litt unter »Morbus Bechterew«, eine schmerzhafte Entzündung an der Wirbelsäule, welche zur Versteifung führt. 1991 musste auch ich zu einer Kur. Urlaub hatten wir eigentlich nie. In der Rückschau war ich mit meinen Kindern einmal im Kieler Freilichtmuseum Molfsee, einmal im »Hansapark« in Sierksdorf und einmal im »Heidepark Soltau«. Es gab immer so viel auf dem Hof zu tun, dass auch unsere Kinder nach der Schule mitarbeiten mussten. Meine Tochter Anke hatte mit 16 Jahren schon ihren Führerschein, sie fuhr Trecker und kannte jeden Schmiernippel. Meine Tochter Rebecca besaß auch einen Führerschein mit Sondergenehmigung. Ich glaube, ich habe unsere Kinder so gut erzogen und zur Ordnung angehalten, wie es eben möglich war. Ich selbst stapelte in den Erntezeiten bis zu 8000 Ballen Heu oder bis zu 14 000 Klappen Stroh, davon jeweils etwa 2000 am Tag auf den Hänger und auf den Boden. Als wir eine Ballenbeförderungsanlage besaßen, ist mir einmal ein Schrecken in die Glieder gefahren. Wenn auf dem Band eine Klappe quer lief und den Lauf verstopfte, musste man auf dem Band hinaufklettern und die Strohklappen herunterwerfen. Mein Schuh hatte sich dabei in dieser Anlage verfangen, und so fuhr ich mit großem und angstvollem Geschrei auf der Förderanlage hinauf. Zum Glück konnte ich rechtzeitig meinen Fuß befreien und mich von oben von der Anlage herunterfallen lassen. Ich landete unverletzt auf dem Stroh auf dem Boden, aber mein Schuh war und blieb verschwunden.

Mein Sohn Jochen hatte inzwischen die Ausbildung zum Tierwirt mit der Fachausrichtung Schafhaltung gemacht. Dazu war er eine Woche pro Monat zur Ausbildung in Sachsen-Anhalt. Im Blockunterricht, der einmal im Jahr stattfand, machte er im Zuge dieser Ausbildung auch seinen Meister. Meine Tochter Anke hatte nebenbei auch Schafe, sie schlug aber beruflich die Inspektorenlaufbahn in der Kreisverwaltung Ratzeburg ein. In ihren Urlauben machte sie für den Beruf der Tierwirtin Lehrgänge in Futterkamp und hatte innerhalb von sechs Jahren ihre Gesellenprüfung. Meine Tochter Rebecca hatte mit Schafen nicht viel am Hut. Sie hatte es nie geschafft, den neugeborenen Lämmern den Schleim abzuwischen, um die Atemwege frei zu halten. Heute führt sie mit ihrem Mann dessen elterlichen landwirtschaftlichen Betrieb weiter und betreibt dort erfolgreich einen Hofladen. Nachdem mein Mann und ich 2004 das Altenteil auf unsere Bedürfnisse und altersgerecht umgebaut hatten, zogen wir dort ein und verpachteten ab 2005 den gesamten Hof an unseren Sohn Jochen. Seine erste Freundin, die ihm auf dem großen Hof helfen wollte, verließ ihn schon bald wieder. Von uns hatte er 835 Schafe übernommen, heute hält er über 2000 Schafe. Die Flaschenlämmer hält er im Schuppen und muss sie fünfmal täglich von morgens bis abends mit der Flasche füttern. Seine ungefähr 350 Heidschnucken, die er von der Sielmann-Stiftung übernommen hatte, hat er inzwischen verkauft. Es ist eine schöne, aber schwierige Rasse. Die Muttertiere nehmen nicht immer ihre Lämmer an. Die Rinder, die früher noch auf dem Hof waren, hat Jochen vor einigen Jahren abgeschafft.

Jetzt lebt er mit einer Lebensgefährtin zusammen und hat mit ihr zwei Kinder. Es sind Zwillinge. Die beiden, die vielen Schafe und seine vier Hunde – ein Schäferhund, drei Bordercollies – und der Getreideanbau halten die junge Familie jetzt ganz schön auf Trab. Mein Mann und ich bekamen auf dem Altenteil viel Besuch von unseren Kindern und Enkeln. Heute lebe ich alleine dort. Mein Mann verstarb am 4. März 2013.

Der Ort Kühsen hatte früher 18 Bauernstellen, heute sind es leider nur noch etwa fünf landwirtschaftliche Betriebe. Wie überall im Lande ist auch hier in Kühsen das Höfesterben zu beobachten.

*Hildegund Martens im Sommer 2013*

## Jochen Martens

\* 1975
Beruf: Staatl. gepr. Wirtschafter im Landschaftsbau, Schäfer- und Landwirtschaftsmeister

Meine Eltern führten einen etwa 90 Hektar großen Hof mit Schweine- und Bullenzucht in Kühsen. Ich kam 1975 in Ratzeburg zur Welt. Von 1982 bis 1987 besuchte ich die Grundschule in Nusse, dann wechselte ich zur Realschule nach Sandesneben, wo ich auch meinen Realschulabschluss machen konnte. Im Anschluss startete ich meine dreijährige Lehrzeit, in der ich das erste Lehrjahr auf dem väterlichen Hof arbeitete. Das zweite Lehrjahr verbrachte ich auf dem Eckhof in Altmölln, einem Lohnunternehmer mit Mastschweinen und Mastbullen. Im dritten Lehrjahr arbeitete ich auf einem Kuhbetrieb in Walksfelde. Nach der Lehrzeit leistete ich 1996/97 meinen zehnmonatigen Grundwehrdienst in Bad Segeberg ab, den ich mir eigentlich ersparen wollte. In den Wintersemestern 1997/98 und 1998/99 besuchte ich die Fachschule für Landwirtschaft in Mölln, um diese als staatlich geprüfter Wirtschafter im Landbau wieder zu verlassen. Von März 1999 bis 2001 wechselte ich dann nach Sachsen-Anhalt zur Meisterschule mit der Fachausrichtung Schafzucht. Hier schnitt ich von etwa zehn Mitauszubildenden als bester junger Schäfermeister ab. Der Unterricht wird im Block gegeben und abwechselnd in den nördlichen Bundesländern angeboten. So zum Beispiel fand der Meisterkurs 2013 in Schleswig-Holstein statt. 2014 war ich selbst Prüfer von acht Lehrlingen, wovon sieben ihre Prüfungen erfolgreich ablegen konnten.

Mit 26 Jahren stellte mich mein Vater auf seinem Hof fest an. Er hatte 1988 schon seine Schweine und Rinder verkauft und züchtete seither nur noch Schafe. Im Juli 2005 übernahm ich den Hof als Pächter und damit auch die 800 Weiß- und Schwarzkopfschafe. Bis zum Jahr 2011 vermehrte ich meine Herde auf über 2000 Mutterschafe. Als ich im gleichen Jahr Vater von Zwillingen wurde, verringerte ich die Herde auf 1200 Tiere, um das Familienleben nicht zu vernachlässigen. Es wird wohl in der Zukunft auch bei dieser Herdengröße bleiben.

2012 hatte ich keinen Auszubildenden, dafür aber einen Praktikanten aus Celle, der anschließend auch seine Ausbildung auf meinem Hof machen wollte. Inzwischen habe ich schon mehrere Lehrlinge ausgebildet, die immer für Überraschungen sorgten. Zuletzt hatte ich bis zu 18 Bewerbungen, die alle aus der näheren Umgebung kamen. Ich bevorzuge heute aber diejenigen, deren Elternhaus mindestens in 400 Kilometern Entfernung liegt, so dass sie nicht kurzfristig nach Hause »entkommen« können. Ich muss mich auf ihre Anwesenheit und Mitarbeit verlassen können. Die Lehrlinge erhalten bei mir eine eigene separate Wohnung und werden von mir verpflegt. Unter diesen Gegebenheiten – weit weg vom Elternhaus – wächst der junge Lehrling besser in seiner Persönlichkeit, so ist meine Erfahrung.

Seit dem Jahr 2010 halte ich die Rasse »Schottisches Blackface«, die viel Fleisch trotz kargem Futter bringt. Die Tiere sind sehr widerstandsfähig und vertragen als Futterquelle auch minderwertiges Land wie Kanalwiesen. Das Highlight in jedem Jahr ist das Scheren der Tiere. Als Lohnunternehmer übernehme ich auch das Scheren fremder Tiere, so schere ich zum Beispiel die Tiere eines Fabrikanten, der bei Ritzerau 80 bis 100 Kärntner Brillenschafe laufen hat. Ein Agraringenieur aus Niedersachsen hatte im Jahr 2012 die Marketing-Idee, 15 handverlesene Barkeeper aus den besten deutschen Hotels zur Schafschur einzuladen. 2014 sollten es sogar 45 bekannte Barkeeper werden. Diese Personen halfen dann unter Anleitung beim Scheren und alternativ beim Hüte-Training mit meinen Bordercollies und das alles mit großer Begeisterung – raus aus dem Alltag im Hotelbetrieb. Das war auch für

*Hof Martens – Kühsen*

Vor, während und nach der Schafschur (2013). Fotos: Wiedemann

mich eine spannende Abwechslung. Im Anschluss gab es frische Grillwurst und eine dreistündige Whisky-Verkostung. Leider hat diese Zusammenarbeit durch einen tödlichen Verkehrsunfall des Agraringenieurs und Initiatoren der Veranstaltung im Mai 2014 ein Ende gefunden. Für mich bleibt die Schafschur auch ohne die speziellen Helfer mein Hobby, und ich war schon bei sechs deutschen Meisterschaften dabei. Seit etwa 20 Jahren dürfen meine Schafe bei den umliegenden Bauern in einem eingezäunten Gebiet deren Grünflächen abgrasen. Das gilt als letzter Schnitt im Jahr, wodurch die Grasnarbe schön verbissen und kurz gehalten wird. So werden auch Wildschäden, zum Beispiel durch Mäuse und Winterlinge, verhindert. Als Dankeschön dafür, dass meine Schafe bei ihnen grasen dürfen, erhalten die Bauern von mir jedes Jahr zu Weihnachten gepökelte und geräucherte Lammsalami.

»Achtung: Tragende Mutterschafe! Hunde bitte anleinen!«
Foto: Wiedemann

Für die Gewinnung meines Kraftfutters baue ich etwa 100 Tonnen Getreide an: Winter- und Sommergerste sowie Hafer. Ich besitze eine eigene Mühle, einen Mischer und für das Einlagern einen Silo. Die Selbstvermarktung meines Getreides bringt mir bedeutend mehr ein, als wenn ich es zum Beispiel zu Raiffeisen bringen würde. Zu mir kommen auch bis zu zehn Hobbyschafhalter, um bei mir das Kraftfutter zu kaufen. Sie zahlen auch gerne etwas mehr, da sie die Qualität meines Futters schätzen. Bis heute habe ich für 70 bis 100 Stunden im Jahr einen 48-jährigen Angestellten, der auch selbst Schafe hält. Die Vermarktung meiner Schafe fällt mir sehr leicht. Ich habe zwei Schlachter in der Nähe, die die Tiere bei mir lebend kaufen. Die Tiere werden gewogen und direkt bezahlt. Dann werden sie mit einer Stromzange betäubt, nicht getötet, damit es auch mit dem Koran vereinbar ist. Schließlich werden die Tiere an einen türkischen Schlachter übergeben, der die Schlachtung übernimmt und das Fleisch dann sofort zum Verkauf in den türkischen Gemüseläden und im türkischen Markt am Steindamm in Hamburg anbietet. Ich verkaufe nur an türkische Schlachter. Diese wollen die Schafe nach ihren religiösen Vorschriften in Deutschland kaufen. Darum sind bei mir die Schafrassen auf die Endverbraucher abgestimmt. So zum Beispiel kaufen die Armenier andere Schafe als die Türken, obwohl beide Moslems sind. Das hat also nichts mit der Religion zu tun. Die Armenier wollen Tiere mit Hörnern, Verbraucher mit anderer Nationalität haben lieber Fettschwanzschafe. Das ist immer abhängig davon, welche Tiere auf ihren heimatlichen Landstrichen üblich waren.

In Schleswig-Holstein gibt es etwa 300 000 Schafe, davon etwa 150 000 auf den Deichen. Es gibt hier im Norden gar nicht so viele Züchter, mir sind die Züchter in Mecklenburg-Vorpommern und in Aukrug/Hohenwestedt am nächsten. Etwa die Schafherden am Dummersdorfer Ufer bei Lübeck-Kücknitz dienen der Landschaftspflege und sind keine Fleischproduzenten. Meine Altschafe konnte ich bis vor kurzem in den Libanon, nach Beirut und nach Holland absetzen. Da das Geschäft irgendwann nicht mehr rentabel war, lasse ich meine Alttiere heute für mich selbst schlachten. Waren es 2012 erst 100 Tiere, die ich »verwurstete«, waren es zwei Jahre später schon an die 1000 Tiere. Ich mache Schafsalami daraus. In die Wurst kommen etwa 20 Prozent des Lebendgewichtes eines Alttieres, dem füge ich dann noch etwas Lammfleisch dazu, um die Wurst besonders schmackhaft zu machen. Angeboten und gekauft wird diese Wurst vor allem in der kühleren Weihnachtszeit.

Für die Zucht kaufte ich mir auf Auktionen, zum Beispiel in Husum, Neustadt und Hannover, bisher aus drei Rassen Vatertiere, also Böcke. 2014 kaufte ich mir in Nordhessen schon acht Böcke für die Weiterzucht und plane, mir auch aus Schottland Tiere zu holen, die ich dann zu

*Hof Martens – Kühsen*

Familie Martens mit den Töchtern Rebecca und Anke sowie Enkelin Anna-Luise. Rebecca (links im Bild) betreibt heute mit Ihrem Ehemann Arndt Meins dessen elterlichen Hof. Sohn Jochen Martens ist nicht abgebildet.

Die Schafe grasen auf eingezäunten Grünweiden der umliegenden Bauern. Fotos: Wiedemann

Hybridschafen kreuzen kann. Auf einen Elitebock kommen etwa 100 Schafe einer Rasse.

Verkaufen kann ich ganzjährig. Seit 2005 kontaktieren mich die Schlachter von sich aus; ich selbst brauche mich um die Abnahme dadurch nicht weiter zu kümmern. Ich könnte bestimmt dreimal so viele Tiere verkaufen, was dann aber auch dreimal so viel Arbeit mit den Schafen bedeuten würde. Noch vor Jahren haben mich Flaschenlämmer sehr viel Zeit gekostet. Heute übernimmt der Flaschenautomat mit Fertigmilch die Fütterung. Das Lammen der Muttertiere findet naturgemäß nachts statt. Das hat die Natur so eingerichtet, weil in der übrigen Zeit die Raubtiere ursprünglich ihre Jagdzeit hatten. Während der Zeit des Lammens sind die Raubtiere also normalerweise satt. Die Muttertiere werden bei mir acht Jahre alt und bekommen im Schnitt zehn Lämmer. Sie lammen das erste Mal im Alter von 15 Monaten. Ich pflege zusätzlich zu meiner Herde eine Kooperation mit einer 100 Tiere großen Herde von Heidschnucken auf einem 500 Hektar großen Weideland. Diese Tiere werden mager gehalten, sie haben dabei ein gutes Wachstum und fressen unter anderem viele Kräuter und Birkenblätter. Das Fleisch der Heidschnucke ist mager und kaum von Fett durchzogen. Eine Kreuzung mit Schwarzkopfschafen bringt noch besseres Fleisch. Meine Schafe laufen zusammen mit einer Galloway-Herde. Wie lange diese Kooperation noch andauern wird, ist ungewiss, da ich auf diesem Weideland leider Ärger mit dem Verbiss von freilaufenden Hunden und ungepflegten Zäunen habe.

Mein Tagesablauf sieht folgendermaßen aus: Aufstehen um halb fünf in der Früh, um die Schafe im Stall zu füttern. Ich halte 300 bis 400 Tiere im Stall, damit ich jederzeit an die Schlachter liefern kann. Im Anschluss frühstücke ich, um ab halb acht morgens mit meinem Quad die Schafherden in Kühsen zu kontrollieren. Danach fahre ich zu meinen Tieren nach Trenthorst. Ab zehn Uhr bin ich wieder auf meinem Hof und erledige mein Tagesgeschäft. Dazu gehört das Setzen von Zäunen, Reparaturen und vieles mehr. Um halb zehn abends liege ich meistens schon im Bett, es sei denn, ich habe mich zum Beispiel um Lämmer zu kümmern.

Ein anderes Hobby neben meinen Schafen sind meine Hunde. Ich besitze vier Bordercollies, mit denen ich auch Meisterschaften im Schafehüten ausrichte. Zwei Deutsche Meisterschaften habe ich inzwischen schon ausgerichtet. Auf meinem Betrieb gibt es dann einen Parcours von einem Kilometer Länge, auf dem die Bordercollies in zwölf Minuten bestimmte Schafe aus 300 gleichartigen Tieren aussortieren müssen. Ich lade mir dazu aus England und Irland Wettkampfrichter ein. Eine Hundeausbildung dazu dauert bis zu dreieinhalb Jahre und kostet zwischen 2500 und 5000 Euro.

*Jochen Martens im Herbst 2013/Frühjahr 2014*

Die Schafwolle wird nach der Schur in große Säcke verpackt.

Lämmerstall. Fotos: Wiedemann

# Hof Meetz *Lübeck-Kronsforde*

## Johannes Meetz

1927–2015

Beruf: Land- und Gastwirt

Meine Großeltern hatten neben einer kleinen Landwirtschaft von vier bis fünf Hektar schon immer eine Gastwirtschaft in Kronsforde. Angeschlossen war ein Lebensmittelhandel und bis in die 1940er Jahre auch eine Shell-Tankstelle. Auf dem Hof soll es sogar eine Backstube im hinteren Haus gegeben haben. Mein Vater hatte im benachbarten Schönberg in Mecklenburg-Vorpommern den Beruf des Kellners gelernt und übernahm 18-jährig den Hof, als sein Vater starb.

Ich selbst bin gebürtiger Kronsforder und besuchte – wie alle ortsansässigen Kinder – die nahegelegene Grundschule Niederbüssau am Krummesser Baum. Ich hatte noch vier Geschwister: zwei Schwestern, Herta und Helga und zwei Brüder, Gerhard und Herbert. Eigentlich wollte ich Schlachter werden. Eine Tante von mir hatte in der Engelsgrube in Lübeck eine Schlachterei. Sie wird wohl mein Vorbild gewesen sein. Als Lübeck in der Nacht vom 28. auf den 29. März 1942 durch englischen Bombenbewurf brannte und große Teile der Altstadt zerstört wurden, entschloss ich mich, doch in die Landwirtschaft zu gehen. So kam es, dass ich diesen Beruf in zwei Jahren Lehrzeit auf dem Hof von Karl Aue in Sandesneben erlernte. 1944 wurde ich plötzlich zum Wehrdienst nach Neumünster einberufen. Von dort ging es dann sehr schnell an die Front nach Holland. Als der Krieg 1945 vorbei war, kam ich nach Segeberg in ein von den Engländern verwaltetes Gefangenenlager, das in Form eines Zeltlagers geführt wurde. Bei meiner Entlassung 1945 wurde ich mit mehreren anderen entlassenen Soldaten auf einem LKW nach Lübeck bis zum Arbeitsamt in der Fleischhauerstraße gebracht, von wo aus ich dann zu Fuß nach Hause, nach Kronsforde »marschierte«.

Auf unserem Hof gab es drei Flüchtlings-Partien: Familie Bacher (Frau Bacher mit ihrer Mutter, ihrer Schwester und ihrem Sohn Jürgen), Frau Bachers Schwiegertochter Trudel und Frau Schweinberger mit zwei Töchtern. Sie wohnten auf dem Dachboden unseres Wohn- und Wirtshauses, alle in einem abgegrenzten Raum, in dem sie auch für sich selbst kochten. Die jüngeren Frauen arbeiteten auf dem Krummesser Gut beim Verwalter Holm, wo sie unter anderem Getreide hockten oder Erbsen, Bohnen und Erdbeeren pflückten.

Nach meiner Rückkehr nach Hause arbeitete ich im Familienbetrieb auf dem elterlichen Hof. Ich erhielt von meinem Vater ein Taschengeld, und er übernahm für mich die Kosten für die Krankenversicherung. 1948 arbeitete ich jedoch ein Jahr lang in Nusse bei dem Bauer Siemer. Während meine Mutter und meine Schwestern den Laden und die Gastwirtschaft betrieben, waren mein Vater und ich neben der Gastwirtschaft eher für die Landwirtschaft, die Tierhaltung und die Holzbeschaffung verantwortlich. Meine beiden Brüder hatten andere Berufe gelernt und waren Maurer und Frisör. In unseren Ställen hatten wir ein Pferd, ein paar Schweine und einige Rinder. Das Federvieh hatte mein Vater sehr schnell abgeschafft, da er mit seinem Nachbarn immer Ärger hatte, wenn die Hühner durch den Zaun in dessen Gemüsegarten eindrangen. Er steckte die Hühner kurzer Hand in einen Sack und gab sie meiner Schwester Herta, die damals schon in Heilshoop wohnte, zur weiteren Verwendung. Wir hatten über 20 Jahre ein gutes Zugpferd, das sich die anderen Bauern auch gerne mal ausliehen. Mit diesem Pferd hatten mein Vater und ich vielen Siedlern in Kronsforde geholfen, ihre Gärten oder gepachteten Parzellen entlang der Kronsforder Hauptstraße Richtung Bliestorf umzupflügen oder für sie Holz aus dem Wald zu holen. Die ersten Häuser in Kronsforde wurden für Nebenerwerbssiedler gebaut. Die meisten Siedler kamen selbst vom Land und hielten sich Schweine, Ziegen und andere Kleintiere. Ab 1956/57 hatten wir unseren ersten Trecker, einen Allgaier. Später kam dann unser 14 PS starker Deutz dazu. 1958 heiratete ich Irene Stein, die ich in der Gaststätte König beim Tanz kennenlernte. Getraut wurden wir in der

*Hof Meetz – Lübeck-Kronsforde*

Johannes Meetz pachtete von seinem Vater die Gaststätte und den Vivo-Laden in Kronsforde. Später baute sich das Ehepaar Meetz einen neuen Betrieb in Kronsforde auf. Foto: Privat

Frau Ehlers (rechts im Bild) half schon im ersten Vivo-Laden immer mit. Auch nach dem Umzug in den neuen Gemischtwarenladen blieb sie eine treue Helferin von Irene Meetz (links im Bild). Foto: Wiedemann

Krummesser Kirche, die Hochzeitsfeier fand bei uns in Kronsforde statt. Meine Frau machte sehr früh ihren Führerschein, und so hatten wir bald unseren ersten VW-Käfer, der zusammen mit dem Wagen von Bauer Draht und dem Wagen des Dorfpolizisten die ersten PKWs im Ort Kronsforde waren.

Mein Vater starb 1962, er wurde auf dem Krummesser Friedhof beerdigt. Ich glaube, es war 1961, als ich den Hof pachtete. Ich war dann etwa 15 Jahre lang Pächter des Hofes. Auf dem hufeisenförmigen Hof gab es ein Plumpsklo mit Zeitungspapier als Toilettenpapierersatz. Dieses Klo wurde jede Woche einmal gesäubert. In den 1960er Jahren wurden auf der Tenne, die auch als Tanzsaal diente, zwei Toilettenräume mit modernen Spül-WCs eingebaut. Im Haupthaus wurde erst nach meiner Hochzeit 1958 ein WC für meine Mutter im Obergeschoss eingebaut. Die Wasserversorgung übernahm eine Kolbenpumpe in dem kleinen Vorkeller unseres nur teilunterkellerten Hauses. Die Pumpe zog das Wasser aus einem Schachtbrunnen mit Oberflächenwasser an der Hofgrenze zu unserem Nachbarn Siemons. Das aus diesem Brunnen geholte Wasser musste für den ganzen Hof, die Gastwirtschaft und die Tiere reichen. Überhaupt hatte Kronsforde bis in die 1980er Jahre keinen städtischen Wasseranschluss und bis heute auch keinen Abwasseranschluss. Der restliche Teil des Kellers war für die Bierfässer und andere Lagerung wie zum Beispiel Konserven und Margarine wichtig. Direkt über dem Bierkeller war der Tresen unserer Schankwirtschaft. Unsere Gaststube wurde immer gut besucht, und die in Kronsforde üblichen Feste wurden abwechselnd bei uns oder in der Gaststätte König an der Kanalbrücke gefeiert. Zu uns kamen viele Vereine, unter anderem auch zum Schinkenbrotessen. Es gab den Schieß-Club, den Spar-Club, die Feuerwehr – alle feierten bei uns oder kehrten bei uns ein, um zum Feierabend ein Bierchen zu trinken. »Auf ein Bier gehen«, das war in den 1960er und bis in die 1970er Jahre noch anders als heute. Die Bauern und Nachbarn trafen sich abends in der Kneipe, suchten Geselligkeit, Musik und Tanz. Wir spielten damals Platten von einem Schallplattenwechsler ab, bis wir eine Musikbox hatten. Bei größeren Festen gab es natürlich Lifemusik-Gruppen wie unter anderem auch die Feuerwehrkapelle. Dabei wurde natürlich häufig über den Durst getrunken und manch besoffener Gast mit der Schubkarre nach Hause gefahren. Es gab ab und zu auch Reibereien, Raufereien und anderen Schabernack, aber es endete nie kriminell. Einmal brachte einer aus unserem Dorf unseren sturzbetrunkenen Nachbarn mit der Schubkarre nach Hause und warf ihn auf sein Bett. Auch unser Dorfpolizist hatte häufig ein Bierchen zu viel getrunken. Er reagierte aber gnädig, wenn andere Personen im Kronsforder Straßenverkehr etwas getrunken hatten. Wenn mein Vater mit dem Pferd Ware in Lübeck abliefern musste, kam er meist auch angetrunken bis betrunken wieder nach Hause.

Die Tour startete mit einem Umtrunk in der Gaststätte Schlüter an der Kronsforder Landstraße und endete nach der Ablieferung in Lübeck bei den Gaststätten Kleinsorge (heute eine griechische Gaststätte) und beim Grünen Kranz (heute Pizzeria Gino), beide an der Kronsforder Landstraße. Ich musste besonders darauf aufpassen, dass bei größeren Saalfesten kein Brandunglück geschah. Einmal hatten Gäste sich nach einer Feier bei mir auf dem Heuboden zum Schlafen gelegt. Als ich mitbekam, dass sich bei mir im Stall etwas tat, ging ich dem Geräusch nach und hörte gerade noch den Satz: »Du, mach mal ein Streichholz an, ich seh' nichts.« Da blieb mir nur noch übrig zu brüllen: »Alle sofort raus aus meinem Heu!« Aber auch die elektrischen Leitungen in den Ställen waren noch nicht so sicher verlegt wie heute. Einmal sah ich im Stall einen Funkensprühregen, der hätte unseren Hof abbrennen können.

Unsere Kinder Susanne (1959), Sigrid (1962) und Norbert (1967) mussten auf dem Hof, im Laden und in der Gastwirtschaft immer mithelfen. Die Mädchen arbeiteten immer im Wechsel im Haus. Eine gute Freundin meiner Frau, Frau Ehlers, half jahrzehntelang im Gemischtwarenhandel. Unser Sohn Norbert konnte draußen auf dem Hof oder auf den Feldern mitarbeiten. Er fuhr schon mit fünf Jahren unseren Trecker

Leider starb mein Vater zu früh und ohne sein Testament gemacht zu haben. Ich sollte zwar den Hof erben und betrieb ihn ja auch schon 15 Jahre lang. Meine Geschwister hatten auch andere Berufe gewählt, aber dennoch gab es Streitigkeiten. Daher entschlossen meine Frau und ich uns, im Ort Kronsforde ein neues Anwesen mit Gemischtwarenladen und Gastwirtschaft aufzubauen. 1974 war der Bau fertig, und wir zogen von der Kronsforder Hauptstraße in die Quadebekstraße. Mein Elternhaus verkaufte ich als Resthof an den Kunstlehrer Rainer Wiedemann, der für seine Ateliers und seine Kinder ein größeres Zuhause suchte.

In der Quadebekstraße betrieb ich bis zum Jahr 2000 meine Gastwirtschaft und meine Frau ihren A&O-Gemischtwarenladen. Ich stand immer um 5.45 Uhr auf und arbeitete bis Mitternacht und länger für meine Gäste in der Wirtschaft. Bis heute habe ich noch meine vier Hektar Land und halte neun Rinder, bis zum Jahr 2000 hielt ich mir auch noch Schweine. Im Jahr 1993 hatte ich meinem Sohn Norbert schon die Landwirtschaft übergeben, im Jahr 2000 übergab ich ihm mein schuldenfreies Haus und den Hof.

Die Räume der aufgegebenen Gastwirtschaft benutzt mein Sohn Norbert als Büro- und Wohnräume für seinen Klempnereibetrieb. Aber er ist wie ich noch nach wie vor in der kleinen Landwirtschaft tätig.

*Nach dem Tod von Johannes Meetz im Jahr 2015 betreibt sein Sohn Norbert die kleine Landwirtschaft weiter. Er sieht in dieser Tätigkeit einen guten und gesunden Ausgleich zu seiner Arbeit als Sanitärklempner.*

*Hof Meetz – Lübeck-Kronsforde*

Ehepaar Meetz mit Tochter Susanne und Enkelin in ihrem A&O Laden (1996).

Bis zu seinem Tod 2015 betrieb Johannes Meetz immer noch Landwirtschaft in kleinem Maße. Sein Sohn Norbert tut es ihm bis heute gleich.
Fotos: Wiedemann

## Irene Meetz

geborene Stein
* 1930
Beruf: Landfrau und Verkäuferin i. R.

Am 14. April 1930 kam ich in Gersdorf im Kreis Crossen an der Oder (Sachsen) auf die Welt. Unsere Ortschaft lag in hügeliger und bewaldeter Umgebung etwa sechs Kilometer von Crossen entfernt. Der elterliche Hof hatte ca. 140 Morgen, wovon 80 Morgen Waldland war. Die Mitarbeit der Kinder, auch für Landkinder generell und für uns Mädchen, war selbstverständlich. Ich hatte noch eine acht Jahre jüngere Schwester. Wir wurden überall eingesetzt und zu jeder Arbeit mitgenommen. Schon als Kind musste ich im Winter die Kartoffeln abkeimen. Diese wurden dann gekocht und an die Schweine verfüttert. Während mein Vater mit unserem Ackerpferd die Kartoffeln aufwarf, musste ich hinterher laufen und Kartoffeln stoppeln. Die Arbeit war hart, ich verlor dabei viele Tränen. Nach dem Stoppeln wurde mit der Hand sortiert. Wir hatten viele Kartoffeln, und für die Saatkartoffeln bauten wir große Mieten. Ansonsten verkauften meine Eltern die Kartoffeln zentnerweise an ihre Kunden. Ich war aber immer gerne mit meinem Vater zusammen und versuchte, ihm bei allen Arbeiten zu helfen. Wir hatten sechs bis acht Kühe, die versorgt und deren Kälber großgezogen werden mussten. Melken musste ich nicht, das war die Arbeit meiner Mutter. Natürlich hatten wir auch Federvieh. Ich denke, es waren an die 40 Hühner. Neben den Hackfrüchten bauten wir auch alle Getreidesorten an. Schon für unsere drei Pferde brauchten wir ja Hafer. Wenn die Pferde einmal tragend waren, verkauften wir die Fohlen an einen interessierten Gutsbesitzer.

Wie die Heuernte war auch die Getreideernte und das Binden der Garben mit der Hand für uns eine harte Arbeit. Wenn die Garben dann auf die Wagen aufgeladen wurden, stand meine Mutter oben auf den Wagen und trat die Garben fest. Das auf dem Kornboden eingelagerte Getreide wurde den ganzen Winter über auf der Tenne gedroschen. Ich erinnere mich, dass die Garben in einem Kranz oder kreisförmig aufgestapelt wurden, wobei die Ähren immer zur Kreismitte hin zeigten.

Früher hatten wir das Getreide erst noch angesenst. Nachdem wir einen Flügelmäher hatten, wurden die Garben gerafft und mussten noch von uns per Hand gebunden werden, solange bis mein Vater einen Binder mit Eisenrädern erwarb. Der wurde dann von unseren beiden Ackergäulen gezogen. Später verwirklichte sich unser Vater einen Traum, indem er sich einen modernen Binder mit Gummireifen kaufte. Solche teuren Geräte konnte sich nicht jeder Bauer leisten, und sie waren schon eine Rarität. Zur Schule mussten wir Kinder natürlich auch, aber das fiel mir leicht, zumal ich zur Dorfschule nur einen Fußweg von einer Minute hatte. Ich war immer die erste – auch vor dem Lehrer – und durfte die Schule aufschließen. Unser Lehrer, Herr Radlow, war mit unserer Familie eng befreundet. Er und der Pastor waren unsere direkten Nachbarn. Herr Radlow war auch später mit uns zusammen auf der Flucht und, was besonders spannend ist, er wurde auch anschließend in Lübeck-Kronsforde wieder unser Lehrer, in der Grundschule Niederbüssau am Krummesser Baum. In Gersdorf besuchte ich nur die Volksschule, die Mittelschule war sechs Kilometer entfernt in der Stadt Crossen, wohin ich nur mit dem Fahrrad über hügeliges Land gelangen konnte. Obwohl auch der Onkel meines Vaters Lehrer in der Mittelschule war, entschied sich meine Mutter gegen meinen Besuch einer weiterführenden Schule, aus Angst, mir könnte auf der täglichen Fahrt dorthin etwas passieren. Sie selbst hatte zwar auch eine Hauswirtschaftsschule besuchen können, aber inzwischen machte der Kriegsbeginn die Gegend sehr unsicher. In unserem Ort hatten wir etwa zwei Jahre lang auch viele Flüchtlingskinder aus Berlin zu Besuch. Ein Nachbarhof und unsere

*Hof Meetz – Lübeck-Kronsforde*

Irenes elterlicher Hof Stein in Gersdorf (1930/40er Jahre). Foto: Privat

Postkartenmotiv vom Kreis Crossen an der Oder. Aus dieser Region stammt Irene Meetz.

Familie hatten uns auch ein Geschwisterpaar, zwei Mädchen, ausgesucht, mit denen wir zusammen spielen konnten. Die Mutter dieser Mädchen kam uns auch besuchen. Für Kost und Unterkunft half sie bei der Landarbeit mit. Erst, als die Russen sich dem Ort näherten, wurden die Kinder wieder nach Hause geschickt. Meine Konfirmation 1944 war unser letztes großes Familienfest in Gersdorf. Im Winter 1944 kamen die ersten Flüchtlinge noch vor Weihnachten aus dem Osten auf unseren Hof. Die Gerüchte, dass sich die Russen näherten, wurden immer realistischer. Darum hatten die meisten Familien ihr Hab und Gut inzwischen auf Wagen gepackt, die sie in Schuppen und Scheunen versteckten – immer bereit für die Flucht. Im Februar 1945 war es dann soweit. Hatte der Bürgermeister am 10. Februar 1945 noch zu unserem Vater gesagt: »Paul, Du bleibst hier, Frauen und Kinder raus!«, so war er erstaunt, uns am Folgetag noch immer auf dem Hof anzutreffen. Ganz außer Fassung sagte er: »Ihr seid ja immer noch hier, macht, dass Ihr fortkommt!« Mein Vater hatte großes Glück, dass er nicht eingezogen wurde, da er als letzte männliche Person im Dorf unentbehrlich war und auf den Höfen überall helfen musste und konnte. Viele Flüchtlinge waren schon längst vor uns unterwegs nach Westen; eine große Anzahl von Dorfbewohnern wollte aber auch am Ort bleiben und abwarten. Am 11. Februar 1945 fuhren meine Mutter, meine Schwester und ich mit unserem Handgepäck zu einem Onkel nach Zossen, der dort eine Gärtnerei führte. Wir waren zwei Tage unterwegs. Auf dem Weg nach Zossen stand unser Zug spät nachts im Bahnhof von Cottbus. Es war taghell, da das 100 Kilometer weit entfernte Dresden brannte. Dresdens Innenstadt wurde am 13./14. Februar 1945 in einem Bombenhagel und Feuersturm zerstört. Am 12./13. Februar kam in unserem Heimatort ein zweiter Aufruf zur Flucht. Mein Vater erreichte dann einen Tag später, zusammen mit meinen Großeltern und unserem Lehrer Herrn Radlow, Zossen. Sein Treck bestand aus dem Opel P4 des Lehrers und einem Pferdegespann, das einen Kutschkastenwagen mit den persönlichen Sachen des Lehrers und zwei vollgepackte Wagen der Großeltern zog. In Zossen blieben wir etwa vier Wochen in einer alten Konservenfabrik, und wir wussten sehr genau, dass wir hier nicht bleiben konnten.

Herr Radlow kannte sich sehr gut in der Gegend in Brandenburg aus und hatte zudem die Landkarte aus der Schule zur Orientierung mitgenommen. Er entschied sich, mit einem Fahrrad bis Nauen (Brandenburg) zu fahren, um in Grünefeld bei Nauen bei einem ihm bekannten Lehrer ein Quartier für uns alle zu finden. Auf unserem Weg dorthin mussten wir unseren Opel immer mal wieder an die Pferdefuhrwerke anhängen und die schnell ausgebaute Batterie verstecken, da wir inzwischen durch ein von meinem Vater mitgehörtes Gespräch – er wollte für uns bei einem Laden Getränke besorgen – erfahren hatten, dass die deutschen Soldaten es auf Autobatterien abgesehen hatten. Ein Auto ohne Batterie war für sie auch wertlos. Abgesehen davon wurde das Benzin auch knapper. Für uns war der Wagen trotzdem immer sehr wichtig, da in ihm die kleinen Kinder wetterfest und sicher untergebracht waren. Auch hatte der Sohn meiner Tante eine schwere Diphterie und hätte eigentlich in ein Krankenhaus gemusst. Meine Tante wollte ihn aber unbedingt auf der Flucht mit dabei haben. Bei Nauen hörten wir, dass die Russen schon vor Berlin stünden und auch die Amerikaner im Vormarsch wären. Mein Vater wurde noch in Nauen eingezogen und zu seinem Glück zu einer Kompanie im Westen Deutschlands beordert. Er traf dort in seiner Kompanie – welch Zufall! – auf einen Onkel meiner Mutter.

In Grünefeld trafen wir auf die Familien Gohlisch und Reschke, Nachbarn aus unserem Heimatort Gersdorf, die später in Lübeck-Krummesse wohnen sollten. Wir alle hatten Adressen, wohin wir flüchten wollten. Für uns war aber das Wichtigste, so weit wie möglich nach Westen zu kommen, wenn möglich nach Lübeck zum Fahlenkampsweg, wo Verwandte von Herrn Radlow wohnten. Die Adressen, die wir uns notiert hatten, hatte jeder von uns, damit wir uns im Notfall, falls wir getrennt würden, dort wieder finden konnten. Die Tour durch das brandenburgische und mecklenburgische Land war für uns und vielleicht besonders für mich ein ganz schreckliches und einprägendes Erlebnis. Wir schafften nur etwa 20 Kilometer am Tag und fuhren kreuz und quer von Ort zu Ort. Bei Parchim geschah es dann auch noch, dass eines unserer Pferde fohlte. Ein Gutsbesitzer, bei dem wir vorbeikamen, hatte einen Stall mit einer Anzahl gutgenährter Pferde. Er bot uns an, unser Muttertier mit Fohlen bei ihm stehen zu lassen und uns stattdessen ein gutes und starkes Tier auszusuchen. Der Bauer befürchtete, dass die nachfolgenden Russen ihm sowieso seine Pferde fortnehmen würden. Meine Mutter aber entschied sich vehement dagegen, sie wollte ihr Pferd behalten und nahm das Fohlen mit auf den Wagen. Das war natürlich aussichtslos, weil wir es gar nicht entsprechend ernähren konnten. Es starb dann auch, als wir nach Lützow bei Gadebusch (Mecklenburg) kamen. Die ganze Flucht war begleitet von Beschuss durch Tiefflieger und die Straßen waren übersät mit zerstörten Wagen, den Besitztümern der Flüchtenden, Munition, toten Pferden und Menschen. Im Graben lagen Panzer. Es war ein entsetzliches Bild, und wir wollten und mussten genau dadurch. Vor dem Ort Muess, schon hinter Schwerin, bekamen wir vor einer Brücke ein gutes Quartier. Mitten in der Nacht wurden wir plötzlich durch das Schreien meiner Tante geweckt: »Alles aufstehen, anziehen, wir müssen schnell über die Brücke!« Auf der anderen Seite der Brücke standen schon die Engländer. Viele andere Familien unseres Trecks hatten alles liegen gelassen und eilten aufgrund dieses Aufrufs nur mit ihrem Handgepäck über diese Brücke. Für sie galt es nur zu laufen und sich zu retten. Meine Mutter entschied sich gegen das hysterische Flüchten, sie wollte unser Hab und Gut nicht einfach so dem Schicksal überlassen. Meine kleine Cousine Sieglinde hatte mit ihren knapp zwei Jahren eine eitrige Mittelohrentzündung. Meine Tante zeigte also den englischen Soldaten das kranke Kind, worauf es hieß: »Oh, oh, Spital, Spital!« und wir durften mit unseren Wagen ungehindert über die Brücke. Wir kamen auf einer kleinen und leeren Nebenstraße rasch weiter, als uns ein Panjewagen entgegen kam, der zurück musste. Wir ignorierten dessen Hinweise und fuhren einfach weiter, bis wir von einer Militärpolizei angehalten wurden. Sie wollten Dokumente sehen, Erlaubnis-Dokumente für eine Weiterfahrt. Mit mir saß eine Frau Martin auf dem ersten Wagen. Sie stammte auch aus meinem Heimatort. Frau Martin schärfte mir ein, kein Wort mehr zu sagen und öffnete geistesgegenwärtig ihre Handtasche und zeigte auf ein abgestempeltes Papier einer Gardinenrechnung, die sie noch besaß. Wir hatten so viel Glück, dass wir es erst gar nicht fassen konnten: Die englische Militärpolizei schaute nur oberflächlich auf das Papier und ließ uns tatsächlich mit allen vier Fuhrwerken passieren. Im Juni 1945 waren wir dann hinter Ludwigslust, als wir mit der Frage angehalten wurden: »Woher kommt ihr, wohin wollt ihr?« Auf unsere Antwort: »Nach Lübeck«, bekamen wir zu hören, dass die Russen schon in Lübeck-Schlutup seien. Ein Offizier riet uns, einen unbequemen, sandig-weichen Weg über die Wakenitz zu versuchen, da wir unmöglich die Strecke über Schlutup nehmen konnten. Mit unendlichen Mühen und mit jeweils vier Pferden vor einem Wagen schafften wir es nach und nach unsere Wagen durch das unwegsame Gelände zu ziehen. Bei Nädlershorst konnten wir die Holzbrücke über die Wakenitz überqueren. Ab 20.30 Uhr gab es ein Fahrverbot, und wir konnten auf einem Hof in Grönau eine Übernachtungsmöglichkeit finden. Am nächsten Tag fuhren wir Richtung Niederbüssau bei Lübeck. Die Brücke bei der Gaststätte König vor Kronsforde war für uns gesperrt. Wir hatten zwar auch eine Adresse bei Büsum, wir wollten aber erst einmal hier Station machen. Unsere Pferde waren nach den großen Strapazen auch viel zu schwach für eine Weiterfahrt.

Um elf Uhr wurde es plötzlich so dunkel wie bei Nacht. Es war ein schweres Gewitter aufgezogen. Ein junger Mann aus Kronsforde sagte uns, dass vom Hof Küntzel gerade mehrere Flüchtlingswagen fortgefahren wären und riet uns, beim Bauer Küntzel in Niederbüssau um Unterkunft zu bitten. Meine Verwandten konnten bei den umliegenden Bauern bei Familie Cordes, bei Familie Wiek und Familie Grube unterkommen, während meine Mutter und ich bei Oma Küntzel unterkamen. Herr Küntzel war noch bei den Soldaten. Bei Oma Küntzel waren wir, obwohl dort schon viele Flüchtlinge aus Ostpreußen wohnten, willkommen. Dort trafen wir auch auf Flüchtlinge, die wir während der Flucht schon kennengelernt hatten. Von einigen erfuhren wir, dass sie sich ohne Hab und Gut schwimmend über die Wakenitz an das andere Ufer hatten retten müssen. Herr Radlow wohnte inzwischen in Lübeck, wo die Lebensmittelversorgung nicht so gut war wie bei uns auf dem Land. Er besuchte uns bei den Küntzels häufiger, um sich satt essen zu können. Beim Bauer Küntzel lernte ich als 15-Jährige dann doch noch das Melken.

Die Schwester meiner Mutter und ihr Mann hatten vor dem Krieg in Berlin eine Bäckerei, die jedoch während des Krieges ausbrannte. Diese Tante meinte, dass ich nicht ewig bei den Bauern bleiben müsste, worauf ich mich um eine Lehrstelle als Bäckereiverkäuferin bemühte. Bei der Lübecker Bäckerei Biemann lernte ich zweieinhalb Jahre, dann war ich weitere sechs Jahre in der 1950 wieder aufgebauten Bäckerei meiner Tante in Berlin. 1956 kam ich zurück nach Lübeck und bewarb mich bei Karstadt, wo ich dann auch eine Anstellung fand. Ich arbeitete dort zwei Jahre als Verkäuferin. Mein Vater kam nach Kriegsende auch auf den Bauernhof der Familie Küntzel. Er kannte nur die Tätigkeiten eines Bauern und arbeitete dann bei dem Bauer Cordes. Meine Cousine heiratete später einen Sohn der Familie Küntzel.

In der Gaststätte Heinrich König am Elbe-Lübeck-Kanal in Kronsforde gab es jeden Samstag Tanz und einmal in der Woche Kino. Die Tanzveranstaltungen wurden abwechselnd bei den Gaststätten König am Kanal und bei Meetz weiter oben in der Kronsforder Hauptstraße abgehalten. Bei König am Kanal gab es zu dieser Zeit einen Anleger, wo jeden Tag das kleine Ausflugsschiff »Alfred« aus Lübeck mit etwa 20 Personen anlegte. Meinen drei Jahre älteren Mann, Johannes Meetz, lernte ich bei König beim Tanzen kennen. Er war ein ausgezeichneter Walzertänzer. In der etwas weiter entfernten Ortschaft Blankensee gab es eine Kaserne mit einem Gefangenenlager. Am Wochenende wurden immer Gefangene mit einem Major und Aufsichtspersonal in Uniform zum Tanzen gebracht. Getanzt wurde in Kronsforde. Zu König mussten alle in Gummistiefeln oder Holzschupsel durch den Matsch, meist aber später auch über Bretter in die Tanzstube.

Am 15. April 1958 heiratete ich den Land- und Gastwirt Johannes Meetz. Auf seiner Saaldiele fand eine schöne und große Feier statt. 1961 pachteten wir das ganze Anwesen: den Hof, die Gastwirtschaft und einen Gemischtwarenladen. Wir hatten aber weiterhin die volle Unterstützung meiner Schwiegereltern. Johannes Mutter half sogar noch im Laden oder in der Gastwirtschaft, als mein Schwiegervater schon nicht mehr so gut auf den Beinen war. Meine Eltern hatten sich inzwischen ein Haus mit großem Garten am Krummesser Baum 27 gekauft. Wegen einer Herzkrankheit musste mein Vater 1963/64 etwas früher in Rente gehen. Der kleine Hof meines Mannes hatte damals etwa fünf Hektar. Mein Schwiegervater war Gastwirt, Bauer und Kaufmann. Er hatte sogar eine Shell-Tankstelle vor dem Haupthaus, die sich aber nach dem Krieg nicht mehr rentierte. Meine Schwiegermutter führte einen Vivo-Gemischtwarenladen. Als ich den Laden übernahm, konnte sie sich mit meinem Schwiegervater zusammen mehr um die Gastwirtschaft kümmern. Er starb dann leider 1962.

Auf dem Hof habe ich neben der Kindererziehung und der Führung des Ladens eigentlich alles mitgemacht. Wir hatten vier Kühe, Schweine und Kaninchen und auch einmal Hühner, die mein Schwiegervater weggab, weil es ihretwegen immer Ärger mit den Nachbarn gab. Ich melkte während der Erntezeit, im Garten säte, harkte und erntete ich alles, was gerade reif war. Meine Schwiegermutter half wo sie konnte, und auch meine Mutter war immer eine große Hilfe, zum Beispiel bei der Wäsche. Auch mein Vater kam, wenn Not am Mann war. Er half unter anderem beim Füttern des Viehs und beim Heumachen. Unsere Kinder waren dadurch niemals allein, sie hatten immer ihre beiden Omas um sich, und wir Eltern bekamen so auch die Möglichkeit, einmal woanders hinzufahren. Später half meine Schwiegermutter auch bei ihrem Sohn Herbert, der einen in Lübeck beliebten Friseursalon führte. Sie kochte dort Kaffee und buk Plätzchen.

In Kronsforde hatten anfangs nur drei Personen bzw. Familien ein Auto: der Schutzmann, Familie Draht und wir. Mein Schwiegervater hatte zuvor noch ein Pferd, das sich viele Bauern bei ihm ausliehen. Ich selbst habe das Pferd nicht mehr erlebt. Das Leben auf dem Hof meiner Schwiegereltern war nicht einfach, vieles fand am großen Tisch in unserer Küche statt. Insgesamt war das Leben arbeitsreich, aber es war auch lustig, und wir hatten viel zu lachen. Unsere Gastwirtschaft war sehr beliebt. Unsere Gäste kamen von überall her. Samstags und sonntags kamen die Bürger nach ihren Spaziergängen durch den Kannenbruch zum Kaffeetrinken und für Kuchen oder Schinkenbrot zu uns. Erst kamen sie mit dem Fahrrad, später mit dem Auto. Die Feuerwehren hatten die Tradition mit den benachbarten Wehren und bei Blasmusik durch das Dorf zu marschieren und dann bei uns oder bei König zu feiern. Da so gut wie alle Bauern in der Freiwilligen Feuerwehr mitmachten, war dann auch das ganze Dorf unterwegs. Bei uns in der Küche stand immer ein großes Büffet mit Häppchen. Frau Ehlers – sie wurde immer Tante Elsbeth genannt – und ihr Mann Hein, die Schwestern meines Mannes, Frau Kollmorgen und Frau Frobel wie auch Frau Siemer halfen mir immer bei den Vorbereitungen für die großen Feste. Frau Ehlers war über 40 Jahre meine große und treue Hilfe im Laden, auch später in meinem neuen Laden in der Quadebekstraße. Das Schönste war bei uns das Wurstessen. Bei allen Feiern bei uns wie auch bei der Gaststätte König gab es neben dem Kaffee und den geschmierten Broten natürlich Wurst und Kartoffelsalat. Und die Würste von der Schlachterei Lehmann aus Niederbüssau waren sehr beliebt. Meine Schwiegermutter bereitete alles in unserer Küche vor, und unsere Gäste drängten sich in unsere Küche. Herr Redder, Herr Witt und mein Mann gründeten auf unserem Saal einen Schieß-Club. Das erste Gewehr kaufte mein Mann. Dieser Club existiert heute noch, jedoch in einer anderen Gaststätte in Lübeck. Etwa ab 1980 boten wir über zwölf Jahre in unserer Gastwirtschaft Schlachtfeste an. Die Feste gingen meist bis in den frühen Morgen. Vor 1980 hatten wir natürlich auch geschlachtet für den Direktverkauf in unserem Laden und für Wurst- und Schinkenbrote in der Gastwirtschaft. Die Jäger aus dem weiteren Umfeld hatten bei uns ebenso wie die Kronsforder Fußballer und Wandervereine ihr Stammlokal gefunden, in dem sie nach ihren Aktivitäten Einkehr hielten. Von dem Lübecker Senioren-Wanderkreis erhielten wir zur Schließung unseres Lokals ein Abschiedsgedicht mit den Worten: »In vielen Dörfern mancher Stadt da wurden wir auch stets schön satt, jedoch die Spitze der Rekorde, die lag bei Meetz hier in Kronsforde.«

Bei dem Hof meiner Schwiegereltern konnte kein Hofrecht mit dem Ältestenrecht angewandt werden. Dieses Recht betraf in Lübeck nur größere Bauernhöfe. Wegen Erbschwierigkeiten bauten wir neu in der Quadebekstraße und verkauften den Hof der Eltern meines Mannes. Unser neues Haus war so geplant, dass wir neben etwas Vieh natürlich auch wieder eine geräumige Gastwirtschaft und ein Vivo-Gemischtwaren-Geschäft hatten. Mein Wunsch war es ja schon immer gewesen, Verkäuferin zu werden und hinter einem Ladentisch zu stehen. Den Spar-Club aus unserer alten Gaststätte nahmen wir mit. Insgesamt existierte er bei uns über 50 Jahre lang.

Ich mochte den Beruf der Verkäuferin und übte ihn dann auch von 1947 bis zum Ende des Jahres 2000 aus. Mein Mann dagegen war mit Leib und Seele Land- und Gastwirt. Noch heute haben wir zehn Schweine und neun Rinder, früher waren es vier Kühe. Unser Sohn Norbert hat das Blut seines Vaters. Er liebt die Landwirtschaft und übt sie neben seinem Beruf als Gas-, Wasser- und Sanitärinstallateurmeister schon fast 20 Jahre lang aus. Wir hatten ihm den Betrieb mit der Landwirtschaft 1993 übertragen. Er wohnt bei uns im Hause und wird das Anwesen später ganz übernehmen.

Im Dezember 2000 schlossen wir die Gastwirtschaft und unseren A&O-Laden und konnten in den Ruhestand gehen. Mein Mann war damals 73 und ich 70 Jahre alt. Jetzt hatten wir viel Zeit für unsere Kinder und Enkel, aber auch für den Umbau des Hauses zu Wohnzwecken. Mein Mann hat unserem Sohn bis zuletzt geholfen, wo er konnte. Ich selbst weiß gar nicht, woher wir die Kraft hatten für alles, was wir erlebt und geschafft haben.

*Irene Meetz 2011/2012*

# Hof Meins  Lübeck-Kronsforde

## Gudrun Meins

geborene Lengert
* 1947
Beruf: ländlich-hauswirtschaftliche Gehilfin, Bäuerin i. R.

Meine Großeltern väterlicherseits hatten um 1940 herum in Mecklenburg-Vorpommern einen kleinen Bauernhof. Großvater hatte als Schnitter einen guten Ruf. Wanderarbeiter, die sich als Getreideschnitter zur Erntezeit verdingten, wurden bis etwa 1945 auch »Monarchen« genannt. Mein Vater Herbert Lengert, geb. 1928, fand in Rehna eine Anstellung bei der Post. Er hatte meine Mutter Frida Nehk mit 18 Jahren geheiratet. Ein Jahr später erblickte ich das Licht der Welt. Meine Eltern zogen mit mir 1950 in das schwer zerbombte Berlin-West um. Es war anfangs schwer für meinen Vater, in dieser Stadt eine Anstellung zu finden, er kam dann aber bei den Berliner Verkehrsbetrieben BVG zuerst als Schaffner, dann als Fahrer und Rangierer unter. Meine Mutter hatte ihr Elternhaus zwar in der Neumark, fühlte sich aber ganz als Berlinerin. Ich selbst habe natürlich keine Erinnerungen an mein Elternhaus in Mecklenburg-Vorpommern, dafür desto mehr an meine Berliner Jugendzeit. Ich besuchte in Berlin die Grundschule bis zur sechsten Klasse und wechselte dann auf die Oberschule mit einem technischen Profil, welches aber tatsächlich eher ein sprachlicher Zweig war, und verließ die Schule mit der Mittleren Reife. Statt eine Lehre im Büro zu beginnen, zog es mich zur Landwirtschaft, völlig idealistisch. Somit reiste ich 1963 als 16-Jährige nach Bad Oldesloe, um dort die Landwirtschaftsschule zu besuchen. Normalerweise lernt man erst in einem Lehrbetrieb und absolviert danach die Landwirtschaftsschule. Ich machte es in der anderen Reihenfolge. Wohnen konnte ich bei den Freunden einer Klassenkameradin. Ich half im Haushalt und durfte dafür kostenlos dort wohnen. Wir wurden unter anderem in Landwirtschaft, Gartenbau, Tierzucht, Chemie, Mathematik, Deutsch und Kochen unterrichtet. Aufgrund meiner Mittleren Reife verkürzte sich meine Lehre auf zwei Jahre, während sie mit Hauptschulabschluss drei Jahre dauert. Von Oldesloe aus wurde ich zum Ziegelhof der Familie Wegener zwischen den Ortschaften Rothenhausen und Lübeck-Moorgarten vermittelt, wo ich als Lehrling aufgenommen wurde. Mein zweites Lehrjahr verbrachte ich in Plön auf dem Theresienhof. Während der Ziegelhof schwerpunktmäßig die Hühnerhaltung und Kükenaufzucht betrieb, waren die Aufgaben in Plön in Haushalt und Gartenbau aufgeteilt. Gerne denke ich an meine Lehrjahre zurück, in denen ich viel gelernt habe. Zur praktischen Abschlussprüfung musste man einen Zettel mit seiner Aufgabe ziehen. Ich hatte das Pech, dass ich gerade die Aufgabe zog, die ich am wenigsten mochte: Ich musste ein Huhn fachgerecht schlachten.

Inzwischen war ich mit dem Jungbauern Bernhard Meins verlobt, den ich 1964 bei einem Landjugendtreffen in der Gaststätte König in Lübeck-Kronsforde am Elbe-Lübeck-Kanal kennengelernt hatte. Ich weiß noch, dass ich bei diesem Treffen einen Vortrag über den Dichter Emanuel Geibel halten sollte. 1966 heirateten wir. Mein Mann Bernhard war damals knapp 30 Jahre alt. Nach der Hochzeit zog ich zu meinem Mann auf dessen elterlichen Hof in Lübeck-Kronsforde. Wir wohnten mit seinen Eltern im gleichen Hofgebäude. Bernhard hatte die Idee, auf dem sandigen Boden auf den Feldern zum Elbe-Lübeck-Kanal hin Spargel anzubauen. Seine Eltern waren richtig entsetzt und böse auf ihn, dass er dieses Gemüse anbaute. Der Ziegelhof der Familie Wegener, auf dem ich ein Lehrjahr verbrachte, hatte schon Erfahrungen mit Spargelanbau gesammelt und verdiente gutes Geld damit. Meine Lehrherren in Plön dagegen kannten das Gemüse noch gar nicht. Abgesehen von dem Spargelanbau war der Hof der Familie Meins ein ganz herkömmlicher, traditionell geführter Hof von etwa 35 Hektar mit 25 Milchkühen und Jungtieren, Schweinen, Hühnern, Enten und Gänsen sowie Kartoffel-, Rüben- und Getreideanbau. Die Schweine gab mein Mann sehr bald auf, er hatte »keinen

Draht« zu diesen Tieren, zumal er meinte, sich mit ihnen nicht so unterhalten zu können wie mit seinen Kühen. Den Spargel verkauften wir frisch vom Hof, zuerst recht primitiv. Er wurde nach dem Stechen in einer großen Zinkwanne im Kuhstall gewaschen und dann zum Direktverkauf in die Küche gebracht. Die Eier und geschlachteten Hühner verkauften wir ab den 1960er Jahren bis in die 1980er Jahre in den Hochhäusern im Neubaugebiet »Bunte Kuh« in Lübeck-Moisling. Bernhard und ich liefen viele Jahre beladen mit unseren Körben die Hochhäuser treppauf und treppab und hatten sehr bald einen festen Kundenstamm. Später nahmen wir auf unsere Verkaufstouren auch geschlachtete Hühner mit. Die Milch verkauften wir damals an die Lübecker Milchzentrale Hansano. Zuerst wurden die Kannen zur Milchrampe bei der Kirche gebracht, später wurde ein Milchtank in der Melkkammer aufgestellt, von dem die Milch dann abgepumpt wurde.

1967 bekamen wir unsere ersten Kinder: die Zwillinge Arndt und Hagen. 1968 kamen Nora, 1972 Henning und 1980 Volker dazu. Die Kinderbetreuung und die Kundenbetreuung bzw. die Verkaufstouren unter einen Hut zu bringen, forderte uns Eltern heraus. Man musste sich schon aufteilen, um alles zu schaffen. Zum Glück war meine Schwiegermutter noch im Hause. Ich selbst bin relativ klein und nicht kräftig gebaut. So war ich meistens müde und erschöpft von der Arbeit. Es fragte jedoch keiner, ob ich zurechtkäme; ich war einfach in der Pflicht. Der Tag begann etwa um halb fünf morgens und hörte spät auf, besonders wenn mein Mann und ich abends noch ausgingen. Das taten wir recht häufig. Wir besuchten das Theater, gingen zu Tanzveranstaltungen, zu Feuerwehrfesten und vieles mehr. Auch wurde ein »Bauerntreffen« ins Leben gerufen, das alljährlich stattfand, immer reihum; da ging die Feierei erst richtig los. Alle Bauern des Ortes trafen sich regelmäßig und feierten zusammen. Als ich Ende der 1960er Jahre zu meinem Mann zog, brauchte es Zeit, bis ich alle Nachbarn und Bauernfamilien kennengelernt hatte. Das Gefühl der Zugehörigkeit hatte ich jedoch sehr schnell. Hier bin ich zu Hause, das gilt für mich heute mehr denn je. Dieses Gefühl ist für mich viel wertvoller als Geld.

1968 ließen wir im alten Wohngebäude eine Heizung und neue Fenster einbauen. Noch gab es im Haus keine Toilette, Wasser gab es in der Küche und im Stall. Immerhin hatten wir ein Telefon und sogar einen Fernseher. Anfang der 1970er Jahre schaffte mein Mann seine Kühe ab, um im Stall einen Spargelverkaufsraum einzurichten. Meine Schwiegermutter wollte zumindest eine Kuh behalten, sie konnte sich aber nicht durchsetzen. Mit dem Verkauf der Kühe entfiel das Melken im Stall während der Winterzeit, und im Sommer entfielen die Fahrten zu den Weiden mit dem Trecker und dem Melkgeschirr. 1972 hatte ich mit unserem ersten VW Variant einen schweren Verkehrsunfall. Danach stand der Wagen lange ungenutzt bei uns auf dem Hof. Mein Mann fuhr schon vorher einen Ford Granada Kombi. Dieser Wagen und die Nachfolger desselben Typs begleiteten uns viele Jahre lang. Das Auto war leistungsstark, verlässlich und damit hervorragend geeignet für den Einsatz auf dem Spargelfeld. Mein Schwiegervater starb 1974. Meine Schwiegermutter half uns noch viele weitere Jahre. Sie verstarb 1989 im Alter von 84 Jahren.

Über meine Schwägerin kam ich 1980 zu dem Lübecker Landfrauenverein. Es dauerte nicht lange, da saß ich mit

Die Schwiegermutter von Gudrun Meins beim Hühnerrupfen und -ausnehmen. Fotos: Privat

im Vorstand als Beisitzerin und später als Protokollführerin. Heute sind allerdings im Verein nur noch 20 Prozent Bäuerinnen, die anderen kommen aus der Stadt oder arbeiten zumindest dort. Diese Frauen fühlen sich wohl in unserem Verein. Insofern geht es in den Vorträgen nicht mehr nur um Hauswirtschaft, Ackerbau und Tierhaltung, sondern auch um Gesundheit, Reisen, Kultur und vieles mehr. Das mag wohl auch dem ehemals so negativen Image der Landfrau geschuldet sein. Unter dieser verstand man lange Zeit eine Frau mit Kopftuch, Schürze und Stiefeln, die neben der Haushaltsführung und der Familie dann auch noch den Hausgarten pflegen, Kühe melken, Kartoffeln sammeln und Rüben hacken musste. Auch das war in der Form nie zwangsläufig so, und heute sieht der Alltag einer Bäuerin sowieso ganz anders aus.

Mein Mann Bernhard war in der Freiwilligen Feuerwehr in Kronsforde sehr aktiv. Er investierte sehr viel Zeit in diese Arbeit, da sie ihm Freude machte und in seinem Selbstvertrauen stärkte. Er wurde sogar Bereitschaftsführer des Stadtfeuerwehrverbandes von Lübeck-Süd. Neben dieser Tätigkeit entwickelte Bernhard ein kaufmännisches Geschick, er wollte einfach mehr, als nur ein Landwirt sein. So ließ er 1972 bis 1974 zwei Mietshäuser neben unserem Hofgebäude errichten, und in der Stadt Lübeck erwarb er sanierungsbedürftige Häuser. Da er handwerklich begabt war und sich einiges angelernt hatte, arbeitete er auf den Baustellen selbst mit. Diese Tätigkeiten kosteten neben dem Zeiteinsatz viel Geld. Dementsprechend fiel auch Büroarbeit an, was für die Familie und besonders für mich zu einer großen Belastung wurde. Unser Wohnhaus baute mein Mann ebenfalls weiter aus. 1993/94 wurde Bernhard für eine gewisse Zeit auch Teilhaber und Partner einer Marmorfabrik in der Türkei. Die Idee, in Kronsforde von seinem Hof aus türkischen Marmor (Fliesen, Fensterbänke, Vasen und Figuren) zu verkaufen, schlug fehl, so dass er nach zwei Jahren das Geschäft wieder einstellte. Übrig blieb aus dieser Zeit ein neu eingebautes Dielentor aus Glas und Aluminium, dass unser ältester Sohn Arndt in der Form und Ausführung als »unmöglich« bezeichnete. Arndt hätte am liebsten das hölzerne Tor, so wie es in traditionellen Bauernhäusern zu finden ist, zurückgehabt. Er hatte inzwischen schon eine Gärtnerausbildung und eine zweijährige Ausbildung in der Landwirtschaft abgeschlossen und dann das Studium an der Landwirtschaftsschule in Mölln aufgenommen. Letzteres schloss er 1990 als staatlich geprüfter Wirtschafter ab und arbeitete nun als landwirtschaftlicher Mitarbeiter auf dem elterlichen Betrieb. Arndt heiratete die Bauerntochter Rebecca Martens aus dem Ort Kühsen und zog mit ihr in eines der beiden Mietshäuser auf unserem Grundstück. Die beiden entschieden sich, unseren Betrieb weiterzuführen trotz seiner geringen Größe und ohne dass wir ihnen diesbezüglich Druck gemacht hätten. Offiziell pachtete Arndt den Betrieb 1998. Ende der 1990er Jahre konnten die beiden die Betriebsgröße durch Zupacht fast auf das Doppelte vergrößern. Das war möglich geworden, da andere kleine Betriebe in Kronsforde aufgegeben wurden und die Ländereien an benachbarte Bauern verpachtet wurden. Mit einem vergrößerten Hofladen gaben Rebecca und Arndt dem Betrieb ein weiteres starkes Standbein. Um die Einkünfte zu stabilisieren, wurden zudem im Bereich über der Diele mehrere Wohnungen gebaut.

Bernhard Meins brachte den Spargel auf den Hof seiner Eltern. Bis heute wird das Gemüse dort erfolgreich angebaut. Fotos: Wiedemann

*Hof Meins – Lübeck-Kronsforde*

Gudrun und Bernhard Meins (1996). 2002 starb Bernhard Meins bei einem Unfall, und Gudrun Meins überschrieb dem gemeinsamen Sohn Arndt den Hof. Foto: Wiedemann

Bauernvogt Bernhard Meins (rechts im Bild) zu Gast beim Gutsherrn Holm auf dem Stadtgut Krummesse (1994). Auch seine Frau Gudrun Meins ist dabei (3. v. rechts). Foto: Privat

In Kronsforde sind Freundschaften gewachsen, die bis heute anhalten, obwohl ich inzwischen in Lübeck wohne. Prägend waren auch die plattdeutschen Theateraufführungen der Landjugend und Jungbauern, die bis Ende der 1970er vor allem in der Gaststätte König aufgeführt wurden. Mein Mann Bernhard und seine Schwester Rosemarie waren hier wort- und federführend. Im Sommer 1994 feierten wir Kronsforder Bauern und Bäuerinnen ein ganz besonderes Fest. Am 3. Juni, als Krummesse den 800. Jahrestag seiner ersten urkundlichen Erwähnung feierte, zogen wir Kronsforder ganz mittelalterlich gekleidet mit unserem »Bauernvogt« Bernhard Meins und einem Pferdegespann auf dem Gutsweg von Kronsforde zum Krummesser Stadtgut. Dort angekommen, baten wir im Festzelt den überraschten Gutspächter Otto Holm humorvoll um Gehör. Wie es früher der Brauch war, brachten wir dem Gutsherrn mit der Entrichtung eines Zehnten den geforderten Tribut. Wir breiteten auf einem Tisch unsere mitgebrachten Waren wie Eier, Brot, Schmalz, Wurst und Schinken, aber auch Kartoffeln aus. Mein Mann sagte dazu: »Für uns sind diese Glückwünsche kein Gag, sondern ein echtes Herzensbedürfnis. Sie sollen auch ein bisschen Ehrfurcht und Achtung vor der Geschichte dokumentieren.« Damit war gemeint, dass die Kronsforder und Krummesser Bauern damals »Hand in Hand« gegangen sind, so wie es auch in der Kronsforder Dorfchronik zu lesen ist.

1995/96 ließen mein Mann Bernhard und ich unser Altenteilerhaus bauen, in das wir 1996 einziehen konnten. 2002 hatte mein Mann einen tödlichen Verkehrsunfall, der ein tiefes Loch nicht nur in mein Leben riss. Ich blieb in dem neu erbauten Heim bis zum Jahr 2009 wohnen, zog dann aber in die Stadt. Zwar fühle ich mich immer noch als Kronsforderin und habe meine Freunde im Ort, jedoch musste ich mein Leben auf andere Dinge ausrichten. Meine neu gewonnene Freizeit verbringe ich mit Lesen und Reisen, wozu ich als Bäuerin kaum kam. Mein Mann schenkte mir 1992 auf einem Maifest meine erste Reise nach Ägypten, die mir seither Lust auf mehr machte. Die Geschichte Ägyptens mit ihren Mythen, Pyramiden und Gräbern hatte mich schon als Kind sehr interessiert, und nach dem Urlaub tauchte ich in diese Welt völlig ein: Ich lernte und lerne immer noch arabisch, lese Fachliteratur und sammle jede kleine Notiz über Ägypten. In meiner kleinen Wohnung erfreue ich mich besonders an meinem Bücherzimmer mit 6000 Büchern und den Ägypten-Souvenirs. Inzwischen habe ich das Land 19 Mal bereist.

Mit dem Älterwerden scheint es, als hätten sich die Lebensschwerpunkte verschoben. Ich genieße die Zeit der Weiterbildung, die Neugier auf Unbekanntes, jedoch auf keinen Fall möchte ich meine Jahre in der Landwirtschaft missen. Es ist mir eine große Freude, dass ein Teil meiner Kinder ebenfalls eine Berufung in der Landwirtschaft gefunden hat.

*Gudrun Meins 2015*

# Arndt Meins

\* 1967
Beruf: Landwirt

Ich bin eines von fünf Kindern von Bernhard und Gudrun Meins und kam mit meinem Zwillingsbruder Hagen 1967 in Lübeck zur Welt. Ich besuchte die Grundschule Niederbüssau und im Anschluss die Lübecker Geibel-Realschule. 1983 bis 1986 machte ich in Lübeck eine Gärtnerlehre, bei der ich gute Erfahrungen im Garten- und Landschaftsbau, in der Baumschule und mit Topf- und Zierpflanzen sammelte.

Da der elterliche Hof mit 35 Hektar sehr klein war und Höfe mit ähnlicher Größe reihenweise aufgegeben wurden, erwartete mein Vater von keinem von uns Kindern, dass wir den Beruf des Landwirts erlernten. Bei uns in Kronsforde gilt das Ältestenrecht, so dass ich im Fall des Falles den Hof übernehmen sollte. Mein Opa und meine Oma waren beide noch Vollblutbauern, deren Leben ganz auf die Landwirtschaft ausgerichtet war. Mein Vater selbst kannte sich zwar bestens aus in allen landwirtschaftlichen Tätigkeiten, hatte aber nicht den Ehrgeiz, seine ganze Kraft in diese Tätigkeit zu stecken und widmete sich gerne anderen Hobbys. Ich selbst arbeite gerne an der frischen Luft und in der Natur und konnte mir daher die Arbeit als Landschafts- und Gartenbauer sehr gut vorstellen.

Nach meiner Gärtnerlehre machte ich eine zweijährige Ausbildung in der Landwirtschaft, wovon ich das erste Jahr auf dem elterlichen Hof und das zweite Jahr in Labenz auf einem Milchbetrieb arbeitete. Es folgten 15 Monate Grundwehrdienst bei der Bundesmarine. Die Grundausbildung erhielt ich auf der Insel Borkum, es folgten Lehrgänge in Flensburg und in Kiel. Das war in der Zeit des Irak-Krieges. Das Angebot, freiwillig länger bei der Marine zu verbleiben, schlug ich 1989 aus, zumal im gleichen Jahr und noch dazu in der Spargelzeit meine Oma verstarb. Ich hätte aus diesem Grund sowieso Urlaub nehmen müssen. Statt für die Bundeswehr entschied ich mich für das Studium an der Landwirtschafts- und Berufsschule in Mölln für zwei Wintersemester. 1990 verließ ich diese Institutionen als staatlich geprüfter Wirtschafter. Im gleichen Jahr lernte ich meine heutige Frau Rebecca auf einem Rosenmontagsball in Nusse kennen. Wir zogen 1991 gemeinsam in ein Mietshaus neben dem Betrieb meiner Eltern. Dort kamen wir gemeinsam schnell zu dem Entschluss, den Betrieb trotz seiner geringen Größe weiterzuführen. Nach unserer Hochzeit 1993 kamen unsere beiden Kinder Johannes (1994) und Friederike (1998) zur Welt. Ich pachtete den elterlichen Betrieb ab 1998. Mit den vereinten Kräften der ganzen Familie bauten wir in jenem Jahr an unserem großen Hofgebäude ein Gerüst an und verklinkerten die wettergegerbten Fassaden des Gebäudes mit neuen Steinen. Unser kleiner Mischbetrieb hatte damals Kühe und Hühner. Wir bauten Raps, Mais, Weizen, Gerste und Spargel an und überlegten, wie wir uns vergrößern und durch Selbstvermarktung ein sicheres Standbein geben konnten. Meine Frau Rebecca ging die Planung eines Hofladens energisch an, und wir merkten am Erfolg, dass wir uns richtig entschieden hatten. Ende der 1990er Jahre konnten wir den Betrieb durch Zupacht von Ländereien fast verdoppeln. Andere Kronsforder Bauern hatten das Angebot, ihren Betrieb mit einer Frühverrentung aufzugeben, angenommen, was uns die Gelegenheit bot, von zwei Landwirten ca. 35 Hektar dazu zu pachten. Mein Vater verstarb 2002 plötzlich bei einem Verkehrsunfall und hinterließ eine große Lücke. Nach dem Ältestenrecht stand sein Hof mir zu, und ich bin meiner Mutter sehr dankbar, dass sie ihn mir problemlos überschrieb. Meine Frau und ich mussten sehr kämpfen, bis wir aus dem verschuldeten Hof wieder einen florierenden Betrieb machen konnten. Im Todesjahr meines Vaters bauten wir den Wohntrakt im Haus um, ins Obergeschoss kam eine neue Wohnung und Fremdenzimmer. Der Hofladen florierte mit dem Verkauf von Spargel, Kartoffeln, Eiern und Gemüse. Die Nachfrage nach weiteren Angeboten wurde immer größer. So kamen wir auf die Idee, auch Tür- und Adventskränze zu binden und in der Weihnachtszeit Tannenbäume anzubieten. Die Kinder waren noch recht klein, und meine Frau war stark ans Haus gebunden. Unsere Kinder waren aber bei allen Arbeiten auf dem Hof dabei und mussten mit anpacken. Das taten sie wie selbstverständlich, und sie tun es auch heute noch. Unser Sohn Johannes beweist sich als der geborene Landwirt. Schon als Kind lief er immer hinter mir her und bot seine Hilfe an. Er zeigte Interesse an Tieren, an der Motor- und Traktorentechnik und ist nach seiner Ausbildung zum Landwirt heute der Juniorchef auf dem Hofgelände. Seine fleißige Schwester Friederike tendiert zur Bauernhofpädagogik. Inzwischen läuft unser Betrieb sehr zufriedenstellend. Wir bauen weiterhin Spargel, Raps, Weizen, Gerste, Mais, Rüben und Kartoffeln an, aber auch Blumen wie Stiefmütterchen sowie Porree und Sellerie. Wir halten Hühner, Enten, Gänse, sechs Schweine und Kühe und haben auf dem Kronsforder Hof während der Spargelzeit drei bis vier Erntehelfer. Ich selbst schaffe es sogar, auf anderen Höfen einzuspringen, wenn Not am Mann ist.

Als ich 1987 in Labenz auf einem Milchviehbetrieb gelernt hatte, war mir das Leben dort wie eine zweite Heimat vorgekommen. Mir kam der väterliche Betrieb in Kronsforde dagegen viel zu klein vor. Als nun im Jahre 2012 in Labenz ein Mitgesellschafter aus dem mir bekannten Betrieb aussteigen wollte, überlegten meine Frau und ich, dass dieser Betrieb vielleicht auch die Zukunft unseres Sohnes bedeuten könnte. Wir griffen zu und bewirtschaften nun zusammen mit einem dort ansässigen Landwirt und einem Festangestellten diesen Ackerbau- und Milchviehbetrieb auf Bio-Basis. Heute stehen dort im Sommer 120 Kühe mit Nachzucht auf Weiden. Die Bullenkälber verkaufen wir zur Bullenmast. Außerdem schlossen wir uns der Bauerngemeinschaft »Hamfelder Hof« an, die in dieser Zeit ihre eigene Meierei gründete. Dort wird heute ausschließlich Biolandmilch von den Höfen der Bauerngemeinschaft verarbeitet. Die Milch und Milcherzeugnisse

2015/16 wurde ein neues Hofgebäude mit angeschlossenem Hofladen gebaut. Fotos: Wiedemann

können im »gläsernen Hofladen« in Mühlenrade, aber auch in normalen Großhandelsketten gekauft werden.

Als Ausgleich für die viele körperliche Arbeit auf dem Betrieb nehme ich mir das Recht auf Auszeiten, seien es Reisen ins Ausland, die Hochseefischerei oder anderes. Meine Frau macht es genauso. Sie reitet regelmäßig und gönnt sich auch manchen Nordseeurlaub mit ihren Freundinnen.

Heute stoßen wir schon an die Grenzen unserer Belastbarkeit. Wir merken, dass wir uns nicht auf noch mehr einlassen dürfen. Wir wissen aber, dass wir es anders machen müssen als die Mehrheit der Landwirte, um für unseren Betrieb eine Zukunft zu sichern.

*Arndt Meins im Frühjahr 2015*

Weizenernte (2007). Tochter Friederike darf sogar schon den Trecker fahren. Das ist für Bauernkinder in ihrem Alter üblich. Fotos: Wiedemann

## Rebecca Meins

geborene Martens
* 1966
Beruf: Köchin, Betreiberin des Hofladens

Der Hof meiner Eltern liegt im Ort Kühsen. Dass meine Eltern mich trotz ihrer vielen Arbeit auf dem Hof durchgebracht haben, ist schon ein Wunder. Ich war ein »Mittelkind«, mit einer älteren Schwester und einem jüngeren Bruder. Ich hatte eine super Kindheit auf dem Hof meiner Eltern, zumal meine Großeltern viel Zeit und Verständnis für mich hatten. Mein Opa hatte 20 Pferde und zwei Ponys und handelte gerne mit Tieren. Außerdem hatte er etwa 1000 Hühner, eine Menge Enten, Schweine und Milchkühe sowie ein paar Schafe. Ich liebte es, Opa hinterherzulaufen und mir von ihm alles erklären zu lassen. Von ihm habe ich sehr viel gelernt und bin ihm dafür sehr dankbar. So kannte ich bald die vielen Pflanzen und Bäume und lernte eine Menge über das Wetter. Ich liebte es auch sehr, mit ihm wöchentlich nach Lübeck zu fahren, um dort unsere Eier zu verkaufen. Mit fünf Jahren hatte ich mein eigenes Pony und wollte eigentlich immer draußen spielen, reiten und im Wald herumtollen. Am liebsten spielte ich die Rolle des »Schimmelreiters« – auch diese Geschichte kenne ich von Opa. Meine Eltern hatten anfangs eine Rinder- und Schweinemast, und wir Kinder mussten stramm mit anpacken, damit sie ihr Tagespensum schafften. Sie waren beide streng in ihrer Erziehung und in ihren Forderungen, da sie den Hof voranbringen wollten. Mädchen und Jungs mussten gleichermaßen überall mithelfen. Daher kamen wir so gut wie nie in den Genuss »richtiger« Sommerferien. Mein Vater war zu 80 Prozent schwerbehindert, darum durfte (und musste) ich mit einer Sondergenehmigung schon mit 14 Jahren meinen Traktor-Führerschein machen. Zur Schule ging ich sehr ungern, zumal meine Schwester Anke immer sehr gute Leistungen erbrachte und ich eben nicht. Ich hatte gar keine Lust, morgens so früh los zu müssen und erst nachmittags wieder zu Hause zu sein.

Zu Hause hieß es immer: Leistung, Leistung! Gott sei Dank wohnten meine Großeltern gegenüber und hatten Verständnis für mich und meine schulischen Leistungen. Sie setzten unter meine schlechten Klassenarbeiten ihre Unterschrift und konnten mir dadurch viel Ärger von Seiten meiner Eltern ersparen.

Ich war anfangs überzeugt, dass ich später einmal Bäuerin auf dem elterlichen Betrieb werden sollte und wusste, dass meine ältere Schwester andere Ambitionen hatte. So war ich erst einmal sehr enttäuscht, als meine Mutter dann noch einmal schwanger wurde und einen Sohn auf die Welt brachte. Für meine Eltern war es dann selbstverständlich, dass er den Hof erben sollte. Wegen des strengen Korsetts zu Hause, schaffte ich nur knapp meine Realschule und war mir sicher, dass ich mit 18 Jahren von zu Hause weg sein würde. Nach meiner Schulzeit erwartete meine Mutter, dass ich Hauswirtschaft lernte, wozu ich überhaupt keine Lust hatte. Ich wollte die Welt kennenlernen und machte lieber verschiedene Praktika. Dann entschied ich mich, den Beruf der Köchin oder Konditorin zu lernen. Ich arbeitete von 1984 bis 1987 in einem Lehrbetrieb in Mölln. In der Berufsschule in Mölln wurde ich in der Gesellenprüfung sogar Jahrgangsbeste. Wir waren damals nur zwei Frauen in der Ausbildungsklasse, der Rest waren Männer. Die besten Schulabgänger durften ein Auslandsjahr machen. 1987 fuhr ich als »Köchin« für ein Jahr in Lübecks französische Partnerstadt La Rochelle. Zurück in Mölln wurde ich wie ein zurückgekehrtes Kind in meinem ehemaligen Ausbildungsbetrieb aufgenommen. In meiner Freizeit lernte ich in den Jahren 1988 bis 1989 an der Wirtschaftsakademie in Schwarzenbek für die Ausbilder-Eignungsprüfung. Ich wollte die Befähigung erreichen, Lehrlinge auszubilden und machte das mit großem Erfolg: ich hatte jedes Lehrjahr drei Lehrlinge. Während dieser Zeit arbeitete ich sechs Tage die Woche à zwölf Stunden. Die Arbeit machte mir Spaß, und ich sparte eine Menge Geld allein schon dadurch, dass ich gar keine Zeit dazu hatte, es auszugeben.

Meinen Mann lernte ich 1990 über die Landjugend auf einem Rosenmontagsball kennen. Wir beide waren aktiv in der Landjugend tätig und hatten uns auf diesem Fest auf den ersten Blick verliebt. Ein Jahr später zogen wir zusammen in ein Haus neben dem Betrieb seiner Eltern in Lübeck-Kronsforde. Wir heirateten 1993 und hatten beide den Wunsch, eine Familie zu gründen. 1994 kam unser Sohn Johannes auf die Welt. Um unser Leben finanziell einigermaßen in den Griff zu bekommen, arbeitete ich schon vier Wochen nach der Geburt unseres Sohnes für einige Tage in der Woche als Köchin. In den beiden Jahren 1994 und 1995 wurde der Wohntrakt meiner Schwiegereltern mit der Hilfe von polnischen Arbeitern entkernt und ausgebaut. Wir konnten dann in das Hofgebäude meiner Schwiegereltern einziehen, die sich währenddessen selbst ein neues Altenteil in der Nachbarschaft bauen ließen, in das sie 1995/96 einzogen. Mein Mann pachtete den Betrieb seiner Eltern im Jahr 1998. Im gleichen Jahr wurde auch meine Tochter Friederike geboren.

Der plötzliche Tod meines Schwiegervaters im Jahr 2002 war für unsere ganze Familie ein Schock. Mein Schwiegervater hinterließ uns unerwartet große Schulden, und wir waren ja bloß Pächter des Betriebs. Zum Glück überschrieb uns die Mutter meines Mannes den Betrieb. Mit der Zuhilfenahme meiner Ersparnisse, der harten Arbeit meines Mannes auf dem Betrieb und meiner Arbeit in unserem Hofladen konnten wir unsere Schulden bei der Bank tilgen. In unserem Hofladen verkaufte ich anfangs natürlich den eigenen Spargel und andere selbst erzeugte Produkte wie Kartoffeln, Gemüse und Eier. Unsere beiden Kinder waren immer um uns herum, lernten von uns und arbeiteten mit uns, wie es in einem Familienbetrieb auch sein muss. Inzwischen ist der Hofladen durch neu dazu gekommene Produkte wie unter anderem unser Geflügel (Hähnchen, Enten und Gänse), Biorindfleisch, Wurstwaren, Marmeladen etc. auch überregional bekannt. Zu uns kommen Kunden aus dem Lübecker Einzugsgebiet, besonders aus dem Hochschulstadtteil und aus dem

Rebecca und Arndt Meins mit Johannes und Friederike (2007). Foto: Wiedemann

Bereich Segeberg. Inzwischen sind wir für den Lübecker Bereich auch schon der größte Geflügelbetrieb. Wir schlachten jeden Monat außer im Sommer ein bis zwei Rinder, deren Fleisch wir direktvermarkten.

Meine Kinder sind inzwischen erwachsen geworden. Mein Sohn Johannes war schon als Kind ganz versessen auf die Tätigkeiten eines Landwirts. Er hängt an seinem Elternhaus und fühlt sich dem Ort Kronsforde stark verbunden. In diesem Sommer hat er seine Prüfung als staatlich geprüfter Landwirt abgelegt. Er wird unseren Betrieb in Kronsforde selbstverständlich später übernehmen. Meine Tochter Friederike lernt eifrig und mit Erfolg den Ausbildungsberuf Betriebsleiterin Ländliche Hauswirtschaft und Bauernhof-Pädagogik. Sie hat sogar schon ein Ausbildungsjahr übersprungen und möchte in ihrer Zukunft gerne mit ihren Pferden und Ponys in dem alten Hofgebäude wohnen und wirken. Seit ihrem zehnten Lebensjahr habe ich sie mit zur Direktvermarktungsmesse in Hannover genommen, wo wir viele neue Ideen bekamen, was wir in unserem Hofladen neu anbieten können. Ein schönes Beispiel ist veganer Wein. Meine Tochter und ich mussten uns erst einmal klarmachen, dass Wein üblicherweise mit Hühnereiweiß geklärt wird. Oder aber man klärt den Wein über eine lange Filterstrecke, wie es bei Demeter-Weinen gemacht wird. Inzwischen verkaufen wir diesen lieblichen Wein in Demeter-Qualität sehr gut.

Mein Mann und ich haben uns am Ortsausgang ein neues großes Wohnhaus mit genügend Raum für einen neuen Hofladen und neue Unterstellmöglichkeiten für unsere Maschinen und unseren Holzvorrat gebaut. Das Haus haben wir so bauen lassen, dass noch einige weitere Generationen darin angenehm wohnen können. Stallungen für Schweine sind auch schon gebaut, es sollen noch Gehege für Federvieh und einige Kälber dazukommen. Unsere Kunden sollen die Tiere, die wir vermarkten, sehen können, und zwar in jeder Lebensstufe. Für unsere Gänse benötigen wir Gehege mit Verschlüssen, damit wir sie gegen die Füchse abschirmen können. Das Wohnhaus ist so konzipiert, dass unsere beiden Kinder jeweils eigene Wohnungen mit separatem Eingang haben. Wenn sie eine Familie gründen wollen, werde ich als Oma in der Nähe sein, wenn es dann so gewünscht wird. Es wäre schön, wenn die zukünftige Frau meines Sohnes Johannes mit in unserem neuen Hofladen bei der Direktvermarktung einsteigen und mitwirken würde. In einem Familienbetrieb muss eben jeder mitarbeiten, und ich bin zuversichtlich, dass das zukünftig weiterhin gut klappen wird.

Zurzeit erfinde ich immer neue Rezepte für Marmeladen, Wurst und eingemachte Fleischwaren. Meine Tochter Friederike ist sogar mit Erfolg dabei, unsere Produkte der Direktvermarktung bei Facebook anzupreisen. Wir sind auch an der Bauerngemeinschaft Hamfelder Hof beteiligt. Unser Sortiment gedenken wir um die Hamfelder Hof-Milch, eine Jogurtlinie und Käse zu erweitern. Über ein angeschlossenes Fruchtcafé für die Sommermonate oder ein Kürbisfest denken wir auch schon nach. Mein Sohn Johannes überprüft zurzeit auch die Planung eines Himbeerfeldes. Insofern wurde im neuen Gebäude auch der Einbau diverser Toiletten für Besucher berücksichtigt. Unser altes Wohnhaus wird derzeit an eine Familie mit vier Kindern vermietet, bis unsere Tochter Friederike selbst dort einziehen möchte.

In einem Familienbetrieb ist natürlich immer viel zu tun, und wir haben erst spät Feierabend. Dennoch versuche ich, jeden Morgen eine Stunde lang auszureiten. Ich brauche diesen Ausritt in die Natur als Ausgleich und genieße ihn wie Urlaubszeit. Abends ist bei mir natürlich die Luft raus, und die restliche Zeit gehört dann ohnehin der Familie. Ich weiß natürlich, dass ich für viele Dinge zu wenig oder gar keine Zeit habe. Aber so, wie es ist, bin ich zufrieden. Insgesamt passen mein Mann und ich auf, dass wir nicht zu viel und zu schnell planen. Gute Qualität muss wachsen und ist nicht sofort da. Unter diesem Motto blicke ich gespannt in die Zukunft.

*Rebecca Meins im Sommer 2016*

## Johannes Meins

\* 1994
Beruf: staatlich geprüfter Agrarbetriebswirt, Wirtschafter

Nach dem Besuch der Grundschule Niederbüssau besuchte ich die Hauptschule im benachbarten Ort Krummesse. Als Kind faszinierte mich schon das Treiben auf dem elterlichen Hof, und ich begleitete meine Eltern gerne in den Stall, um die Kälber zu füttern. Desgleichen begeisterte ich mich für die Traktortechnik und lernte das Treckerfahren schon als ganz kleines Kind. Gleich nach dem Ende der Schulzeit (2010/11) absolvierte ich mein erstes Lehrjahr auf einem Milchviehbetrieb bei dem Landwirt Hans-Werner Usbrook in Worth. Das war ein lebendiger Ausbildungsberieb, den unter anderem auch Schulklassen besuchten und auf dem auch Kindergärten die Geburtstage ihrer Zöglinge feierten. Mein zweites Lehrjahr verbrachte ich bei Chr. Stamer in Hohenfelde, wiederum auf einem Betrieb mit Milchvieh, Ackerbau, Lohnarbeiten und einer Vollzeit-Pferdepension. Das dritte Lehrjahr arbeitete ich beim Landwirt Herbert Taplick in Kronsforst Brunsbek bei Rahlstedt, auch dieses Mal wieder auf einem Betrieb mit Milchvieh und Ackerbau. Parallel dazu besuchte ich die Berufsschule in Mölln. Insgesamt lernte ich auf den Ausbildungsbetrieben viel, auch, wenn ich oft nur melken oder die Ställe ausmisten musste. Aber, wie auch der Spruch schon sagt: Lehrjahre sind keine Herrenjahre. An Lehrgeld erhielt ich anfangs 150, später 200 Euro. 2013 beendete ich meine Lehrjahre und machte bis 2014 ein erstes Praxisjahr auf dem väterlichen Betrieb in Kronsforde. Ab Sommer 2014 besuchte ich die Landwirtschaftsschule in Bad Segeberg mit dem Ziel, im Sommer 2016 meine Abschlussprüfung abzulegen. Die Landwirtschaftsschule hat zwei untere und eine obere Klasse. In meiner »Rinder-Klasse« sitzen 23 Schüler und eine Schülerin. Die anderen Klassen haben auch um die 20 bis 25 Personen, wovon etwa zehn Schülerinnen sind.

Was ich zukünftig machen werde, überlege ich zurzeit noch. Es mag sein, dass ich vielleicht noch etwas in die Richtung Maschinenbau oder Motortechnik/Mechanik studieren werde, um die Gerätschaften und Motoren auf meinem zukünftigen Betrieb besser zu verstehen und auch selbst reparieren zu können. Auf jeden Fall werde ich wie bisher auf dem elterlichen Betrieb in Kronsforde mitarbeiten und diesen später auch übernehmen. Insofern werde ich nicht allzu lange vom Betrieb in Kronsforde fernbleiben, um den Überblick zu behalten, was dort alles geschieht und wie es geschieht. Der Hof, in den meine Eltern im benachbarten Labenz als Gesellschafter eingestiegen sind, ist für mich interessant, und ich bin auch oft dort zum Arbeiten. Dort haben wir einen guten Maschinenbestand, unter anderem einen Teleskoplader mit Greifschaufel, große Traktoren mit Mähwerk, Schwader, Kehrer, Güllewagen, Futterrückwagen und vieles mehr. Dennoch will ich mir nur ungern sagen lassen, was

Heuernte (2008). Foto: Wiedemann

Arndt und Johannes Meins (1996).

ich tun soll oder wo ich Hand anlegen soll, erst recht, wenn ich mir nicht hundertprozentig sicher bin, dass ein potentieller Partner genauso hinter dem Hof steht wie ich. Ich bin der Meinung, dass es immer gut ist, selbst Hand anzulegen und damit die Gewissheit zu haben, dass die Arbeit stimmig ist. Das spart Geld und Nacharbeiten. Ich könnte mir durchaus vorstellen, dass meine Familie den Gesellschafter-Anteil wieder veräußert und wir uns auf unseren Kernhof in Kronsforde beschränken, um dort eine unabhängige Bauernstelle zu führen. Wenn wir aber die 120 Milchkühe behalten wollen, dann können wir die Flächen in Labenz nicht aufgeben. Jetzt gilt es, genau zu beobachten, ob die Milchwirtschaft auch in Zukunft sinnvoll für uns ist. Auf unserem Hof in Kronsforde gäbe es auch so zu jeder Jahreszeit genug zu tun: Im Winter muss das Holz gemacht werden, womit wir alle Gebäude – auch das neue Gebäude mit dem neuen Hofladen meiner Mutter – heizen, im Frühjahr dreht sich fast alles um den Spargel, im Sommer ist die Ernte dran mit Dreschen und der Herstellung von Silage, und dann folgt die Herbstbestellung. Man sieht: Auch ein kleiner Hof macht genug Arbeit für eine ganze Familie.

*Johannes Meins im Frühjahr 2016*

Weizenernte (2008). Fotos: Wiedemann

# Hof Mohr  Heringsand

## Ernst Wilhelm Mohr

* 1935
Beruf: Landwirt i. R.

Meine Eltern Marx Mohr (1902–1947) und Erna Mohr (1912–2010) waren Bauern und führten einen Familienbetrieb, den ich mit meiner Frau übernehmen konnte. Ich kam in Heringsand zur Welt und hatte noch einen Bruder Peter (1941) und zwei Schwestern Margret (1935) und Erika (1937). Letztere sind wiederum mit Landwirten verheiratet. Die Volksschule besuchte ich in Hellschen. 1944 mussten auf dem elterlichen Hof Kriegsgefangene aus Serbien bei der Kohlernte helfen. Vier bis fünf Personen haben auch bei uns auf dem Betrieb gewohnt. Nach ihrer Arbeit wurden aber die Türen ihrer Zimmer verschlossen. Andere Kriegsgefangene wie Russen wurden von Wachmännern gebracht und nach ihrer Arbeit wieder abgeholt. Polnische Mädchen wurden bei uns wie auch anderswo als Haushaltshilfen eingesetzt. Das Pflichtjahr für Mädchen war damals noch üblich. Als mein Vater 1947 starb, wurde der Hof auf meinem Namen eingetragen, obwohl ich damals gerade einmal zwölf Jahre alt war. Meine Mutter bewirtschaftete den Betrieb und hatte auch den finanziellen Nutzen. Nach meiner Schulzeit, 1952 war ich fertig mit der Grund- und Hauptschule, besuchte ich die Landwirtschaftsschule in Heide und arbeitete 1955 für ein halbes Jahr im Dieksander Koog.

Nach dem Krieg wurden uns – wie allen anderen Betrieben auch – Flüchtlingsfamilien zugewiesen. Daher musste ich mit meinen drei Geschwistern in unserem Wohnzimmer übernachten. Im Winter war es dort so kalt, dass des Nachts die Taschentücher gefroren. Geheizt wurde wegen eines Mangels an Holz mit Kohlstumpen und Ölkreide von der damaligen Energiefirma Dea. Auf unserem Hof wohnten drei Familien aus Ostpreußen ohne ihre Väter.

Unser Betrieb baute damals Zuckerrüben, Kohl, Winterweizen, Wintergerste, Hafer und Klee an. Wir hatten etwa 150 Rinder im Jahr und einige Schweine als Selbstversorger. Natürlich packten die Flüchtlinge auf dem Betrieb mit an, ebenso halfen ab 1947 Tagelöhner. Die Flüchtlingskinder waren damals für uns gute Spielkameraden. Ab 1957 pachteten wir vorübergehend den Hof meines Onkels Hans. Der Hof wurde jedoch 1962 meinem Bruder Peter übertragen. Im gleichen Jahr heiratete ich meine Frau Helga, geb. Hansen, eine Bauerntochter aus Tiebensee. Nun konnte ich auch offiziell den elterlichen Betrieb übernehmen, den ich schon etwa sechs Jahre im Namen meiner Mutter bewirtschaftet hatte. Während der Kriegszeit mussten wir bis zu drei Hektar Rüben anbauen. Nach dem Krieg, ab den 1960er Jahren, bauten wir dann wieder Zuckerrüben an, und das blieb bis 2013 so. Das Zuckerrübenkraut, also die Blätter der Rüben, wurde über die Silage »eingeliert« und für die Bullenmast Anfang Oktober bis Ende Dezember verwendet. Wir hielten damals jährlich bis zu 80 Bullen und 50 Kühe. Da wir bis dato noch kein Kühlhaus besaßen, mussten wir den Kohl bis zum Mai des folgenden Jahres mehrmals umpacken, bis er abgeputzt und verkauft wurde. Dieser Arbeitsaufwand machte den Kohl teurer. Im Jahr 1962 bauten wir, zusammen mit meinem Bruder, 30 Hektar Kohl an. Der Kohl ging dann nach Wesselburen und Reinsbüttel zu den Sauerkrautfabriken und zu Gemüse- und Kohlhändlern. Auf jedem Bahnhof standen Waggons für den Transport des Gemüses bereit. Mein Bruder und ich teilten uns auf unseren beiden Höfen damals noch zehn Pferde, mit denen gepflügt und gedrillt wurde. Wir besaßen auch noch einen Lanz-Bulldog mit Eisenrädern aus der Zeit vor dem Krieg. Die Pferde wurden aber in den frühen 1960er Jahren verkauft und durch Traktoren ersetzt. 1963 kaufte ich mit meinem Bruder dann auch noch einen großen Schweinestall für 500 Tiere. Wir besaßen 20 bis 25 Ferkelsauen und hielten im Sommer 150 bis 200 Schweine im Viehstall.

In der Zeit der Flurbereinigung, in den 1970er Jahren, konnten wir acht Hektar und 1989/90 weitere sechseinhalb

Hektar Land dazukaufen. Unser Betrieb hatte damit 67 Hektar Eigen- und Pachtland. Die Ländereien liegen bis zu 30 Kilometer von unserem Hof entfernt. Vor den 1970er Jahren waren auf unserem Hof noch acht Helfer eingesetzt; in den frühen 1970er Jahren verringerte sich die Anzahl auf vier Personen, und ab 1974 hatten wir nur noch zwei Helfer hier auf dem Betrieb. Ab 1974 stellten wir den mühsamen Kohlanbau ein – der Kohl musste als Hackfrucht dreimal im Jahr gehackt und vom Unkraut befreit werden. Statt Kohl bauten wir nun für vier Jahre Möhren und hauptsächlich Kartoffeln an. 1974 fuhr ich mit meinem Bruder Peter nach Holland, um dort zu lernen, wie die Bauern hier ihre Kartoffelpflanzen roden und sortieren. Unsere Kartoffeln versuchten wir anfangs in Hamburg für die Pommes-Frites-Fabrikation abzusetzen, was keinen besonderen Erfolg brachte. Auch der Absatz und die Vermarktung freier Sorten, auch der Saatkartoffeln, waren beschwerlich. Der Absatz verbesserte sich, als wir gute Kontakte zu den Züchtern hielten und die Saatkartoffeln aus Holland bezogen. Unsere vielen Kartoffeln brachten wir von 1974 bis 1980 auf Treckern mit Anhängern zum Verladebahnhof Wesselburen. Für das hochwertige Saatgut hatte das Pflanzenzuchtunternehmen von Dr. Kartz v. Kameke (heute »Solana«) ein Monopol. Zehn lange Jahre waren wir davon abhängig und hatten eine kostspielige und schlechte Zeit.

Ab den 1980er Jahren lagen die Getreidepreise sehr hoch, so dass so manch anderer Hof nicht an eine Umstellung auf andere Produkte denken wollte. Als die Preise fielen, mussten später leider viele Höfe aufgegeben werden, da sie sich nicht mehr rentierten. Wir hatten das Glück, dass wir mit Möhren, Rüben und Kartoffeln genug Gemüsesorten anbauten, mit denen wir den Hof weiter wirtschaftlich führen konnten. 1994 verpachtete ich den Betrieb an meinen Sohn Carsten. 1997 überschrieb ich ihm den Hof und stehe ihm mit meiner Kraft – soweit sie es zulässt – weiter zur Verfügung.

*Ernst Wilhelm Mohr 2014/2015*

Saatkartoffelsack für den Export. Foto: Wiedemann

# Carsten Mohr

* 1968
Beruf: Landwirtschaftsmeister

Ich kam als Jüngster von drei Kindern in Wesselburen zur Welt. In unserer Kindheit hatten mein Bruder Dierk (1963), meine Schwester Andrea (1964) und ich ganz selbstverständlich den Eltern immer auf dem Hof geholfen. Nach meiner Grund- und Realschulzeit in Wesselburen machte ich gleich meine zweijährige Lehre, verbrachte das erste Lehrjahr im Sönke-Nissen-Koog, Gemeinde Reußenköge, und das zweite auf dem elterlichen Hof. Nach den Lehrjahren schlossen sich zwei Jahre auf der Landwirtschaftsschule in Heide an und weitere zwei Jahre auf der Höheren Landbauschule in Elmshorn. Ich schloss meine Ausbildung als staatlich geprüfter Landwirt mit der Befähigung zur Ausbildung von Lehrlingen ab.

Im Jahr 1995 heiratete ich meine damalige Freundin. Im gleichen Jahr kam meine erste Tochter Julia Christin zur Welt und zwei Jahre später Johanna Marie. Als 22-Jähriger pachtete ich den Betrieb von meinem Vater, 1997 wurde er mir ganz übertragen. Ab 1974 baute mein Vater schon keinen Kohl mehr an. 1994 bauten wir nur noch Winterweizen, Raps, Kartoffeln und Zuckerrüben an. Letztere bauten wir auch nur noch bis zum Jahr 2013 an, dann verpachteten wir unsere Anbaurechte. Unsere Rüben wurden bislang nach Sankt Michaelisdonn gebracht. Nachdem die Zuckerrübenfabrik dort geschlossen wurde, kamen die Rüben nach Schleswig. Nachdem auch dort die Fabrik schloss, werden die Rüben bis heute von anderen Landwirten nach Uelzen transportiert.

Mit meinem Cousin Jens Mohr, der im gleichen Alter ist wie ich und dieselbe Ausbildungslaufbahn beschritten hatte, gründete ich um 1990 eine Betriebsgemeinschaft mit einer Gesamtgröße von 850 Hektar. Davon werden auf 260 Hektar Pflanzkartoffeln angebaut. Auf 150 Hektar bauen wir die Sorten des holländischen Züchters HZPC an, auf dem Rest der Flächen werden freie Sorten gepflanzt. Diese Kartoffeln gehen in den Export nach Nordafrika, in den Libanon, nach Libyen und nach Algerien. Auf 25 Hektar bauen wir Kartoffeln für die Firma »Solana« aus Eckernförde an. 75 Hektar verwenden wir für die Hybridvermehrung, 140 Hektar für Gerste und Winterraps, dazu 350 Hektar für Winterweizen. Seit 2013 betreiben wir per Pacht noch zwei weitere Betriebe von 180 Hektar. Unsere beiden Betriebe werden von zwei Betriebsleitern, fünf Festangestellten, unseren Vätern sowie 450-Euro-Kräften geführt.

Nachdem ich den Hof 1994 auf eigene Verantwortung übernommen hatte, startete ich drei Jahre später mit meinen ersten Investitionen. Wir rissen die Stallungen heraus, um Platz für ein Kartoffellager zu schaffen. 1998 ließen wir die erste große Halle für die Lagerung der Kartoffeln bauen. 2003 kam eine zweite Halle mit einer Kühlanlage dazu und 2006 eine erste Kühlhalle. 2010 errichteten wir eine Sortierhalle und 2012 ein weiteres Kühlhaus. 2013 kauften wir einen neuen Vier-Reiher Kartoffelroder, den Bunkerroder »Dewulf«. Dieses Gerät hat eine enorme Kapazität und wird während des Rodens noch entladen. Mit der Übernahme eines 165 PS starken Schleppers besitzen wir heute neun Schlepper zwischen 100 und 240 PS. Für die Getreideernte haben wir einen CR 9060 Mähdrescher mit einem siebeneinhalb Meter breiten Schneidwerk. Dieses Jahr kommt ein neues Gerät CR 8080 mit Raupenlaufwerk dazu. Raps und Gerste ernten wir in der Regel ab Ende Juli. Für das Einfahren der Kartoffel- und Getreideernte nutzen wir vier Tridem-Anhänger (mit drei Achsen hintereinander), die jeweils 25 Tonnen je Tour transportieren können. Unsere Kartoffelernte im August wird auf dem Hof in einen Sturzbunker geschüttet, gerüttelt über ein Enterder auf Förderbändern ins vier Meter hohe Lager befördert, wo sie schließlich lose gelagert wird. Unsere Kistenlager sind aber besser als die lose auf einer Anhäufung gelagerten Kartoffeln, da hier weniger Druckstellen entstehen. Das neue Kühlhaus wird computergesteuert belüftet, und die Temperatur wird konstant zwischen vier und sechs Grad Celsius gehalten. Die Saatkartoffeln werden für die Auslieferung und den Export über Siebe nach Größen sortiert und in 25 bis 50 Kilogramm Jutesäcke verpackt. Die Jutesäcke haben einen spezifischen Aufdruck und werden nach ihrer Abfüllung im November bis Dezember zum See-Container-Hafen nach Hamburg und nach Bremerhaven befördert. Von dort aus werden sie nach Afrika transportiert. Im Januar sortieren wir die Ware für Spanien und Portugal und im Februar für den deutschen Markt. 2014 vermarkteten wir unsere Ware erstmals direkt ohne Zwischenhändler auf dem gesamten Markt.

An der schleswig-holsteinischen Westküste werden 1933 Hektar für Pflanzkartoffeln reserviert und genutzt. Der stete, etwas salzige Westwind an der Küste verhindert weitestgehendst den Schädlingsbefall. Bei Landwind ist die Gefahr schon größer, daher werden die Kartoffelpflanzen nach der Aussaat jede Woche gegen Läuse gespritzt. Der fruchtbare Kleieboden an der Westküste ist steinlos und bietet mit dem besonderen Klima beste Anbauvoraussetzungen für unsere Saatkartoffelvermehrung. Ich meine, dass die Pflanzkartoffelproduktion eine Zukunft an der Westküste hat und behält. Wir Kartoffelanbauer müssen aber dennoch wachsam sein und uns in der Produktion und zum Beispiel der Kühltechnik weiter entwickeln, um bei der Konkurrenz von holländischen Landwirten mithalten zu können.

Die Frage der Nachfolge für unsere Höfe ist noch offen. Meine Tochter Johanna und die Tochter meines Cousins, Anneke, zeigen aber Interesse, die Höfe weiterzuführen.

*Carsten Mohr im Frühjahr 2014/Herbst 2015*

Kartoffelrodung mit dem Dewulf (2013). Foto: Wiedemann

Im Cockpit des Kartoffelroders.

Kartoffelrodung mit dem Dewulf (2013).

Rütteln, reinigen und sortieren der Kartoffeln.

Verpackungsmaschine für den Export.

In Lagerkisten können die Kartoffeln nicht so schnell Druckstellen bekommen, wie bei der losen Aufhäufung.

Lagerhalle für Saatgutkartoffeln. Fotos: Wiedemann

# Hof Nissen Dagebüll

## Martin Nissen

\* 1942
Beruf: Landwirt i. R.

Mein Vater, Bendix Hemsen Nissen, geb. 1903 in Abel/Tondern, zog 1936 als einer der sieben Neusiedler mit sechs anderen Bauernkollegen und neun Landarbeitern in den Osewoldter Koog. Die Bauernstellen bekamen damals 16,5 bis 19 Hektar, die Landarbeiter 1,25 bis 4,5 Hektar Land zugeteilt.

Wenn der Osewoldter Koog auch zu den kleinsten Einheiten der Landgewinnung an der Nordsee gehörte, so war er durch seine Bodenbeschaffenheit doch einer der besten mit seiner Bodennotierung von 60 bis 90 Punkten. Der Osewoldter Koog wurde als guter Kornkoog erkannt, der zu Beginn bis zu 43 Zentner pro Demat ernten ließ. Aus der Festschrift »Osewoldter Koog 1936–1986, Festzeitschrift zum 4. Oktober 1986« entnahm ich, dass das Korn damals im ganzen Kreisgebiet von Händlern für zehn Rentenmark pro Zentner aufgekauft und fast ausnahmslos in den kleinen Häfen von Südwesthörn, Dagebüll oder Bongsiel auf Schiffe von der Elbmündung verladen wurde. Das Getreide wurde dann im Rheinland, in Süddeutschland oder Holland weiterverarbeitet. In Bongsiel sollten vier Pferde vorgespannt worden sein, um die schwer beladenen Wagen über den Deich zu ziehen.

Als dann am 5. Oktober 1936 die Neusiedler in ihre Häuser einzogen, waren diese erst halb ausgebaut. Die Wirtschaftsgebäude waren noch sehr einfach gehalten und mit Holzwänden verkleidet. Im Innern waren die Pferde an einem großen Holzständer angebunden, vor ihnen Futterkrippen. Im Laufe der Zeit hatten die Siedler jedoch die Holzwände in ihren Häusern durch Steine ersetzt und die Unterbringung der Tiere von ihren Wohnräumen getrennt. Elektrisches Licht gab es gleich nach Fertigstellung der Häuser.

Der größere Teil von Osewoldt wurde von der Post in Dagebüll beschickt, sieben Häuser im südlichen Bereich von Fahretoft. Mit dem Fahrrad oder zu Fuß hatten die Briefträger bei Wind und Wetter lange Wegstrecken zu bewältigen. Am 1. Juli 1966 wurden die Bezirke jedoch neu eingeteilt, und nun kamen die Postzusteller mit dem Wagen von Niebüll aus für den ganzen Koog. Der Deichvogt hatte ab Herbst 1936 als erster ein Telefon. Es war für die Öffentlichkeit zugänglich, weil immer wieder Sturmfluten drohten. Trinkwasser wurde von den Siedlern lange Zeit vom Pfannendach gesammelt und in einer Zisterne gespeichert, das Vieh wurde aus Kuhlen getränkt. Bei längeren Trockenperioden musste Wasser gekauft und aus Niebüll mit der Kleinbahn nach Dagebüll-Kirche gebracht werden. Tonnenweise transportierte man das wichtige Wasser zu den Höfen. Später war das Wassernetz »Drei Harden« im Ausbau bis Maasbüll gelangt. So konnte man von dort, sieben Kilometer entfernt, das Wasser holen. 1960 wurde auch endlich unser Koog angeschlossen.

Ähnlich lange dauerte es auch, bis wir befestigte und verbreiterte Straßen bekamen.

Ich möchte einige Zeilen aus der Festschrift über die Kriegsjahre zitieren:

»1940 wurden, wie überall im ganzen Land, von der Reichsregierung Lebensmittelkarten eingeführt, die bis 1950 die genaue Abgabemenge bestimmten. So bekam jeder Bürger täglich 200 g Brot, 200 g Fleisch, 7 g Fett, 30 g Nährmittel, 15 g Zucker, 25 g Bohnenkaffe, und 20 g Tee. 400 g Salz gab es, aber nur wenn es vorhanden war. Kleine Mengen Alkohol wurden als Sonderration verteilt, weil unser Trinkwasser als gesundheitsgefährdend eingestuft war. Die große Zeit der Schwarzschlachtungen, Schwarzbrennereien von Schnaps, des Tauschens und ›Besorgens‹ aller knappen, so lang entbehrten Dinge, begann. Jeder wird sich an kritische Situationen erinnern, wenn plötzlich eine Razzia durchgeführt wurde. Aus Zuckerrüben wurde Sirup gemacht, aus Speck, Schwarten und allen Resten vom Schlachten Seife gekocht. Man röstete ›Kaffee‹ aus Gerste oder Erbsen. Kartoffeln wurden ganz fein gerieben und ausgewaschen. So gewann man Kartoffelmehl und Sago. Brot wurde in jedem Haus gebacken, aus selbst gemahlenem Weizenmehl, grob abgesiebt, oder aus Mais. Sonntags gab es eine Pferdebohnentorte, Kaffeetorte oder Brottorte. Die Liste der erfundenen Rezepte ließe sich noch weiterführen. Da gab's falsche Leberwurst, Streckbutter I und Streckbutter II. Opas rauchten Weizenkaff oder geschnittene, getrocknete Huflattich-Blätter. Am 20. Juni 1948 erfolgte die Währungsreform. Jedem Bürger wurde eine Kopfquote von 40,– DM (Deutsche Mark) ausgezahlt. Für einen Moment waren wir alle gleich, reich oder arm. [...] Es war wie ein Wunder – plötzlich gab es wieder alle Gebrauchsgegenstände reichlich zu kaufen.«

Ich kam 1942 als echter Osewoldter zur Welt. Meine Mutter Hansine Engeline, geb. Holst, kam aus dem Ort Rodenäs und heiratete meinen Vater 1936. Mein Bruder Helmut wurde 1948 im Osewoldter Koog geboren. Der Hof der Eltern hatte zur Zeit des Einzuges 1936 eine Größe von ca. 17 Hektar und besaß zunächst nur Ackerland. Im Laufe der Jahre schafften meine Eltern sich aber auch Rinder, Schweine und Schafe an. 1953 konnten sie es sich schon leisten, 2,5 Hektar Land dazu zu kaufen. Bis zum Ende der 1950er Jahre besaßen wir noch drei Pferde und einen 15 PS starken Deutz-Trecker mit einem Zwei-Schaar-Pflug. Der Stolz meiner Eltern war auch ein VW Käfer Standard, damals noch mit Zwischengas.
Der Osewoldter Koog war gemeindemäßig zum Amt Dagebüll gehörig. Osewoldt gehörte zum Schuleinzugsbereich von Dagebüll. Die Kinder wurden zunächst in dem alten zweiklassigen Gebäude auf der Kirchwarft, von 1938 an in der neuerbauten, ebenfalls zweiklassigen Schule bei Tienswarft unterrichtet. Ab 1974 mussten die Eltern ihre Kinder während der ersten vier Schuljahre per Bus nach Fahretoft bringen. Die Jüngeren in die Hans-Momsen-Schule, die älteren Kinder in das Schulzentrum in Niebüll oder in die weiterführenden Schulen.
Ich besuchte von 1949 bis 1958 die Dagebüller Volksschule neben der Tienswarft. Da wir sehr viele Flüchtlingskinder bei uns hatten, waren es bis zu 200 Schülerinnen und Schüler; später wurden zwei Klassen mit je 20 Schülerinnen und Schülern eingerichtet. Nach meiner Schulzeit verbrachte ich ein Jahr Lehrzeit auf dem Hof meines Vaters. Zwei weitere Jahre auf einem der Nissen-Höfe. Die Landwirtschaftsschule in Niebüll besuchte ich in den beiden Wintersemestern 1961/62 und 1963/64, dann musste ich zurück auf den väterlichen Hof, da mein Vater zwischenzeitlich erkrankte.
Mein Vater war von 1966 bis 1974 Bürgermeister der Gemeinde Juliane-Marien-Koog, bestehend aus dem Juliane-Marien-Koog und dem Osewoldter-Koog. Ich selbst bekleidete das Amt des Bürgermeisters von 1974 bis 1978, bis zu dem Zeitpunkt, als unser Koog mit vielen anderen Ortschaften im Januar 1978 zu einer Großgemeinde zusammengezogen wurde.
Ich erinnere noch gut die Zeit des Ringreitens, welches nach dem Krieg eine große Rolle im Vereinsleben einnahm. Mein Vater selbst war Reitchef des Bökingharder Ringreitervereins, der am 1. August 1974 gegründet wurde. Er besaß drei eigene Pferde. Viele Jahre des sehr regen Vereinslebens stellten die Osewoldter den König. Nach der Vollmechanisierung der Betriebe und Abschaffung der Pferde schlief das Vereinsleben langsam ein und erstarb dann endgültig im Jahr 1963.
Mein Vater ließ sich 1964 sein Altenteilhaus, sein »Abnahmehaus«, erbauen, in das er 1965 mit meiner Mutter einzog. Am 1. Juli 1966 übergab mir mein Vater den Hof auf Pachtbasis. 1965 hatte ich meine Frau Jenny Petra Johannsen geheiratet, die aus Gotteskrog bei Niebüll stammte. Ich hatte Jenny per Zufall auf einem Jahrmarkt kennengelernt. Ihre Eltern waren Landarbeiter und besaßen einen kleinen Nebenerwerbshof.
Zur Zeit der Hofübernahme hatte der väterliche Betrieb zehn Milchkühe, 30 Stück Jungvieh, 40 Schweine und 30 Schafe. Insgesamt hatte der Betrieb eine Größe von 19,42 Hektar Eigenland und 15 Hektar Pachtland. Die Schweine schafften wir noch in den 1960er Jahren ab. Meine Frau und ich machten keine Hausschlachtungen mehr, wie sie mein Vater noch durchgeführt hatte. Die Schafe verkauften wir auch bald, um uns auf den Kuhbetrieb zu konzentrieren, obwohl wir gute Schafe von der holländischen Insel Texel hatten. Ihr Fleisch galt als Qualitätsfleisch, sie waren Fettschafe. 1970 bauten wir einen Stall für 22 Milchkühe. 1972 übergab mir mein Vater den Hof durch einen Überlassungsvertrag.

Jenny Nissen. Foto: Wiedemann

1974 baute ich eine Mehrzweckhalle an, und 1976 konnte ich noch einige Hektar Land im Marienkoog dazu erwerben. 1982 investierte ich erneut in einen Liegeboxenstall für 42 Milchkühe mit einem Fischgrätenmelkstand. 1986 ließ ich nochmals Boxen für 70 bis 80 Stück Jungvieh an den Liegeboxenstall anbauen.

Von unseren insgesamt 70/80 Hektar Land hatten wir nur etwa 10/20 Hektar Ackerland für Winterraps, Weizen und Gerste. Doch generell hatte unser Ackerboden ca. 80 Punkte, was bedeutete, dass hier bei uns bester Hafer angebaut werden konnte.

Wir besaßen einen Traktor mit 70 PS, ließen aber die Grundarbeit über Lohnbetriebe verrichten. Unser Hof beschäftigte auch keine Angestellten, ich selbst galt als Vollkraft, meine Frau als halbe Arbeitskraft. In unserer Ehe bekamen wir drei Kinder: Martina (geb. 1965), Ralf Bendix (geb. 1967) und Marion (geb. 1970). Unseren Hof überschrieben wir 1995 unserem Sohn Ralf Bendix, nachdem wir uns 1995 ein eigenes Abnehmerhaus bauen ließen. Im ersten Abnehmerhaus meines Vaters wohnte seit 1976 mein Bruder Helmut mit Familie. 1978 baute Helmut auf dem Grundstück eine Minigolfanlage, die von den immer zahlreicher werdenden Feriengästen gerne angenommen wurde. Heute ist das Haus in fremder Hand. Die Eigentümer halten auf dem Grundstück mehrere Pferde als Hobby.

Mein Sohn Ralf Bendix führte den Hof nicht nach meiner Vorstellung. Er war wohl nicht aktiv genug und ließ die Anlagen verfallen. 2013 machte er endgültig Schluss und verpachtete nach 20 Jahren als Eigentümer die Ländereien. Ich finde das sehr schade. Er selbst arbeitet nun als Küster der Kirchen Dagebüll und Fahretoft und vermietet in der Ferienzeit Zimmer. Seine Frau, mit der er vier Kinder hat, arbeitet inzwischen als Küchenhilfe im Altersruhesitz im Osewoldter Koog.

Ich selbst habe nach meinem Schritt in den »Ruhestand« von 1995 bis 2003 auf einem Baumarkt in Niebüll als Platzwart und LKW-Fahrer bei einem guten Verdienst mit Urlaubsgeld und freiem Wochenende gearbeitet. Ich hatte Glück bei der Kündigung durch den Baumarkt, dass ich nach der »58er-Regelung« mit 60 Jahren beim Arbeitsamt als nicht mehr vermittelbar eingestuft wurde. Auf diesem Wege erhielt ich mein Arbeitslosengeld bis zum Renteneintritt. Meine etwas jüngere Frau (geb. 1944) arbeitete bis 2012 bei einem Kaufmann in Dagebüll.

Jetzt genießen meine Frau Jenny und ich den Ruhestand, wir fahren jeden Morgen auf den Deichen zwischen zehn und 20 Kilometer Fahrrad, um fit zu bleiben und die Küste mit der Nordsee im Blick zu haben.

*Martin Nissen 2013*

Ehemaliges Hofgebäude der Familie Nissen.

Ehemaliges Stallgebäude der Familie Nissen. Fotos: Wiedemann

# Hof Petersen Lüchow

## Paul Petersen

\* 1947
Beruf: Landwirt i. R.

Geboren bin ich im kleinen Ort Lüchow im Lauenburgischen. Meine Eltern betrieben Landwirtschaft auf etwa 47 Hektar. Meine Mutter, Erna Meyer (geb. 1922), kam aus Kühsen, sie selbst war auch Bauerntochter. Mein Urgroßvater hatte noch vor dem Ersten Weltkrieg Rinder und Pferde gezüchtet. Wegen der Pferdekrankheit »Rotz« mussten alle Tiere getötet werden. Mein Vater, Hans Petersen (geb. 1911), wurde erst sehr spät zur Wehrmacht in den Zweiten Weltkrieg eingezogen. Nach dem Kriegsende kam er in Eutin in ein »Entnazifizierungslager«. Der elterliche Hof hatte nach dem Zweiten Weltkrieg etwa 16 Kühe, deren Zahl sich auf 20 bis 24 und später auf 36 Tiere erhöhte. Wir hatten einen Melker, einen ständigen Arbeitsmann und einen Deputatmann in der Sommerzeit. Letzterer wurde mit Naturalien entlohnt. Im Winter musste er »stempeln gehen«, sprich: er war arbeitslos gemeldet, arbeitete aber nebenher als Hausschlachter. Bei uns wohnte auch meine Tante, die Schwester meines Vaters mit ihren vier Kindern. Sie hatte einen Betrieb in Mecklenburg-Vorpommern. Nach der Ermordung ihres Mannes durch russische Soldaten floh meine Tante über Berlin und kam zu uns. Sie half mit bei der Ernte und beim Melken.

An meine Schulzeit in der Lüchower Dorfschule erinnere ich mich sehr gut. So fragte mich zu Beginn meiner Schulzeit mein Lehrer, wann ich geboren sei. Als ich darauf keine Antwort geben konnte, hieß es, ich solle zu Hause einmal nachfragen. Am nächsten Tag brachte ich dem Lehrer die Antwort mit: »bei Regenwetter«, worauf es in der Klasse ein schallendes Gelächter gab. Bei meiner Geburt soll es tatsächlich sehr stark geregnet haben. Diesen Lehrer behielt ich vier Jahre. Jedes Jahr gab es mindestens einmal etwas mit dem Rohrstock. Neulich wurde ich durch meinen Enkel Arne an meine Kindheit erinnert. Er sollte mir erzählen, wo er am Vortage war. Etwas verärgert bekam ich folgende Antwort: »Opa, du sollst mich nicht immer fragen!« Das hätte von mir als kleiner Junge kommen können. Ich war in seinem Alter mit der Familie in der Kutsche zur Kirche gefahren. Auf der Rückreise wollte mein Vater wissen, was der Pastor gesagt hatte. Meine Antwort darauf: »Hast du denn nichts gehört?«

In der Küche stand neben dem alten großen Herd eine Holzkiste. Unten hatte sie zwei lange große Schubladen mit Kinderspielsachen und Schuhputzzeug, und in der anderen lag das gehackte Dickholz. Darüber in einem großen Fach mit Deckel befand sich das Buschholz. Täglich musste dieser Vorrat aus dem Holzschuppen auf dem Hof wieder aufgefüllt werden. Im hinteren Teil der Holzkiste waren zwei tiefe Fächer, in die meine Mutter die Schmutzwäsche steckte. Bei schlechtem Wetter wurden mein Bruder und ich in jeweils ein Fach gesteckt. Da waren wir unter Kontrolle, und auf dem Deckel konnten wir spielen. Wenn zur Mittagszeit viel Buschholz zum Essen kochen benötigt wurde, quartierte man uns in den vorderen Teil der Holzkiste, da der offene Deckel uns in den hinteren Fächern verdeckt hätte. In dem Buschholz war es zwar unbequemer, aber die unterschiedlichen Holzstücke ergaben ungeahntes Spielzeug. Mit etwas Phantasie wurden sie zu verschiedenen Tieren, mit denen wir uns lange beschäftigen konnten. Es gab damals ja noch keine Pampers, und so soll es bisweilen vorgekommen sein, dass das Holz schlecht brennen wollte…

Vor der Küchentür hatten wir Kinder eine Sandkiste. Dort buk ich keinen Sandkuchen, sondern spielte Bauer. Mit Buschholzstücken wurde die Sandkiste in mehrere Koppeln aufgeteilt. Aus der Küche holte ich mir Löffel. Damit pflügte ich eine Koppel nach der anderen um. Zum Ärger meiner Mutter brachte ich die Löffel aber nicht immer wieder zurück. Wenn im Garten der Rasen gemäht wurde, war für meinen Bruder und mich die Zeit der Heuernte gekommen, damals war das für uns noch ein Spiel. Mit den Fingern wurde wie mit einer Harke das Gras gewendet, bis es trocken war und anschließend auf Wagen geladen. Dann wurde mit Band der Bindebaum, ein gerader Stock, befestigt, und wir fuhren damit »nach Hause«. Dort wurde die Heuernte in eine Dieme gesetzt.

In einem Zimmer in der oberen Etage unseres Hauses wohnten Herr und Frau Mielke. Sie waren Flüchtlinge aus Ostpreußen und mit dem Flüchtlingstreck nach Lüchow gekommen. Herr Mielke hatte in Ostpreußen bei der Bahn gearbeitet, bis er beim Rangieren zwischen die Puffer geriet und an der Hüfte schwer verletzt wurde. Bei uns auf dem Hof versorgte er das Federvieh. Auf der großen Diele stand rechts neben der Tür eine Werkbank. Hier reparierte der alte Mielke alles, was kaputt ging. Gerne beobachtete ich ihn bei seiner Arbeit. Mit zunehmendem Alter wollte ich dann auch selbst mit Hand anlegen und versuchte schon mal mit dem Hammer einen Nagel ins Holz zu schlagen. Dabei kam es dann auch vor, dass ich Nägel dorthin nagelte, wo nun wirklich keine Nägel hingehörten. Deshalb verpasste Mielke mir den Spitznamen »Meister Hämmerlein«. Irgendwann fing ich an, aus Holzresten und Nägeln eine Höhle zu bauen. Wenn das ausgeliehene Werkzeug nicht wieder an seinem Platz war, geriet ich unter Generalverdacht und Mielke schimpfte: »Meister Hämmerlein, wo hast du schon wieder das Werkzeug gelassen?«.

Besonders schön war es in der Vorweihnachtszeit in der Küche. Es wurden Kekse gebacken. Jedes Kind bekam eine Schürze vorgebunden. Während unsere Mutter in einer großen Schüssel Mehl, Zucker, Milch und Eier mit der Hand vermengte, mussten wir Nüsse knacken, die wir anschließend mit der Kaffeemühle mahlten. Wir warteten bereits darauf, dass die Rührschüssel geleert wurde, denn dann durften wir sie auslecken. Der Teig wurde anschließend auf dem Tisch mit den Händen geknetet, bis er sich schön dünn ausrollen ließ. Dann waren wir Kinder wieder dran und durften mit den unterschiedlichen Blechformen die Kekse ausstechen. Abwechselnd stachen wir Tannenbäume, Sterne, Halbmonde und Schweifsterne aus dem Braunkuchenteig aus.

Mitunter setzten wir uns in der Adventszeit auch in die Stube. Bei Kerzenschein aßen wir Schwarzbrot mit Butter und mit braunen Plätten belegt, dazu gab es Kaffee für die Erwachsenen und Kakao für die Kinder, und wir sangen Lieder. Wenn es draußen sehr kalt war, tranken die Erwachsenen auch Glühwein, mein Vater immer mit einem Schuss Rum dazu, und wir Kinder bekamen Fliederbeergrog. Einmal sollte ich in der Küche einige Grogs nachfüllen. Auf dem Herd stand noch ein Topf mit heißem Wasser. Wie es sich gehörte, stellte ich in jedes Grogglas einen Löffel, füllte Zucker ein, goss heißes Wasser in die Gläser und schenkte Rotwein und Fliederbeersaft nach. Zu meiner großen Enttäuschung lachten in der Stube alle, als ich Ihnen die Gläser hinstellte. »Da schwimmen ja Fettaugen drauf!« In meiner Ahnungslosigkeit hatte ich den Topf genommen, in dem meine Mutter die Würstchen zum Abendbrot warm gemacht hatte. Einmal im Jahr kam im Winter der Sattler Scharnberg aus Dwerkaten zu uns. Für ihn wurde im warmen Kuhstall eine kleine Ecke freigemacht und dort saß er auf einer Bank und reparierte das Pferdegeschirr. Um ihn scharten sich die Kinder. Wir konnten ihm stundenlang bei seiner Arbeit zusehen: Wie er mit seinem scharfen Messer das beschädigte Teil aus dem Geschirr trennte, dann ein passendes Stück Leder anfertigte, die Enden schräg anschnitt, Löcher ausstanzte, das Leder verklebte und anschließend mit einem festen Faden vernähte. Dabei erzählte er uns immer schöne spannende Geschichten und stellte uns unterschiedliche Aufgaben zum Lösen.

Ich war gerade fünf Jahre alt, als meine Eltern Rosenhochzeit feierten. Sie heirateten im Krieg am 10. Oktober 1942 im kleinen Kreis der Familie. Nach zehn Jahren sollte dieses Fest in einem größeren Rahmen nachgeholt werden. Nach dem Essen wurde der Flur leer geräumt, und ein Musiker spielte zum Tanz. In einer kleinen Nische neben der Flurtreppe nach oben war ein Tisch als Tresen aufgebaut. Dort stand mein Onkel Karl aus Bergrade und schenkte für die Gäste ein. Die Frauen tranken selbstgemachten Likör. Neugierig wie ich war, probierte ich an dem kleinen Rest in den Likörgläsern. Siehe da, es schmeckte schön süß, und ich begann die Reste aus den Gläsern auszulecken. Doch Onkel Karl, einem erfahrenen Wirt, entging mein heimliches Nippen nicht, und er forderte mich auf, erst einmal zu tanzen. Dann dürfte ich wieder einen winzigen Schluck trinken. Also forderte ich nun meine vielen Tanten zum Tanze

Paul Petersens Tante hilft beim Melken (1950er Jahre). Foto: Privat

auf und konnte anschließend mit an den Tresen und von dem leckeren Likör trinken. Doch trotz Tanzen und nur geringer Mengen zeigte der Likör bei mir Wirkung. Ich weiß noch heute, dass ich neben der großen Aschtonne auf der Diele stand und mich ganz furchtbar übergeben musste. An alles weitere kann ich mich nicht mehr erinnern. Aber Alkohol habe ich erst wieder getrunken, als ich sechzehn war.

Sehr schön waren auch die Kutschfahrten im Sommer. So fuhren wir zum Fliegenberg und machten im Wald Picknick, fuhren an den Wehrensteich oder nach Anker zum Baden. Nachdem mein Vater uns mit einem VW Käfer überraschte, erfolgten die Ausflüge mit dem Auto. Mein Bruder und ich saßen dann immer in der Gepäckablage hinter den Rücksitzen.

Mit meinen Freunden traf ich mich nach dem Abendessen am Milchbock. Der Vater von meinem Freund Claudius Groß hatte ein Tiefbauunternehmen und besaß bereits einen Mercedes. Mit dem fuhr er uns im Winter, wenn es geschneit hatte, zur Schule. Mitunter konnte er uns mittags nicht abholen. Den Rest der Strecke gingen wir zu Fuß nach Hause und versuchten, auf unseren Ranzen Schlitten zu fahren. Doch das gab zu Hause Ärger: Der Ranzen war voll mit Schnee und die Hefte und Bücher mussten getrocknet werden. Mein Freund Reinhold Kruse war ein Einzelkind, das von den Eltern und Großeltern verwöhnt wurde. Sein Opa war Schuster und sorgte immer für die besten Schuhe, egal ob Turnschuhe oder Winterstiefel mit hohem Schaft. Die gaben mehr Halt und man konnte damit viel besser Schlittschuhlaufen, als wir mit unseren wackeligen Schuhen. Der dritte im Bunde war Manfred Scharffenberg. Er wurde am wenigsten verwöhnt und musste schon früh viel zu Hause helfen. Als wir etwas älter waren, und ich mit ihm spielen wollte, habe ich ihm oft bei seiner Arbeit geholfen. So schafften wir für seinen Vater Steine zum Mauern auf das Gerüst, und einmal haben wir mit dem Trecker und Binder einen Rest vom Roggen gemäht, bevor wir zum Baden nach Sirksfelde in die Kieskuhle fahren durften. Als wir etwa 14 Jahre alt waren, bekamen wir alle Skier zu Weihnachten. Wir trafen uns jeden Nachmittag auf einer Koppel zum Skilaufen. Es war mühselig. Erst einmal mussten wir den Schnee mit den Skiern festtreten. Doch dann versuchten wir uns mit den langen Brettern anzufreunden. Das war natürlich mit vielen Stürzen verbunden, aber wir versuchten unsere Technik langsam zu verbessern und waren stolz wie ein Schneekönig, wenn bei der Kurvenfahrt der Schnee hochwirbelte.

Nach dem Kartoffelklauben (1950er Jahre). Foto: Privat

1954 wurde ich in die einklassige Volksschule in Lüchow eingeschult. Der Lehrer war der Mann der Cousine meines Vaters, Karl-Heinz Wulf. Die erste Regel, die für mich in der Schule galt, war, dass ich ihn jeden Morgen per Handschlag mit: »Guten Morgen, lieber Onkel Karl-Heinz« begrüßen und zum Schulschluss mit: »Auf Wiedersehen, lieber Onkel Karl-Heinz« verabschieden sollte. Wir waren vier Jungen und vier Mädchen, die neu eingeschult wurden. Jeder von uns hatte einen von den älteren Schülern als Helfer. Sie mussten uns die Hand führen und uns so das Schreiben beibringen. Zum Lesen lernen wurden wir mit einem älteren Schüler in die »kleine Stube« geschickt. Dort mussten wir dann abwechselnd vorlesen, während in der Schulstube der Unterricht mit den übrigen Klassenkameraden weiter ging. Im Rechenunterricht wurden uns die Rechenschritte erklärt, und anschließend lösten wir die Übungsaufgaben aus dem Buch. Währenddessen konnte der Lehrer den anderen Schülern ihre entsprechenden Aufgaben erläutern. Da ich immer recht schnell fertig war, konnte ich dann den Unterricht der Großen verfolgen. Besonders stolz war ich, als ich in der vierten Klasse mit den Zweitklässlern in die »kleine Stube« durfte, um mit ihnen zu lesen. Sport- und Musikunterricht fiel meistens aus, weil einige Schüler das erforderliche Lernziel noch nicht erreicht hatten oder die Disziplin zu wünschen übrig ließ. Dann hörten wir oft den Spruch: »Lieber einem Sack Flöhe das Tanzen beibringen, als euch das Lesen und Schreiben.« Viele Jahre nach meiner Schulzeit sprach ich Onkel Karl-Heinz mal auf meine jährlichen Stockhiebe an. Er meinte, sich nicht mehr erinnern zu können, erwiderte aber mit der Frage: »Und hat es dir geschadet?« Natürlich hatte es mir nicht geschadet. Ich hatte aber Glück, denn andere waren deutlich öfter dran. Ich erinnere mich daran, dass Angelika, die bei ihrer Großmutter aufwuchs, einmal wieder Schläge bekam. Doch sie konnte sich befreien, lief aus der Schule und Lehrer Wulf wütend hinterher. Mitunter kam es auch vor, dass mal ein Stock auf dem Hosenboden zerbrach. Zur Strafe musste der Schüler dann einen neuen Haselstock aus dem Knick schneiden.

Nach vier Jahren machte ich die Aufnahmeprüfung zur Mittelschule in Sandesneben. Mein Onkel war der Meinung, für mich würde die Volksschule ausreichen, denn als Bauer würde ich bei ihm ein ausreichendes Rüstzeug bekommen. Er hat auch ein bisschen Recht gehabt, denn etliche Schüler, die die Volkschule in Lüchow verlassen haben, haben sehr gut auf ihr Grundwissen aufgebaut und sind recht erfolgreich in ihrem Beruf gewesen, egal ob als Handwerker, Bauer oder Banker. Doch ich wollte gerne nach Sandesneben an die Mittelschule, denn meine Schwester, meine Vettern und Cousinen waren bereits dort. Also musste ich mich anstrengen, um die Aufnahmeprüfung zu schaffen. Es war kein leichter Start, und meine Tante berichtete gerne, dass ich zu Hause gefordert haben soll: »Es muss mehr geübt werden!« Die Schule in Sandesneben hatte zu meiner Zeit einen Sonderstatus, man konnte nach der siebten oder nach der zehnten Klasse direkt nach Lübeck auf die Oberschule wechseln. Somit waren die Anforderungen entsprechend hoch. Im Nachhinein war die Schulzeit eine herrliche Zeit. Im Sommerhalbjahr fuhren wir immer mit dem Fahrrad zur Schule. Die Kinder aus Nusse, Poggensee, Walksfelde, Kühsen und Duvensee hatten bereits einen langen Weg hinter sich, wenn sie morgens durch Lüchow fuhren. Mitunter kamen die ersten Schüler bereits an unserem Haus vorbei, wenn ich gerade beim Anziehen war. Schnell noch eine Scheibe Brot und eine Tasse Milch und ab ging es. Da kamen dann auch die Jungen aus meiner Klasse, und bis Sandesneben überholten wir noch etliche von den früh Gestarteten. Schule war mitunter anstrengend, und wenn wir dann im Sommer nach Hause radelten, schoben wir bei sehr warmem Wetter den Scheideberg hoch. Dabei genossen wir die reifen Brombeeren, die am Wegesrand wuchsen und vergaßen die Zeit. Im Winter, wenn es ausreichend gefroren hatte, fand die Sportstunde auf dem vereisten Kiesgrubensee auf der Hege statt, und Schlittschuhlaufen stand auf dem Stundenplan. Im Sommer, wenn es warm war, fuhren wir nach Steinhorst in das neue Schwimmbad, um schwimmen zu lernen. Schön war es auch, wenn bei gutem Wetter der Unterricht im Freien stattfand. Dann nahmen wir unsere Schulsachen und Stühle und setzten uns im Halbkreis um den Lehrer. Leider viel zu selten gab es hitzefrei. Als wir mitbekamen, dass dafür morgens eine bestimmte Temperatur erreicht sein musste, versuchten wir einmal das Thermometer am Lehrerzimmerfenster etwas zu manipulieren, um auch hitzefrei zu bekommen. Leider unterschätzten wir die Intelligenz unserer Lehrer: Sie bemerkten den Schmu, und es wurde nichts mit dem erhofften freien Tag. Wir hatten gute Lehrer und Lehrerinnen. Zunehmend verbesserte sich die Ausstattung mit Lehrmaterial und neuen Fachräumen. Wir haben fünf Klassenfahrten gemacht und erlebten eine wunderbare Klassengemeinschaft. In der siebten Klasse fand eine Fahrradtour durch Schleswig-Holstein statt. Dann eine Fahrt in das Weserbergland nach Detmold und Lemgo. Wir besuchten Berlin, und im Abschlussjahr 1964 fuhren wir in den Harz, um an der Wurmbergschanze Skilaufen zu lernen. Dort fand ein Skispringen statt, an dem Georg Thoma teilnahm, der gerade in Innsbruck bei der Winterolympiade die Bronzemedaille gewonnen hatte. Ich weiß noch, wie unsere Geschichts- und Sportlehrerin mir den Rat gab, im Sommer als Landwirt zu arbeiten und im Winter als Skilehrer. Diese und andere Geschichten konnten wir im Sommer 2014 anlässlich des Klassentreffens nach 50 Jahren seit der Schulentlassung noch einmal wieder in Erinnerung rufen.

## Aufwachsen auf dem Bauernhof

Wie heißt es noch so schön in dem Film »Der kleine Lord«: »Das Spielen ist die Vorbereitung für das spätere Leben.« Auf einem Bauernhof ist es ein gleitender Übergang, und man merkt kaum, ob man noch spielt oder schon arbeitet. So bekam ich zu Weihnachten einen Bollerwagen, der genauso aussah, wie ein richtiger Kastenwagen. Mit dem konnte man alles machen, was auch mit dem großen ging. Ein Jahr später folgte dann noch das in der Größe passende Handwerkszeug dazu: eine kleine Mistforke, Schaufel und eine Gabelforke. Als unser Nachbar Harms im Januar beim Mistfahren war, ging ich natürlich sofort hin und musste meine Mistforke auch zünftig einsetzen, und ich durfte mit beim Beladen der Wagen helfen. Im Sommer, als unsere Pferde auf der Weide liefen, wurde der Stall, in dem sonst die Stute mit ihrem Fohlen stand, ausgemistet. Das wurde nun meine Aufgabe. Mit meiner kleinen Forke lud ich den Mist auf den kleinen Bollerwagen und fuhr dann damit zum Misthaufen, um ihn dort abzuladen. Aber so leicht wie es aussah, war es nicht. Der Mist lag gut 30 Zentimeter hoch, war kaum verrottet, sehr festgetreten und ließ sich nicht so einfach aufladen, wie bei unserem Nachbarn auf dem Misthaufen. Obendrein stank es manchmal so furchtbar nach Ammoniak, dass ich ab und zu aus dem Stall an die frische Luft lief. Somit ließ die anfängliche Euphorie bald nach. Ich glaube, es hat wohl beinahe drei Wochen gedauert, bis ich mit dem Ausmisten fertig war. Am Ende war ich aber ganz stolz, es allein geschafft zu haben.

Jedes Jahr wurden bei uns ein Koppel (zwölf Morgen bzw. drei Hektar) Rüben angebaut. Etwa vier Morgen als Zuckerrüben und acht Morgen als Runkelrüben für die Kühe. Die Rüben wurden nicht wie heute mit der Einzelkorn-Drillmaschine auf Endabstand abgelegt und durch Herbizide unkrautfrei gehalten. Damals wurden die Rüben gedrillt und anschließend »verhackte« man die Rüben, indem man mit einem Hacker die zu eng stehenden Rüben in der Reihe entfernte. Leider gab es noch keine Saat, aus der nur eine Pflanze keimte, und die einzelnen Keimlinge wuchsen so dicht nebeneinander, dass nach dem Verhacken die Rüben noch verzogen werden mussten. Das war durchaus eine Arbeit für uns Kinder.

Um die Rüben auch zwischen den Reihen unkrautfrei zu bekommen, hackte man mit einem von Pferden gezogenen Vielfachgerät. Mindestens drei Mann benötigte man für diese Arbeit. Einer lenkte die Pferde, der nächste steuerte das Gerät an der Lenkachse und ein dritter machte die Feinsteuerung direkt am Hackgerät. Einmal sollte ich als Junge reitend das eine Pferd, unseren Holsteiner Kaltblut Moritz, lenken und zwar so, dass er genau zwischen den Reihen lief und auf keine Rübe trat. Ich musste mithilfe der Zügel den Kopf von Moritz gerade halten, über die beiden Pferdeohren die Reihe anzielen und dann wäre alles in Ordnung. Leider wusste Moritz, dass auf seinem Rücken ein Anfänger saß, und er tat, was er wollte: Er bewegte den Kopf und trat auch auf die jungen Rüben, und wo Moritz hintrat, da wuchs kein Gras mehr – und Rüben schon gar nicht. Nach wiederholten Ermahnungen durch unseren Mitarbeiter Gerhard Hensel, hatte der alte Hans Funck, der Deputmann auf unserem Hof, ein Einsehen und fasste beide Pferde an die Zügel. Und siehe da: Auch Moritz konnte sich mit seinen großen Hufen elegant zwischen den Rübenreihen bewegen. Ich war froh, von der Arbeit erlöst zu sein.

In den Sommerferien durfte ich mit dem Fahrrad zu meiner Tante Magdalena, der Schwester meiner Mutter, nach Koberg fahren. Da mein Vater auf dem Feld bei der Roggenernte war, sollte ich auf dem Weg noch einmal auf die Koppel fahren, um mich von ihm zu verabschieden. Doch es kam anders als ich dachte. Schnell wurde mir gezeigt, was ich auf dem Binder zu tun hatte. Mit dem einen Hebel wurde die Haspel so verstellt, dass die abgeschnittenen Ähren schön gleichmäßig auf das Laken fielen. Mit einem anderen wurde am Ende des zu mähenden Stückes das

Paul und Alfred Petersen (1950er Jahre). Foto: Privat

Schneidwerk angehoben und dann nach dem Umwenden wieder auf die zu schneidende Stoppelhöhe eingestellt. Somit hatte sich die Fahrt nach Koberg erst einmal verschoben.

Ein ganz besonderes Erlebnis war die Erntezeit. Bereits als Kinder spürten wir die Anspannung in der Familie und bei den Mitarbeitern, wenn zur Erntezeit morgens alle vor der Dielentür standen und mit Sorge die Wolkenbildung am Himmel verfolgten. Die Stimmung wurde immer schlechter, je häufiger der Regen die Arbeiten störte. Dass die beiden Mitarbeiter Gerhard Hensel und Hans Funck dann zum Knick »abrusten« geschickt wurden, trug auch nicht zur Verbesserung der Stimmung bei. Bei dieser Arbeit wurde an dem Knickwall der über das Jahr gewachsene Pflanzenbestand mit einer Sense abgemäht. Zusätzlich mussten die auf das Feld überhängenden Zweige mit der »Afrustlei«, einer stabilen Sense, abgeschnitten werden. Dazu wurde sie mit kräftigem Schwung im Halbkreis nach oben geschlagen. Das war eine anstrengende und unangenehme Arbeit, besonders wenn man die richtige Technik mit dem erforderlichen Schwung nicht beherrschte und wenn viele Dornen in dem Knick wuchsen.

Dagegen war das Einfahren eine viel angenehmere Arbeit. Bei uns wurde immer mit »staan Wagen infört«. Dazu gehörten drei Wagen: einer, der auf dem Feld beladen wurde und einer, der beladen vom Feld auf den Hof gefahren und dort auf die Diele zum Abladen geschoben wurde. Ein auf dem Hof stehender dritter und leerer Wagen wurde sofort wieder auf das Feld gefahren.

Als Achtjähriger wurde es meine Aufgabe, mit unserem Moritz den Wagen von Hocke zu Hocke zu fahren. Mit einer kurzen Kette am Schwengel wurde Moritz vor die Deichsel des Wagens gespannt. Das ging im ebenen Gelände auch sehr gut, doch bergab rollte der Wagen nach und stand erst, wenn sich die Deichsel schräg in die Erde bohrte. Da ich Moritz nicht beibringen konnte, langsam anzuziehen, gab es dann einen Ruck und Gerhard schimpfte mit mir. Meine Tante stand nämlich auch auf dem Wagen und hätte stürzen können. Ein voller Wagen hatte durchaus Gewicht. Einmal war beim Hafereinfahren auf dem Karkstieg der Boden durchgeweicht. So war der Wagen für Moritz schwer zu ziehen. Als die Räder dann noch in einer Furche stehen blieben, zog Moritz mit einem Ruck an und plötzlich merkte ich, wie das Pferdegeschirr unter meinem Hinterteil durchrutschte. Das Brustblattgeschirr war durchgerissen. Ein andermal brach der dicke Bolzen am Hänger, an dem der Schwengel eingehakt wurde. Von wegen eine Pferdestärke – unser Moritz war deutlich stärker. Gerhard Hensel, unser ständiger Mitarbeiter, hatte eine »Staakforke« mit einem langen Stiel und lud damit Garbe für Garbe auf den Wagen. Dort packte meine Tante Annemarie die Garben nach einem bestimmten Ladeschema auf dem Wagen. Sie verstand ihre Arbeit, denn trotz der schlechten Wege ist kaum ein Wagen umgekippt. Wenn der Wagen voll war, legte sie eine letzte Lage Garben in die Mitte. Den Bindebaum, der mit einem Tau befestigt hinter den Wagen gebunden war, stemmte Gerhard auf die beladene Fuhre. Meine Tante legte den schweren Bindebaum, nachdem er mit einem Tau am vorderen Ende des Wagens befestigt war, mittig auf die letzte Garbenlage. Der Baum wurde dann heruntergedrückt, Gerhard warf ein Tau darüber und schnürte es fest. Bewundert habe ich meine Tante dafür, wie elegant sie ohne Leiter und nur mit Gerhards Hilfe von dem vollen Kornwagen kletterte. Meistens kam dann schon der leere Wagen. Moritz wurde vor den leeren Anhänger gespannt, und während der Zwischenfahrer den beladenen Kornwagen nach Hause fuhr, staakte Gerhard wieder Garbe um Garbe, bis das nächste Gefährt wieder voll war. Bei Sonnenschein trug Tante Annemarie stets ihren Flunkerhut. Der schützte vor der Hitze und vor Sonnenbrand. Zur Kaffeezeit, wenn der Zwischenfahrer Kaffee und Brot mit zur Koppel brachte, suchten wir uns eine schattige Stelle und setzten uns auf eine Garbe, die wir auf den Boden legten. Kaffee war meist abgekühlter Muckefuck aus einer großen Kanne, dazu gab es Brot: Meistens eine Scheibe Schwarzbrot und eine Scheibe Weißbrot zusammengeklappt mit Wurst, Käse oder manchmal auch mit Honig. Es war still auf dem Feld. Moritz wieherte nur mal, wenn auf der Straße andere Pferdegespanne vorbeifuhren. Sonst hörte ich immer gespannt zu, wenn Gerhard und Tante Annemarie sich unterhielten. Gerhard stammte aus Ostpreußen und hat als Junge die Flucht miterlebt. Das war zum Teil furchtbar, was er dort durchgemacht hat. Ich war immer froh, dass ich so etwas nicht miterlebt habe, und war als Kind immer in Sorge, dass es noch einmal zu einem Krieg kommen könnte. Wenn dann abends die letzte Fuhre beladen war, durfte ich allein mit Moritz nach Hause reiten. Einmal fuhr Hannes Brügmann mit einem vollen Wagen vor mir. Mir war es zu langsam, und somit gab ich meinem Pferd die »Sporen«. Die seitliche Spur war nass und rutschig und Moritz stürzte auf die Seite, als wir gerade mit dem Wagen auf einer Höhe waren. Ich lag der Länge nach quer zum Hänger und bemerkte plötzlich, dass das Hinterrad über meinen Arm rollte. Es tat zwar sehr weh, aber mein Schutzengel war wohl in der Nähe, denn außer den Schmerzen war nichts passiert.

Einmal waren wir auf dem Steinbrook beim Roggeneinfahren, und der Regen stand vor der Tür. Es waren noch etwa drei Fuder auf dem Feld, und unsere eigenen Wagen standen bereits voll beladen auf dem Hof. Mein Vater organisierte bei Nachbarn die nötigen Wagen. So fuhren wir mit dem MAN und holten sie. Ich hatte noch keinen Führerschein, konnte aber fast besser Trecker fahren als mein Vater. So fuhr ich, und er half, den Hänger anzukuppeln. Doch als wir in die Dorfstraße einbogen, sahen wir einen

Unfall. Eckard Maschke, ein junger Autoschlosser aus Lüchow war in der Abzweigung am Brink mit einem Auto aus der Werkstatt in die Hungerharke von Bauer Scharffenberg gefahren. Der Polizist Thömming aus Steinhorst nahm den Unfall gerade auf. Schnell wechselten mein Vater und ich die Plätze. Doch Herr Thömming hatte bereits gesehen, dass ich gefahren war und hielt uns an: »Hans, darf der Jung denn schon fahren?« – »Nein«, erwiderte er, »deshalb haben wir ja auch die Plätze gewechselt«. Es gab eine Verwarnung, der Polizist ließ uns weiter fahren, und wir wurden noch kurz vor dem Regen mit der Roggenernte fertig.

1961 reifte auf zwei Koppeln der Roggen. Leider fing es zur Erntezeit immer wieder an zu regnen, so dass der Roggen in den Hocken bereits anfing, auszuwachsen. Sobald es wieder trocken wurde, mussten wir den Roggen umhocken. Das war gar nicht so einfach, denn die Garben waren bereits fest mit den übrigen verwachsen. So mussten wir die einzelnen Garben auseinanderziehen und wieder zu neuen Hocken aufstellen. Endlich konnten wir einfahren. Mein Vater hatte sich entschieden, den gesamten Roggen in eine Miete auf dem Feld zu fahren. Er hatte sich extra einen Experten geholt, der es verstand, solch eine Miete zu setzen, ohne dass der Roggen durch Feuchtigkeit verderben konnte. Im Winter bei Frost sollte der Roggen dann gedroschen werden. So wurde im Dezember der Dreschkasten neben der Miete aufgestellt und man begann, die ersten Garben, die den wechselnden Witterungseinflüssen ausgesetzt waren, beiseite zu werfen. Doch – oh Schreck! – auch die nächste Lage war verdorben und selbst in den darunter folgenden Schichten war kein dreschbarer Roggen zu finden. Ich höre meinen Vater heute fast noch, wie er die kurze Anweisung gab: »Abrücken und alles anstecken!« Mein Bruder und ich konnten bereits damals erahnen, dass das einen erheblichen Verlust mit sich brachte. Von sechs Koppeln, auf denen Getreide wuchs, haben zwei keinen Ertrag gebracht. Daraus folgte auch für uns Kinder: »Es musste gespart werden!«

Irgendwann, im Alter von ca. zwölf Jahren, hatte ich meinen ersten Einsatz beim Hocken. Auf dem Wittstruch stand Weizen, und in langen Reihen lagen die Garben auf dem Feld. Mit Gerhard, dem Melker Thiel und Hans Funck ging es zum Hocken. Je zwei Mann stellten gemeinsam eine Hockenreihe auf. Thiel und Funck die eine und Gerhard und ich die andere. Je acht Reihen Garben ergaben eine Reihe Hocken. Man hob von zwei Garbenreihen rechts und links je eine Garbe auf. In deren Mitte stellten je zwei Mann gleichzeitig ihre Garben gegeneinander zu Hocken auf. Damit sie auch stehen blieben, mussten die Garben kräftig auf den Boden gestaucht werden und in einem bestimmten Winkel zueinander stehen. Der Winkel war wichtig für die Belüftung der Garben. So trockneten sie schneller und konnten auch mal einen leichten Windstoß vertragen. Diese Arbeit klappte nach anfänglichen Korrekturen durch Gerhard auch ganz gut, und wir Jüngeren übernahmen die Führung. Das wurmte die beiden älteren Mitarbeiter, und sie versuchten uns bei der Arbeit zu überholen. Doch, wie im Sport, beschleunigten auch wir, und es entwickelte sich ein richtiger kleiner Wettkampf. Allerdings mit einer für mich neuen Erfahrung. Ich bekam im Daumen einen Krampf, der sich in immer kürzer werdenden Abständen wiederholte. Damit wir nicht aufgeben mussten, trug ich dann nur noch die Garben aus den entfernten Reihen in die Nähe der nächsten Hocke, und Gerhard stellte sie dann alleine auf. Damit war der sportliche Ehrgeiz aber vorbei. An diese Geschichte werde ich immer erinnert, wenn ich wieder mal einen Krampf im Daumen habe.

Jedes Jahr wurde eine Koppel mit Kartoffeln bepflanzt, die Ende September gerodet und anschließend gesammelt wurden. Einige Tage vor der Ernte kontrollierte mein Vater die Kartoffelkörbe. Die defekten wurden zum Reparieren zum alten Herrn Wolter gebracht. Der ehemalige Flüchtling aus Ostpreußen war Korbflechter. Er besserte kaputte Stellen wie Löcher oder abgebrochene Henkel aus, und meistens wurden auch noch ein paar neue Körbe dazugekauft. Als nächstes wurden Kartoffelsammler organisiert. Das waren in der Regel Flüchtlingsfrauen und Kinder. Mitunter fiel die Kartoffelernte in die Herbstferien. War die Ernte dann noch nicht fertig, gab es zusätzlich »Kartoffelferien«. So hatten einige bis zu vierzehn Tage länger schulfrei als andere. Mit dem Siebsternroder wurden die Kartoffeln aus der Erde geholt. Dann mussten sie etwas antrocknen, und am nächsten Tag wurde gesammelt. Dabei bekam jeder eine Reihe zugewiesen und sammelte die Kartoffeln in die großen Holzkiepen. Diese wurde von einem Mitarbeiter auf einen nebenherfahrenden Wagen ausgekippt. War der Wagen voll, wurde er zu einer langen Miete abgeladen oder in späteren Jahren in die Scheunendiele zum Einlagern gefahren. Auch wenn diese Arbeit körperlich schwerer war und ich nach einiger Zeit Rückenschmerzen verspürte, war mir das dreimal lieber, als auf den Knien zu kriechen und Kartoffeln zu sammeln.

Etwa 1958 stand die Umstellung auf TBC-freie Milchviehbestände an. Die Rinder mussten alle untersucht werden, und die kranken Tiere wurden ausgemerzt. Um eine Wiederansteckung zu verhindern, trennte mein Vater in der letzten Phase der Umstellung die gesunden Tiere von den erkrankten. Die Starken, die im Herbst kalben sollten, wurden mit dem Viehtransporter von Rundshagen aus Labenz auf Pensionsflächen in Niedersachsen in die Elbmarsch nach Obermarschacht gefahren. Den Rest der Herde trennte er in eine gesunde Herde und eine kranke. Diese durften auch nicht mehr zusammenkommen, um eine erneute Ansteckung zu verhindern.

Maschinenpark auf dem Hof Petersen (2013). Fotos: Wiedemann

Der Melker Thiel übernahm es, die größere Gruppe zu melken. Anfangs war die größere Gruppe noch die mit den infizierten Tieren. Mein Vater und Tante Annemarie melkten die wenigen TBC-freien Tiere. Im Laufe des Sommers gingen dann nach und nach die Kühe mit nachlassender Milchleistung an den Schlachter. Somit war diese Herde, als die Ernte auf dem Feld begann, bereits kleiner geworden. Nachdem mein Vater dann diesen Teil der Herde übernommen hatte, musste ich am Nachmittag beim Melken helfen.

Wir bekamen in der Schulzeit jede Woche 50 Pfennig bis eine Mark Taschengeld – je nach Alter gestaffelt. Mit etwa 14 Jahren machte mein Vater den Vorschlag, dass wir zwei Ferkel bekommen und diese auf unsere Kosten mästen und später verkaufen sollten. Mein Bruder und ich waren begeistert. Zuerst bauten wir in der ehemaligen Häckselkammer aus Reuterstangen eine Trennwand, und es entstand so ein kleiner Vorraum, in dem in einer Kiste das Futter lagerte und noch Platz für ein Bund Stroh war. Ein alter Steintrog kam in den Stall, und die beiden Ferkel kamen in die fertige Bucht. Unsere Aufgabe war es, die Tiere morgens vor der Schule und abends zu füttern, für Einstreu zu sorgen und regelmäßig durch das hintere Fenster auszumisten. Weiter hatten wir je nach Gewicht der Schweine die entsprechende Schrotmenge zu ermitteln und diese Menge jeden Tag abzuwiegen. Über den Verbrauch an Schrot war genau Buch zu führen. Das ging auch eine ganze Zeit recht gut, und die beiden Schweine wurden größer. Doch eines Morgens geschah das Malheur: Das eine Schwein war über die waagerechten Dachlatten geklettert und hatte in der Futterkiste gewühlt und gefressen. Sofort erhöhten wir die Trennwand um zwei Latten. Doch auch das half nichts, denn das Schwein war in der Zwischenzeit so geschickt im Klettern geworden, dass es flink wie ein Wiesel selbst über eine 1,20 Meter hohe Abtrennung kletterte. Erst als wir in Richtung Bucht zwei Latten in Höhe der Abtrennung befestigten, war jeglicher Fluchtversuch nicht mehr möglich. Als die beiden Schweine schlachtreif waren und verkauft wurden, hatten wir nach Abzug der Kosten für Ferkel und Schrot insgesamt 38 Mark verdient. Wir waren auch ganz froh, als das Projekt »unser Taschengeld selbst zu verdienen« von unserem Vater abgebrochen wurde, weil der Raum anders genutzt werden sollte.

Mein Vater hatte während seiner ganzen Wirtschaftszeit als Gemeindevertreter und drei Jahre als Bürgermeister zum Gemeindewohl des Dorfes beigetragen. Außerdem vertrat er Lüchow von 1953 bis 1978 in der Kirchengemeinde und gehörte mehrere Jahre der Lauenburgischen Synode an. Er war auch ein durchaus streitbarer Mann. An erster Stelle standen bei ihm die Streitigkeiten um die Entwässerung des Moors. Für die Gemeinde gewann er einen Prozess um eine jährliche Grabenreinigung auf dem Moor. Die Lüchower hatten seit über 100 Jahren darum gekämpft. Mein Vater hatte sich schon früh um die Flurbereinigung der Lüchower Feldmark bemüht, doch es scheiterte an der nicht ausreichenden Vorflut für die Flächen in Richtung Sirksfelde. Erst mit der Entwässerung des Duvenseer Moors im Rahmen des millionenschweren Steinau-Projektes konnten die Flurbereinigungen der umliegenden Dörfer in Angriff genommen werden. Mein Vater, der die Entwässerung zu seinem Steckenpferd gemacht hatte, wollte alle Institutionen von der Richtigkeit seiner Vorstellungen überzeugen. Zum Teil wurde seinen Ansinnen auch entsprochen. Als mir der Hof 1970 übertragen wurde, schied mein Vater als Verbandsmitglied des Wasser- und Bodenverbandes aus und hatte damit keine Möglichkeit mehr Einfluss zu nehmen. Den Bau des Pumpenwerkes im Duvenseer Moor und damit die letzte Trockenlegung versuchte er vergeblich zu verhindern. Heute denkt man in Sachen Umwelt anders, und man versucht das Moor zu renaturieren. Als Altenteiler kümmerte sich mein Vater noch einige Jahre sehr erfolgreich um den Gemüsegarten, bis er 1986 verstarb.

Meine damals noch recht junge Mutter fing in den 1970er Jahren beim Diakonischen Dienst als Familienpflegerin an. Bei ihrem Interesse an der Familien- und Heimatforschung suchte sie in den verschiedensten Archiven an Material und stellte ein Buch über die Familie Petersen, fast 500 Jahre Hofgeschichte, zusammen, aus dem auch in diesen Text vieles eingeflossen ist. Heute schreibe ich an meiner Geschichte als Landwirt, die aber leider für dieses Interview noch nicht fertig geworden ist.

*Paul Petersen 2013*

# Hof Schlichting  Lübeck-Wulfsdorf

## Andreas Schlichting

\* 1964
Beruf: Landwirt

Mein Großvater betrieb Anfang der 1930er Jahre in Wulfsdorf ein Milchgeschäft. Die von einem Viehhändler übernommene Hofanlage hatte damals nur fünf Hektar Land. Die Gebäudesituation war auch völlig untypisch für einen Bauernhof, was man auch heute noch an den unterschiedlich kleinen Gebäuden und Anbauten erkennen kann. Einige kleinere Häuser sind inzwischen natürlich auch schon abgerissen und haben zum Beispiel dem heutigen Kuhstall Platz gemacht. In der Besatzungszeit nach 1945 mussten meine Eltern und Großeltern das Wohnhaus für die Engländer räumen. Die Familie kam im Dorf unter. Da mein Vater ganz gut die englische Sprache beherrschte, musste er dem Kommandanten als Dolmetscher dienen und kam dadurch ganz gut mit ihm aus. Auf den umliegenden Höfen wohnten überall Flüchtlingsfamilien, besonders viele in den Baracken am Flugplatz Blankensee. Als die Besatzungszeit zu Ende ging, meldete der Kommandant eines Tages, dass er mit den Soldaten in zwei Stunden abrücken würde. Waren unser Besitz und das Mobiliar bisher tabu für die Soldaten, so plünderten sie uns in der kurzen Zeit vor dem Abrücken aus und verwüsteten alles. Seine Milchprodukte fuhr mein Großvater anfangs noch mit der Kutsche bis nach Lübeck aus, später belieferte er die Kasernen der Bundeswehr im Ort Blankensee. Mein Großvater starb 1958, meine Großmutter 1971. 1958 wurde der Betrieb von meinem Vater und seinem Bruder übernommen, den beide als die Gebrüder Schlichting bewirtschafteten. Meine Eltern kauften dann zusammen mit meinem Onkel die Gebäude eines alten Hofes im Ortskern dazu. Heute laufen in dem großen Stall dieses Hofes unsere Hühner. Zusätzlich ist dort eine Werkstatt untergebracht. Mein Vater war für das Melken und die Angestellten zuständig, mein Onkel Willi für die restlichen Außenarbeiten wie den Ackerbau. Wie meine Großeltern bauten auch meine Eltern mit dem Onkel viel Gemüse an, zum Beispiel Wurzeln und Erbsen. Das Gemüse konnten sie bei der Lübecker Konservenfabrik Erasmi verkaufen. Ab 1972 fing unser Hof als erster in der Gegend wieder mit dem Spargelanbau an. Im Rahmen der Flurbereinigung in den 1970er Jahren, als auch der benachbarte Bauer Dittmer mit seinen 100 Hektar Land seinen Hof aufgeben musste, konnten die Gebrüder Schlichting Felder tauschen und dazukaufen.

Ich erblickte 1964 das Lebenslicht und hatte eine lebendige und schöne Kindheit. Ich konnte im Ort die Grund- und Hauptschule besuchen. Es folgte eine dreijährige Ausbildung zum Landwirt, wovon ich das erste Jahr zu Hause auf dem elterlichen Hof arbeitete, die restlichen zwei Jahre auf dem Kuhhof in Tankenrade und auf dem Schweinehof in Pölitz (Bad Oldesloe). Nach der Lehrzeit besuchte ich zwei Wintersemester lang die Landwirtschaftsschule in Bad Oldesloe. In der Spargelzeit arbeitete ich natürlich zu Hause, aber in der eigentlichen Getreideerntezeit im Sommer arbeitete ich auf einem Großbetrieb bei Groß Weeden, um Geld zu verdienen. 1983/84 holte ich meinen Realschulabschluss in Lübeck nach, was ich in einem, statt normalerweise in zwei Jahren durfte, da ich die abgeschlossene Lehre hatte. Diese Zeit hat mir sehr viel Spaß gemacht, zumal wir 30 Schüler im Alter zwischen 19 und 30 Jahren waren und aus den unterschiedlichsten Berufen kamen. Während dieses einen Jahres brauchte ich auf dem elterlichen Hof nicht regelmäßig mitzuarbeiten; ich musste ja für die Schule büffeln. Aber ich half schon etwas mit. Nach dem Realschulabschluss folgte ein Jahr an der Höheren Landwirtschaftsschule in Bad Oldesloe, dann endlich war ich »Staatlich geprüfter Landwirt«. Ab dieser Zeit arbeitete ich bei meinem Vater in einem Angestelltenverhältnis.

1970 wurde ich Mitglied der Freiwilligen Feuerwehr in Wulfsdorf; ich trat dort also schon als 16-jähriger Pimpf

*Hof Schlichting – Lübeck-Wulfsdorf*

Der Spargel wird im Frühjahr mit einer speziellen Maschine eingebracht und anschließend mit Folie abgedeckt. Diese schützt vor Frost und optimiert den Wachstumsprozess. Fotos: Wiedemann

ein und bin bis heute Mitglied. Mein Vater war damals Wehrführer, als ich dann Gruppenführer wurde. Bei der Freiwilligen Feuerwehr in Wulfsdorf gibt es bis heute keine Nachwuchsprobleme wie bei anderen Ortsvereinen. Zeitweise gab es in Wulfsdorf sogar einen Aufnahmestopp. Auch der Sportverein in Wulfsdorf erfreut sich großer Beliebtheit.

1989 lernte ich meine Frau Elisabeth kennen. Sie selbst stammt aus der Bauernfamilie Beeck aus Oberbüssau. Wir heirateten 1994. Drei Jahre später kam unsere Tochter Charlotte zur Welt, 2001 unser Sohn Christian. 1994 übernahm ich den elterlichen Hof mit damals 70 Hektar. Unser Hof ist eigentlich ein untypischer und sehr breitgefächerter Betrieb mit Ackerbau (Raps-, Weizen- und Maisanbau), Spargelanbau seit 1972, Rindviehhaltung mit Milch und Mast und Geflügelmast. Meine Frau und ich überlegten uns, wie wir den Hof weiterführen sollten. Da meine Frau seit 1992 als Hauswirtschaftsleiterin im Heilig-Geist-Hospital als Angestellte der Hansestadt Lübeck arbeitete, stand sie vor der Entscheidung, diesen Beruf beizubehalten oder sich im Betrieb zu engagieren. Mit der Kuhhaltung und einem Hofladen hätten wir uns zeitlich aber derart eingeschränkt, dass wir uns dagegen entschieden und Elisabeth ihren gelernten Beruf weiter ausübte. Als Alternative entschlossen wir uns zu einem eingeschränkt geführten Hofladen nur für die höchstens achtwöchige Spargelzeit. Wir besitzen 45 Kühe. Unser Ziel ist es, dass eine Kuh im Jahr rund 9000 Liter Milch gibt. Alle Tiere, die bei uns auf dem Hof geboren werden, werden dann auch aufgezogen. Die Bullen unserer Mast gehen zu 90 Prozent zum Schlachter Prösch im benachbarten Ort Krummesse. Das Grünland für unsere Kühe haben wir direkt hinter unserem Hof, so dass wir die Tiere immer im Auge haben.

Um die Arbeit auf dem Betrieb zu bewältigen, beschäftigen wir einen festangestellten Mitarbeiter. Bei der Spargelernte werden wir von Erntehelfern aus Osteuropa unterstützt. Früher kam der vom Feld geerntete Spargel auf einen langen Tisch. Der Schwiegervater sortierte ihn, die Schwiegermutter wusch den Spargel, und die Frauen aus dem Dorf schnitten mit anderen Familienmitgliedern die Enden ab. Dazu gab es Kaffee und Kuchen, während einige Kunden und Käufer danebenstanden. Heute geht das natürlich schneller, und es werden ganz andere Mengen bewältigt. Der Spargel läuft über ein Sortierband, wofür man auch etwa drei Personen benötigt. Eine Person legt auf, dann wird glatt geschnitten und gewaschen, zwei weitere Personen sortieren den Spargel in Kategorien und verpacken ihn. Wenn wir Spargelbeete neu anlegen, kaufen wir bei einem Züchter zwei Jahre alte Neupflanzen, die wir mit einer speziellen Maschine in die Erde bringen. Im übernächsten Jahr erfolgt dann eine erste Ernte für etwa vier Wochen, im vierten Jahr erfolgt die Vollernte. Mit einer Spargelfolie decken wir unsere Spargelfelder im Frühjahr gegen Frost und zur Wärme für ein günstiges Wachstum ab. Diese Folie wird durch Sandsäckchen beschwert, um ein Aufflattern und Wegfliegen bei Wind zu verhindern.

Mein zu kurz kommendes Hobby ist das Jagen. Bei uns in Wulfsdorf ist die Jagd noch ganz in bäuerlicher Hand. Als 15-Jähriger machte ich schon meinen Jugendjagdschein. Wildschweine müssen wir bejagen. Die Jagd geht auch auf Raubwild wie Füchse und Marder, weniger auf das Niederwild. Hasen werden kaum noch geschossen. Es geht aber auch um die Pflege und Hege der Fasanen und des Rehwilds. Bei Wildschweinen muss eine Trichinenprobe genommen werden, bevor es zum Verzehr freigegeben wird.

*Andreas Schlichting 2013–2015*

Die Hühnerhaltung findet auf dem Hof statt, den Andreas Schlichtings Vater und Onkel Ende der 1950er Jahre dazu kauften.

Kälberfütterung (2013). Fotos: Wiedemann

# Hof Schmidt  Lübeck-Niederbüssau

## Jan-Wilhelm Schmidt

* 1954

Beruf: Diplom-Agraringenieur

Ich bin hier auf dem Hof in Niederbüssau geboren und leite diesen Familienhof in vierter Generation. Die Familie meines Urgroßvaters Johannes Schmidt stammt aus Schönberg im Herzogtum Lauenburg. Er erwarb das heutige Anwesen, um es später seinem zweiten Sohn Wilhelm Schmidt – meinem Großvater – zu übertragen. Dieser übernahm den Hof nach dem Ersten Weltkrieg mit seiner Frau Christine. Als er 1949 an den Folgen von Tuberkulose starb, führte meine Großmutter den Hof mit ihrem Sohn Johannes weiter, der später mein Vater werden sollte. 1952 heiratete Johannes Schmidt meine Mutter Else. Meine Eltern achteten streng darauf, dass ich eine gute Schulbildung erhielt. Nach meiner Grundschulzeit in Niederbüssau und dem Besuch der St.-Jürgen-Realschule machte ich 1970/71 eine einjährige landwirtschaftliche Lehre auf dem Betrieb von Claus Matzen in Havetoftloit und konnte dann mein Fachabitur 1974 an der Friedrich-List-Schule in Lübeck ablegen. Meinen Grundwehrdienst bei der Bundeswehr leistete ich in Eutin ab. 1975 begann ich das Studium der Landwirtschaft an der Universität Kiel, welches ich 1980 mit dem Examen als Diplom-Agraringenieur abschließen konnte. Ich kehrte zu unserem elterlichen Hof zurück und arbeitete dort zunächst als Angestellter, 1989 übernahm ich den Betrieb zunächst als Pächter, und inzwischen habe ich die Erbfolge angetreten.

Unser Hof entwickelte sich nach dem Krieg sehr schnell zu einem modernen Betrieb. Nach dem Krieg gab es bei meinen Eltern noch viel Personal, weil wir viel Arbeit noch mit der Hand erledigten. So hatten wir meistens sechs Mitarbeiter/-innen, Vertriebene, Verwandte und Personen aus dem Dorf gegen Kost und Logis und geringe Entlohnung. Im Haushalt halfen davon eine bis zwei Personen. Die anderen waren auf dem Acker oder im Stall tätig. Die Motorisierung und Technisierung begann bei uns Anfang der 1950er Jahre. 1952 wurde von meinen Eltern der erste Lanz-Bulldog mit 25 PS angeschafft, der Übergang vom Pferd zum Schlepper begann. Ende der 1950er Jahre wurde der Mähbinder vom Mähdrescher abgelöst, in einer Maschinengemeinschaft wurde ein gezogener Lanz-Mähdrescher eingesetzt. In den 1960er Jahren wurde dieser von einem gezogenen Claas-Mähdrescher abgelöst. Inzwischen war auch der ziehende Schlepper mit 54 PS größer geworden. Selbstfahrende Mähdrescher gab es ab den 1970er Jahren, das früher bei uns übliche Anmähen der Getreidefelder war damit endlich nicht mehr nötig.

Mit der Schnittbreite von 2,70 Metern des Claas-Merkurs konnte die Ernte sofort beginnen. Der heute noch genutzte Mähdrescher (Claas-Protector) hat eine Arbeitsbreite von drei Metern, ist allerdings inzwischen 40 Jahre alt – ein Oldtimer also. Die Landtechnik hat sich in den letzten 60 Jahren rasant geändert, die Größen sind heute gewaltig gewachsen. Inzwischen gibt es Mähdrescher mit zwölf Metern Arbeitsbreite und Schlepper mit Automatikgetriebe sowie voller Elektronik mit mehr als 300 PS. Vieles davon ist auf unserem Betrieb und ausschließlich zur eigenen Nutzung nicht zu gebrauchen. Der Einsatz solcher Technik ist unrentabel, weil die nötige Auslastung fehlt. Heute nutzen wir für große Maschinen Lohnunternehmer (zum Beispiel für die Mais- und Grasernte). Die technischen Entwicklungen in der Landwirtschaft machen es im Laufe der Jahre möglich, Personal einzusparen, wir sind inzwischen ein Familienbetrieb. Der Einsatz moderner Landtechnik zusammen mit den biologisch-chemischen Entwicklungen bei Pflanzenzüchtung, Pflanzenschutz und Pflanzendüngung haben seit 1950 zur Verdopplung der Bodenerzeugnisse geführt.

Nach Ende meines Studiums der Landwirtschaft begannen meine Eltern auch mit der Modernisierung unseres Kuhstalls. Ein moderner Laufstall mit Liegeflächen wurde

*Hof Schmidt – Lübeck-Niederbüssau*

Ehepaar Schmidt vor dem Wohntrakt. Foto: Wiedemann

neu gebaut und im Altgebäude entstand ein neuer Melkstand. Damit war die Zeit vorbei, in der die Kühe im Sommer noch auf der Weide gemolken wurden und im Winter im Kuhstall angebunden an ihrem Platz stehen mussten. Für die Viehhaltung war das eine große Veränderung, der Tierkomfort wurde wesentlich verbessert. Liege- und Fressbereich wurden getrennt, die Laufgänge als Spaltböden ausgeführt, wodurch ein arbeitssparendes Entmistungssystem, die Güllewirtschaft, eingeführt wurde. Die Technisierung der Fütterung machte eine individuelle Kraftfutterzuteilung durch den Computer möglich, und das Melken im Melkstand verhalf zu einem ergonomisch besseren Arbeitsplatz, weil alle Arbeiten in aufrechter Haltung im Melkstand möglich sind. Die Modernisierung und Technisierung in der Tierhaltung hatte mehr Tierwohl zur Folge, half aber auch, die Effizienz zu steigern, weil zunehmend Arbeitszeit eingespart wurde. Bis in die 1990er Jahre lebte bei uns noch eine ganze Familie vom Beruf des Melkers. So ist es heute nicht mehr, ich melke selber. Den Menschen beim Melken ganz zu ersetzen, ist inzwischen auch technisch möglich und hält verstärkt Einzug in die Kuhställe. Roboter, vollautomatische Melkmaschinen, erledigen in Melkkabinen die Arbeit des Menschen. Die Ablösung der Handarbeit durch umfangreiche Technik macht es möglich, dass eine Person durchaus 70 Kühe und mehr betreut. Der Zuchtfortschritt und die Veränderungen in der Fütterung der Tiere liefern auch einen Beitrag zur Leistungssteigerung in den Viehställen. Wurden früher die Kühe im Winter mit Rüben (Runkel-, Steckrüben), Heu und Stroh gefüttert, möglicherweise noch ergänzt durch etwas eigenes Getreideschrot und im Sommer ganztags auf der Weide gehalten, so werden sie heute mit Silage (Mais und Grassilage) und Kraftfutter gefüttert. Weidegang im Sommer wird immer mehr zur Ausnahme. Unsere Aufzeichnungen ergeben seit 1970 eine Verdopplung der Milchleistung pro Kuh.

Wesentlichen Anteil an den großen Veränderungen in der Landwirtschaft hat die Ausbildung und Beratung durch Landwirtschaftsschule, Landwirtschaftskammer und landwirtschaftliche Forschung. Die Arbeit auf den Höfen verlangt inzwischen nach gut ausgebildeten Personen. Es ist heute nicht mehr so einfach wie früher, dass jede willige Arbeitskraft kurzfristig auf dem Lande Arbeit finden kann. Heute ist eine differenzierte Ausbildung auf hohem Niveau mit Kenntnissen in Tierhaltung, Ackerbau und Betriebswirtschaft nötig, um im Beruf des Landwirts bestehen zu können.

Alle Veränderungen in der Landwirtschaft seit dem Zweiten Weltkrieg, die technischen Meisterleistungen und großen Effizienzsteigerungen, haben allerdings auch eine Kehrseite: viele Betriebe wurden aufgegeben, und die Zahl der in der Landwirtschaft Tätigen ist rapide zurückgegangen. Manches Dorf hat inzwischen keinen wirtschaftenden Bauern mehr. Diese Veränderungen haben in unserer Gesellschaft zu einer immer größer werdenden Entfremdung von Erzeuger und Verbraucher geführt. Viele Menschen aus der Stadt haben keine Berührungspunkte mehr mit der aktuellen Landwirtschaft und können sich immer weniger Vorstellungen davon machen. Um hier ein bisschen entgegenzuwirken, unterstütze ich den Arbeitskreis »Schule – Landwirtschaft«. Es gibt auf unserem Hof für Schulklassen und Kindergärten regelmäßig Führungen. Insbesondere zeigen wir die Milchproduktion.

*Jan-Wilhelm Schmidt 2012–2013*

# Inge Schmidt

geborene Wiedemann
* 1958
Beruf: Erzieherin, Bäuerin

Ich kam in Hainsfarth (Bayern) zur Welt und bewohnte mit meinen Eltern einen kleinen Hof samt Gastwirtschaft mit etwa zwölf Hektar Land. Meine Eltern hatten ein paar Kühe, Schweine und einen Ackergaul. Zur Unterstützung der landwirtschaftlichen Arbeit hatten sie einen kleinen Traktor der Firma Eicher. Dann hatten wir natürlich Wiesen und Felder mit Ackerfrüchten wie Mais, Kartoffeln, Rüben und Getreide. Als Kind und Jugendliche half ich zu Hause meinen Eltern bei allen anfallenden Arbeiten. Das gehörte zum normalen Alltag. Wenn mein Vater mit seinem Einroder Kartoffeln aufwarf, gingen meine Mutter, meine Schwester und ich hinter dem Roder her, um die Früchte zu klauben. Wir sammelten aber auch Feldsteine auf und waren beim Graseinfahren dabei, das fast täglich frisch von der Wiese geholt wurde.

Die Grundschule besuchte ich in Hainsfarth; zur Realschule musste ich schon acht Kilometer weiter in die nächstliegende Stadt fahren. Meine Eltern achteten darauf, dass ich eine gute Ausbildung erhielt. Ich wollte Erzieherin werden, und so schloss ich meiner Schulzeit ein Vorpraktikum als Auszubildende in einem Kindergarten an. Als 18-Jährige konnte ich mein Berufspraktikum in einem Kinderheim in Altdorf bei Nürnberg antreten. Dort blieb ich nach bestandener Prüfung angestellt. Von Nürnberg aus trat ich eine Urlaubsreise nach Indien an. Sie war organisiert vom Trägerverein EC (Entschieden für Christus), der Ferien- und Urlaubsgästen, die Patenkinder in Indien hatten, die Möglichkeit gab, diese in Indien zu besuchen. Der Leiter des EC Bezirks Lübeck, Herr Schmidt, war mit derselben Reisegruppe auch in Indien. Ich lernte ihn dort kennen und verliebte mich in ihn. Nach einem längeren Briefkontakt und einem Urlaubsbesuch 1992 heirateten wir schließlich 1995 in Nürnberg. Es dauerte nicht mehr lange, und ich zog zu meinem Mann nach Lübeck-Niederbüssau auf den Hof seiner Eltern. Der Wohntrakt des großen Bauernhauses war jedoch nicht vorbereitet für eine weitere Familie. So begannen wir mit einem Umbau, nach dem wir mit neuer Zentralheizung und neuen Isolierfenstern die unteren Stuben und meine Schwiegereltern die Räume in der oberen Etage bewohnten.

Als der Hof auf meinen Mann überschrieben wurde und mein Schwiegervater dann auf sein Altenteil ging, tat dieser sich schwer mit der neuen Situation. Er half aber auf dem Hof immer noch bei der Gartenarbeit und beim Kälbertränken mit. Mein Mann ist sehr durch seinen Vater geprägt. Beide sind Landwirte mit Leib und Seele. Mein Mann hat zwei Geschwister; die Schwester wurde Lehrerin, der Bruder wurde Pastor. In seiner Freizeit engagiert sich mein Mann im Kirchenvorstand St. Georg der Kirchengemeinde Genin. Außerdem ist er seit Jahren Vorsitzender des Bauernverbandes für den Bezirk Lübeck.

1996 bekam ich unseren ersten Sohn, es folgten zwei weitere Söhne in zweijährigen Abständen. Es wurde für mich eine schwere Umstellung, von der Tätigkeit als Erzieherin zurück in die traditionelle Arbeit als Landfrau zu wechseln. Jetzt musste ich mich wieder anpassen und einfügen. Anfangs war ich schon allein wegen der Kinder mehr ans Haus gebunden. Wir hatten aber noch eine gemeinsame Küche mit den Schwiegereltern. Wir beiden Frauen halfen uns gegenseitig im Haushalt. Ich half meiner Schwiegermutter beim Abernten ihres Gemüsegartens und beim Einkochen, und sie konnte auch schon einmal die Kinder beaufsichtigen. Später bekamen meine Schwiegereltern im Obergeschoss ihre eigene Küche. Nach dem Tod der Schwiegermutter 2010 vergraste so langsam der Hausgarten, obwohl mein Schwiegervater bis heute noch in den Garten geht. Ich selbst – muss ich gestehen – habe kein so großes

*Hof Schmidt – Lübeck-Niederbüssau*

Interesse an diesem Garten. Wenn Not am Mann ist und dort, wo mehrere Personen gebraucht werden, da helfe ich natürlich mit, wie zum Beispiel beim Kühetreiben, bei der Ernte, beim Strohabladen und beim Klappen-Stapeln auf dem Heu- und Strohboden. Das Tränken der Kälber habe ich auch übernommen. Mit dem Trecker fahre ich ungerne. Hatten die Höfe Anfang der 1950er Jahre noch viele Helfer wie Angestellte, Hausmädchen und auch mehrere Familienmitglieder, so ruht die Arbeit heute eher auf den Schultern einiger weniger Personen. Und unser Hof ist eigentlich auch recht klein. Aber wir konnten ihn noch nicht zeitgemäß umstellen, das heißt, wir haben noch nicht in neue Gebäude und in innovative Technik investieren können. So ist das Ausmisten unserer 15 bis 20 Kälber immer noch zeitraubende Handarbeit. Aber bei den heute geltenden Mindestlohn-Tarifen können wir uns keine Helfer leisten. Bei mir folgt daraus ein Gefühl der Überforderung. Es ist immer die gleiche Tretmühle, man rackert sich ab und verausgabt sich mit der Parole: »Durchhalten!«. Ich schaffe das »Durchhalten« aber nur, indem ich Abstriche mache. Früher, als ich noch als Erzieherin gearbeitet hatte, gab es geregelte Arbeitszeiten, ein eigenes Einkommen, Anerkennung und Urlaub. Das ist mehr oder weniger für mich alles weggefallen. Ich bekomme keinen Lohn und kann mit der Familie nicht in den Urlaub fahren. Zumindest habe ich als kleinen Ersatz den Landfrauenverein, der mir einmal in der Woche die Möglichkeit gibt, Jazztanz und Gymnastik nach Musik zu machen. Im Lübecker Landfrauenverein bin ich etwa seit dem Jahr 2000 Mitglied.

Mein Mann kann mit dem Stress anders umgehen; er nimmt seine Arbeit hin, wie sie kommt, auch ohne Urlaub zu machen. Als meine Schwiegereltern noch aktiv waren, konnten wir schon für einige Tage mal woanders hinfahren. Heute wohnt meine eigene Mutter als 85-Jährige mit auf dem Hof, und sie muss versorgt werden. So bleibt uns als Eheleute nur, getrennt Urlaub zu machen.

Von meinen drei Kindern hätte ein Sohn schon Lust dazu, später den Hof zu übernehmen. Aber die Zukunftsaussichten für kleinere Höfe sind nicht rosig. Die Höfe müssen, um zu überleben, immer größer werden. Das Personal wird immer geringer, und die wenigen Personen auf den Höfen benötigen eine hochqualifizierte Ausbildung. Dazu müssen sie sich dauernd fortbilden, um mit den Entwicklungen in der Technik schritthalten zu können. Die Zukunftsaussichten machen mir etwas Angst. Wo bleiben die Freude und der Spaß an der gemeinsamen Arbeit, was ist aus der Vesper und dem Kaffeetrinken in einer größeren Gemeinschaft geworden? Wo sind nur die vielen dörflichen Feste und Hauskreise geblieben, auf denen man sich regelmäßig traf und austauschte? Mit der Zeit hat sich so vieles geändert, leider nicht immer zum Besseren. Trotz der zeiteinsparenden Technik wird die Zeit immer knapper, alles

Spritzen eines Feldes in Niederbüssau. Foto: Wiedemann

muss immer schneller gehen! Und auf der Strecke bleibt die Zwischenmenschlichkeit. Da bin ich sehr froh, dass es die Landfrauenvereinigungen gibt, die neben den wöchentlichen Treffen auch die Möglichkeiten zu kleinen Reisen anbieten. Das können auch Bildungsreisen sein wie die Fahrt nach Berlin zur »Grünen Woche«. Heute mache ich den Stalldienst abwechselnd mit meinen Kindern, aber alleine. Mein Mann sitzt manchmal bis zu 18 Stunden auf dem Trecker mit Kopfhörern und Musik zur Unterhaltung. Dieses Allein- und Isoliertsein kann zu einem psychischen und physischen Problem werden.

Insgesamt bin ich aber froh, auf dem Land aufgewachsen zu sein und die Verbundenheit zur Natur kennengelernt zu haben. Das ist auch gut für unsere Kinder, die auf dem Land viel mehr Freiraum für ihre Entwicklung haben als ihresgleichen in der Stadt. Die Kinder haben heute über gute Busverbindungen die Möglichkeit, in der Stadt weiterführende Schulen zu besuchen. Überhaupt haben sie bessere Ausbildungsmöglichkeiten als unsere Eltern es noch hatten.

*Inge Schmidt im Frühjahr 2012*

Inge Schmidt bei der Kälberfütterung. Foto: Wiedemann

# Hof Spindler Rothenhausen

## Hermann Spindler

\* 1934
Beruf: Schlossermeister,
Maschinenbauer i. R.

Meine Eltern hatten einen kleinen Hof mit etwa 36 Hektar in Rothenhausen, Gemeinde Schenkenberg. Hier wuchs ich mit zwei Brüdern und einer Schwester inmitten von Kühen, Pferden und Kleinvieh auf. Bei uns auf dem Hof und im Ort gab es damals noch keine Elektrizität, was bedeutete, dass alles mit der Hand erledigt werden musste. Auch die Beleuchtung funktionierte nur mit Petroleumlampen. In Rothenhausen und in Groß Schenkenberg gab es damals 18 Bauernstellen. Ich musste als zwölfjähriger Junge morgens und abends sechs Kühe melken, während andere Kinder das nicht brauchten. Ich ritt gerne und war auch beim Ringreiten mit dabei. Ich erinnere mich auch noch gut daran, wie wir die Pferde im Frühjahr auf die Weide ritten. Die Pferde waren über den Winter gut angefressen. Sie hatten Power und waren gierig nach ihrer Freiheit. Wir ritten sie ohne Sattel und nur mit ihrer Trense im Galopp auf den damals noch nicht geteerten Straßen zum Feld. Im Ort gab es aber auch viele Ziegen, die an den Gräben am Wegrand angekettet die Grünstreifen abfraßen. So geschah es dann auch mal, dass die Pferde wegen der plötzlich aus den Gräben auftauchenden Ziegen scheuten und wir im Dreck oder im Knick landeten.

Ich merkte als Jugendlicher recht bald, dass das Leben und die Arbeit des Bauern nicht mein Lebensziel waren. Als ich zu einem Weihnachtsfest einen Metallbaukasten geschenkt bekam, wusste ich, dass in der Technik meine Wunschwelt verborgen lag. Mein Vater hatte vorgesehen, dass ich nach dem Ältestenrecht den Hof übernehmen sollte. Er und mein Großvater waren sehr verärgert, dass ich mich dagegen sträubte. Mein Vater regelte es dann jedoch, dass mein jüngerer Bruder den Hof übernehmen konnte. 1943 wurde mein Vater, der auch Bürgermeister war, von der Reichswehr eingezogen und als Betriebslandwirt in der Ukraine eingesetzt. Meine Mutter zog daraufhin mit ihren vier Kindern für ein Jahr nach Siebenbäumen (Herzogtum-Lauenburg). Mein Großvater, der eigentlich gelernter Maurer war, musste den Hof weiterführen, bis mein Vater bei Kriegsende aus der Ukraine zurückkehrte. Ich besuchte die Grundschule in Schenkenberg, die auch die Tochter meines Nachbarn ab 1945 besuchte. Ich befreundete mich mit ihr, sie wurde dann später meine Frau. Nach dem Kriegsende kamen in unser Dorf viele Flüchtlinge aus Ostpreußen. Sie wurden von den Engländern überall einquartiert. Auch bei uns auf dem Hof wohnte eine ganze Familie. Wir Einheimischen konnten damals behaupten »perfekt ostpreußisch« sprechen zu können.

Mein Vater hatte damals die Jagdaufsicht in Groß Schenkenberg und in Rothenhausen. Er kannte den Jagdpächter Dörwald aus Lübeck, der eine Altautohandlung in der Kanalstraße betrieb. Dieser Mann bemühte sich für mich um eine Lehrstelle bei der Firma Schärffe & Co an der Untertrave in Lübeck. Es handelte sich um eine Firma

»Inländer-Jagdschein. Gültig im ganzen Reich«, ausgestellt für Hermann Spindler Sen. 1939.

*Hof Spindler – Rothenhausen*

Heute werden auf dem Hof Spindler Kürbisse verkauft. Foto: Wiedemann

Hermann Spindler Jr., seine Frau Cläre (geb. Mehnert), Alwine , Alfred, Hermann Spindler Sen., Karin und Waldemar Spindler. Das Foto muss vor 1973 entstanden sein. Foto: Privat

für Dampf- und Maschinenbau. 1952 erlebte ich dort die Umstellung der Maßeinheiten von Zoll auf das metrische System. Meine dreieinhalbjährige Lehre bestand ich mit Gut, und ich arbeitete noch zwei weitere Jahre als Maschinenbauer, um dann etwa 1958 zur Maschinenbaufirma Greif-Werk zu wechseln. Das Greif-Werk aus Greifswald hatte sich nach dem Krieg in Lübeck angesiedelt. Diese Anstellung dort wurde mir auch wieder durch einen Jagdpächter vermittelt, der mich vergeblich darum bat, ihm Hochsitze aus Holz zu bauen. Stattdessen baute ich jetzt sechs Jahre lang Zinkplattenmaschinen für Druckereien. Das Aluminium für diese musste ich noch mit der Flamme schweißen, was nicht meine erklärte Lieblingsbeschäftigung war. Ich wechselte bald wieder meinen Arbeitsplatz und startete in der großen Maschinenfabrik Beth, die damals etwa 700 Leute beschäftigte. Die Firma Beth hatte ich kennengelernt, weil wir vom Greif-Werk dort die Bleche über eine Maschine kanten und biegen konnten. Hier arbeitete ich neun Jahre lang, unter anderem an Entstaubungsmaschinen. Dann bekam ich aber solche Rückenschmerzen, dass ich mir überlegen musste, ganz anders zu arbeiten. Ich fragte bei der IHK-Lübeck an, ob ich meinen Meister als Industrieschlosser neben der Arbeit machen könnte. Ich erhielt einen positiven Bescheid und fuhr dann zwei Jahre lang freitags und samstags nach Kiel. Anschließend machte ich meinen Schweißer-Kurs in der Schulungsstätte der IHK auf dem Priwall bei Travemünde. Eine Woche nach meiner Meisterprüfung wurde ich in der Firma Beth auch Meister und kam zur Entlastung meines Rückens in die Personalabteilung. Zusammen mit meinem Meisterbrief hatte ich dann auch mein Zeugnis der Mittleren Reife erhalten.

Den elterlichen Hof hatte mein jüngerer Bruder übernommen. Dieser starb aber sehr früh, und mein Neffe bewirtschaftet seit dieser Zeit den Hof. Mit meiner Freundin und späteren Frau besuchte ich häufig die Gaststätte König, in der es jede Woche einmal eine Kinovorstellung gab. Wir gelangten zu dieser Gaststätte über eine Abkürzung, den Altenweg. Auf diesem Weg hörten wir immer auffallend viele Nachtigallengesänge. 1955 verlobten wir uns bei einem schönen Essen im Lübecker Ratskeller, 1957 heirateten wir und zogen in das alte Haus am Waldrand am Ende der Straße »Am Kannenbruch«. Wie anderswo auch gab es hier noch keinen Strom und kein fließendes Wasser, dafür ein Plumpsklo, einen gemauerten Brunnen mit einem Zug für einen Eimer und ein Waschkessel, der noch über eine Gasflasche beheizt werden musste. Das Grundstück, auf dem ich noch heute mit meiner Frau hier direkt am Waldrand lebe, stammt aus einer Erbschaft. Wir rissen das alte Haus mit Stallteil ab, und so konnte der Neubau beginnen. 1961 konnten wir das neue Heim beziehen. Heute hat das Grundstück natürlich alle Anschlüsse wie Gas, Wasser, Strom und Glasfaser für das schnelle Internet, um das uns sogar die benachbarten Kronsforder beneiden.

Neben meinen beruflichen Ambitionen galt der Freiwilligen Feuerwehr mein starkes Interesse. Ich bin 1952 eingetreten und damit seit über 60 Jahren dabei. Zehn Jahre lang war ich Maschinist, dann wurde ich Gruppenführer, dann Wehrführer, zuletzt Chef der Gruppe. Zum Amt Sandesneben gehörten die Feuerwehren Nord und Süd. Ich betreute die Gruppe Nord. Etwas später machten die Beamten des Amtes Sandesneben einen gemeinsamen Amtsbereich aus den Freiwilligen Feuerwehren Nord und Süd. Bei einer Neuwahl wurde ich mit großer Mehrheit zu deren Chef gewählt. Zu meinem Bereich gehörten jetzt 16 Dörfer, 560 Kameraden, vier Musikzüge und zwei Jugendwehren. Bei den Freiwilligen Feuerwehren gilt die Kameradschaft. Da es anders als bei der Berufsfeuerwehr bei uns keinen psychologischen Dienst gibt, der Feuerwehrleuten bei Traumata nach Einsätzen unterstützend zur Seite steht, übernimmt die Kameradschaft mit ihren Treffen in der Dorfkneipe diese Funktion. So soll nach einem Einsatz jeder einzelne Feuerwehrmann und jede Feuerwehrfrau über seine oder ihre Alarmierung und den Einsatz sprechen, um sich zu entlasten. Ich hatte während meiner Amtszeit zehn Großeinsätze. Sehr betroffen machten mich zum Beispiel die Folgen eines Blitzeinschlages während eines Gewitters in Beidendorf. Ein Haus brannte nieder und die Kinder, die gerade vom Baden im See zurückkamen, standen anstatt vor ihrem Zuhause plötzlich vor dem Nichts. Früher, bis in die 1990er Jahre hinein, gab es in Kronsforde, in Rothenhausen und in Groß Schenkenberg noch je einen Dorfkrug, in dem wir Feuerwehrleute unsere Feuerwehr-, Kameradschafts- und Dorffeste feiern konnten. Heute besitzt fast jede Familie mindestens ein Auto und die Dörfer vergrößern sich durch Ansiedlungen. So kommen auch viele dazu, die nichts oder wenig mit den bäuerlichen oder landwirtschaftlichen Berufen zu tun haben, und die Anonymität wächst. Der Zusammenhalt im Dorf droht zusammenzubrechen. Das gleiche Problem wie die Dorfkrüge hatten natürlich auch die Tante-Emma-Läden, die Kolonialwaren- oder Gemischtwarengeschäfte in den Dörfern. Man braucht sie nicht mehr, weil man nun zu den billigeren Supermärkten fährt und dort einkauft. Die schönen kleinen, privat geführten Dorfläden wurden so von der Bildfläche verdrängt.

*Hermann Spindler 2012*

*Hof Spindler – Rothenhausen*

Hof Spindler (1950/60er Jahre). Foto: Privat

Hof Spindler, heute geführt von Klaus-Martin Spindler, dem Neffen von Cläre und Hermann Spindler. Foto: Wiedemann

# Cläre Spindler

geborene Mehnert
* 1937
Beruf: Einzelhandelskauffrau i. R.

Meine Eltern lebten in Hamburg-Bergedorf, wo ich auch zur Welt kam. Als die Engländer 1944 begannen, auf Hamburg ihre Bomben abzuwerfen, meinte mein Großvater, der in Lübeck einen Kolonialwarenladen führte, dass wir aus Gründen der Sicherheit doch lieber nach Lübeck umziehen sollten. Mein Großvater besaß hier in Rothenhausen bei Schenkenberg auch eine Gärtnerei, die mein Vater nach unserem Umzug zeitweilig führte. Angepflanzt wurden Gemüsepflanzen, Kohlköpfe, Tabak und Blumen. Als wir hierherzogen, war ich gerade einmal sieben Jahre und meine Schwester zwei Jahre alt. Zu meinen Aufgaben in der Gärtnerei gehörte es, Unkraut zu zupfen und Erdbeeren zu pflücken. Von 1946 bis 1948 gab es eine reguläre Personenbeförderung auf dem Elbe-Lübeck-Kanal, die besonders von den Werktätigen beansprucht wurde. In den 1950er Jahren fuhr dann nur noch einmal in der Woche ein Ausflugsdampfer auf dem Elbe-Lübeck-Kanal. Den nahmen wir ab der Gaststätte König und fuhren nach Lübeck, wo wir das Bund Maiblumen für 50 Pfennige auf der Straße verkauften. Als unsere Gärtnerei sich als unrentabel erwies, wurde das Land verpachtet, und mein Vater fand eine neue Arbeit in der Maschinenfabrik Greif-Werk in Lübeck. Unsere Familie zog aus dem Wohnhaus der Gärtnerei aus und fand Unterkunft in einer Wohnung in der Dorfstraße neben dem Bauernhof und dem Elternhaus der Familie Spindler. Ich besuchte wie Herman Spindler die Grundschule in Schenkenberg. Inzwischen ist das Land der Gärtnerei Bauland geworden und mit Einfamilienhäusern bebaut

In den 1950er Jahren wurde in der Gaststätte Heinrich König im benachbarten Ort Kronsforde einmal wöchentlich eine Kinovorstellung gegeben, in die wir und die Dorfjugend häufig gingen. Nicht zu vergessen sind die spannenden Maskenbälle bei König und die Feuerwehrbälle, die abwechselnd bei den Gaststätten König und Meetz stattfanden. Ich erinnere mich auch gern an die Deernsmusik, die von den weiblichen Jugendlichen nach dem Ringreiten in Groß Schenkenberg organisiert wurde.

Ich machte mit 14 Jahren meine Lehre bei Karstadt in Lübeck. Mein Ziel war es, Einzelhandelskauffrau zu werden. Um zu meinem Lehrplatz zu kommen, musste ich täglich zwei Jahre lang mit dem Fahrrad bis zur Bushaltestelle Krummesser Baum fahren. Nach der Lehrzeit arbeitete ich noch zwei Jahre bei Karstadt.

1957 heiratete ich Hermann Spindler, und Ende der 1950er Jahre hatten wir unsere zwei Söhne Helmut und Volker. Beide Söhne hatten wie wir nichts mehr mit der Landwirtschaft zu tun. Aber unsere Enkelin – die Tochter unseres Sohnes Volker – studierte Landwirtschaft und machte ihre Praktika in Australien und Neuseeland. Seit 20 Jahren bin ich im Landfrauenverein Sandesneben und Umgebung. Wir sind sehr glücklich mit unserem kleinen Haus, umgeben von Feldern und dem Waldgebiet Kannenbruch, und leben hier sehr ruhig und zufrieden.

*Cläre Spindler 2012*

# Klaus-Martin Spindler

* 1969
Beruf: Landwirt

Den Spindler-Hof in Rothenhausen, Gemeinde Schenkenberg, gibt es schon seit vielen Generationen. Im Krieg wurde mein Großvater von der Reichswehr eingezogen und in der Ukraine auf einem größeren Hof als Betriebswirt eingesetzt Er konnte nach dem Krieg aber wieder nach Hause zurückkehren. Während Großvaters Abwesenheit wurde sein Hof von dessen Vater weitergeführt. Mein Großvater hatte nach dem Krieg auch die Jagdaufsicht in Groß Schenkenberg und in Rothenhausen. Als Gemeindewehrführer war er aktives Mitglied der freiwilligen Feuerwehr. Den großelterlichen Hof übernahm mein Vater, da sein älterer Bruder Hermann Spindler den Beruf des Landwirts nicht erlernen wollte.

Ich kam 1969 zur Welt, obwohl meine Eltern erst 1972 heirateten. Im Jahr der Hochzeit wurde auch meine Schwester Jutta geboren Der Betrieb hatte damals etwa 47 Hektar. Es gab 19 Kühe, 80 Schweine, Hühner und Gänse. Es war ein normaler Mischbetrieb mit Ackerbau und auch noch Kartoffelanbau. Letzterer von etwa einem Hektar wurde aber schon bald aufgegeben. Nach meiner Kindergartenzeit in Schenkenberg besuchte ich die Grund- und Hauptschule in Krummesse. Es gab hier im Ort sogar eine Schulbusverbindung dorthin. Als sechs- bis achtjähriger Junge saß ich schon auf dem Trecker und schleppte die Wiesen ab. Aber ich musste auch Kartoffeln nachgrabbeln. Wenn mein Vater auf Entenjagd war, habe ich die Kuhställe ausgemistet. Nach meiner neunjährigen Schulzeit startete ich 1985 meine landwirtschaftliche Lehrzeit. Danach musste ich 1988 gleich meinen Wehrdienst bei der Bundeswehr ableisten. Ich blieb dort in Neumünster freiwillig vier Jahre und zwei Monate. Ich nutzte die Zeit und machte dort als 18-Jähriger meinen Führerschein Klasse 2 für große Lastkraftwagen. Zwischenzeitlich hatte ich eine Freundin und wohnte ein halbes Jahr in Lübeck. Nach der Bundeswehrzeit arbeitete ich für acht Jahre bis zum Jahr 2000 bei der Lübecker Firma C. Bade als Ausfahrer für Coca-Cola. Während der ganzen Zeit, in der ich anderswo arbeitete, kam ich immer auf den elterlichen Hof, um dort mit anzupacken.

Zu der Zeit hatte mein Vater noch Mastbullen. 1989 wurde ich einmal von einem Bullen auf die Hörner genommen. Das war ein Schock und nötigte mir für die Zukunft gehörigen Respekt gegenüber diesen Tieren ab. Ich nahm mir aber vor, die Bullen abzuschaffen, sobald ich den Hof übernehmen würde. Ein Nachbar von mir hatte auch schlimme Erfahrungen beim Verladen der Bullen auf einen Hänger gemacht. Er wurde von dem Bullen gegen eine Holzwand gedrückt und hing zwischen den Hörnern. Ein anderer Nachbar musste bei einem wildgewordenen Bullen über drei Boxen flüchten, wobei ein Bulle ihm über meterhohe Wände nachsprang. Bis zum Jahr 2000 hatten wir auch noch acht bis zehn Schweine. An den Wochenenden im November wurden bei uns jeweils drei Schweine geschlachtet und zerlegt. Die Schinken gingen dann zur Krummesser Schlachterei Prösch zum Räuchern.

Leider wurde mein Vater im Jahr 2000 schwer herzkrank, worauf ich dann den Betrieb als Pächter übernahm. 2002 verstarb mein Vater. Zu dieser Zeit trennten wir uns auch gleich von den Schweinen und den Gänsen und machten aus den freigewordenen Ställen Pferdeboxen. Inzwischen haben wir elf Pensionspferde. Meine Schwester Jutta kümmert sich um die Pferde, sie hält sich auch zwei eigene Tiere. Der Betrieb hat sich auf 70 Hektar Ackerbau und 20 Hektar Wiesen durch Zupacht vergrößert. Ich war schon immer für Experimente und neue Ideen im Anbau. Ich baue jetzt schon 15 Jahre lang Kürbis an.

Am Waldrand baute ich Kräuter wie Salbei, Thymian, Kamille und Pfefferminze an, um mit selbstgemischten Kräutertees in der Selbstvermarktung Fuß zu fassen. Ich liebe auch den Duft von Heu und Getreide und versuchte auch mit der Idee von Trockengetreidesträußen Geld zu verdienen. Aus Holland kannte ich gefriergetrocknete Getreidesträuße, die aber leicht zerbröckelten. Ich ließ meine Pflanzen jedoch in der Scheunenluft trocknen, was die Sträuße biegsamer werden ließ. So konnte ich sie dann besser verarbeiten. Ich belud meinen VW Bus und den Pferdeanhänger mit den Getreidesträußen und belieferte Gärtnereien, die inzwischen großes Interesse an meinen Trockensträußen entwickelten. Irgendwann fragten Gärtnereien auch nach Zierkürbissen. Mein Straßen- und Direktverkauf mit Zierkürbissen und anderen großen Speisekürbissen auf einem großen Bollerwagen lief auch schon immer gut. Ich baute auf drei Hektar Land immer mehr Kürbisse an, bis vor fünf bis sechs Jahren ein Bezirksleiter von Rewe anrief, ob ich nicht alle acht Märkte in der Umgebung bis Travemünde und Neustadt mit Zierkürbissen und Herbstdeko beliefern wollte. Seit dieser Zeit beliefere ich die Gärtnereien nicht mehr mit Getreidesträußen. Sie waren auch mehr ein Risikogeschäft, da die Sträuße bei feuchtem Wetter und erst recht bei Regen schnell zu schimmeln anfangen. Inzwischen baue ich viele unterschiedliche Sorten Kürbis an.

Es gibt 60 bis 80 Zierkürbisarten, viele davon sind auch essbar, manche aber auch ungenießbar bis tödlich giftig. Auf meinen drei Hektar baue ich ab Anfang Mai unter anderem Hokkaido, Jarrahdale, roten und grauen Zentner, Hybriden, Halloween- und Zierkürbisse an. Nachdem sie bis Ende August ausgewachsen sind, suche ich mir die besten Früchte aus, der Rest – etwa die Hälfte der Ernte – bleibt auf den Feldern, vergammelt und wird untergepflügt. Ich bringe die Früchte in meine trockene Scheunenhalle und halte sie auf Vorrat.

Bis in das Jahr 2000 bauten wir noch Futterrüben an. Das bedeutete für die Herbstzeit immer drei bis fünf Tage Rübenroden. Neben Kürbissen baue ich noch drei Hektar Futtermais für meine Kühe an. Meine Mutter Rosemarie, inzwischen 66 Jahre alt, melkt und verpflegt die Tiere. Das Häckseln machen wir mit einem Einreiher, was etwa einen Tag dauert. Ein bis vier Jäger begleiten uns, um die flüchtenden Wildschweine abzupassen. Anschließend findet bei uns das Erntedankfest mit einem großen Kaffeetrinken für alle Helfer statt. Das ist immer ein großes Fest! Die Kinder aus dem Dorf sind natürlich auch alle dabei. Ich baue auch Weizen, Sommergerste und Raps an. Im Sommer presse ich nur kleine Strohklappen, weil sie für die Pferdehaltung günstiger zu handhaben sind.

Von meinem Großvater haben wir noch einen Ferguson MF 35, den mein Vater selbst nie auf seinen eigenen Namen umgemeldet hatte. Als ich den Hof übernahm, hatte ich eine Zollüberprüfung (Dieselbeihilfe) und musste diese Maschine erst auf meinen Namen ummelden. Wir besitzen noch einen 78 und 100 PS starken Renault. 2010 stellte ich vom Pflug auf Mulchsaat um, da unsere Böden sehr wechselnd sind. Ich baute mir auch selbst meine Drillmaschine für die Mulchaussaat von zweieinhalb auf drei Meter um. Für die Getreide- und Rapsernte habe ich einen Mähdrescher Deutz-Fahr mit 4,20 Meter Dreschbreite.

Im Jahr 2004 sollte unser Nachbargrundstück verkauft werden. Ich schaffte es, das Grundstück selbst günstig zu erwerben. Es war geplant, das Haus an Pferdehalter zu vermieten. Da ihnen die Miete dann aber zu hoch war, sprangen sie als Interessenten ab. Im Jahr 2006 zog ich schließlich selbst mit meiner Freundin Conni in diesen Neubau ein. Ich hatte sie im Sommer 2006 bei einem Scheunenfest in Steinhorst kennengelernt. Sie wohnte in Lüchow und brachte zwei Kinder mit in die Beziehung: Ole und Imke. Deren Vater, Connis Ehemann, ist leider verstorben. Conni ist gelernte Floristin und arbeitet seit zwei Jahren auf dem benachbarten Demeterhof Gut Rothenhausen. Sie fing dort an, die Abonnementkisten (Gemüse und andere Lebensmittel) zu packen und arbeitet heute im Hofladen im Verkauf.

Kürbisse frisch vom Feld (2014). Foto: Wiedemann

*Klaus-Martin Spindler 2013–2014*

# Hof Steffen  Quarnbek

## Harald Steffen

* 1971
Beruf: Agrarbetriebswirt

Mein Großvater Emil Steffen (geb. 1889) war selbst Bauernsohn. Er hatte sich damals zum Zimmermann ausbilden lassen. Meine Großmutter Christine Steffen, geb. Hüttmann, war gelernte Blumenbinderin und kam aus dem ländlichen Raum. 1928/29 konnten beide über eine Zwangsversteigerung ihren damals noch kleinen Hof mit siebeneinhalb Hektar kaufen. Meine Großeltern hatten fünf Kinder: drei Jungen und zwei Mädchen. Einer der Söhne ertrank im Gartenteich, ein zweiter fiel im Krieg und der dritte, Hans Steffen, mein Vater, sollte 1955 als 20-Jähriger den Gemüsebetrieb übernehmen. Da viele Männer aus den Ortschaften in der Umgebung im Zweiten Weltkrieg gefallen waren, hatten die Bauern Probleme, ihre Höfe weiterzuführen. Nach dem Krieg wurden auf jedem der fünf Höfe in Rajensdorf bis zu zwei Flüchtlingsfamilien, die in der Mehrzahl aus Pommern kamen, zwangsuntergebracht. In den Endvierzigern und den ersten 1950er Jahren – die Zeit des Hungerns in den Städten – hielten die Bauern natürlich an ihrem Land fest. Trotz ihrer sehr kleinen Betriebe dachten die Bauern damals nicht daran aufzugeben. Ein Aufgeben war bis in die 1970er Jahre für die Betroffenen selbst und in den Augen der Nachbarn im Ort ein Makel, eine Schande und ein Eingeständnis von Unfähigkeit gewesen. Es waren reine Familienbetriebe und häufig zum Beispiel auch Auffangräume für behinderte Mitarbeiter, die häufig sehr dankbare und zuverlässige Helfer waren und auf den Höfen gute Arbeit verrichteten. Der Hof meiner Großeltern war ein Gärtnereibetrieb mit kleiner Landwirtschaft. Die Großeltern bauten alles an, was in einem Garten wachsen konnte, betrieben eine Pflanzenanzucht und flochten Kränze. Hühner, Gänse, Enten, erst zwei, dann vier Kühe und ein Pferd reichten den beiden, um sich finanziell über Wasser zu halten. Sie bepackten zweimal wöchentlich (mittwochs und samstags) ab vier Uhr morgens ihren vom Pferd gezogenen Zweiachser und fuhren damit nach Kiel auf den Exerzierplatz zum Wochenmarkt. Hier waren die Stände gut sortiert und nach dem Angebot – ob Pflanzen, Blumen, Obst, Fleisch- oder Milch- und Käseprodukte, Fische und Getier wie Geflügel und Kaninchen – aufgeteilt. Jeder Händler hatte einen kleinen etwa drei Meter langen Tisch für seine Waren.

Mein Vater hatte im Dorf die Volksschule besucht und dann eine dreijährige Lehre zum Gärtner in Kronshagen absolviert. Die erste Ehe meines Vaters hielt nicht lange, so heiratete er ein zweites Mal, dieses Mal eine Bauerntochter, die noch elf Geschwister hatte. Vor der Hochzeit baute er 1964 noch das Haus um; mit einem damals günstigen Kredit bei vier Prozent Zinsen für Kleinbetriebe. Sein Motto – mit einem Augenzwinkern: »Erst ein Käfig, dann der Vogel«. Über die Jahre vergrößerte mein Vater den Betrieb von 7,5 auf zehneinhalb Hektar Eigenland und 22 Hektar Pachtland. Er erhöhte seinen Kuhbestand von sechs auf neun Tiere. Zeitweise hatte er 15 Sauen, deren Ferkel er verkaufte. Dann mästete er Hähnchen, Gänse und Enten. Mit seiner Frau Gerda (geb. 1938), zeugte er drei Kinder: Jens-Udo (1966), Frauke (1969) und mich (1971). Zu seiner Silberhochzeit hatte er mit meiner Mutter zum ersten Mal Urlaub gemacht. 1979 baute mein Vater einen neuen Jungviehstall und ein Strohlager. Bis Mitte der 1990er Jahre verkauften meine Eltern ihre Erzeugnisse noch auf dem Kieler Wochenmarkt. Dazu benötigten sie an Vorbereitung in der Regel eineinhalb Tage. Wenn der Markttag schlecht verlief, kam die Ware zurück auf den Hof und verdarb schnell. Die Lösung war, dass mein Vater weiter produzierte, meine Mutter aber über einen Tisch am Straßenrand die Ware verkaufte. Die harte körperliche Arbeit forderte leider auch ihren Tribut: mein Vater war mit 61 Jahren erwerbsunfähig. Meine Mutter starb im August 2013, mein Vater im März 2014.

*Hof Steffen – Quarnbek*

Ich kam 1971 auf die Welt und hatte in der Kindheit das ländliche Leben genossen und lieben gelernt. Ich besuchte in Strohbrück die Grundschule und machte 1988 in Kronshagen den Realschulabschluss. Gleich im Anschluss startete ich meine zweijährige landwirtschaftliche Ausbildung auf einem Milchviehhof in Neuwittenbek und einem weiteren Milchviehgehöft in Schülldorf bei Rendsburg. Es folgten ein Jahr Fachoberschule für die Fachhochschulreife und 15 Monate Grundwehrdienst in Albersdorf und Flensburg. Ich studierte ein paar Semester Landwirtschaft an der Fachhochschule Kiel in Rendsburg. Im Anschluss besuchte ich ein Jahr lang die Landwirtschaftsschule und ein Jahr die höhere Landbauschule in Osterrönfeld mit dem Ziel, Betriebsleiter werden zu können. 1997 war ich geprüfter Agrarbetriebswirt. Zu dem von meinem Vater 1995/96 gepachteten kleinen Hof meinte mein damaliger Lehrer: »Der Hof ist viel zu klein, was willst du da schon machen?« Nach dem Ältestenrecht wäre mein Bruder der Hoferbe geworden; er hatte aber verzichtet, unter anderem wegen einer Heuallergie. Ich übernahm trotz der Bemerkung meines Lehrers das Land meiner Eltern und 24 Kühe. Es gab schon keine Schweine mehr. Ich schaffte mit der Zeit auch das Feldgemüse und die Kartoffeln ab, die die Familie auf dem Kieler Wochenmarkt und etwa zehn Jahre lang in unserem Hofladen direktvermarktet hatte. Meine Konzentration galt allein den Kühen und der Milchgewinnung. Unsere Milchquote lag bei 120 000 Kilogramm bei garantierter Abnahme. Es galt damals die Regel, dass man die Menge, die man in einem Jahr gemolken hatte, auch im Folgejahr absetzen konnte. Ein Landwirt durfte seine Quote nur erhöhen, wenn andere Höfe aufgegeben hatten. Dann konnte man zusätzliche Produktionsrechte erwerben.

Unsere Böden sind mittlere Böden von 50 Punkten, was bedeutet, dass wir klebrigen Lehm haben. Nachdem wir früher die Kartoffeln mit unserem Kartoffelroder – einem Schleuderradroder, dann einem Schwingensiebroder von Kuxmann – aus dem Boden geholt hatten, mussten die Früchte erst einmal abtrocknen, damit sie einigermaßen sauber in den Verkauf gehen konnten. Zum Pflanzen hatten wir eine zweireihige Accord-Maschine für zwei Personen für die Einsaat von Kohl und Porree. Mein Großvater und mein Vater hatten 1952 schon einen

Ehepaar Steffen. Foto: Wiedemann

ersten Trecker, einen roten Fahr D17H. Ab 1969 besaßen wir auch einen IHC 523. Anfang der 1970er Jahre hatte die Familie für den Gartenbau einen Deutz mit 25 PS. Diese Maschine wurde auch bis zum Sommer 1988 zum Melken unserer 20 Kühe auf der Weide genutzt. Wir wollten keinen Lohnunternehmer beauftragen und kauften uns daher 1983 einen eigenen Claas-Merkur-Mähdrescher mit der Mähbreite von 2,60 Metern. 1987 kauften wir uns eine SD-Presse und einen John Deere mit drei Meter Schnittbreite, der uns leider ausbrannte. Heute lassen wir die paar Hektar Getreide von anderen Landwirten anbauen und abernten. An Maschinen haben wir heute zwei Schlepper (150 und 100 PS), einen Radlader, Futterwagen, eine Rundballenpresse, einen Vier-Schar-Drehpflug, zwei Mähwerke, einen Kreiselheuer, einen Doppelschwader und einen Muldenkipper.

Im letzten Jahr kauften wir achteinhalb Hektar Grünland dazu, so dass wir heute 19 Hektar Grün- und Ackerland besitzen. Insgesamt bewirtschaften wir 107 Hektar. Wir melken zwischen 80 und 90 Kühe und besitzen inzwischen das Lieferrecht von 650 000 Kilogramm Milch. 1998 ließen wir uns einen ersten Laufstall für unsere Kühe bauen, der 2003 und 2008 jeweils durch einen Anbau erweitert wurde. 2012 kam noch ein Jungviehstall hinzu. Das Altenteilerhaus meines Vaters rissen wir vorher ab. Mein Vater zog bis zu seinem Tode in die bisherige Betriebsleiterwohnung, und ich zog mit meiner Frau Uta, die ich 2007 heiratete, in den alten Stall, den wir vorher natürlich um- und ausgebaut hatten. Meine Frau Uta Steffen, geb. Beckmann, kommt aus Schackendorf und ist Berufsschullehrerin für Agrarwirtschaft. Mein älterer Bruder wohnt auch bei uns auf dem Hof. Er ist uns am Wochenende eine große Hilfe. Er hilft, wann es ihm möglich ist. Heute ist unser Hof ein reiner Futterbaubetrieb. Wir bauen hauptsächlich Gras und Mais an. 30 Hektar Grünland sind als Naturschutzfläche extensiv zu bewirtschaften, sie dienen als Jungviehweide und zur Heubergung. Aktuell scheint die Landespolitik dem konventionellen Landwirt gegenüber sehr kritisch eingestellt, was sicher nicht ganz unberechtigt ist. Zudem scheint mir, dass der allgemeine Wachstumswille und -zwang zu immer weniger Umweltschutz führt. Durch höhere Flächenkosten und Kostendruck bleiben aber gleichzeitig immer weniger Möglichkeiten, die Flächen extensiv zu bewirtschaften. Die kleinparzelligen Flächen meines Betriebs sind ohnehin schon benachteiligt durch Schattenwurf, Vorgewende, Keile und Senken. Ein Versuch, diese Strukturen zu erhalten, ohne dass ich einen finanziellen Ausgleich bekäme, ist mit vielen Einbußen behaftet.

Neben meiner Arbeit als Landwirt bin ich im Vorstand des Vereins Agrarberatung Mitte e. V. für rund 300 Milchviehbauern tätig. Zudem arbeite ich in der Gemeindevertretung und im Vorstand des Wasser- und Bodenverbandes. 25 lange Jahre bin ich Mitglied der Freiwilligen Feuerwehr in Stampe. Der schwerste Einsatz war der Brand einer Scheune im Nachbarort. Nachdem das Feuer gelöscht war, mussten abends die Kühe gemolken werden. Gut, wenn man als Landwirt auch das direkt übernehmen konnte. So wie mein Vater es nicht bis zu seinem Tode getan hat, so will ich auch nicht stöhnen über unsere Arbeit und die vielen Tätigkeiten auf dem Hof. Ich kann und will mich auch nicht beklagen, dass ich zu viel arbeiten muss. Ich fühle mich angemessen entlohnt und kann die Arbeit auch mal ruhen lassen. Einmal wöchentlich spiele ich mit Freunden Basketball. Seit fünf Jahren, seit mein Vater mir nicht mehr helfen kann, begleitet mich immer ein Auszubildender. Heute bin ich über 40 Jahre alt und halte es für verfrüht, mir jetzt schon Gedanken über eine Betriebsnachfolge zu machen. Meine Frau und ich betreuen einen Pflegesohn. Mir ist auch gar nicht so sehr danach, Urlaub in fernen Ländern zu machen. Ich sehe immer wieder, wie schön es hier zu Hause ist!

Harald Steffens Vater Hans. Foto: Wiedemann

*Harald Steffen im Sommer 2014/2015*

# Hof Störtenbecker  Burg a. Fehmarn

## Martin Störtenbecker

geborener Kühl
* 1939
Beruf: Landwirt i. R.

Ungefähr 200 Jahre lässt sich die Familie Störtenbecker auf der Insel Fehmarn nachweisen. Mit der Ausbildung zu einem Hufschmied kam ein Familienmitglied als Geselle nach Burg zu dem Schmiedemeister Paul Key, der auf dem »Süderende« einen Schmiedebetrieb mit weiteren Gebäuden führte. Als sein Arbeitgeber starb, heiratete er die Witwe und übernahm damit auch die Leitung des Schmiedebetriebes. Nach einem Grundstückstausch und Landzukauf teilte er seinen Besitz auf seine beiden Söhne Georg (Landwirt) und Matthias (Schmiedemeister Jun.) auf. Letzterer beantragte den Bau eines neuen Wohnhauses, eines Viehhauses und einer Schmiedestelle und verkaufte das Grundstück mit seiner alten Schmiedestelle in Burg an der Ecke Bad Staven 1866. Die Ehe von Matthias Störtenbecker mit Clementine Charlotte Nomens brachte zwei Kinder: eine Tochter, die sehr früh starb und der Sohn Matthäus Störtenbecker. Dieser kam 1874 in Burg zur Welt, erlernte die Landwirtschaft und musste früh die Leitung des Hofes übernehmen. 1905 heiratete er Martha, geb. Klüver, aus Oberdeich bei Glückstadt. Er übernahm den Hof im Jahr seiner Eheschließung und führte den Betrieb bis 1952. Er hatte den Ersten Weltkrieg und die schweren Jahre der Inflation nach dem Krieg sowie die Weltwirtschaftskrise miterlebt, welche ihm arge Verluste brachten. Jedes seiner vier Kinder starb relativ früh im jugendlichen Alter. Der letzte Sohn Claus fiel 1944 mit 29 Jahren als Oberleutnant zur See der Reserve in Brest. Die Alliierten hatten den Atlantikkriegshafen in deutscher Hand fest eingekesselt und so lange unter Beschuss genommen, bis der letzte deutsche Soldat gefallen war. Doch Claus hatte 1943 während eines Kriegsurlaubes auf seiner Heimatinsel Fehmarn seine Jugendliebe und Nachbarin Ruth Kleingarn geheiratet. Während der harten Kriegs- und Nachkriegsjahre verblieb die junge Witwe auf dem Störtenbecker-Hof zum Beistand ihrer Schwiegereltern.

1948 kam es mit der Geldentwertung und Umstellung auf die Deutsche Mark wieder zu einem Desaster bei den Landbesitzern. Sie verloren ihr gesamtes Geldvermögen und erhielten pro Person 40 DM für den Neubeginn. Wer Gebäude und Land besaß, wurde entsprechend mit Schulden belastet. Die Agrarpreise waren zwangsweise niedrig, und dennoch musste man sich dem Schicksal fügen und weiterarbeiten. Der alte Matthäus Störtenbecker (geb. 1874) konnte seinen Hof nicht länger selbst führen und war auf der Suche nach einem guten Partner. Er verpachtete seinen Hof 1952 an die Familie Hans Mau, die ihren Hof 1945 in Mecklenburg wegen der anrückenden russischen Front fluchtartig verlassen musste und bei einer Schwester auf Fehmarn vorläufig eine Bleibe gefunden hatte. Der Pachtvertrag lief auf 16 Jahre. Seit 1952 veränderten sich die Methoden in der Landwirtschaft auf dem Störtenbecker-Hof wie auf vielen Betrieben erheblich. Es wurden andere Pflanzen (Weizen und Raps) zur Aussaat gewählt, Aussaat und Ernte wurden zunehmend maschinell bewältigt, und natürliche Düngemittel wurden durch künstliche ersetzt. Die Umstellung auf den Maschinenbetrieb hatte auch zur Folge, dass durch diese Umstellung zukünftig weniger bis gar keine Erntehilfskräfte benötigt wurden.

Ich, Martin Kühl, wurde 1939 mit meinem Zwillingsbruder Jürgen in Staberdorf auf Fehmarn geboren. Meine Eltern Jürgen Kühl und Elisabeth, geb. Rickert, betrieben einen Hof, den später mein Bruder übernehmen sollte. Mein Vater starb 1944, so dass meine Mutter unseren Familienbetrieb bis Anfang der 1960er Jahre alleine führte. Sie tat das als alleinstehende Dame mit Herzblut und Tapferkeit und erzog uns Söhne konsequent zu Anstand und positiven Werten. Unser Elternhaus in Staberdorf war ein großes Haus, und wie überall im Lande wurden auch uns nach Kriegsende Flüchtlinge aus dem Osten zugewiesen. Bei uns

Gemüsestand mit Direktverkauf (1984).

Auf diesen Hof zog Martin Störtenbecker. Den elterlichen Hof übernahm derweil sein Bruder. Das Bild stammt etwa aus dem Jahr 1910. Fotos: Privat

wohnten zeitweilig 16 Kinder mit ihren Müttern (meist ohne deren Männer), die über das Haff flüchten konnten. Meine Mutter hatte in diesen Jahren mit der Hofführung mächtig zu tun und vor allem damit, alle satt zu bekommen. Fast alle Familien blieben fünf bis sechs Jahre bei uns, dann zogen einige fort nach Hamburg, manche Frauen verheirateten sich mit Fehmarner Männern. Eine Mutter mit ihren sechs Kindern, zu der wir ein besonders gutes Verhältnis hatten, führte bei uns bis 1962 den Haushalt und kümmerte sich vorbildlich um meinen Bruder und mich. Für uns Kinder war das Leben auf dem Hof mit so vielen Spielkameraden ideal. Man freundete sich an, man spielte, tobte und kämpfte auch miteinander – so wie es in den Kinder- und Jugendjahren eben üblich war. Ich besuchte in Staberdorf mit 90 weiteren Kindern die Volksschule. Nach den Grundschuljahren wurde ich in die Realschule Burg/Fehmarn umgeschult. 1956 verbrachte ich meine zweijährige Lehre in Marxdorf und Schönwalde, jeweils auf Milchbetrieben. Anschließend besuchte ich zwei Wintersemester lang die Landwirtschaftsschule in Burg.

Mein Bruder Jürgen übernahm den Hof meiner Mutter als er 23 Jahre alt wurde. Mit 15 Jahren wurde ich 1956 von meinem Großonkel Matthäus Störtenbecker und seiner Frau Martha adoptiert, da sie selbst ihre vier Kinder so früh verloren hatten und einen Hoferben brauchten. Mein Onkel selbst starb schon 1958, meine Tante Martha lebte bis 1970. Ihr Hof war 16 Jahre lang verpachtet, und nach Ablauf dieser Pacht durfte ich 1968 den Betrieb übernehmen. Bei der Hofübergabe war der Betrieb 45 Hektar groß und besaß zwölf Kühe, einen 28-PS-Schlepper von Deutz und einen 15-PS-Schlepper ohne Hydraulik. Der ganze Betrieb, besonders die Gebäude, mussten auf Vordermann gebracht und renoviert werden. Ich erkannte gleich, dass dieser Betrieb auch aufgrund seiner Lage in der Innenstadt von Burg umgestellt werden musste. Deshalb schaffte ich mein Rindvieh ab und stellte auf Ackerbau um. Ich baute auch den Kuhstall für die Sauenhaltung (35 Tiere) um und begann mit den Renovierungsarbeiten im Wohnhaus: Fußböden, Sanitär, Heizung, Strom. Tatkräftige Unterstützung fand ich bei meinem Bruder Jürgen und dem Bruder meiner Frau Elke, Hans-Georg Lafrenz. Meine Frau Elke, geboren 1945, heiratete ich ebenfalls im Jahr 1968. Unser erstes Kind, unsere Tochter Katrin, wurde 1969 und unser Sohn Matthias 1971 geboren.

Da auf der Insel Fehmarn die Fruchtbarkeit der Böden mit 70 bis 80 Bodenpunkten ausgesprochen gut ist und auch

Kohlernte auf Fehmarn (1985). Foto: Privat

das Klima das Wachstum und das Ausreifen der Früchte unterstützt, war der Ackerbau den Milchviehbetrieben und der Viehzucht überlegen. Auf Fehmarn gibt es wenig Niederschlag, eher heftigen und feuchten Nebel und auch keine übertriebenen Hitzewellen. Tagsüber geht die Temperatur selten über 30 Grad Celsius, und nachts ist es bei leicht feuchtem Klima relativ kühl. Insgesamt also ein gesundes Klima, das optimal für gute Erträge geeignet ist. Aufgrund von Bodenanalysen wird dem Land mittels Dünger schonend das zurückgegeben, was die Pflanzen ihnen vorher entzogen haben. Seit 1968 betreiben wir bis heute Acker- und Gemüseanbau mit Broccoli, Sellerie und Porree, alle Kohlsorten, Kartoffeln und Spargel. Spargel pflanzten wir auf etwa vier Hektar, Kartoffeln auf zehn Hektar, Kohl auf zwölf Hektar an. Der Kohl wurde über Großhändler in der ganzen Bundesrepublik verkauft. Da aus den Rosen- und Grünkohlpflanzen inzwischen die herben Bitterstoffe herausgezüchtet wurden, benötigen diese Pflanzen heute nicht mehr unbedingt den Frost, der sonst für die Umwandlung von Stärke zu Zucker notwendig war. Vor drei Jahren schränkten wir den Anbau für Spargel ein, da es auf der Insel eigentlich zu kalt für Spargel ist. Außerdem ist der Boden zu schwer. Auch den Kartoffelanbau beschränkten wir in den letzten Jahren aus betriebswirtschaftlichen Gründen. Wir bauen aber auch weiterhin Getreide wie Weizen, Gerste und Raps an. Für die Kühlung des Kohls gab es nach 1960 ein Genossenschaftskühlhaus, ansonsten bauten sich die Landwirte im Laufe der Zeit ihre eigenen Kühl- und Lagerhäuser auf ihren Betrieben. Wir selbst haben zwei kleine Kühlhäuser auf unserem Grundstück.

Auf der Insel Fehmarn fand und findet auch aufgrund des Tourismus ein starker Strukturwandel statt. Von ehemals 350 Höfen gibt es heute noch etwa 110 Betriebe. Wie auch ich, versucht jeder Landwirt seinen Betrieb stets über die Fläche zu erweitern, um der Zukunftsentwicklung und der Betriebswirtschaftlichkeit gerecht zu werden. Ich hatte als Landwirt und Geschäftsmann immer eine glückliche Hand im Zuerwerb und in der Zupacht von Land und war offen für Veränderungen und Investitionen. 1983 begannen wir für die Getreidelagerung mit dem Umbau unserer Scheune. Wir brachen im Frühjahr mit dem Presslufthammer alle Schweineställe und Kuhbuchten heraus und gestalteten die Scheune freitragend und deckten sie neu mit einem Eternitdach. Um die Höhe der Scheune auszunutzen, stellten wir drei Silos mit insgesamt 700 Tonnen Inhalt auf, dazu wurde eine Schüttgrube gebaut und eine Belüftungsanlage für das Getreide angelegt.

1982/83 starteten wir unsere Direktvermarktung von Kohl und Gemüseprodukten, 1984 die Vermarktung mit einem Kohl-Verkaufsstand mit Selbstbedienung an der Straße. Das Geschäft lief überraschend gut an. 1984 hatten wir auch eine reichliche Kohlernte bei schlechten Händlerpreisen. 1986 startete ich einen Versuch, unter einer Spinnvlies-Folie Kohl schon im April anzubauen. Ich probierte die Wirkung der Folie bei verschiedenen Kohlsorten aus. Es war gewährleistet, dass die Temperatur Tag und Nacht konstant blieb. Ballastsäckchen am Rande der Abdeckung sorgten dafür, dass der Wind keinen Schaden anrichten konnte und die Folie immer flach auf dem Boden lag. Diesen Anbau mit der Spinnvlies-Folie betrieb ich konsequent weiter und baute die folgenden Jahre unter Hunderten von Metern Folie auch mein Gemüse wie Blumenkohl, Kohlrabi, Kartoffeln und Salate an. Unter der durchlässigen Folie reift das Gemüse früher, da diese Sonne und Feuchtigkeit an die Pflanzen lassen. Gleichzeitig hält sie Vögel und andere Tiere von den jungen Pflanzen fern. Ein weiterer wichtiger Vorteil: Ich kann auf Pflanzenschutzmittel verzichten. Ich habe dieses Verfahren bei den holländischen Landwirten abgeschaut, die diese Methode des überdachten Anbaus schon länger praktizieren. Ein Risiko trage ich als Landwirt jedoch: Falls unser windreiches Ostseeklima in Sturm umschlägt, könnte die hauchdünne Folie zerreißen. Unsere Direktvermarktung bauten wir in den Jahren weiter aus. 1986 erweiterten wir unseren Gemüsestand und bieten seither den Kauf von Kohlrabi, Eisbergsalat, Chinakohl, Blumenkohl, Grün-, Rosen-, Weiß-, Rot- und Wirsingkohl an. 1987 kam der Verkauf von Eiern und Kartoffeln hinzu. Die Verluste durch den in den Jahren sinkenden Getreidepreis konnten durch den Erlös des Direktverkaufs aufgefangen werden. 1988 weiteten wir den Kartoffelanbau auf vier Hektar sogar noch aus.

1987 erhielten wir die Genehmigung zum Bau einer weiteren Halle im hinteren Bereich unseres Grundstücks mit den Maßen 20 x 40 Meter. 1988 rissen wir die alte Kühlscheune ab. 1989 erhielten wir die Abbruchgenehmigung für den alten Schmiedeschuppen, um Platz für eine neue Halle für Geräte und Maschinen zu machen. Unsere Direktvermarktung lief immer besser. Am 5. November 1991 erhielten wir das Gütezeichen der Landwirtschaftskammer Schleswig-Holstein für unsere Qualitäts-Speisekartoffel »Cilena«. In der großen Scheune wurde 1992 der erste Silo verkleinert, um nach Westen hin Platz für einen Verkaufsraum für die Direktvermarktung zu machen. 1993 erwarben wir eine neue Kartoffelpflanzmaschine und einen gebrauchten 78-PS-Ford-Schlepper mit schmalen Reifen für die Pflanzung und Häufelung der Kartoffeln. Seit 1993 verkaufe ich auch Karpfen aus unserem eigenen Teich.

Mein Sohn Matthias kaufte 1994 in Dithmarschen einen gebrauchten 17-Tonnen-Hänger und einen Mietenleger für Kartoffeln. Dieser Mietenleger schafft Kartoffeln auf 15 Hektar mühelos vier Meter hoch ins Lager. Wir konnten im gleichen Jahr auch einen Vorführ-Kartoffelroder der Marke »Niewöhrner« erwerben. 1996 erweiterten wir noch einmal unseren Verkaufsraum auf 70 Quadratmeter und brachten an das Gebäude ein Schild an mit der Aufschrift: »Gemüsehof und Bauernmarkt«. Meine Frau richtete den Verkaufsraum sehr geschmackvoll ein.

Auf Fehmarn und auch auf dem Festland an der Ostsee herrschen ideale Bedingungen für den Bau von Windkraftanlagen. Schon früh habe ich mich um Beteiligungen an diesem lukrativen Unternehmen bemüht, auch, um ein alternatives finanzielles Standbein zu haben. Am 25. Mai 1991 wurde unsere erste Windkraftanlage (WKA), eine Micon 250 KW/h eingeschaltet. Die Mühle steht auf einem von mir gepachteten Stück Land. Ihr Turm hat eine Höhe von 30 Metern, 47 Meter beträgt die Gesamthöhe. 1996 bis 1997 ließen wir Anteilseigner Anlagen von 500 KW/h unter anderem am Klingenberg in Klausdorf aufstellen. 2007 war für die Windenergie auf Fehmarn ein bedeutendes Jahr. Durch den Bau eines neuen Abnahmekabels durch den Fehmarnsund bis zum Umspannwerk Göhl/Oldenburg ermöglichten sich die Chancen eines Repowerings im ganz großen Stil: Es wurden 140 Anlagen mit um die 500 KW/h abgebaut und dafür 70 Anlagen Enercon E70 2,3 MW/h mit der Gesamthöhe von 100 Metern erstellt. Die WP Klingenberg GmbH & Co. KG erstellte in dieser Umbauphase ebenfalls elf E70 2,3 MW. 1998 erhielt unser Familienbetrieb auch das Gütezeichen für die Speisekartoffeln »Linda« und »Cilena Linda«. 1998 war auch ein Jahr mit hervorragenden Ernteerträgen. Im Winter konnten wir in eine neue Drillmaschine und in einen neuen John Deere Schlepper mit 210 PS investieren. Die alten Maschinen blieben auf dem Hof, obwohl sie laut Stundenzähler 7000 bis 10 000 Stunden aufwiesen. Die alten Maschinen erwiesen uns bzw. meinem Sohn große Dienste in Lettland. Im Jahr 2001 erneuerten wir unsere Pflanzenschutzspritze durch eine Damman-Anhängerspritze mit 5000 Liter Inhalt und 28 Metern Gestänge. Anfang des Jahres 2002 – dem Jahr, in dem die Deutsche Mark auf den Euro umgestellt wurde – ließen wir das Haus in der Straße Bad Staven 1 für unser Altenteil umbauen, wohinein wir im Februar des Folgejahres zogen. Als Schüler hatte ich hier im Hause meiner Großeltern schon einmal gewohnt.

Ab dem 1. Juli 2003 übernehmen mein Sohn Matthias und dessen Frau Marit den Betrieb und den Hofladen sowie alle landwirtschaftlichen Maschinen und Geräte, um selbstständig auf einer Fläche von etwa 400 Hektar Landwirtschaft zu betreiben. 200 Hektar sind Eigenland und 200 Hektar sind zugepachtete Flächen. Es fällt mir leicht, nach 35 Jahren den Betrieb aufzugeben; meine Frau und ich wissen ihn in sehr guten Händen.

*Martin Störtenbecker im Juli 2014*

Gemüse- und Bauernmarkt Hof Störtenbecker. Foto: Wiedemann

## Hof Thorn  *Lübeck-Vorrade*

## Hans-Joachim Thorn

\* 1950
Beruf: Landwirt

Historisch gilt in Vorrade für die Erbfolge das Jüngstenrecht – auch Hanserecht genannt. Nach dem Zweiten Weltkrieg galt in der britischen Besatzungszone die Höfeordnung nach englischem Recht, die besagte, dass die Höfe ungeteilt weiter bestehen sollten und die Person, die die Ausbildung zum Landwirt hatte, den Hof auch übernehmen sollte. Und das war im Falle meiner Familie meine Mutter, Gretchen Grube. Ganz allgemein gab es ja nach dem Krieg sowieso mehr Deerns als Jungs auf den Höfen. So gab es zum Beispiel in Vorrade zusammen mit meiner Mutter und ihren Zwillingsschwestern zehn Mädchen und nur zwei junge Männer. Mein Vater, Klaus Thorn, stammt aus Ivendorf. Dort wurde die Hoffolge nach dem Ältestenrecht geregelt. Der Bruder meines Vaters war lange in Kriegsgefangenschaft in Russland. Vor dem Krieg hatte er auf der Werft bei den Flender-Werken gearbeitet, nach dem Krieg bekam er keine Arbeit mehr. Mein Vater wollte gar nicht Landwirt werden, er übernahm aber den Hof meines Großvaters in Ivendorf und musste ihn als Pächter weiterführen. Meine Mutter hatte eigentlich auch nicht vor, die Frau eines Bauern zu werden, aber das Schicksal hatte es so gewollt. Meine Eltern heirateten 1949.

In Vorrade und Wulfsdorf wohnten nach dem Krieg Flüchtlinge aus allen Teilen West- und Ostpreußens. Sie waren auf die einzelnen Höfe verteilt und einquartiert worden. Auf dem Hof der Familie meiner Mutter wohnten oben im Wohnhaus zwei Familien, eine Witwe mit zwei Kindern und eine weitere Witwe mit einer Tochter. Beide Frauen halfen im Haushalt, im Garten, beim Melken, bei der Hühnerhaltung und bei der Ernte mit. Weiter wohnten im Haus Frau Ehrenfried, ein Mitarbeiter (Herr Rünzel) und ein Erntehelfer, der gegen Kost und Logis entlohnt wurde. Ein weiterer Mitarbeiter, Herr Tollgren, wohnte in der Räucherkate im Dorf, in der er für die Vorrader räucherte. Es gab zu dieser Zeit auf dem Hof etwa 50 Hühner mit eigener Kükennachzucht. Drei alte Gänse sorgten regelmäßig für Gössel. Zudem standen sechs Pferde in den Ställen, um die schwere Arbeit zu schaffen. 1950 oder 1952 schafften sich mein Großvater und einige Nachbarn einen gemeinsamen Lanz-Bulldog mit Eisenrädern an.

Verwaltungsleute und Soldaten der englischen Besatzer wohnten ganz in der Nähe des Flughafens Blankensee. Die weibliche Dorfjugend verbrachte viel Zeit bei den englischen Fliegern am Flugplatz, ganz besonders in der Zeit der Berlin-Blockade. Von diesem Flughafen aus starteten die Rosinenbomber mit Hilfsgütern für die Berliner Bevölkerung. Nach dem Krieg gab es zur Ortschaft Blankensee hin ein Gehölz, in welchem ein Barackenlager errichtet wurde. Es wurde als Unterkunft für die Flughafenarbeiter und auch als Flüchtlingslager genutzt. Eine weitere eingeböschte Barackensiedlung gab es von Vorrade aus in Richtung Lübeck, dort wo vorher eine Flakstellung stand. Diese Siedlung wurde Anfang der 1960er Jahre aufgelöst. Mein Großvater mütterlicherseits war von 1948 bis 1950 der von den Engländern eingesetzter Bürgermeister in Vorrade. Er sollte sich um eine neue Ordnung mit neuen Strukturen in der Gemeinde einsetzen. Aufgrund dieser Tatsache gab es auf unserem Hof ein Fernsprechgerät, was damals auf dem Lande sehr selten war. Anfang der 1950er Jahre bekam mein Vater über einen Freund das Angebot in Namibia, in Südwest-Afrika, eine große Farm zu bewirtschaften. Meine Mutter hatte starke Bedenken mit nach Afrika überzusiedeln, und so blieben meine Eltern hier.

Meine Eltern wohnten von März 1950 bis Juni 1952 in Ivendorf bei meinen Großeltern. Hier kam ich dann auch zur Welt. Mein Bruder Christian folgte 1953 in Vorrade. Mein Vater und sein Schwiegervater verstanden sich anfangs nicht so sehr, es kam aber 1952 zu einer Anfreundung und die Spannungen legten sich. Im Juli 1952

*Hof Thorn – Lübeck-Vorrade*

pachtete mein Vater den Hof seines Schwiegervaters Carl Grube (1886–1970). Nachdem der Baubetrieb Schnauer 1952 für sie ein Altenteil gebaut hatte, traten dann meine Eltern 1953 in Vorrade das Erbe meiner Mutter an. Der Vater meiner Mutter hatte eigentlich Getreidekaufmann gelernt und wurde dann Versicherungskaufmann. Er handelte mit allem, was beweglich war.

Der elterliche Betrieb war hauptsächlich ein Milchviehbetrieb mit etwa 52 bis 55 Hektar Land. Die Meierei und Holländerei Haase verarbeitete die Milch für viele kleine Betriebe und verkaufte ihre Milch und Milchprodukte in Lübeck. Ein weiteres Standbein meiner Eltern war der Gemüseanbau mit Bohnen, Erbsen, Gurken, Möhren, Steckrüben und Kartoffeln – all das, was von der Lübecker Bevölkerung so dringend gebraucht wurde. Dieses sehr arbeitsintensive Wirtschaften ging etwa bis 1956/57. Nebenbei hatte meine Mutter natürlich auch noch ihren Bauerngarten, den sie sehr sorgsam pflegte. Eine weitere Einkommensquelle war damals die Geflügelhaltung und der Eierverkauf. Einmal fuhr meine Mutter auf einer solchen Fahrt in den Graben, weil sich eine Spinne ins Auto eingeschlichen hat.

Ab 1960 bis 1962 hatten wir mit der Firma Erasmi in Lübeck einen Gemüseanbauvertrag. Meine Mutter hatte die Kolonnen mit 30 Erntehelfern zu bekochen und zu verpflegen. In den Sommermonaten hatte sie weitere Erntehelfer zu verpflegen. Beim benachbarten Bauer Bandholz kam einmal ein Mitarbeiter ums Leben, indem er vom Pferd erschlagen wurde. Seitdem vertraute mein Vater keinem Pferd mehr. Für ihn war ein Pferd ein »wildes Tier«. Darum gab es auf seinem Hof schon Ende der 1950er Jahre einen Lanz-Traktor. 1959 wurden ca. 20 Milchkühe verkauft, das Jungvieh blieb anfangs noch in der Scheune. Ab 1959 kauften wir Ferkel dazu, und nach und nach wurden unser Kuh- und Pferdestall sowie die Scheune zu Schweineställen umgebaut. 1960 wurde eine kleine Maschinenhalle errichtet und 1967 ein neuer Schweinestall gebaut. Der Beuthiner Hof in Eutin wurde vom Großonkel des Vaters übernommen.

Mit der industriellen Entwicklung wuchs der Wohlstand in den Städten, wodurch auch das Lohnniveau stieg. Das Angebot an Wanderarbeitern wurde auf dem Land spürbar kleiner, insofern wuchs natürlich der Bedarf nach besseren Maschinen. Je weniger Personen auf den Höfen waren,

Ehepaar Thorn mit Mutter Thorn. Foto: Wiedemann

desto höher musste zudem die Qualifizierung der Landwirte sein. 1957 oder 1958 kaufte mein Vater den ersten Claas-Mähdrescher, den er dann in der Dreschzeit in der ganzen Gegend bei seinen Bauernkollegen einsetzte. Es war der erste Drescher im Ort. Meine Mutter wusste oft nicht, wo sie ihn am Abend abholen sollte. 1959 wurde in der Scheune die erste Trocknung eingebaut. Es war zwar ein sehr trockenes Jahr, und niemand brauchte sein Getreide trocknen zu lassen, aber in vielen folgenden nassen Sommern zahlte sich diese Investition aus. 1971 hatten wir einen Brand im Trockner, wonach wir einen neuen Drei-Tonnen-Trockner mit großem Getreidelager bauen ließen. 1973 wurden unsere Getreidesilos auf dem Hofgelände errichtet; bis dahin wurde das meiste Getreide im Lübecker Hafensilo eingelagert. Zu dem Bau einer großen Maschinenhalle kam es 1974. Im gleichen Jahr ließen meine Eltern eine Getreidemühle im Getreidespeicher einbauen, um eigenes Getreide für die Schweine zu schroten. Auf dem Hof in Vorrade wurden nun die Mastschweine gehalten, während die Sauen auf dem Beuthiner Hof in Eutin blieben. 1975 wurde ein weiterer großer Silo für Sojaschrot gebaut. Bei Sojaschrot handelt es sich um eine Zutat für Schweinefutter.

Unsere Dorfschule im nahen Ort Wulfsdorf hatten mein 1953 geborener Bruder und ich »genossen«. Es gab ein bestimmtes Unterrichtssystem für die Dorfkinder und die Flüchtlingskinder, die bei nur zwei Klassenräumen in zwei Schichten ihren Unterricht erhielten. Meine Lehrerin der ersten Klasse zerschlug mir aus Ärger über mich meine Schiefertafel auf meinem Schädel. Mein Vater hatte auch ähnliche Erfahrungen in seiner Schulzeit gemacht. Während mein Bruder nach vier Jahren Grundschulzeit auf die Oberschule zum Dom in Lübeck überwechselte, um dort sein Abitur zu machen, blieb ich bis zur neunten Klasse auf dieser Grund- und Hauptschule. Nach zwei Jahren auf der Handelsschule in Lübeck erhielt ich mein Mittleres Reifezeugnis. Mein Vater sagte mir einmal sehr eindeutig, dass ich beruflich Bauer zu werden habe. Daran wollte ich mich auch halten. Meine Lehre und Ausbildung machte ich in der Landwirtschaftsschule in Eutin. 1970 hatte ich meine Lehre beendet. Mein Bruder machte nach seinem Abitur einen Bioladen in der Fleischhauerstraße in Lübeck auf.

Ich hatte zwei erfahrene Großväter, die mir beide frühzeitig den Rat mit auf meinen Lebensweg gaben, dass ich erst ab dem Alter von 30 Jahren an eine Familiengründung denken sollte. Daran habe ich mich tatsächlich gehalten. Mit 30 Jahren machte ich 1980 den Meisterkursus in Bad Oldesloe. Mit in diesem Kursus saßen 22 junge Bauern; in meiner Arbeitsgruppe waren erst sechs, dann vier Personen. Helga – meine jetzige Frau – war die Schwester eines Kursteilnehmers, die ich auf einer unserer gemeinsamen Unternehmungen kennenlernte. Meine Frau kam aus Reinfeld, sie hatte als technische Assistentin in Hamburg gearbeitet. Schon vier Wochen nach unserem Kennenlernen beschlossen wir, den Lebensweg gemeinsam weiterzugehen trotz der Betroffenheit unserer beiden Eltern. Das war am 18. Juli 1980. Damit es zwischen uns besser passte, besuchte sie den hauswirtschaftlichen Zweig der Landwirtschaftsschule in Bad Oldesloe. Wir heirateten 1981 und wohnten seit 1982 auf dem Hof meiner Eltern in Vorrade, nachdem diese in ihr neu errichtetes Altenteil gezogen waren. Meine Eltern hatten in den 1970er Jahren das Reetdach unseres Hofes erneuern lassen. Leider brannte durch einen Funkenflug unser Hof dann 1982 ab. Wir selbst hatten im Haus von dem Brand erst gar nichts gemerkt. Die Dorfbewohner halfen uns, unsere Sachen aus dem Haus zu tragen. Die meisten Schweine konnten wir aus den Ställen retten. Nach dem Brand war der Hof für vier Monate aus versicherungstechnischen Gründen gesperrt. So waren wir gezwungen, eineinhalb Jahre mit auf dem großzügigen Altenteil meiner Eltern zu wohnen. Nachdem unser neues Wohnhaus fertiggestellt war, konnten wir 1988 dort einziehen. Der neue Schweinestall wurde ein Jahr später fertig.

Nach meiner Lehrzeit war ich erst Angestellter bei meinem Vater. Nach meiner Hochzeit wurde auch meine Frau auf unserem Hof eingestellt. 1986 wurde ich Pächter auf dem Hof meiner Eltern in Vorrade. Meine Frau und ich bekamen drei Kinder: 1983 zwei Töchter als Zwillinge, die später in ganz andere Berufsfelder einstiegen, und 1986 einen Sohn, der im entsprechenden Alter eine landwirtschaftliche Ausbildung machte. Inzwischen hatte sich das Bewirtschaften auf unseren Höfen stark verändert. Nach der Abschaffung unserer Kühe 1967 in Vorrade wurden die Schweineställe errichtet. Mein Vater hatte auch Schweinehaltung auf dem Hof seiner Eltern in Ivendorf kennengelernt. Jetzt bauten wir Futter für die Tiere an, wie Mais, Grünmehl, Luzerne und Tazicken. Wir bezogen es im Tausch aus anderen Ländern. Das Getreide wurde in Vorrade eingelagert. Wir kauften Ferkel aus anderen Betrieben dazu und mästeten sie. Auch auf dem Beuthiner Hof in Eutin – eine Domäne mit 100 Hektar – schafften wir die Kühe ab und mästeten bis Ende der 1980er Jahre zwar dort weiter Bullen, die im Winter in einen alten Kuhstall von 1910 kamen und im Sommer auf der Weide standen. Zusätzlich hielten wir in Eutin aber etwa 200 Sauen. Mein Vater und ich fuhren fast jede Woche 30 Tiere zur Schlachtung nach Rendsburg. Dort wurde mit einer Nadel zunächst der Feuchtigkeitsstand festgestellt, anhand dessen die Tiere dann benotet wurden. Da wir persönlich beim Verkauf der Tiere anwesend waren, konnten wir auch mehr einnehmen.

Das Grünland, das nicht ackerfähig war, wurde 1970 in einen Fischteich zurückverwandelt. Mein Vater fand Teile des Fundaments eines Ablaufschachts und fand so heraus, dass hier früher schon einmal ein Fischteich gewesen sein musste. Das Fischen machte uns sehr viel Spaß. Leider verlor die Bevölkerung im Laufe der vielen Jahre das Interesse an Karpfen. Die jungen Leute mögen wohl immer weniger Fischarten wie Karpfen und Schleie, so dass wir unter anderem deswegen gezwungen waren, die Fischzucht wieder einzustellen. Bis in die Mitte der 1990er Jahre hatten wir die Fischteiche noch. Die Teiche verschlammten auch wegen fehlender Ablaufmöglichkeiten bei den benachbarten Grundstücken, weshalb wir gezwungen waren, die Pflege der Teiche einzustellen.

Bis Mitte der 1970er Jahre gab es noch 100-Kilogramm-Säcke. Mit einem Sieben-Tonnen-Hänger fuhren wir geschrotetes Getreide nach Eutin. Wir hatten immer einen Kreuzschlüssel für einen Radwechsel dabei, da wir fast auf jeder Tour einen Platten hatten. Bis in die 1990er Jahre transportierten wir Schweinemastfutter nach Eutin, und umgekehrt nahmen wir die dort geborenen Ferkel mit nach Vorrade. Für eine neue Zucht wurde immer ein neuer Eber eingesetzt. Ich verkaufte dann an meinen Vater unsere gezüchteten Ferkel. Dieser innerbetriebliche Handel dauerte etwa vier Jahre. Mitte der 1980er Jahre wurde die Feldarbeit optimiert, der Ackerbau in Eutin wurde gestrafft und nur noch eine Frucht angebaut.

Mein Großvater und mein Vater hatten schon kaputte Hüften, die sie sich wohl unter anderem durch das lange Sitzen auf den Traktoren zugezogen haben. Mir erging es aufgrund der vielen und langen holprigen Fahrten zwischen Eutin und Lübeck nicht anders. Mit dem PKW dauert eine Strecke ungefähr eine Stunde, entsprechend länger mit einem langsamen Trecker, zum Beispiel mit einem Hanomag, der es damals nur auf 20 km/h brachte. Anfang der 1970er Jahre war die Straße Richtung Eutin noch ein Krüppeldamm, also mit Kopfsteinpflaster belegt. So befestigt war sie bis Ahrensbök, dann gab es einen Feldweg bis Eutin. Diese Strecke kostete meinen Vater rund drei Stunden.

Als kleines Kind hatte ich schon den Lanz-Bulldog kennengelernt, dann kam auf unseren Hof der Hanomag R35 mit seinem berühmten Blechdach und seiner blechernen Sitzschale. Unser zweiter Hanomag hatte schon 20 PS. Er hatte zwischen den Achsen ein Rübenhackgerät, damit der Fahrer die Spur halten und die Rüben hacken konnte. Dann kamen die beiden Fordson-Traktoren. Das waren Ackerschlepper aus England mit Frontlader und einer Schaufel vorne zum Ausmisten. Den ersten Hanomag fuhr ich kaputt, da ich ihn schneller als 20 km/h fahren wollte. Ab den 1970er Jahren fuhren diese Traktoren (Hanomag R900) schon 25 km/h; unsere schafften es durch Umbauten am Motor und Getriebe auf 35 km/h. Unser erster MB-Traktor lief anfangs auch nur 25 km/h, nach einem Umbau 1976 wurde er zum Schnellläufer von 90 km/h. Aus dem Auspuff konnte man während der Nachtfahrten kleine Funken schlagen sehen. Mit diesem Gerät ersparte ich mir viel Zeit auf meinen Touren von und nach Eutin.

Bau der Biogasanlage in Krummesse (2013). Foto: Wiedemann

Ich wurde zwar auch einmal von der Polizei erwischt, weil ich zu schnell fuhr, konnte aber den technischen Umbau von einer Werkstatt beglaubigen und beim TÜV in meine Papiere eintragen lassen.

Auf unseren Höfen arbeiteten mein Vater und ich, dazu kamen ein fester Mitarbeiter in Vorrade und zwei weitere feste Mitarbeiter in Eutin. Meine Frau und meine Mutter hatten sehr viel Arbeit mit der Haushaltsführung auf den beiden Höfen. Wir hatten auch immer mal wieder junge Leute, Praktikanten, Erntehelfer und Bauernsöhne aus Nachbarländern wie Finnland, Polen, Schottland, England und der Schweiz, die bei uns Familienanschluss fanden. Es gab viele gemeinsame Unternehmungen mit diesen jungen Leuten, zum Beispiel zeigten wir ihnen die innerdeutsche Grenze hautnah an der Wakenitz. Wir erfreuten uns an ihrer Anwesenheit, bereicherten sie unser Leben doch durch ihre kulturelle Herkunft. Bis heute haben wir noch Kontakt mit vielen von ihnen. Als ich 1996 Eigentümer des Hofes in Vorrade wurde, blieb ich weiterhin Pächter in Eutin, da mein Vater auf jeden Fall weiter Eigentümer des Hofes dort bleiben wollte. 1999/2000 war aber Schluss mit der Schweinehaltung in Eutin, weil die Personalsituation und die räumliche Entfernung die Bewirtschaftung zu teuer machten.

Das Herrenhaus in Eutin, eine Jungendstilvilla, stand unter Denkmalschutz. Wir nahmen 1996 eine erste Umbaumaßnahme vor. Wir bauten zwei Wohnungen im Speicher des Herrenhauses ein. Nachdem auch einige Ställe zu fünf Wohnungen umgebaut worden waren, wurde alles vermietet. Mein Bruder zog zeitweilig mit einer Wohngemeinschaft in das Herrenhaus; er lebt inzwischen aber in Portugal. 2010 verkauften wir das ganze Anwesen.

Die Wiedervereinigung Deutschlands 1989, neue Umgehungsstraßen und ab 1992 der Baubeginn der Autobahn A 20 verursachten in den 1990er Jahren einen drastischen Strukturwandel für die Bauern in den Ortschaften entlang der neuen Trassen. In Vorrade waren wir direkt betroffen, und natürlich waren wir aktiv in der Bürgerinitiative gegen die A 20. Ab 2001 wurde das Teilstück der A 20 zwischen dem Autobahnkreuz Lübeck und der Landesgrenze Mecklenburg-Vorpommern gebaut. Es gab ein Flurbereinigungsverfahren, es mussten Ausgleichsflächen entlang der Autobahn geschaffen werden, es gab Streit mit der Agrarverwaltung des Landwirtschaftsministeriums, mit den Straßenbauern und mit dem Naturschutz.

Mein Vater saß acht Jahre nach einem Schlaganfall und mit kaputter Hüfte im Rollstuhl, bevor er 2004 verstarb. Ich selbst hatte auch starke Rückenschmerzen. 2005/06 musste ich mir einen Lendenwirbel versteifen lassen. Die praktische Arbeit auf dem Hof war mir nicht mehr möglich, so dass meine Frau nun die Schweine versorgen und die Arbeit auf dem Hof alleine verrichten musste. Was sie nicht schaffen konnte, erledigten Lohnarbeiter. Mein

Biogas- und Heizanlage für Krummesse. Foto: Wiedemann

*Hof Thorn – Lübeck-Vorrade*

Stall und Silo (2013).

Wachtelküken an der Tränke. Fotos: Wiedemann

Sohn startete 2005 seine landwirtschaftliche Ausbildung. Er verbrachte seine dreijährige Lehre auf Fremdhöfen. Danach pausierte er für vier Monate, die er in Australien verbrachte. Es folgte der Besuch der Landwirtschaftsschule in Bad Segeberg mit der speziellen Ausrichtung auf Biogas-Energiegewinnung.

Auf unserem Hof musste sich wegen meines gesundheitlichen Befindens etwas ändern. Da kam uns 2010 die Ausschreibung des Baus einer Biogasanlage der Gemeinde Krummesse entgegen. Zusammen mit zwei anderen Landwirten gaben wir ein Nebenangebot mit einem eigenen Konzept ab. Ende 2011 erhielten wir auf dieser Grundlage von der Gemeinde Krummesse den Zuschlag. Es kam dann zur Firmengründung Stecknitz Bioenergie Krummesse GmbH & Co. KG. Geplant ist eine Biogasanlage mit Blockheizwerk. Die Zusammensetzung der Biorohstoffe für die Biogasanlage besteht aus 35 Prozent Mais, zehn Prozent Gras, 30 Prozent Gülle und 25 Prozent Pferdemist.

Wir bauten bisher die Fruchtfolge Getreide und Raps an, nach und nach auch Roggen und Mais. Ende Mai häckseln wir das Grün auf den Energieflächen, dann folgt die Maisaussaat, im Herbst die Maisernte und gleich wieder die Herbstaussaat des Winterroggens. Somit ist das Land ganzjährig grün; die Bakterien sind besser ausgelastet, und es gibt keine Auswaschung des Bodens. Uns stellt sich jetzt die Frage, wie wir weitere Partner in der Nähe finden, die beim Anbau von Energiepflanzen mitmachen. Mein Sohn arbeitet zurzeit als Bauleiter auf dem Bau der Biogasanlage mit. Der Bau wurde eine Zeit lang unterbrochen, da sich die Genehmigung durch die Hansestadt Lübeck verzögerte. Inzwischen stehen aber schon drei große Behälter an der Ortsgrenze von Krummesse, und die Versorgungsleitungen werden im Ort verlegt.

Unsere Schweinehaltung hatte sich inzwischen als »Nullsummenspiel« herausgestellt. Unseren ältesten Schweinestall aus dem Jahre 1967 hatten wir umgebaut und seit 2010 für unsere Wachtelaufzucht genutzt. Dieser kleine Betriebszweig mit Wachteleiern und Zubehör erwies sich inzwischen als lukrativer als die Schweinezucht. Das Ehepaar Maak aus Wulfsdorf half uns bei der Entwicklung des Wachtelvertriebs. Eine unserer Töchter hilft uns heute bei unserer Arbeit. Die Nachzucht besorgen wir uns selbst. Es gibt nur eine einzige Brüterei in Schleswig-Holstein, nämlich die in Ahrensbök. Ansonsten könnte man noch nach Bremerhaven oder nach Frankreich fahren, um Nachzucht einzukaufen. Wir vermarkten diesen neuen Betriebszweig unter der Firmierung »Hanse-Wachtel – der Wachtelei-Spezialist«. Meine Frau ist Inhaberin und Geschäftsführerin.

*Hans-Joachim Thorn 2012/2013*

Helga Thorn. Foto: Wiedemann

# Hof Untiedt — Tröndel b. Emkendorf

## Henning Untiedt

* 1961

Beruf: Dipl.-Ing. agr. Landwirt

Meine Urgroßeltern und deren Vorfahren hatten vor 1924 einen Hof in der Probstei. Sie lebten dort nach dem Motto: »Unter dem Krummstab lässt sich gut leben«. Die Bezeichnung »Krummstab« ist ein Bild für kirchlichen Besitz (Krummstab des Bischofs). Die Probstei war von adeligen Gütern umgeben, auf denen die Landwirte teils als leibeigene Pächter hohe oder zumindest deutlich höhere Abgaben an den Grundbesitzer leisten mussten als die unter dem »Krummstab« lebenden freien Bauern in der Probstei. So konnten sich die dortigen Bauern einen Wohlstand aufbauen.

Mein Großvater, als sogenannter »Weichender Erbe«, pachtete 1924 eine Hufe in Emkendorf von der Familie von Hahn, Gut Neuhaus, die er dann später im Rahmen der Landreform von 1928 käuflich erwerben konnte. Ich besitze heute noch den Hufen-Pachtvertrag des Gutes Neuhaus, der vom Zollamt Lütjenburg besiegelt wurde. Damals wurden die ärmeren Bauern auf Gutsbetrieben auch »Tönker« genannt, abgeleitet vom Tünchen. Sie standen den reichen, freien Bauern der Probstei gegenüber. Die ärmeren Bauern konnten ihre Höfe und Stallungen allenfalls tünchen bzw. kalken, während die reicheren Bauern der Probstei sich »echte« Farben leisten konnten. Die Gegend hier wird immer noch »Tönkerei« genannt.

Mein Vater kam 1925 zur Welt und wurde während des Zweiten Weltkriegs mit 17 Jahren als Soldat eingezogen. Aus dem Krieg bzw. aus der Gefangenschaft kam er 1948 zurück. Während der Kriegsgefangenschaft in Frankreich entwickelte er sich zu einem Frankreich-Fan. Er sagte einmal zu uns Kindern: »Wenn ich den Hof nicht gehabt hätte, wäre ich in Frankreich geblieben.«

Meine Mutter hatte er auf Gut Schmoel kennengelernt. Das Gut gehört zum Gut Panker. Meine Mutter kam mit einem Flüchtlingstreck aus Bessarabien (damals Rumänien, heute Moldawien) in den Norden Deutschlands. Sie äußerte uns Kindern gegenüber später einmal, dass sie hier nie wieder fort wolle und bezog sich damit auch auf Urlaubszeiten. Ich habe heute noch Hochachtung vor dieser Frau, die als Kind nur fünf Jahre lang eine Schule besuchen konnte und sich als Autodidaktin im Laufe ihres Lebens ein breitgefächertes Wissen angeeignet hat. Meine Eltern haben stets Wert auf eine »hohe« Bildung gelegt. Mein Vater übernahm den Hof seines Vaters 1955. Es war ein üblicher Mischbetrieb von 35 Hektar. Die 1960er Jahre waren sehr schwierige Jahre, bedingt durch schlechte Witterungsverhältnisse und die sehr niedrigen Erzeugerpreise. Seinen Mitarbeiter konnte mein Vater noch bis 1964 halten, dann musste er ihm aufgrund der gestiegenen Löhne kündigen. Es gab hier in der Gegend eine Welle von Betriebsaufgaben bei kleineren Höfen mit nur 10 bis 15 Hektar. Sie wurden verpachtet, denn irgendjemand musste sie ja weiterführen.

Als Ende der 1950er Jahre der erste Lanz-Bulldog-Schlepper auf unseren Hof kam, wurden unsere vier Kaltblut-Schleswiger sofort verkauft. Bis in die 1960er Jahre hatten meine Eltern für die Ernte einen Selbstbinder und ab 1962 einen Mc Cormick, einen selbstfahrenden Mähdrescher mit Korn- und Staubsäcken, an der Seite. Bis 1970 hielten meine Eltern neben dem Milchvieh Hühner, Enten, Gänse, 100 Mastschweine und zwei bis drei Sauen. Das war in dieser Zeit auf vielen Höfen so üblich. Es gab noch die Hausschlachtung für den Eigenbedarf. Die abgeholte Milch wurde nach Hohenfelde, später nach Lütjenburg, Malente, Lübeck und zuletzt nach Upahl gebracht. Das Getreide ging an die Genossenschaft in der Umgebung. Unsere Eier wurden jeden Donnerstag oder Freitag von einem Fischer aus Kiel mit einem VW-Pritschenwagen abgeholt und nach Kiel gebracht. Eigentlich wurden sie gegen Fisch getauscht, doch es blieb etwas Geld übrig. Unsere Enten und Gänse fanden ihre Abnehmer im Dorf

*Hof Untiedt – Tröndel b. Emkendorf*

Vater Untiedt bei der Einsaat (1950er Jahre).

Der erste Drescher, Marke McCormick (1950er Jahre). Fotos: Privat

und in der Umgebung bis Lütjenburg. Unsere Milch wurde bis ca. 1980 auch noch direkt vom Hof verkauft. Die Interessenten kamen mit zwei Kannen: eine leere Kanne für das Geld und zum sofort Befüllen (1 DM) und eine Kanne für den nächsten Morgen. Diese volle Kanne wurde dann einfach nur abgeholt.

Meine Eltern bekamen vier Söhne, ich war der Jüngste. Wir wurden zwar tolerant erzogen, aber dass wir eigene Interessen entwickelten und uns selbst verwirklichten, war für meinen Vater schwierig bis undenkbar. In den Ferien durften wir höchstens eine Woche mal raus aus dem Betrieb, etwas Sport durften wir auch betreiben. Insgesamt ging mein Vater aber davon aus, dass wir Söhne auf dem Betrieb anpackten und mithalfen, wohl nach dem Motto: »Was ich nicht hatte, sollen meine Söhne auch nicht haben!« Durch diesen Zwang fühlten wir Brüder uns schrecklich eingeengt und vom landwirtschaftlichen Leben so abgeschreckt, dass keiner von uns daran dachte, den Hof später zu übernehmen. Nach meiner Grundschulzeit in Tröndel besuchte ich zwei Jahre lang die Mittelschule in Lütjenburg und machte 1981 auf der Kooperativen Gesamtschule im selben Ort mein Abitur. Da ich bis dahin überhaupt noch keine berufliche Orientierung hatte, überlegte ich mir, die Zeit bei der Bundeswehr zu nutzen. Von einer Gewissensprüfung keine Spur. So verbrachte ich meine Wehrdienstzeit von 18 Monaten beim Marinegeschwader in Kiel. Aufgrund der relativ vielen Freizeit beim Bund konnte ich mit meinem Bruder zusammen Sport treiben. Wir liefen Mittelstrecken und Marathon, wobei mein Bruder – zugegeben – der Bessere war. Ohne meine Zeit bei der Bundeswehr wäre ich wohl nicht zum Laufen gekommen. Mein Vater sagte zu meinem Sport Folgendes: »Wer abends noch Kraft hat zu laufen, der kann auch noch weiter arbeiten.« Die Zeit beim Bund brauchte ich auch, um mir Klarheit über meinen beruflichen Werdegang zu verschaffen. Trotz seiner Strenge ließ uns unser Vater alle studieren, da er davon ausging, dass Bildung und Disziplin für den erfolgreichen beruflichen Werdegang Voraussetzung waren. Mein ältester Bruder studierte Sport und Mathematik, der zweite tatsächlich Landwirtschaft, der dritte Betriebswirtschaft. Mir lagen die Sprachen. Natur- und Lebenswissenschaften sowie Archäologie interessierten mich, aber die Landwirtschaft in der Gesamtheit nicht so sehr. Ich entschied mich für das Grundstudium der Biologie und Archäologie in Kiel. Das Grundstudium

Heuernte (1950er Jahre). Foto: Privat

fand ich schrecklich, dagegen gab mir das breitgefächerte Studium der Agrarwissenschaften sehr viele Einblicke in die Bodenkunde, Botanik, Zoologie und Betriebswirtschaft. Ich studierte von 1983 bis 1988 und schloss das Studium mit dem Dipl.-Ing. agr. ab.

Nach der deutsch-deutschen Grenzöffnung 1989 waren Agrarberater plötzlich wieder sehr gefragt, während der Markt vorher wie tot war. Ab 1991 gab es Stellenausschreibungen für Agrarberatungen in Mecklenburg-Vorpommern und Brandenburg. Ich arbeitete dort als Berater von 1991 bis 1994 und kam dabei zu der Erkenntnis, dass die Arbeit in der praktischen Landwirtschaft doch gar nicht so uninteressant war. Wenn ich aber in der Landwirtschaft tatsächlich arbeiten sollte, dann nur unter den Bedingungen der ökologischen Landwirtschaft. In den früheren Jahren ging es in der Landwirtschaft mehr um das Sattwerden, heute wird die Frage des Artenschutzes bzw. Umweltschutzes immer wichtiger. Mein Vater hatte meine Einstellung zur Landwirtschaft nie ganz richtig nachvollziehen können. Als ich den Betrieb meines Vaters 1991 auf Pachtbasis übernahm, war er 80 Hektar groß. Das Ziel war klar gesteckt, es sollte eine Vollerwerbsstelle sein, und ich muss zugeben, ich hatte Angst vor den Belastungen. In den 1990er Jahren waren die Pachtzahlungen besonders niedrig, so dass ich bis zu 320 Hektar Land dazu pachten konnte. Mein Ziel war ein Bio- und Ökohof. Nach der allgemeinen Überzeugung war Ökolandbau nur mit Tierhaltung möglich. Mein Herz hing aber nicht an der Tierhaltung.

Bis 1979 hatte mein Vater noch gemolken; er hatte es aber Mitte der 1970er Jahre versäumt, in neue Kuhställe zu investieren, auch weil eine mögliche Hofnachfolge ungeklärt war. Als ich den Betrieb übernahm, hatten wir noch 70 Limousin-Rinder, 30 Mutterkühe und Nachzucht, die zweimal im Monat direkt vermarktet wurde. In unsere Tierhaltung hätte auch jetzt wieder technisch investiert werden müssen. Ich wollte aber die Tierhaltung bewusst auslaufen lassen und setzte auf Biogetreide. Im Todesjahr meines Vaters 1997 baute ich mir ein großes Getreidelager mit 1000 Tonnen Lagerkapazität in Innensilos. Seit 2005 betreibe ich konsequent einen viehlosen Bio-Getreide-Betrieb.

Alle Betriebe hier in der Umgebung scheinen mir hoffnungslos übermechanisiert. Es gibt kaum Kooperationen mit anderen Landwirten oder externen Lohnunternehmen, zu groß ist wohl die Angst vor schlechtem Wetter und zu

Silo-Lagerhalle. Foto: Wiedemann

drängend die Frage: Wann kommen die Erntemaschinen zu mir? Wenn ich an unseren alten Trecker-Park denke und diese Maschinen mit den heutigen Riesen vergleiche, dann kommen mir seltsame Gedanken. Meine Eltern fingen nach dem ersten Lanz-Bulldog mit 25 und 45 PS starken Hanomag-Traktoren an, 1972 kam ein lauter 75 PS Sechszylinder John Deere dazu, 1978 ein Schlepper mit 100 PS mit Kabine und Radio, mit dem ich in der Disco richtig angeben konnte. Mit Radio war das damals eine »coole Sache«. Heute besitze ich den Luxus von drei großen Schleppern mit 200, 240 und 270 PS und mit Elektronik, die ich selbst nicht beherrsche. Dafür aber meine 1,5 Mitarbeiter: Ein fester Mitarbeiter und einer für die Saison. Wir haben riesige Bodenbearbeitungsmaschinen, die über Satellit bei maximal zehn Zentimeter Abweichung ihre Arbeit verrichten. Mein Vater fing mit einem McCormick-Mähdrescher mit 1,5 Meter Mähbreite an. Diese Maschine sackte die Säcke an der Seite ab. Heute hat mein Mähdrescher ein Schneidwerk von über neun Metern und besitzt ein Raupenlaufwerk. Wir ernten in der Saison etwa 1000 Tonnen Getreide: Winter- und Sommerweizen, Sommergerste, Hafer, Dinkel und Ackerbohnen und züchten über eine Veredlung Biosaatgut.

Ich führe meinen Betrieb so, als ob es noch einen Hofnachfolger geben würde. Doch weiß ich, dass mein Betrieb in dieser Familie auslaufen wird. Ich habe zwei Töchter, keine muss und will den Betrieb übernehmen. Innerhalb einer Generation hat sich der Automatismus in der Hoffolge und Hofführung gedreht. Die Ehepartner müssen nicht mehr gemeinsam einen Betrieb führen. Meine Frau ist Ärztin. Sie kann und soll in ihrer Freizeit nicht noch landwirtschaftliche Arbeiten übernehmen. Die Gesellschaft hat auch noch keine Antwort darauf, wie in der Zukunft die Höfe weitergegeben werden sollen. Die klassische Höfeordnung greift nicht mehr. Die eigenen Kinder wollen und müssen nicht mehr in die Fußstapfen ihrer Eltern treten. Der Kauf eines Hofes ist für Quereinsteiger jedoch sehr und häufig auch zu teuer. Da ich bewusst keine Tiere mehr auf meinem Betrieb halte, außer vielleicht einer Katze, kann ich mit meiner Frau ein angenehmeres Leben führen, als es die Landwirte und Bauern früher konnten. Ich kann vor allem auch ohne schlechtes Gewissen unsere Urlaube planen.

*Henning Untiedt 2014*

Henning Untied in seiner Silo-Lagerhalle. Foto: Wiedemann

# Hofgemeinschaft Rothenhausen

## Fritz Otto

* 1950

Beruf: Diplom-Agraringenieur

Meine Eltern wohnten in Hamburg noch bei meinen Großeltern, wo ich dann 1950 zur Welt kam. Als ich vier Jahre alt war, zogen meine Eltern mit mir ins Ruhrgebiet nach Witten, da mein Vater nach seinem Studium im Industriebetriebe-Anlagenbau tätig war. Witten liegt am südlichen Rand des Ruhrgebietes nicht weit von Dortmund und Bochum. Unser direkter Nachbar war ein Bauer, dessen Hof mir in der Kindheit sehr viel bedeutete. Er wurde mein Spielplatz und der Ort, über den ich die Landwirtschaft lieben lernte. Dazu trugen jedoch auch der Garten und das Land um das elterliche Haus bei. Meine Eltern hatten um ihr Wohnhaus ein Grundstück von eineinhalb Hektar. Schon bald hatte ich als Jugendlicher einen kleinen Hako-Traktor, ein Mähgerät und anderes Gerät, was nötig war, um die Fläche mit Obstgarten, Gemüseanbau und Kleintieren zu bewirtschaften. Ich hatte noch drei Schwestern, von denen vor allem die Jüngste sich auch begeistert im heimischen Garten und für die Tiere einsetzte. Als Neunjähriger erlebte ich, wie der benachbarte Bauer seinen Hof aufgab; seine Flächen waren inzwischen Bauland geworden. Diesen Verlust empfand ich als sehr schmerzlich. Auf Initiative meiner Eltern besuchten wir Kinder die Waldorfschule in Bochum. Mit meinem Freund und späterem Geschäftspartner Friedhelm Kruckelmann ging ich in dieselbe Schulklasse. Als ich in der zwölften Klasse war, bildete sich ein Arbeitskreis, der sich mit politischen und sozialen Fragen beschäftigte. Hier erwachte unser Interesse an den Darstellungen Rudolf Steiners über die sozialen Fragen, über Arbeit, Grundbesitz und Einstellungen zur Natur. Hatte ich als Kind und Jugendlicher noch die Vorstellung, Architektur zu studieren und die Landwirtschaft als Hobby angesehen, so entwickelte sich bei uns jungen Männern sehr bald die Idee, gemeinsam in der Landwirtschaft tätig zu werden. Auslöser dieser Idee waren gewiss verschiedene biologisch-dynamisch geführte Höfe, insbesondere der Dottenfelder Hof bei Frankfurt, den wir kennenlernen durften. Wir erkannten die möglichen negativen Entwicklungen in der herkömmlichen Landwirtschaft, die sich immer weiter im Sinne einer modernen Industrialisierung von der natürlichen und elementaren Arbeit in der Landwirtschaft entfernte. Nach der Schulzeit entschieden Friedhelm und ich uns für die Ausbildungswege, die uns auf diese Aufgaben vorbereiten sollten. Friedhelm Kruckelmann begann sein Studium der Biologie in Tübingen, ich nahm mein Studium der Landwirtschaft in Göttingen auf. Mein Studium dauerte von 1971 bis 1974 und endete mit meinem Diplom als Agraringenieur. Mein drei Monate dauerndes Pflichtpraktikum machte ich auf dem biologisch-dynamisch geführten Bauckhof bei Lüneburg.

Den Grundwehrdienst bei der Bundeswehr wollte ich aus Gewissensgründen verweigern, was jedoch nicht anerkannt wurde. Ich klagte gegen diesen Bescheid mit dem Erfolg, dass das zuständige Kreiswehrersatzamt von sich aus auf mich verzichtete, da ich inzwischen verheiratet war und ein abgeschlossenes Studium hatte, was den Staat ohnehin zu viel Geld gekostet hätte.

Für Friedhelm Kruckelmann war das Biologiestudium im Hinblick auf unsere späteren Pläne sehr bald unbefriedigend, und er entschloss sich, eine landwirtschaftliche Ausbildung auf dem Dottenfelder Hof in Bad Vilbel zu beginnen. Auf dem Dottenfelder Hof hatte zur gleichen Zeit auch Lawrence Holmes seine landwirtschaftliche Ausbildung begonnen. Der Amerikaner war von seinem Einsatz in Vietnam zurückgekehrt und nach Deutschland gekommen mit der Absicht, Chemie zu studieren. Während eines Sprachkurses am Goethe-Institut ergab sich durch einen Lehrer ein Kontakt zum Unternehmen WELEDA – ein anthroposophisch und auf Rudolf Steiners Kriterien ausgerichtetes Unternehmen für Naturkosmetik und Arzneimittel. Hier

*Hofgemeinschaft Rothenhausen*

erfuhr er von der biologisch-dynamischen Landwirtschaft und entwickelte eine spontane Begeisterung dafür, die ihn schließlich an den Dottenfelder Hof führte. Gespräche mit Friedhelm Kruckelmann über die geplante Hofgemeinschaft weckten seinen Wunsch, an diesem Projekt mitzuarbeiten. Seither nahm Lawrence Holmes regelmäßig an unseren Treffen zur weiteren Planung teil.

Ich selbst hatte während meines Studiums in Göttingen meine Frau Ingrid Westhoff kennengelernt. Wir heirateten 1975. Sie hatte bis dahin als Medizinisch-technische Assistentin an verschiedenen Krankenhäusern und zuletzt im Zoologischen Institut der Göttinger Universität gearbeitet. Sie war damals schon entschlossen, ihren Beruf aufzugeben und ein Studium der Sozialpädagogik zu beginnen, da sie in ihrer Zukunft stärker in sozialen Zusammenhängen tätig sein wollte. Durch die neue Beziehung zu unserer Gruppe entstanden auch für sie neue Ideen. Eine bedeutende Förderung bekamen unsere Planungen, als die Eltern von Friedhelm Kruckelmann erste Überlegungen äußerten, die von Straßenbau und Industriesiedlung bedrängten Flächen ihres Hofes in Dortmund-Kruckel zu verkaufen. Sie setzten sehr großes Vertrauen in unsere Zukunftspläne und schlugen uns vor, den Erlös des Verkaufs in einen neuen Hof zu investieren, den sie uns zur Verfügung stellen wollten. In dieser Zeit stieß auch Christiane Kruckelmann, geb. Porthun, zu unserer Gruppe. Sie hatte nach einem Studium der Volkswirtschaft mit einer heilpädagogischen Tätigkeit in Bingenheim begonnen und war auf der Suche nach einer Perspektive für ihre weitere Arbeit.

Nach dem Ende unserer landwirtschaftlichen Ausbildungen folgten Tätigkeiten auf verschiedenen biologisch-dynamischen Höfen, um weitere Erfahrungen zu sammeln. Es machte sich aber auch immer stärker der Wunsch bemerkbar, nun doch bald einen Platz für die praktische Verwirklichung unserer gemeinsamen Pläne zu finden. Im Frühjahr 1976 berichtete der Makler, der für uns die entsprechenden landwirtschaftlichen Flächen im Ruhrgebiet suchen sollte, von dem bevorstehenden Verkauf des Gutes Rothenhausen bei Lübeck. Unser Interesse war zunächst nicht besonders groß, da wir uns mehr Nähe zum Ruhrgebiet wünschten. Eine erste »unverbindliche« Besichtigung änderte die Situation aber doch. Obwohl wir aus rein landwirtschaftlicher Sicht einige Probleme sahen, wie die stark unterschiedlichen Böden mit teilweise sehr sandigen, dann aber auch staunassen oder tonigen Stellen oder auch den unglücklich angelegten Kuhstall, nahm uns jedoch der Bestand der großen, sehr alten Bäume gefangen. Unter dem Druck der Entscheidungsfindung wurde ein Termin für die Kaufverhandlung in Rothenhausen vereinbart. Am 31. August 1976 unterzeichnete Friedhelms Vater Wilhelm Kruckelmann den Vertrag, und wenige Tage darauf übernahmen wir die Bewirtschaftung des Hofes.

Wir, das sind Friedhelm Kruckelmann und Christiane Porthun, Larry Holmes und ich mit meiner Frau Ingrid. Friedhelms Vater zog 1980 auch auf das Gut und bezog ein neugebautes Altenteilerhaus. Wir als Hofgemeinschaft begrüßten diesen Schritt sehr, da nun mehrere Generationen das Anwesen bewohnten. Zudem war Wilhelm Kruckelmann ein Pferdeliebhaber, was später den Kindern auf dem Hof zugutekam. Das Gut Rothenhausen hatte mehrere Vorbesitzer. Der letzte besaß den Hof nur zwei Jahre lang. Davor besaß eine Familie Hilmer für längere Zeit das Anwesen, dessen Bewirtschaftung nach dem Zweiten Weltkrieg aber bergab ging. Mit Überraschung stellten wir fest, dass der Künstler und Agrarhistoriker Carl Friedrich von Rumohr (1785–1843) hier auf dem Hof gelebt hatte. Sein Vater war damals Gutsbesitzer auf Trenthorst und Schenkenberg. C. F. von Rumohr lebte hier zwar als Künstler und nicht als Bauer, seine Ideen waren aber mit unseren verwandt, der Natur zugewandt.

Die Ziele für unseren neuen Hof leiteten wir vor allem von den Ideen Rudolf Steiners ab. Er zeigt Wege auf, wie den »nachlassenden Lebenskräften des Erdorganismus heilende Impulse« gegeben werden können. Ein zentrales Anliegen ist dabei die Schaffung von »Hofindividualitäten«, in denen »Schöpfungskräfte« neu wirksam werden können. Wir hatten erkannt, wie die moderne Landwirtschaft sich immer weiter von den Möglichkeiten der natürlichen Produktion entfernt hat und sich zunehmend die industrielle Wirtschaft mit ihren rohstoff- und energieintensiven Abläufen zum Vorbild genommen hat. Damit verbunden war die ständige Abwanderung von Menschen, die in der Landwirtschaft tätig waren. Wir kamen zu der Erkenntnis, dass die Landwirtschaft einerseits bezüglich der Menge und der Qualität der erzeugten Nahrungsmittel den realen Bezug zu den Bedürfnissen der Menschen verloren hatte (Überschussproduktion) und dass sie andererseits immer häufiger als Umweltverschmutzer in der öffentlichen Diskussion genannt wurde. Vor diesem Hintergrund sahen wir in der Neugestaltung von Höfen eine Bedeutung, die weit über den unmittelbar landwirtschaftlichen Bereich hinausgeht.

Unserer neuen Hofgemeinschaft kam es zunächst darauf an, jedes Tier, jede Pflanze und jeden Menschen in seiner Bedeutung für das Ganze, den gesamten Hoforganismus, zu verstehen. Unter Einbeziehung der örtlichen Naturgegebenheiten wollten wir dann ein Konzept für die Gestaltung des Hofes entwickeln. Im Mittelpunkt stand für uns die Kuhhaltung. Uns war bewusst, dass Rindvieh und seine natürlichen Futterpflanzen die Grundlage für die Bodenfruchtbarkeit bildet, aus der wiederum Nahrungsfrüchte für eine gesunde Entwicklung des Menschen hervorgehen. Die verschiedenen Gräser und der Klee liefern nach alter Erfahrung den entscheidenden Beitrag zum Aufbau von fruchtbarem Humus im Boden. Die Kühe wiederum können in einzigartiger Weise gerade diese Pflanzen für ihre Ernährung nutzen und dabei Milch erzeugen, die in ihrer Menge weit über den Bedarf des eigenen Nachwuchses hinausgeht und dem Menschen als besonders wertvoller Beitrag für seine Ernährung zur Verfügung steht. Der Mist, der dabei als »Abfallprodukt« entsteht, ist in seiner besonderen Qualität die ideale Grundlage für die Düngung von Feldern, auf denen Nahrungspflanzen für den Menschen angebaut werden, so zum Beispiel das Brotgetreide oder die verschiedenen Gemüsepflanzen. Die Gestaltung der Fruchtfolge mit den verschiedenen Kultur- und Futterpflanzen baut auf dieser Grundlage auf. Dabei kommt es uns darauf an, die einzelnen Kulturen mit ihren besonderen Ansprüchen, aber auch mit ihren Fähigkeiten, am Boden zu arbeiten, in einen sinnvollen Zusammenhang zu bringen. Als Hilfsmittel für die Belebung des Bodens und für die Förderung des Pflanzenwachstums verwenden wir die Heilpflanzen und Spritzpräparate, wie sie Rudolf Steiner in seinem »Landwirtschaftlichen Kurs« dargestellt hat. Auf diesem Wege wollen wir die Aktivität natürlicher Lebensvorgänge steigern und damit die Quelle für eine gesunde Ernährung des Menschen aufs Neue erschließen.

Für das Funktionieren einer guten Hofgemeinschaft bedurfte es reiflicher Überlegungen zu den Zielen der sozialen Gestaltung. Die Bewirtschaftung eines so großen Hofes mit den Zielen, die wir hatten, war nur mit vielen Mitgliedern möglich. Allein der Arbeitsaufwand in den Pflanzenbeständen ist im Vergleich zu den konventionell geführten Betrieben viel höher. Wir nehmen diesen Aufwand in Kauf, weil wir verhindern wollen, dass die Landwirtschaft zum bloßen Rohstofflieferanten für die Ernährungsindustrie verkommt. Mit einem möglichst vielfältigen Anbau von Gemüsepflanzen wollen wir den konkreten Wünschen der Menschen entgegenkommen, die sich von unserem Hof ernähren. Die alten sozialen Formen in der Landwirtschaft mit dem privaten Familieneigentum an Grund und Boden und dem Einsatz von abhängigen Arbeitskräften halten wir heute nicht mehr für zeitgemäß. Für die allgemeine Landwirtschaft hatte der Familienbetrieb unumgänglich die betriebliche Spezialisierung zur Folge. Wir sehen also die Notwendigkeit, neue Formen für die soziale Gestaltung zu finden. Am Anfang stand für uns dabei der Wunsch nach einer Form selbstständiger, partnerschaftlicher Zusammenarbeit zwischen allen, die sich auf dem Hof einbringen. Die Verantwortung für alle Fragen, die die Gesamtgestaltung des Hofes betreffen, wollen wir gemeinsam tragen. Dazu gehört das Prinzip, dass wichtige Entscheidungen nur einmütig getroffen werden. In den verschiedenen Teilbereichen – Viehhaltung, Ackerbau, Gemüseanbau, Bäckerei, Milchverarbeitung – und auf dem Hofladen sehen wir die Notwendigkeit einer fairen Verteilung der Verantwortung, wollen aber auch der persönlichen Initiative eines jeden genügend Freiraum geben und so eine effektive Bewältigung der täglichen Anforderungen gewährleisten. Durch regelmäßige Gespräche wollen wir eine einheitliche Prägung des Hofs im Ganzen erreichen. Diese Zielsetzung zieht notwendigerweise die Frage nach dem Umgang mit dem Kapital nach sich. Wir haben gesehen, wie in jüngerer Zeit besonders der Boden zunehmend zur Ware und zum Spekulationsobjekt geworden ist. Weiterhin ist es heute keineswegs mehr selbstverständlich, dass der Hofnachfolger aus der eigenen Familie kommt. Dies ist eine Entwicklung, die in anderen Berufen schon lange normal ist. Wir halten es für notwendig, den landwirtschaftlichen Grund und Boden und die damit verbundenen Gebäude in eine Form zu bringen, die sowohl der Verantwortung gegenüber der natürlichen Umwelt als auch den Bedürfnissen künftiger Generationen gerecht wird. Dazu müssen wir einen Weg finden, der die Beleihung des Bodens und damit letztlich die Verfügung der Banken über das Land ausschließt. Weiter wollen wir erreichen, dass die Frage der Hofnachfolge in freier Weise nach den jeweiligen Notwendigkeiten und Fähigkeiten geregelt werden kann und nicht durch Erfolge von vornherein geregelt ist. Das alte Prinzip der Erbfolge stößt schon in Familienbetrieben oftmals auf Probleme, die die Existenz eines Hofes gefährden können, zum Beispiel wenn keines der eigenen Kinder den Hof fortführen will. Für einen gemeinschaftlich geführten Hof ist eine sinnvolle Hofnachfolge nach traditioneller Art kaum vorstellbar.

Bei der Regelung der wirtschaftlichen Verhältnisse des Hofes stehen wir heute vor dem Problem, dass Landwirtschaft, wie wir sie verstehen, nur zum Teil ein Wirtschaftsbetrieb ist. Neben der Produktion, Weiterverarbeitung und der Vermarktung bedeutet Landwirtschaft auch als Pflege des gesamten Hoforganismus eine gesellschaftliche Kulturaufgabe, für die angemessene Finanzierungsmodelle gefunden werden müssen – zum Beispiel ähnlich dem der Schulen. Da wir die Aufgabe der Landwirtschaft ganz allgemein in der Erhaltung der Lebensgrundlage des Menschen sehen, wollen wir das Hofleben auch für die Teilnahme von außenstehenden Menschen möglichst weit öffnen. Darum bringen wir unsere Arbeit auch Schulklassen näher.

Als wir zu fünft im Sommer 1976 auf dem Gut Rothenhausen anfingen, schliefen wir erst einmal auf Luftmatratzen, zumal der Vorbesitzer mit seiner kleinen Tochter noch für vier Wochen im alten Guts- und Wohnhaus wohnen blieb. Am zweiten Tag nach unserem Einzug bekamen wir ein großartiges Geschenk. Die Familie Scharmer vom Hof Danwisch brachte uns ihre beste Kuh namens Petra mit Eichenlaub geschmückt. Die Kuh hatte im Bauch sogar noch ein Kälbchen. Wir hatten zunächst den Plan, erst wenn wir eine Lösung für die Stallverhältnisse gefunden haben, eine Kuhherde anzuschaffen. Da Petra für unseren Bedarf zu viel Milch gab, kauften wir noch zwei Kälber dazu. Da nun aber diese Kälber so viel Durst hatten, dass die Milch nicht reichte, musste noch eine weitere Kuh angeschafft werden, was zur Folge hatte, dass wir in den bestehenden Gebäuden improvisieren mussten und der Aufbau der Herde schneller als geplant voranging. Als wir im Folgejahr noch weitere Kühe dazubekamen, installierten wir unter dem Kuhstalldach eine Eimer-Melkanlage, die wir vom Bauckhof geschenkt bekamen.

Im ersten Winter sind wir mit den Planungen gut vorangekommen. Es ging zunächst um eine neue Einstellung der Felder mit einer geeigneten Fruchtfolge und um die Planung des Kuhstalls. Der vorhandene Stall mit viel Beton und wenig Licht erschien uns für die Unterbringung der Tiere als wenig geeignet. Dazu kam, dass die Einrichtung schon fast völlig demontiert war. So entschlossen wir uns, einen Laufstall mit eingestreuter Liegefläche in Verbindung mit einem Melkstand an den alten Stall anzubauen. Aus dem alten Stall wollten wir mit geringer Besetzung einen Jungviehstall bauen. Anfang Juni 1978 konnten wir das Richtfest unseres neuen Kuhstalls feiern. Noch im Sommer 1977 kam unser erstes Schwein auf den Hof. Alraune, eine tragende Sau, die sehr bald dann auch ihre Ferkel bekam. Einige Jahre schlachteten wir bei uns auf dem Hof. Das geschah meist im Januar oder Februar an einem Frosttag, da wir noch keine Kühlkammer hatten. Ein Schlachter aus der Nachbarschaft betäubte das Tier mit einem Bolzenschuss und schnitt ihm die Kehle durch. Das Blut wurde in einer großen Holzmolle aufgefangen und gerührt, so dass es nicht gerinnen konnte. Einen kleinen Teil nahmen wir davon für Blutwurst und dunkle Grützwurst. Meine Frau und ich hatten uns unter vielen Ratschlägen der alten Kruckelmanns in die Verarbeitung des Schweinefleischs eingearbeitet. Aus Dortmund-Kruckel hatten wir sogar noch eine Wurststopfmaschine und eine Dosenschließmaschine mit einer Menge 500-Gramm-Dosen. Der Schlachter hing das Schwein, nachdem er die Innereien mitsamt den Därmen und der Blase herausgenommen hatte, an eine Leiter, und wir ließen dann das Schwein über Nacht in unserer Werkstatt auf dem Hof abhängen. Der am Tag darauf kommende Fleischbeschauer prüfte das Fleisch, und setzte dann seinen Stempel darauf. Jetzt durfte der Schlachter das Fleisch zerlegen und nach unseren Wünschen in Braten, Koteletts, Schnitzel, Filets und Eisbein zerteilen. Ein entbeinter großer Schinken wurde später gepökelt und für sechs Wochen in unseren alten Gewölbekeller gebracht. Dann kam er in eine Räucherkammer. In unserer Küche

Vor rund 50 Jahren wurde der Jungviehstall für die Kälber auf Gut Rothenhausen gebaut. Foto: Wiedemann

ging es zu dieser Zeit hoch her. Da wurde das Fleisch durch die alte Wurstmaschine gedreht und kam in die vorbereiteten Därme oder in die Dosen. Beides wurde dann in großen Einmachkesseln auf unserem alten Holzherd gekocht bzw. gebrüht. Nebenbei wurde noch der Flomen ausgelassen und zu Griebenschmalz verarbeitet. Unsere Küche schwamm in diesen Tagen geradezu im Fett, was sehr unangenehm war. Aber die Tage der Hofschlachtung waren sowieso schon gezählt. Die Arbeit übernahm in den 1980er Jahren eine Lohnschlachterei. Unsere Schweine werden heute von einem lizenzierten Bio-Schlachter kontrolliert und geschlachtet.

Insgesamt hatten wir einen heruntergewirtschafteten 108 Hektar großen Hof mit schrottreifen Gerätschaften vorgefunden, was uns Schwierigkeiten bei den Feldarbeiten vor Beginn des ersten Winters bereitete. So war es naheliegend, dass wir im folgenden Jahr 1977 noch brauchbare Maschinen wie zwei Trecker und Anhänger von dem alten Hof von Wilhelm Kruckelmann per Güterzug zum Bahnhof Reinfeld transportieren ließen. Ich erinnere mich noch an unseren ersten Allradschlepper, eine »Höllenmaschine«, die nur mit Ohrenschützern zu fahren war. Im gleichen Jahr kauften wir auf Fehmarn einen zwölf Jahre alten Mähdrescher, mit dem wir unsere erste Ernte einbringen konnten. Anfangs hatten wir noch gegen Vorurteile bei der benachbarten Landbevölkerung und den Landwirten zu kämpfen. Das änderte sich allerdings bald, wobei der Einsatz unseres Mähdreschers auf den Feldern benachbarter Bauern in Kronsforde und Rothenhausen wohl dazu beigetragen hat. Wir mussten auch stark gegen bürokratische Hürden ankämpfen, bis unser Betrieb 1980 endlich auch als Ausbildungsbetrieb anerkannt wurde. Ich hatte ja die Befähigung, Lehrlinge auszubilden und wollte das auch gern tun. 1983 machte meine Frau ihre Gesellenprüfung zur Hauswirtschafterin und erhielt von der Landwirtschaftskammer die Erlaubnis, ihrerseits schon Hauswirtschaftslehrlinge bei uns auszubilden. In der Folgezeit bereitete sie sich auf die Meisterprüfung vor.

Gleich im ersten Sommer 1977 ergab es sich, dass die Waldorfschule in Hamburg-Nienstedten mit einer halben neunten Klasse für ein zweiwöchiges landwirtschaftliches Praktikum auf unseren Hof kam. Das war der Start für viele weitere Praktika von Schulen auf unserem Gut Rothenhausen. Anfangs schliefen die Schüler in Zelten und/oder in der Scheune, später hatten wir für diese Praktikanten extra ein Landschulheim gebaut, wo sie sich wohlfühlen konnten. Für den Hof konnte und kann die Mitarbeit der Schüler auch eine große Hilfe sein, besonders bei den vielen Pflegearbeiten.

In der ehemaligen Bäckerei von Otto Albers in Klein Wesenberg durften wir Brot backen. Wir bekamen einen Einführungskurs, und dann buken wir einmal die Woche in dem alten Holzbackofen ca. 80 Laibe Roggen- und Weizenbrot. Das Holz für den Ofen und alle Backzutaten mussten wir jedes Mal vom Hof mitbringen, da es in der Bäckerei keine Lagerungsmöglichkeiten gab. 1979 fingen wir an, eine eigene Backstube auf dem Hof bauen zu lassen. Für den Holzbackofen holten wir uns einen alten Backofenbauer aus dem Vogelsberg, der unter anderem den Vogelsberger Tuffstein verwendete, der die Hitze sehr gut halten und sie auch gleichmäßig verteilen kann. Nach der Fertigstellung buk meine Frau Ingrid mit Praktikanten ein- bis zweimal die Woche das Brot für die Hofgemeinschaft und den Hofladen. Zusätzlich zum Roggen- und Weizenbrot gab es noch ein leckeres Nussbrot und ein freigeschobenes Buttermilchbrot.

In den ersten Jahren bauten wir auch noch Rüben an, um genügend Futter für die Tiere zu haben. Im Frühsommer hieß es dann für alle Hofgemeinschaftsmitglieder auf dem Feld: »Rübenhacken!« Die Rüben lagerten wir nach der Ernte auf der Rübenplatte. Bei vielen Arbeiten wurden bis zu zehn Personen benötigt. Daran hat sich bis heute vieles geändert. Denken wir nur an die Rundballenpresse, die heute nur ein bis zwei Personen benötigt. Aber auch die anderen Geräte wie Mähdrescher, Eggen und Pflüge veränderten ihr Aussehen und ihre Funktionalität. 1983 erwarb

In der Schrotmühle wird das Mehl für das hausgebackene Brot gemahlen.
Foto: Wiedemann

*Hofgemeinschaft Rothenhausen*

ich einen Rautenpflug, der die Erde nicht ganz umdreht, sondern nur vorsichtig zur Seite ablegt. 1986 baute ich mir ein neues Bodenbearbeitungsgerät, einen Wendepacker, den ich mir auch patentieren lassen konnte und der Familie Raabe anbot, die ihn dann auch baute. Überhaupt veränderte sich das ganze Äußere der Hofgemeinschaft durch die An- und Neubauten in den nächsten Jahren erheblich. Hatten wir 1980 unseren kleinen Hofladen in der alten Waschküche im Anbau des alten Wohnhauses, so wurde im selben Jahr dieser Anbau abgerissen und der Hofladen in das umgebaute große alte Wohnhaus verlegt. Wöchentlich wurden im Direktverkauf einige hundert Liter Milch an die Lübecker Haushalte verkauft. Wir hatten anfangs auch nur wenige Produkte, vor allem frisch geerntetes Gemüse und unser Brot im Angebot. Das Getreide für unser Brot wurde noch aus Säcken abgefüllt, Dinkel konnten wir noch nicht schälen, und auch für Mehl hatten wir noch keinen Mehlsichter. Das Getreide zum Backen wurde mit einer alten Steinmühle gemahlen. 1985 bekamen wir eine richtig gute Mühle mit zwei Mühlmahlsteinen. Mit dieser Tiroler Mühle mahlten und mahlen wir jetzt unser Backschrot. Das Mehl ließen wir von einem alten Müller in der Wassermühle in Weddelbrook mahlen. Nachdem 1983 unser Pferdestall renoviert und umgebaut war, zog der Hofladen in diese Räumlichkeiten um. Jetzt hatten wir schon eine elektrische Kasse und viele Kunden für Vorbestellungen. Unser Angebot beschränkte sich auch nicht mehr nur auf die eigenen Hofprodukte, wir boten auch Weleda-Produkte an. Die Milch wurde aber noch weiterhin aus dem Hofbehälter mit der Milchpumpe entnommen. 1981 wurde das Richtfest für das neue Altenteilerhaus gefeiert. Im gleichen Jahr kam ein neuer Maschinenschuppen dazu, hauptsächlich für die Unterstellung des Mähdreschers. 1982 war Grundsteinlegung und auch Richtfest für das neue Betriebswohnhaus, das dann im Sommer 1983 mit einer großen Feier eingeweiht wurde. Im gleichen Jahr wurde das alte Wohnhaus abgerissen. In der Landwirtschaft veränderte sich in den letzten Jahrzehnten vieles. Sichtbar für jeden sind vor allem die technischen Vcränderungen, die immer größer werdenden Trecker und Mähdrescher. Aber auch »hinter den Kulissen« hat sich viel getan: Konnte früher ein Landwirt in allen Bereichen eingesetzt werden, so sind viele Arbeitsbereiche heute spezialisiert. Computer schaffen zwar eine Arbeitszeitersparnis, dafür wuchsen aber die Anforderungen in der Verwaltungsarbeit, in der Dokumentation und Kontrolle aller Vorgänge.

Kühe gehören untrennbar zum Gut Rothenhausen. Foto: Wiedemann

Den »Verein Gut Rothenhausen e. V.« gründeten wir 1981 gemeinsam mit Interessierten, die nicht zur Hofgemeinschaft gehören. Der Verein soll die pädagogische und kulturelle Arbeit auf dem Hof fördern und betreiben. Ihm sollte auch das Eigentum am Hof übertragen werden, um letztlich Verfügung über Grund und Boden an die gemeinsamen Ziele zu binden. Im Jahr 1986 übertrugen Wilhelm und Lieselotte Kruckelmann den Hof als Schenkung an den Verein. Wir alle erlebten diese Tat als besonderen Höhepunkt auf dem Werdegang des Hofes, und wir verbanden damit die Hoffnung, dass das Gut Rothenhausen auch für die ferne Zukunft ideellen Zielen im Sinne einer fortschreitenden Entwicklung verpflichtet bleibt und niemals Opfer von Spekulanten oder missbräuchlicher Verwendung werden kann. Die rechtlichen Verhältnisse sind heute so geregelt, dass der Kreis der ständigen Mitarbeiter in der Hofgemeinschaft eine Gesellschaft bürgerlichen Rechts (GbR) bildet, in der wir als selbstständige Landwirte unsere Landwirtschaft betreiben. Mit dem Verein besteht ein Nutzungsvertrag, in dem der Hofgemeinschaft das Recht der Bewirtschaftung entsprechend den Zielen des Vereins gegeben wird. Die Hofgemeinschaft zahlt ein jährliches Nutzungsentgelt an den Verein, das im Wesentlichen für die Erhaltung und Weiterentwicklung der Gebäude vorgesehen ist. Das lebende und tote Inventar ist der Hofgemeinschaft als »eiserne Pacht« überlassen, sie kann frei darüber verfügen. Grundlegende Änderungen an den Gebäuden bedürfen der Zustimmung des Vereins. Die Hofgemeinschaft hat nicht die Möglichkeit, Grund und Boden zu beleihen. Damit ist sichergestellt, dass der Bestand des Hofes nicht durch die Folgen eventueller Misswirtschaft in Gefahr kommen kann.

Innerhalb der Hofgemeinschaft gilt die gleichberechtigte Partnerschaft. Es gibt eine Arbeitsteilung, in der sich auch die persönlichen Fähigkeiten des Einzelnen entfalten können. Alle Fragen, die die Gesamtgestaltung des Hofes betreffen, werden aber gemeinsam beraten und entschieden. Die wirtschaftlichen Bedürfnisse der einzelnen Mitglieder der Hofgemeinschaft regeln wir in der Weise, dass einmal jährlich ein Gespräch darüber geführt und dann ein monatlicher Betrag festgelegt wird, der für die persönlichen Bedürfnisse wie Kleidung, Bücher, Reisen, private Autofahrten und Telefongespräche zur Verfügung steht. Die Höhe dieses Betrages steht nicht im Zusammenhang mit den wirtschaftlichen Ergebnissen aus den einzelnen Tätigkeitsbereichen, sie orientiert sich nur an den persönlichen Verhältnissen, insbesondere dem Familienstand. Eine Gewinnerzielung im üblichen Sinne findet nicht statt. Jedes Mitglied der Hofgemeinschaft erhält aber mit der Dauer seiner Mitarbeit ein Wohnrecht als Altenteiler. Die Frage der Verwendung von Überschüssen für die Weiterentwicklung des Hofes betrachten wir als eine Gemeinschaftsaufgabe. Die Frage nach der Hofnachfolge ist in der Vereinbarung mit dem Verein so geregelt, dass zunächst die Hofgemeinschaft selbst für die Auswahl verantwortlich ist. Die Aufnahme in den voll verantwortlichen Kreis der Hofgemeinschaft nach einer entsprechenden Einarbeitungszeit bedarf dann aber der Zustimmung auf der Jahreshauptversammlung des Vereins. Sollte die Hofgemeinschaft aus irgendwelchen Gründen nicht in der Lage sein, geeignete Nachfolger zu finden, so ist es allein Sache des Vereins diese Frage zu lösen.

Anfangs waren fünf Personen verantwortlich. Es durften maximal zehn Personen aufgenommen werden. Jetzt gehen drei ältere Personen auf das Altenteil, drei Ältere arbeiten noch mit und zwei junge Familien sind fest aufgenommen.

*Fritz Otto im Frühjahr 2013*

Erntezeit bei der noch jungen Hofgemeinschaft.

Viele Arbeiten wurden noch lange ohne größere Maschinen verrichtet.
Fotos: Privat

*Hofgemeinschaft Rothenhausen*

# Philipp Hennig

\* 1983

Beruf: Landwirt und B. Sc. Agrar

Geboren bin ich in Pforzheim und aufgewachsen im schwäbischen Drumherum in kleinen Ortschaften. Meine Schulzeit dauerte von 1989 bis 2002. Ich besuchte die Waldorfschule in Pforzheim, in der ich auch mein Abitur ablegte. Meine Eltern kauften sich in einem kleinen Ort auf dem Land ein zerfallenes Bauernhaus mit einem großen Garten, auf dessen Land sie sich ein neues Haus errichteten. Mich hatten die dörfliche Struktur und die Freiräume auf dem Land mit Leidenschaft gepackt. Jeder Nachbar hatte einen kleinen Traktor oder einen Schlepper, und alle hatten einen guten Kontakt zueinander. Mit 15 Jahren handelte ich mir für einen symbolischen Taler ein kleines Stück Land zum Bearbeiten ein. Es dauerte nicht lange, da besaß ich auch einen kleinen Einachser Irus U9, der offiziell nur sechs Kilometer in der Stunde fahren konnte und daher ohne Führerschein bewegt werden durfte. Nach dem Abitur machte ich zwei Praktika. Das erste auf einer Kontrollstelle für Ökolandbau im Büro, das zweite im Heilpflanzengarten der Firma Wala. Dieses Unternehmen stellt homöopathische Präparate her, die den Menschen ganzheitlich ansprechen sollen. Es folgte eine landwirtschaftliche Lehre auf zwei Demeter-Betrieben – vor allem im Ackerbau und in der Milchviehhaltung. Auf dem zweiten Betrieb lernte ich meine zukünftige Frau Verena kennen, die dort ein Praktikum in der Gärtnerei machte. Verena arbeitete später in der Gärtnerei der Lebensgemeinschaft Bingenheim bei Frankfurt, wo ich dann auch zeitweilig Arbeit als Zimmermann im Nachbarort, dann in der Landwirtschaft der Lebensgemeinschaft als Geselle fand. Ab 2006 studierten wir gemeinsam am Fachbereich Ökologische Agrarwissenschaften der Universität Kassel in Witzenhausen. Es folgten die Geburten unserer beiden Töchter Pauline und Karla. 2008 heirateten wir. Wir studierten bis Ende 2010, und im Februar 2011 zogen wir nach Schleswig-Holstein aufs Gut Rothenhausen. Während des Studiums wurde ich mir mit meiner Freundin Verena einig, dass wir zukünftig zusammen im selben Beruf in einer Gemeinschaft arbeiten wollten. Wir wollten uns zeitlich ergänzen, ohne uns aber auch zu sehr voneinander abhängig zu machen. Wir hatten ja gemeinsam inzwischen schon zwei Kinder, das dritte kam dann in Rothenhausen zur Welt. Nach unseren bisherigen Erkenntnissen und Erfahrungen klappt das wirklich sehr gut: jeder von uns ist meist jederzeit erreichbar, wir nehmen gemeinsam unsere Mahlzeiten ein und können uns in der Betreuung der Kinder gut abwechseln. Dennoch bewirtschaften wir selbstständig einen landwirtschaftlichen Betrieb.

Das Gut Rothenhausen liegt ca. zehn Kilometer südlich von Lübeck im Herzogtum Lauenburg und wird seit 1976 nach den Demeter-Richtlinien von einer Hofgemeinschaft bewirtschaftet. Auf diesem Gut fanden wir eine Hofgemeinschaft mit drei Generationen vor. Da wir dort keine festen familiären Bindungen hatten, gab es natürlich auch keine Vorbelastungen und Vorgeschichten. So hat hier jeder offene Ohren und ein besseres Verständnis für den anderen. Die drei Generationen zeigen sich vom Kleinkind über Kindergartenkinder, Schulkinder, Praktikanten, Lehrlinge, Gesellen, Mitarbeiter, die Gesellschafter und schließlich die Altenteiler. Zu Beginn unserer Zeit auf Gut Rothenhausen arbeitete ich im Angestelltenverhältnis vor allem im Bereich einer der Hofgründer, Herrn Fritz Otto, im Ackerbau und in der landwirtschaftlichen Buchführung. Jede Person auf dem Hof hat zwar seine festen Aufgabenbereiche, soll und kann aber auch Aufgaben übernehmen, die seinen persönlichen Neigungen und Fähigkeiten entsprechen. So bin ich auch Hausmeister, halte den Hof und den Maschinenpark instand und übernehme kleinere Bauarbeiten, zum Beispiel die einer Ladeneinrichtung.

Die Hofgemeinschaft Rothenhausen ist eine Gesellschaft bürgerlichen Rechts (GbR). Nach dem Konzept der Hofbegründer sollen die älteren Generationen in Altenteilerhäusern auf dem Gut wohnen bleiben dürfen. Die Eltern eines Mitbegründers der Hofgemeinschaft haben ihren Besitz 1976 in den Verein Gut Rothenhausen überführt – zugunsten einer zukünftig weiter bestehenden biologisch-dynamischen Landwirtschaft auf dem Demeter Gut Rothenhausen. Bis heute wird diese älteste Form des ökologischen Landbaus weiterentwickelt, wobei die forschende Tätigkeit zu einem beträchtlichen Teil von Bauern und Gärtnern selbst getragen wird. Neben allgemein im ökologischen Landbau angewandten Verfahren wie vielseitige Fruchtfolge (bei uns neun Jahre), Kompost- und Mistaufbearbeitung, schonende Bodenbearbeitung, artgerechte Tierhaltung usw. gehören zur biologisch-dynamischen Arbeit noch weitere Elemente. Die Anwendung biodynamischer Präparate (ähnlich Homöopathie) und das Verständnis des Hofes als Betriebsorganismus stehen dabei im Vordergrund. Die vielfältige Fruchtfolge im Anbau der Kulturpflanzen und der wertvolle Mist unserer Milchkühe schaffen gesunde Wachstumsbedingungen, die uns den vollständigen Verzicht auf chemisch-synthetische Dünger- und Pflanzenschutzmittel ermöglichen.

Früher hatte der Hof fünf Gesellschafter, jetzt sind es mit uns acht. Unser Einstieg in die GbR bedeutet auch eine Kostenbeteiligung, die wir so erst gar nicht tätigen konnten. Wir haben aber als Pächter unsere Anteile als Darlehen zur Verfügung gestellt bekommen und lösen das Darlehen damit ab, dass wir den Altenteilern auf Lebenszeit Unterhalt in einer festgesetzten Höhe gewähren. Als wir von Kassel nach Rothenhausen zogen, ist auch eine mit uns befreundete Familie mit hierhergezogen, die nach einem Jahr Probezeit aber wieder ausstieg. Jetzt ist eine neue junge Familie aus Franken zu uns gestoßen, die mit in die GbR eingestiegen ist. Die Hofgemeinschaft Gut Rothenhausen besteht aus zwei Betrieben. Auf der einen Seite ist es der produzierende Betrieb mit Ackerbau, Getreideanbau, Viehzucht, Gärtnerei, Getreideaufbearbeitung, Mehlherstellung und Käserei und auf der anderen Seite die Vermarktung mit dem Hofladen, der Bäckerei und dem Lieferservice. Der Hof, umgeben von alten Eichen, alten Obstbäumen, mit einem Teich mit Hechten und hunderten Metern Knick, arbeitet eigentlich autark in der Versorgung mit Wasser und Energie. Es gibt einen eigenen Tiefbrunnen, eine Abwasseranlage und ein Windrad.

*Philipp Hennig 2012/2013*

Wenn Philipp Hennig nicht gerade Dinge baut oder repariert, fällt garantiert etwas anderes an, wobei seine helfende Hand benötigt wird. Zum Beispiel, wenn die Kühe ausgebüxt sind. Foto: Wiedemann

# Verena Hennig

geborene Schulze
* 1982
Bäckerin und B. Sc. Agrar

Zur Welt kam ich im hessischen Marburg. Meine Eltern waren im kaufmännischen Bereich tätig. Ich habe einen Bruder. Die Schullaufbahn verlief bei mir normal. Ich schloss sie mit dem Abitur ab. Ein Berufspraktikum in einem landwirtschaftlichen Betrieb noch während der Schulzeit weckte in mir das grundsätzliche Interesse an der Landwirtschaft. Es war ein großer Betrieb, samt Bäckerei und Käserei, mit therapeutischem Ansatz unter anderem für Drogenabhängige. Die Arbeit dort beeindruckte mich und machte mir so viel Freude, dass ich nach meinem Abitur 2002 eine Bäckerlehre auf einem landwirtschaftlichen Demeter-Betrieb bei Frankfurt, dem Dottenfelder Hof, startete. Der Dottenfelder Hof in Bad Vilbel ist eine Landbauschule zur Ausbildung von Gärtnern und Landwirten. Integriert ist eine handwerkliche Holzofenbäckerei. Es dauerte zwei Jahre, da war ich Bäckergesellin. Es folgte ein Jahr in der Gärtnerei der Hofgemeinschaft Haus Bollheim in der Köln-Aachener Bucht, wo ich auch meinen jetzigen Mann Philipp Hennig kennenlernte, der dort das letzte Lehrjahr seiner landwirtschaftlichen Lehre machte. Nach dem Praktikum folgte ein Lehrjahr in der Gärtnerei der Lebensgemeinschaft Bingenheim bei Frankfurt. In dieser Zeit wurde ich auch mit meiner ersten Tochter Pauline schwanger. Zusammen mit meinem Freund fing ich 2006 das Studium der ökologischen Agrarwissenschaften an. Während des Studiums bekam ich 2007 mein zweites Kind, Karla. Im Jahr 2008 heirateten Philipp und ich.

Insgesamt hatte ich ja schon in meiner Lehrzeit sehr positive Erfahrungen in Hofgemeinschaften gemacht und kam daher mit meinem Mann schnell zur Überzeugung, dass das Leben und die Arbeit innerhalb einer Hofgemeinschaft für uns als Familie die optimale Lösung wäre. Wir schauten uns im Internet die verschiedensten Homepages der Hofgemeinschaften in Deutschland an und schickten viele Initiativbewerbungen in die Lande. Das Demeter-Gut Rothenhausen stand kurz vor einem Generationenwechsel, und es war auf der Suche nach Nachfolgern. Wir bewarben uns und hatten Erfolg. Wir konnten auf dem Gut Rothenhausen als Angestellte mit einer Art Probezeit anfangen mit der Option, später in die GbR einzusteigen. Hier auf dem Hof bekam ich nun mein drittes Kind, meinen Sohn Mathis. Während sich mein Mann in den Ackerbau, die landwirtschaftliche Buchführung und die Hofinstandhaltung einarbeitete, kochte ich im Wechsel mit drei anderen Frauen dreimal in der Woche für die gesamte Hofgemeinschaft und kümmerte mich um den Gemüsebereich des Hofladens und den Verkauf. Wir haben in unserem Haus eine große Küche und einen Gemeinschaftsraum, in dem alle Hofmitglieder aller Generationen samt Lehrlingen und Praktikanten gemeinsam ihr Mittagessen einnehmen. Das sind zurzeit etwa 20 bis 25 Personen, gleichviele Männer wie Frauen. Vor unserer Zeit war der Altersdurchschnitt auf dem Gut bei etwa 50 Jahren und aufwärts, heute dagegen liegt er bei etwa 30 Jahren, also deutlich niedriger. Morgens in der Früh – nach dem Ladenaufbau, Stallarbeit etc. – gibt es im Gemeinschaftsraum nach dem Frühstück eine Arbeitsbesprechung, in der geschaut wird: Wer plant was? Was wird noch benötigt? Dann gibt es hier während des Tages immer mal wieder nette Zusammenkünfte auf einen kurzen Kaffee oder ein Schwätzchen. Geburtstage, größere Feste und Feiertage werden an diesem Ort auch oft gemeinsam gefeiert.

Zurzeit haben wir etwa 30 bis 33 Milchkühe, einen Zuchtbullen und eine eigene Nachzucht. Das Schlachten übernimmt für uns ein Schlachter aus Bad Oldesloe. Zudem laufen auf dem Gut etwa 70 Hühner herum, ebenso 20 Schweine. Wir beherbergen außerdem vier Pensionspferde, auf zwei Pferden bietet eine Therapeutin

Reittherapie für Kinder an. Unsere Gärtnerei mit 500 Quadratmetern Gewächshausfläche und knapp zwei Hektar Freiland versorgt den Hofladen und den Lieferservice mit frischem Gemüse. In der Käserei wird ein Drittel der Milch unserer Kühe zu leckeren Frisch-, Schnitt-, Hartkäsen, Joghurt, Dickmilch und Quark veredelt. Die Bäckerei mit einer Osttiroler Natursteinmühle verarbeitet unseren Roggen, Dinkel und Weizen zu verschiedenen Broten, Brötchen, Kuchen, Fein- und Dauergebäcken. Das Demeter Gut Rothenhausen ist in seiner Gesamtheit eine großzügige Anlage, die mit einem Hofladen, den offenen Stalltüren zu allen Tieren, mit einer Gärtnerei und den Pferden werbewirksam und kundenanziehend ist. Das ist für den Betrieb natürlich auch überlebenswichtig. So bietet der Hof für seine Kunden, Touristen und Besucher (Familien, Kinder, Schulklassen) auch Führungen an. Für Schulklassen gibt es zusätzlich zu den Führungen auch Praktika mit Übernachtungsmöglichkeiten im etwas abgelegenen Lindenhaus. Dieser Bereich soll auch noch weiter ausgebaut werden.

*Verena Hennig 2012/2013*

Das Gut Rothenhausen führt einen Kindergarten und -hort.

Im Hofladen auf Gut Rothenhausen werden unter anderem die eigenen Milcherzeugnisse direktvermarktet. Fotos: Wiedemann

*Hofgemeinschaft Rothenhausen*

Das Tierwohl wird in der Hofgemeinschaft großgeschrieben. Geschlachtet werden die Tiere regional bei einem Schlachter in Bad Oldesloe. Die Erzeugnisse der Milchviehhaltung werden in der hofeigenen Milchküche verabeitet. Fotos: Wiedemann

Sau Alraune mit ihren Ferkeln (1977). Foto: Privat

Sattelschweine (Jungtiere) in ihrem Auslauf. Foto: Wiedemann

*Hofgemeinschaft Rothenhausen*

Blick auf die neuen Wohn- und Gruppenhäuser (2012). Foto: Privat

Der erste eigene Mähdrescher in Aktion (1980er Jahre). Foto: Privat

Erstes gemeinsames Frühstück der Hofgemeinschaft im Freien (1977). Foto: Privat

Erste Kartoffelpflanzung (1980er Jahre). Foto: Privat

Öffentliches Hoffest auf Gut Rotenhausen (2012). Foto: Wiedemann

Die hofeigene Brotbäckerei (1980er Jahre).

Die Mahlzeiten werden gemeinsam eingenommen (1970/80er Jahre). Fotos: Privat

# Jugend-Naturschutz-Hof Ringstedtenhof — Lübeck-Vorrade

## Ludger Grothues

* 1964
Beruf: Diplom-Agraringenieur, Biolandwirt

Als ich 1964 zur Welt kam, betrieben meine Eltern einen typischen Mischbetrieb mit Milchvieh, Schweinen und Geflügel von etwa 65 Hektar in Lippstadt/Westfalen. Mein Vater, Paul Grothues, hat zusammen mit seiner Frau und meiner Mutter Franziska, geb. Schulze-Tomberge, den Betrieb seiner Eltern übernommen. Der Hof ist etwa seit 1750 im Familienbesitz. Mein Großvater, geboren 1897, wollte eigentlich den Beruf des Mediziners ausüben. Er war Medizinstudent, als sein Bruder, einer von fünf Geschwistern, im Ersten Weltkrieg fiel und ein zweiter Bruder schon zwischenzeitlich einen anderen Hof übernommen hatte. Jetzt war mein Großvater an der Reihe und musste den Betrieb übernehmen. Meine Großmutter kam selbst auch nicht aus der Landwirtschaft. Meine Großeltern führten dann den Hof bis 1960, als mein Vater den Betrieb übernehmen konnte. Mein Großvater war ein politisch aktiver Mensch und unbelastet von dem nationalsozialistischen System. Er wurde Bürgermeister seiner Stadt und später auch Landrat in Nordrhein-Westfalen. Nebenbei arbeitete er als Melker und Landwirt.

Mein Vater Paul Grothues, geb. 1932, wollte eigentlich auch nicht Landwirt werden, sondern den Beruf des Kaufmanns erlernen. Sein älterer Bruder starb jedoch im Zweiten Weltkrieg, woraufhin er von seinen Plänen absehen musste und die Ausbildung zum Landwirt startete. Das Studium schloss er mit dem Diplom-Agraringenieur ab. 1960 übernahm er dann den Betrieb. Meine Eltern heirateten 1960, und vier Jahre später erblickte ich dann das Licht der Welt. In den 1960er Jahren verschwand allmählich der Beruf des Melkers. Als unser Melker in den Ruhestand ging und mit seiner Familie von unserem Hof fort ins Dorf umzog, entschloss sich mein Vater 1968 – ermutigt durch die Landesbeihilfen bei Aufgabe eines Milchbetriebes – seine Kühe abzuschaffen und auf Schweinemast umzusteigen. Mein Vater baute die vorhandenen Gebäude und Stallungen jetzt mit Güllespalten für die Schweinehaltung um. Ich selbst kann mich noch gut an unsere Kühe erinnern und an unsere Wiesen, die damals lange ein Überschwemmungsgebiet waren, wenn der Fluss Glenne, ein Zufluss der Lippe, über die Ufer trat. Es war der politischen Arbeit unseres Großvaters zu verdanken, dass es zur Eindeichung dieses Gebietes kam. Mein Vater bewirtschaftete den Hof ab 1968 alleine, und meine fünf Brüder und ich mussten mit anpacken, wo »Not am Mann« war. In den 1970er Jahren erhielten wir für eine Stunde Hilfe eine Mark als zusätzliches Taschengeld. So halfen wir unter anderem beim Füttern der Schweine, beim Stroheinfahren und Stroheinstreuen.

Nach meiner Grundschulzeit besuchte ich in Lippstadt das Gymnasium und legte dort 1983 mein Abitur ab. Es schlossen sich 1983/84 15 Monate Grundwehrdienst bei der Bundeswehr an. Dann stand ich vor der beruflichen Entscheidung: Gehe ich in die Forst- oder Landwirtschaft? Ich entschied mich für die Ausbildung in der Landwirtschaft und machte von 1984 bis 1986 auf zwei Betrieben in Nordrhein-Westfalen die Ausbildung zum praktischen Landwirt. Im ersten Ausbildungsjahr lernte ich in der Berufsschule meine spätere Frau kennen; sie war dort die einzige weibliche Auszubildende. Als ich 1986 in Göttingen mein Landwirtschaftsstudium begann, traf ich sie dort wieder. Wir heirateten erst 2006, aber im April 1988 kam bereits unser erstes Kind Christoph zur Welt. Den elterlichen Betrieb übernahmen derweil mein Bruder Karl-Heinz und seine Frau Beate, geb. Hüttemann, am Anfang der 1980er Jahre. Sie bauten weitere Ställe an und intensivierten die Schweinemast samt Ackerbau mit heute knapp 3000 Schweinen.

Gegen Ende unseres Studiums reifte bei mir und meiner Frau der Entschluss auf den ökologischen Landbau samt sozialpädagogischem Einsatz zu setzen. Meine Frau wollte eigentlich nicht weit weg von einer Stadt arbeiten, während

## Jugend-Naturschutz-Hof Ringstedtenhof – Lübeck-Vorrade

ich lieber auf dem Land leben wollte. Bei der Suche nach einem ökologisch betriebenen Hof, der auch als Schulbauernhof funktionierte, fand ich in der »bioland«, einer Fachzeitschrift für ökologischen Landbau, eine passende Anzeige aus Lübeck, aufgegeben von dem Verein Landwege, der einen Landwirt für einen so geführten Betrieb suchte. Die Anzeige hatten Magret Wichmann und Christoph Beckmann des Vereins Landwege geschaltet, und wir machten uns 1992 voller Erwartungen auf den Weg nach Lübeck-Vorrade. Uns erwarteten ein Reiterstübchen, viele Pferdeboxen und verfallene Gebäude samt einer Betriebsgröße von knapp 40 Hektar, ein heruntergekommener Betrieb im Besitz der Hansestadt Lübeck. Das Paar, das uns erwartete, wusste, dass ein Milchbetrieb wegen der nicht erreichbaren Milchquote unsinnig war. Es erzählte uns von seinen Vorstellungen von einem ökologisch betriebenen Hof mit Ziegenhaltung, Ackerbau, Hofbackstube und Direktvermarktung. Es gab auch noch eine Option auf eine Gärtnerei, zu der es später aber nie kam. Wider meines Erwartens war meine Frau mit einem solchen Neuanfang in Lübeck und den notwendigen Investitionen einverstanden. Der Verein Landwege hatte den Ringstedtenhof von der Hansestadt Lübeck gepachtet. Der Verein bot uns den Hof 1993 zur Zwischenpacht an. Die Betriebsführung sollte nach dem Konzept Jugend-Naturschutz-Hof erfolgen. Der Pachtvertrag sollte 25 Jahre bis 2018 gelten.

Der Jugend-Naturschutz-Hof mit seinen pädagogischen Angeboten und einem Natur- und Landkindergarten gehörte fest ins Konzept des Vereins Landwege e. V.

Der Hof selbst war von Ende des 18. Jahrhunderts bis nach 1945 im Familienbesitz einer Familie Vollert gewesen. In den Kriegsjahren hatte sich der Bauer Vollert bei seinen Zwangsarbeitern durch sein Verhalten so unbeliebt gemacht, dass sie ihn 1945 vor den Augen seiner Tochter ermordeten. Der Hof wurde an eine Familie Maertens verkauft, die ihn von 1949 bis Ende der 1960er Jahre führten. In Planungen zur möglichen Vergrößerung der Hansestadt Lübeck sollte der Ringstedtenhof zu Bauland werden. Die Ölkrise und ihre negativen Auswirkungen auf die Wirtschaft ließen die Stadtentwicklungspläne platzen. Im Zuge des Projektes Jugend-Naturschutz-Hof hat die Hansestadt dann 1993 den Hof von der Investitionsbank Kiel übernommen. Auf der Grundlage eines Konzeptes, das wir mit der Landwirtschaftskammer Schleswig-Holstein erstellt haben, konnten wir der Hansestadt Lübeck den Nachweis erbringen, dass der von

Der Jugend-Naturschutz-Hof Ringstedtenhof. Foto: Wiedemann

uns angestrebte Betrieb als tragfähig angesehen werden konnte. Nachdem der Pachtvertrag zwischen uns, dem Verein Landwege und der Hansestadt Lübeck für 25 Jahre abgeschlossen war, wurde uns eine Summe von 250 000 DM als Sanierungszuschuss für die Haus- und Stallsanierung bewilligt. Mit der finanziellen Begleitung der ansässigen Sparkasse konnten wir nun beginnen und das Konzept umsetzen.

Das Konzept besagte, dass neben dem selbstständigen landwirtschaftlichen Betrieb der Verein Landwege e. V. einen pädagogischen Betrieb führte, der regelmäßig zum Beispiel Kindergartengruppen und Schulklassen zur Mitarbeit animierte. Die Kinder konnten beispielsweise einen Erdkeller bauen oder Ställe ausmisten und wurden zudem über gesunde Tierhaltung, gesunde Ernährung und den Weg vom Korn zum Brot aufgeklärt. Den Jugendlichen geben wir mit diesen wichtigen Erfahrungen unmittelbaren Zugang zur Landwirtschaft, zur gesunden Ernährung sowie zu Natur und Umwelt.

Wir starteten das Projekt 1993 mit zwei Parteien in einer Betriebsgemeinschaft. Das Kernstück unseres Betriebes war jedoch der Hofladen, den wir am 21. Juni 1994 eröffneten. Der Laden war dreimal in der Woche, immer mittwochs, freitags und samstags, geöffnet. Neben Ziegen hatten wir ein paar Schweine und bauten Gemüse, Kartoffeln und Getreide an. Unsere Ackerflächen sammeln bei Starkregen Staunässe, so dass unser Kartoffel- und Gemüseanbau auf etwa vier Hektar in manchen Jahren gefährdet bis vernichtet ist. Eigentlich ist unser Boden direkt um unseren Betrieb eher für Grünland geeignet. Für das Grünland stellten wir Pensionspferde ein. Die für ihre Unterbringung notwendigen Ställe bauten wir ebenfalls 1994. Im gleichen Jahr kam unser zweiter Sohn Thomas zur Welt. 1995 starteten wir mit unserer eigenen Bäckerei. Ein Freund noch aus der Göttinger Studienzeit war Bäckermeister. Er wies mich in die Arbeit des Backens ein. Die ersten Backtröge und Maschinen erwarb ich von insolventen Bäckereien von der Westküste. So übernahm ich selbst erst einmal das Backen in unserer Backstube. Wir hatten häufig auch Aushilfen beim Backen, bis unsere erste Auszubildende Sybille Seyler die Backstube für zwei Jahre ganz übernahm. Heute haben wir zwei festangestellte Bäcker und immer mal wieder eine Aushilfe. Für unser Brot verwenden wir nur Bioland-Getreide aus der Region. Das Getreide wird für jeden Backtag in unserer Natursteinmühle frisch vermahlen.

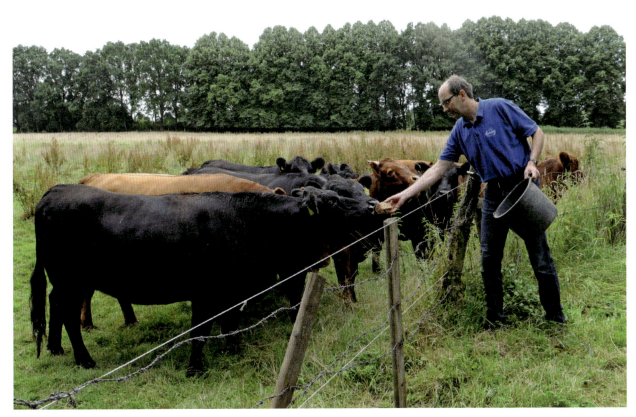

Bauer Grothues beim Füttern seiner Rinderherde. Foto: Wiedemann

*Jugend-Naturschutz-Hof Ringstedtenhof – Lübeck-Vorrade*

1997 kam es zu einer Auflösung unserer Betriebsgemeinschaft, und meine Frau und ich beschlossen, den Hof nun zu zweit zu führen. Ebenfalls in den 1990er Jahren liefen auch die Planungen für den neuen Hochschulstadtteil Bornkamp an, und in den ersten Jahren nach 2000 begann die Bauphase. Das war das Aus für unsere Pferdehaltung, Ausreiten in die weite Natur ging nun nicht mehr. Auf das Grünland stellten wir eine Mutterkuhherde (zuerst waren es Galloway-Rinder, dann Deutsch Angus) von etwa 70 Tieren, je ein Drittel Muttertiere, Einjährige und Zweijährige. Geplant ist die Kuhhaltung für eine ganzjährige Draußenhaltung, doch ist die Stallhaltung bei dem zeitweilig sehr feuchten Gebiet durchaus auch sinnvoll.

Wir schlachten für den Direktverkauf im Hofladen einmal die Woche zwei Schweine und ein Rind. Die Schweine stammen aus den Rassen Deutsches Edelschwein und Deutsche Landrasse, beides alte und robuste Rassen. Die Schweine leben während des Sommers auf der Weide, wo sie in der Erde wühlen und sich in den Pfützen suhlen können. Im Winter leben sie in Ställen mit Auslauf, da es auf den Weiden zu feucht wird. Geflügel kaufen wir für den Weiterverkauf von anderen Biolandhöfen dazu. Unser Hofladen läuft eigenständig und arbeitet mit dem Bio-Großhandel zusammen. Von uns erhält der Laden Kartoffeln, Fleisch und Brot.

1999 konnten wir 30 Hektar vom Krummesser Stadtgut dazu pachten, ebenso ein Gebäude als Kartoffellager, das wir sehr gut für unsere auf diesen Äckern angebauten Kartoffeln nutzen können. Der Betriebszweig mit den Kartoffeln erweist sich durchaus als rentabel. Von unseren 40 Hektar Ackerland bepflanzen wir heute ca. zehn Hektar mit Kartoffeln und 20 Hektar mit Getreide, welches zum Teil an die Mühle Rosenkrantz in Neumünster geliefert wird und aufgearbeitet an uns zurückgeht. Zudem steht auf zehn Hektar Kleegras. Von unseren insgesamt 80 Hektar Betriebsfläche bleiben für das Grünland 40 Hektar.

Die Vielfalt, die unser Betrieb laut Kooperationsvertrag mit dem Verein Landwege anbieten sollte – das Angebot von Gemüse, Hühnern und Schafen – musste allein schon wegen der Staunässe auf unserem Gelände aufgegeben

Der Jugend-Naturschutz-Hof Ringstedtenhof. Foto: Wiedemann

werden. Jetzt, da nach knapp 25 Jahren unser Pachtvertrag ausläuft, möchte der Verein Landwege den Vertrag nicht verlängern. Uns wird vorgeworfen, dass wir die Vielfalt nicht mehr anböten und den Ringstedtenhof mehr nach ökologischen und zu wenig nach pädagogischen Gesichtspunkten führten. Unsere angeblich nicht mehr erfüllte Aufgabe sei es, das Leben auf einem Bauernhof für alle Lübecker vielfältig sichtbar zu machen. Ein Kritikpunkt ist zum Beispiel, dass keine Schweinegeburten mehr zu beobachten sind.

Unserer Meinung nach sollen Kinder lernen, wie Tiere auf unterschiedlich geführten Höfen, zum Beispiel auf einem Biohof und einem traditionell geführten Hof gehalten, gezüchtet und vermarktet werden. Allein auf diesem Wege können und sollen sich die Kinder mit ihren Eltern und Erziehern in weitergeführten Gesprächen oder im Unterricht selbstkritisch ein eigenes Urteil bilden können. Insgesamt wird das Angebot auf dem Ringstedtenhof, das der Verein Landwege und wir als Pächter anbieten, von den Eltern, Erziehern und den Lübeckern sehr positiv aufgenommen. Inzwischen hat sich sogar eine Initiative gegründet, die sich dafür einsetzt, dass meine Frau und ich den Pachtvertrag verlängern dürfen.

»Der Jugend-Naturschutz-Hof Ringstedtenhof ist zertifizierter Partner des Landes Schleswig-Holstein für eine Bildung für nachhaltige Entwicklung. Für die Jahre 2007/2008 war der Jugend-Naturschutz-Hof ein offizielles UN Dekade-Projekt. Der Jugend-Naturschutz-Hof ist Mitglied bei der Bundesarbeitsgemeinschaft Lernort Bauernhof (BAGLOB) und beim Forum Nachhaltigkeit Lernen – Netzwerk Schleswig-Holstein sowie bei der Arbeitsgemeinschaft Natur- und Umweltbildung (ANU).«

So kann man es im Internet nachlesen. Der Verein Landwege hat vor einigen Jahren auch einen eigenständigen Kindergarten gegründet, der mit festen Öffnungszeiten in den Hofbetrieb integriert ist. Schulklassen werden empfangen. Leider erfahren wir, dass die aufsichtführenden Lehrer immer weniger Zeit mitbringen, was, so vermute ich, seine Ursache in innerschulischen Zwängen und den vielen Schulreformen findet. Am Nachmittag bietet der Verein Landwege Seminare und Kurse für Kinder, Jugendliche und Erwachsene an. Außerdem arbeitet der Verein mit der Vorwerker Diakonie, also mit Behinderten samt ihren Betreuern zusammen. Manche sind als Schüler hier schon einmal tätig gewesen und wurden später als Arbeitskraft von dem Verein Landwege übernommen. Diese Personen arbeiten zum Beispiel in dem Projekt Gartenbau. Wir haben zurzeit acht bis neun Teilnehmergruppen und seit einigen Jahren eine Außenarbeitsgruppe mit Inklusion von leicht behinderten Personen.

Unsere zwei Söhne werden wohl nicht in unsere Fußstapfen treten, was wir ihnen auch nicht übel nehmen. Der ältere macht gerade seine Ausbildung zum Lehrer, der jüngere wuchs zwar auf dem Hof mit Hofladen und Bäckerei und voll im Landleben integriert auf, ist aber auf dem Weg zum Schifffahrtskaufmann.

*Ludger Grothues im Herbst 2014*

# Landhandel Friedhelm Michaelis   Krummesse

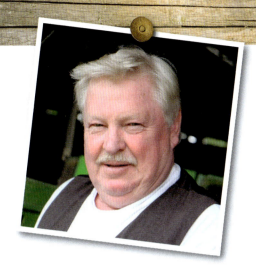

## Friedhelm Michaelis

\* 1954

Beruf: Landwirt, Kaufmann

Ich kam am 10. März 1954 zur Welt, nachdem meine Eltern fünf Tage zuvor zu Hause geheiratet haben. Man bezeichnete mich deshalb als »Fünf-Tages-Kind«. Ich kann auf eine stattliche Anzahl meiner Vorfahren mütterlicherseits der Familie Dorendorf zurückblicken, die alle in Krummesse als selbständige Hufner in der Landwirtschaft gearbeitet hatten. Die Linie Dorendorf lässt sich bis 1787 zurückverfolgen. Der Sohn meines Großvaters Friedrich Dorendorf fiel im Zweiten Weltkrieg. Goßvaters Tochter Frida Emma Bertha Dorendorf – meine Mutter – heiratete im März 1954 meinen Vater Helmut Otto Michaelis. Mein Bruder Manfred Michaelis kam dann vier Jahre nach mir zur Welt. 1960 wurde ich in die Volksschule Krummesse eingeschult. Aufgrund der eingeführten Kurzschuljahre konnte ich 1968 die Schule verlassen. Es folgte eine dreijährige landwirtschaftliche Ausbildung in der Berufsschule Bad Schwartau, wohin ich meist mit meinem Moped fuhr. Die normalerweise zuständige, aber etwas weiter entfernte Berufsschule Mölln konnte ich nicht besuchen, da es von Krummesse keine Busverbindung gab. Auf dem elterlichen Hof in Krummesse lernte ich eineinhalb Jahre, weitere eineinhalb Jahre lernte ich auf einem Hof in Rensefeld bei Bad Schwartau. 1971 erhielt ich meinen Gehilfenbrief. Anschließend besuchte ich vier Semester lang die Landwirtschaftsschule in Mölln, dann die Höhere Landbauschule in Rendsburg bis 1975. Nach dem Abschluss der Landwirtschaftsschule war ich staatlich geprüfter Landwirt und durfte selbst Lehrlinge ausbilden.

1973 lernte ich meine heutige Frau Evelin kennen, die ich dann am 18. März 1977 heiratete. Um Geld zu verdienen, hatte ich bis 1982 eine ganze Reihe an Jobs: Mit einem Unimog und einem 1000-Liter-Pflanzenschutzbehälter übernahm ich Lohnarbeiten und spritzte Getreide und Raps. Mit einem Atlas-Bagger fuhr ich über die Dörfer zum Mistbaggern. Hierzu eine kleine Anekdote: Während des Mistbaggerns in Kronsforde beim Bauern Jürgen Drath-Bacher traf ich ein Wespennest mit der Folge, dass ich mit über 30 Stichen drei Tage mit 40 Grad Fieber das Bett hüten musste. Ich habe noch die Rufe des Bauern im Ohr. »Warte einmal, ich räuchere die Wespen aus…« Das hat mir nicht mehr geholfen!

Später sammelte ich Milch mit einem Tankwagen des Fuhrunternehmers Ernst Denker aus Krummesse. Für den Krummesser Fahrunternehmer Willi Fischer lieferte ich die Milch von etwa 50 Bauern aus der Umgebung der Lübecker Meierei Hansano an die vielen Geschäfte in der Umgebung. Für den Krummesser Unternehmer Kulturbau Siegfried Wetzel baggerte ich Gräben aus, und für den Großhändler Günther Bloch fuhr ich Tiefkühlkost, Wurst und Eier zu den verschiedenen Einzelhandelsgeschäften in der Umgebung. Viel Geld verdiente ich auch bei Harald Marx, der Subunternehmer der Ladenbaufirma Weimann aus Lübeck war. Etwa 15 Mal war ich hierbei in ganz Deutschland als Regalbauer tätig. Meinen Grundwehrdienst bei der Bundeswehr brauchte ich nicht antreten, da ich mich auf zehn Jahre Dienst bei der Feuerwehr verpflichtet hatte.

Unser erster Hof mit Strohdach brannte 1910 aus und wurde wieder aufgebaut. In meiner Kindheit waren auf unserem Hof noch drei Pferde und ab 1954 hatten meine Eltern einen Deutz-Trecker. Heute bin ich Besitzer von zwei Deutz 6806, Baujahr 1972. Ich erinnere mich noch daran, dass ich als 14-Jähriger nach der Schule häufig Kunden mit Kartoffeln beliefern musste. Das bedeutete, dass ich 50-Kilogramm-Säcke in die Keller der Kunden schleppen musste. In der benachbarten Spar- und Darlehenskasse gab es ab den 1960er Jahren bis ca. 1980 ein Kühlhaus mit einem Kühlkarussell auf sechs bis acht Ebenen. Hier konnte jeder Bewohner sich ein Kühlfach mit einer 100-Liter-Schublade mieten. 1968 hatten wir

*Landhandel Friedhelm Michaelis – Krummesse*

Landhandel Michaelis. Foto: Wiedemann

»Crummesse 1928. C. Busch Möbelfabrik«. Foto: Privat

13 Kühe, etwas später waren es 17 bis 20 als Milchkühe und zusätzlich als Mastvieh. Zu dieser Zeit gab es noch zehn melkende Bauernstellen in Krummesse. Meine Eltern hielten auch noch 50 Hühner, Gänse und viele Schweine in sechs Ställen. Es gab bei uns den »Dorf-Eber« und den »Dorf-Bullen«. Auf unserem Hof wurde natürlich auch geschlachtet. Wir benutzten unsere Räucherkammer für zum Beispiel Leberwürste und Schinken bis in das Jahr 1990. Unsere Stammstelle hat heute noch 30 Hektar Land. In den besten Jahren bearbeiteten wir mit Pachtland über 50 Hektar. Meine Eltern gingen 1980 in ihr neugebautes Altenteilhaus auf unserem Grundstück. Mutter und Vater halfen aber weiterhin bei der Hofarbeit.

1982 begründeten meine Frau und ich unseren Landhandel. Die Idee dazu hatten wir schon vorher. Als 28-Jähriger hatte ich mit meinem Vater über die Übergabe des Hofes gesprochen. 1981 zog die Raiffeisen-Genossenschaft mit seinem An- und Verkauf aus Krummesse nach Kronsforde. In Krummesse gab es nach der Bekanntgabe der Umzugspläne in der Bevölkerung und vor allem unter den Landwirten einen mittleren Aufstand mit lauten Protesten. Meine Frau und ich entschieden uns, auf unserem Hof Raum frei zu machen, um Tierfutter, Dünger und Torf zu verkaufen. Das war der Beginn unseres erfolgreichen Landhandels, es war ja anfangs nur als Nachbarschaftshilfe gedacht. Wir merkten aber schnell, dass wir es nicht schaffen konnten, parallel einen Hof und einen Landhandel zu führen. 1987 schafften wir daher die Kühe ab, machten aber erst einmal mit dem Ackerbau auf 30 Hektar weiter. Die leeren Kuhställe richteten wir als Lagerräume ein. Wir bauten zusätzlich neue Ladenräume an, so dass sich der Landhandel auch äußerlich positiv präsentierte. Ab dem Jahr 2000 verpachteten wir unsere Ackerflächen. Das Heu machen wir aber bis jetzt noch selbst und verkaufen es auch selbst.

Mein Vater war fünf Amtsperioden lang Gemeindevertreter, davon mit mir zusammen zwei Perioden von 1982 bis 1990. Außerdem war er über 30 Jahre im Vorstand der in Krummesse ansässigen Spar- und Darlehenskasse, die 2001 nach einer Fusion mit der Raiffeisenbank in Ratzeburg zur Raiffeisenbank wurde. Als mein Vater sich 1990 aus der Vorstandsarbeit zurückzog, übernahm ich diesen Posten. Seit 2003 bin ich nun ehrenamtlicher Bürgermeister von Krummesse. Auch damit trete ich in die Fußstapfen meiner Vorfahren: Schon mein Großvater war Bürgermeister von Krummesse. Er wurde nach dem Krieg abgesetzt und »entnazifiziert«. Er hatte aber einen guten Ruf im Ort, da er sich menschlich auch polnischen Zwangsarbeitern gegenüber vorbildlich verhalten hatte. Die englische Besatzungsmacht setzte dann Paul Lühmann als Bürgermeister des Ortes ein, der 30 Jahre lang sein Amt ausüben sollte. Mein Urgroßvater war Mitbegründer der Kyffhäuser-Kameradschaft Krummesse, eine Alternative zu örtlichen Schützenvereinen. Ich selbst gründete mit anderen Personen 1987 den Handels- und Gewerbeverein (HGV) Dorfschaft Krummesse. Inzwischen bin ich Mitglied bei 16 von 30 Vereinen in Krummesse.

Unsere vier Kinder Friedrich-Wilhelm (1980), Dorothea-Sophie (1982), Johann David (1985) und Otto-Heinrich (1988) sind zur Selbstständigkeit erzogen. Nachdem ich 2005 mit meinem Fahrrad von Krummesse in unsere französischen Partnerstadt Bonningues bei Calais fuhr – 1150 Kilometer in 14 Tagen –, zog meine Tochter nach: sie fuhr zusammen mit ihrem Freund mit unserem Deutz-Traktor und einem kleinen Wohnwagen bis nach Frankreich. Unser ältester Sohn hat in dieser französischen Partnergemeinde seine Liebe gefunden und ist inzwischen dreifacher Vater. Unsere jüngsten Söhne wohnen und arbeiten mit uns auf dem Hof.

Ich versuche das ländliche Leben in Krummesse so gut wie möglich zu erhalten und zu bereichern. Jedes Jahr veranstalte ich auf unserem Hofgelände einen Herbstmarkt, an dem auch Aussteller aus unseren französischen und mecklenburgischen Partnergemeinden mit ihren typischen Produkten teilnehmen dürfen. Die Skatfreunde aus dem Örtchen Carlow freuen sich auch auf den jährlichen Preisskat auf unserer Diele. Er hat bisher schon über 40 Mal stattgefunden.

*Friedhelm Michaelis im Sommer 2012*

*Landhandel Friedhelm Michaelis – Krummesse*

Evelin und Friedhelm Michaelis mit Friedhelms Eltern. Foto: Wiedemann

Hof Michaelis (1954). Foto: Privat

# Evelin Meta Lina Michaelis

geborene Busch
* 1955
Beruf: Kauffrau

Meine Eltern und meine Großeltern führten in Krummesse die 1902 gegründete Möbeltischlerei Busch. Es wurden alle Arten von Möbeln gefertigt. Bis 1957 waren in unseren Werkstätten 30 bis 40 Mitarbeiter tätig, dann zerstörte ein großes Feuer die Werkstätten. Bis Ende 1962 wurden in der wiederaufgebauten Werkhalle und auch im Hof hauptsächlich Wand- und Deckenvertäfelungen gefertigt. Das lag an der Mode, hauptsächlich in Süddeutschland. Inzwischen ist der Betrieb eingestellt, jedoch ist er noch angemeldet. In meiner Jugendzeit half ich im Betrieb beim Beizen und Lackieren. Auch transportierte ich zusammen mit meinem Vater häufig die fertiggestellten Waren zum Lübecker Güterbahnhof, die dort zum Beispiel nach Bayern oder Frankreich verladen wurden.

Nach meiner Schulzeit lernte ich in Lübeck ein Jahr lang Hauswirtschaft, woran sich ein Praktikum im Marienkrankenhaus in Lübeck schloss. Von 1972 bis 1975 lernte ich Groß- und Außenhandelskauffrau bei der Lübecker Firma Heimtextilien Rath & Koch. 1977 heiratete ich den Landwirt Friedhelm Michaelis. Schon während meiner Lehrzeit war ich gerne und häufig auf dem nahegelegenen Hof seiner Eltern und half beim Melken, Ausmisten, Tiere Versorgen und bei Erntetätigkeiten. Die Arbeit auf dem Lande mochte ich damals sehr, und ich mag sie auch heute noch. Ich war es sowieso seit der Kindheit gewohnt, alles mitzumachen, wie zum Beispiel im Wald und in den Knicks Holz zu schlagen, Holz zu zerkleinern und zu stapeln und damit die Öfen zu füttern. Mit meinem Mann zusammen gründete ich am 2. Januar 1982 unseren Landhandel, dessen Sortiment wir immer mehr erweiterten. Aus unserem Geschäftsflyer:

»Durch die Zusammenarbeit mit über 100 Zulieferfirmen wird dem Kunden hier ein breites und umfangreiches Sortiment zu günstigen Preisen angeboten. Fast dreißig verschiedene Sorten an Pflanzkartoffeln und über 1000 verschiedene Sorten an Feinsämereien, darunter Spezialitäten und Raritäten, nach denen man sonst lange sucht… Aber auch die Belieferung mit Kohlen zwischen Bad Oldesloe und Rehna und zwischen Ratekau und Mölln gehört zum großen Kundendienstprogramm. Kleingartenvereine, Siedlergemeinschaften, Gärtnereien und andere Großabnehmer sind hier durch Sonderkonditionen ebenso Kunde, wie der kleine Junge, der einen Anspitzer braucht. Fachlicher Rat und Kundendienst stehen ganz oben, und so finden Sie außer Lebensmitteln und Textilien fast alles, was mit Saat, Dünger, Futter, Kohlen, Garten, Haushalt, Werkzeug, Spielzeug, Hobby, Schule, Fahrrad, Freizeit und Geschenkartikeln zu tun hat…«

Beim Verkauf helfen uns zwei Frauen, was nötig ist, da ich nebenher noch den Haushalt führe, meine Schwiegereltern versorge und ihnen, meinem Mann und den beiden Söhnen, die noch auf dem Hof leben, die Mahlzeiten zubereite. Insgesamt führe ich ein sehr vielseitiges und erfülltes Leben.

*Evelin Meta Lina Michaelis im Sommer 2012*

# Landwege e. V./Weidenhof   Lübeck/Schattin

## Thomas Böhm

\* 1958
Beruf: Landschaftsplaner und
Mitbegründer von Landwege e. V.

Erste Wurzeln in Richtung Lübeck wuchsen dadurch, dass meine Großeltern 1945 als Flüchtlinge zunächst in der Försterei in Lübeck-Kronsforde (heutiges Forstamt) unterkamen. Nach gelungener Integration wurde Reinbek der Familienmittelpunkt, wo Großvater eine Försterstelle erhielt und von wo aus mein Vater eine Ausbildung als Gartenarchitekt absolvierte. Meine Eltern lernten sich dort kennen, meine Geschwister und ich sind gebürtige Reinbeker. Der Kontakt nach Lübeck bestand jedoch weiterhin. Ich erinnere mich, dass mein Vater und seine Schwester mit der Bauernfamilie Fick in Kronsforde befreundet waren und der Vater von Heiner Fick mich einmal in den Schweinestall zum Füttern der Ferkel mitnahm. Das war der erste bewusste Landwirtschaftskontakt. Meine Eltern zogen 1974 wieder zurück nach Lübeck, wo mein Vater Abteilungsleiter im Grünflächenamt wurde. 1978 bastelte ich mein Abitur am Thomas-Mann-Gymnasium zusammen und leistete meinen Wehrdienst in der Trave-Kaserne als Panzerpionier ab. Dann ging es richtig los: Obwohl eigentlich Förster der Wunschberuf war, machte ich ein landwirtschaftliches Praktikum auf der Kreisdomäne in Steinhorst, einem für damalige Begriffe riesigen Betrieb mit 400 Hektar. Auf diesem Betrieb habe ich viel an Theorie und praktischen Umsetzungen in der Landwirtschaft gelernt. Da war aus meiner Sicht natürlich auch eine Menge an unsinnigen Dingen dabei, zum Beispiel mussten wir am Waldrand Disteln totspritzen und mit Giften »Unkraut« sogar auf dem Hofplatz vernichten. Die »alternativen Grünen« gab es damals eigentlich noch gar nicht. Es gab ein paar sogenannte Spinner, die alternativ ihre fünf Schafe auf wenig Land hielten, oder Künstler, die von einer anderen Lebenskultur träumten und mit einer anderen Betrachtung an die gängige Praxis in der Landwirtschaft herangingen. Der Begriff der Grünen war, von Bauern verwendet, ein Schimpfwort. Für mich, der ich mit der Idee der alternativen Landwirtschaft stark sympathisierte, bedeutete die Arbeit auf einem intensiv geführten Großbetrieb mit monotoner Fruchtfolge und starkem Einsatz von Bioziden einen Spagat. Einerseits faszinierte mich die Landwirtschaft, andererseits wurde für mich bereits damals felsenfest klar: »So aber nicht!« Nach dem Feierabend beschäftigte ich mich also mit der alternativen Landwirtschaft.

1980/81 begann ich mein Studium der Landwirtschaft in Kiel. Es gab leider noch sehr wenig, was mit Biolandbau zu tun hatte. Ich interessierte mich im Studium hauptsächlich für die Pflanzenproduktion und weniger für die Tiere. Dagegen machte ich in meinen Semesterferien genau das Gegenteil: ich arbeitete zum Beispiel auf Höfen mit intensiver Milchvieh- oder Sauenhaltung und Schweinezucht, um auch die konventionelle Tierhaltung kennenzulernen. Die Landwirtschaftskammer in Kiel bot in Futterkamp Kurse wie Schaf- und Kuhhaltung an, die ich mit großem Interesse besuchte. Gegen Ende meines Studiums wurden von studentischer Seite Ringvorlesungen zum ökologischen Landbau initiiert, da die Professorenschaft nicht dazu zu bewegen war, dieses Thema offiziell in den Lehrplan aufzunehmen. Diese Ringvorlesungen wurden von eingeladenen Professoren von Universitäten aus ganz Deutschland gehalten und mündeten etwa 1986 in einem ersten Lehrstuhl zum ökologischen Landbau. Ich selbst war 1985 mit meinem Studium fertig und hatte die Schreibtischarbeit erst einmal gründlich satt.

In den Elbmarschen bei Stade gab es eine Initiative von verschiedenen Höfen – unterschiedliche Menschen mit unterschiedlichsten ideellen Ausrichtungen, die biologisch anbauen wollten. Es funktionierte zu aller Überraschung! Dort empfand ich die körperliche Arbeit als Erholung, die vielen Eindrücke, die menschlichen Einflüsse machten den Kopf frei für eigene, neue Ideen. Die Tschernobyl-Katastrophe am 26. April 1986 erlebte ich dort. Ich weiß noch genau von unseren Aktivitäten nach dieser Katastrophe.

*Landwege e. V./Weidenhof – Lübeck/Schattin*

Wir sammelten nicht mehr verkäufliches Gemüse und kontaminierte Milch und kippten alles vor dem AKW in Stade ab. Aus heutiger Sicht ist es unfassbar, wie konfus und ignorant die Behörden damals operierten. Es wurde zum Beispiel empfohlen, sich bei Regen unterzustellen, um nicht verstrahlt zu werden! Dann bestünde aber keine Gefahr für die Bevölkerung.

Es gab in den Universitäten inzwischen Anfänge von Ökosystemforschung mit Fragestellungen zum Einfluss von intensiver Landwirtschaft auf die einzelnen Umweltfaktoren. Ich besuchte zusätzlich die Vorlesungen von Prof. Heidemann, Prof. Dierßen und Prof. Knauer, die sich als frühe »Ökos« auf diesem Gebiet hervorgetan hatten. In Lübeck war die Idee dazu jedoch noch nicht richtig geweckt. Es zeigten sich aber zaghafte Anfänge. Das Umweltamt wurde gegründet, Lutz Fähser eingestellt (das Lübecker Waldkonzept zu dessen naturnaher Bewirtschaftung ist mittlerweile weltweit verbreitet). Am Dummersdorfer Ufer startete der Landschaftspflegeverein als alternative Schäfer, und es bildete sich die Initiative »Eltern für unbelastete Nahrung«, die nach der Katastrophe von Tschernobyl unbelastete Lebensmittel forderten und anzubauen bereit waren. Zudem gab es das anthroposophisch geführte Gut Rothenhausen vor den Toren Lübecks, das nach den Demeter-Richtlinien schon seit 1976/77 arbeitete, sonst nichts, eine ziemliche ökologische Wüste also. Dann ereignete sich in der Lübecker Bürgerschaft etwas, was für die Lübecker Stadtgüter und sonstigen landwirtschaftlichen Nutzflächen eine historische Wende bedeutete. Die Mehrheit der Lübecker Bürgerschaft entschied sich 1985/86 für einen Doppelbeschluss zum Bodenschutz: Alle städtischen Flächen sollten zukünftig nur ökologisch bewirtschaftet werden. Mir wurde ein Job im Umweltamt angeboten, um ein Bodenschutzkonzept zu erstellen und die beschlossene Ökologisierung der Landwirtschaft zu begleiten. Im September 1986 stapfte ich die Amtstreppen hinauf, um im Gefühl einer Aufbruchszeit dort durchzustarten. Frank Lammert war mein Abteilungsleiter, Veith Morgenroth Amtsleiter – eine Truppe engagierter Menschen, denen es nicht darum ging, am Monatsende möglichst viel in der Lohntüte zu sehen, sondern die mit unsäglichem Idealismus bis zur Erschöpfung arbeiteten, um einer ideellen Vision den Weg zu bahnen.

Vor diesem Hintergrund gelang es, das Krummesser Stadtgut entgegen massiver Widerstände aus Teilen der Politik auf ökologischen Landbau umzustellen. Der bisherige Pächter Herr Holm hatte bereits einen konventionell arbeitenden Nachfolger benannt. Unterstützt durch den Widerstand von R. Degner (BUND) wurde das Stadtgut Krummesse schließlich doch gemäß des gefassten Beschlusses der Lübecker Bürgerschaft unter den Bedingungen des

Auf dem Hof Fick (hier 1996) fand Thomas Böhm erstmal Kontakt zur Landwirtschaft. Foto: Wiedemann

ökologischen Landbaus ausgeschrieben und neu an den benachbarten Landwirt Möller verpachtet. Die Güter Roggenhorst und Mönkhof wurden aufgelöst und größtenteils Baufläche, Gut Falkenhusen wurde und ist bis heute ein Biobetrieb. Hinzu kam später der »Ringstedtenhof«, dessen Flächen von der Stadt angekauft und zur Umsetzung des Konzeptes »Jugend-Naturschutz-Hof« an Landwege verpachtet wurden. Das Lübecker Stadtgut Niendorf dagegen wurde weiter konventionell verpachtet. 1986/87 gab es in Lübeck noch immer kaum Querverbindungen zwischen den Landwirten und den Verbrauchern. Auch der Naturschutz hatte wenige Unterstützer, schien isoliert. Es gab nur zwei kleine Bioläden in Lübeck, der Zugang zu ökologisch erzeugten Lebensmitteln war also nicht unbedingt einfach. Mein Anliegen war aber eine Zusammenführung von Landwirtschaft und Naturschutz, von Erzeugern und Verbrauchern landwirtschaftlicher Produkte. Mein Ansatz war es, eine Gemeinschaft ähnlich der, die ich in der Elbmarsch erfuhr, ins Leben zu rufen und die Erzeuger-Verbraucher-Gemeinschaft mit dem Naturschutz zu verknüpfen. »Landschaftspflege durch ökologischen Anbau« war mein Motto. Darüber hinaus wollte ich angesichts der in Lübeck unzureichenden politischen Vertretung für Umweltbelange eine Gemeinschaft mit politischer Wirksamkeit schaffen. So rief ich Anfang 1987 zu einem Treffen auf, zu dem auch R. Degner (BUND), Margret Wulff-Wiechmann und Christoph Beckmann kamen, mit dem Ziel, einen Verein zu gründen. Dieser dann sehr schnell neu gegründete Verein »Landwege e.V.« sollte ohne ideologischen Unterbau in der Lage sein, die unterschiedlichen Strömungen des ökologischen Landbaus zu einer Gemeinschaft zusammenzufassen, um überhaupt gesunde Nahrungsmittel für die Lübecker Bevölkerung liefern zu können.

Der Verein pachtete schon in seinem Gründungsjahr von der Hansestadt Lübeck erste Flächen und schaffte sich Galloway-Rinder an, obwohl viele konventionell arbeitende Bauern meinten, dass diese Tierhaltung nicht funktioniere. Wir bewiesen dann, dass es doch geht. In der Garage meiner Eltern stellten wir eine erste Direktvermarktung für die Produkte unseres frisch gegründeten Vereins auf die Beine. Unser erstes »richtiges« Geschäft entstand in der Falkenstraße. Wir verkauften Gemüse, Obst, Milch, Eier und Wurstwaren aus kontrolliertem biologischem Anbau und betrieben für unseren Kundenkreis in den verschiedenen Stadtteilen ein Bestellsystem. Der Zulauf war zunächst phänomenal. Leider stellten wir nach einiger Zeit fest, dass die Mitgliederzahl stagnierte, was wir auf das ungewöhnliche Bestellsystem zurückführten. Das hätten wir vielleicht über Werbemaßnahmen ändern können, aber wir waren auch so schon an die Grenze unserer Belastbarkeit gekommen, hätten zu dem Zeitpunkt auch gar nicht mehr Verkaufsmasse liefern können. Unsere Vorgehensweise war anfangs noch ganz minimalistisch. Da kam es auch schon mal zu Missverständnissen: So beschwerte sich einmal eine Kundin, die bei uns frische Milch eingekauft hatte. Sie war der Überzeugung, die Milch sei sauer, dabei hatte sie schlicht nach einer falschen Flasche gegriffen. Es war Buttermilch. Die Flaschenverschlüsse waren wohl nicht deutlich genug gekennzeichnet. Mit der Zeit versammelten sich im Verein Landwege e.V. mehr und mehr Sozialpädagogen und Eltern, die eine größere Hinwendung in Richtung Jugend- und Öffentlichkeitsarbeit forderten, politisch jedoch eher zurückhaltend waren. Die neuen Ziele waren ein Jugend-Naturschutz-Hof mit pädagogischen Angeboten sowie Natur- und Landkindergärten.

Eine Konsequenz aus den Entwicklungen war, dass der Landwege e.V. seine Galloway-Rinder wieder abschaffte und weniger auf Landschaftspflege setzte, was mir jedoch ein wesentliches Anliegen gewesen war. So verabschiedete ich mich aus der aktiven Vereinsarbeit, gemeinsam mit anderen Gründungsmitgliedern wie R. Degner und später auch Maggi Wiechmann. Es war uns immerhin gelungen, eine Vereinigung zu initiieren, die heute aus Lübeck nicht mehr wegzudenken ist. Es entstand eine Eigendynamik, die zwar dem Ursprungskonzept zum Teil nicht mehr entsprach, aber dennoch zu beachtlichen Erfolgen bei der Verbreitung des biologischen Landbaus und der Naturpädagogik führte. Aus rechtlichen und organisatorischen Gründen wurde es nötig, den »Seitenzweig« der Vermarktung sauber von der Vereinsarbeit zu trennen. Dies führte zur Gründung der Genossenschaft Landwege e.G., die mittlerweile Lebensmittel aus kontrolliert biologischem Anbau in fünf Geschäften und Supermärkten in Lübeck vertreibt.

Jessika Mahnke hatte ich auf einem Versammlungstreffen des Vereins kennengelernt. Sie wurde nach ihrem Abitur 1987 meine Praktikantin im Umweltamt. Wir zwei taten uns zusammen und verfolgten dann das, was der Verein Landwege in unserem Sinne nicht mehr machen wollte, nämlich Landschaftspflege und Naturschutz.

Ende 1992 erwarben Thomas Böhm und Jessica Mahnke den Hof in Schattin in Mecklenburg-Vorpommern. In den folgenden Jahren standen viele Renovierungs- und Aufbauarbeiten an. Foto: Privat

Stadtgut Krummesse, heute geführt durch die Familie Möller. Foto: Wiedemann

Thomas Böhm und Jessika Mahnke. Foto: Privat

# Jessica Mahnke

\* 1968

Beruf: Biolandwirtin mit Schwerpunkt naturschutzgerechte Grünlandnutzung

Mein Großvater väterlicherseits besaß eine Landbäckerei bei Eutin und zog Mitte der 1950er Jahre mit seiner Bäckerei nach Lübeck. Mein Vater verbrachte seine Kindheit bei seinen Eltern, ging dann nach dem Umzug in Lübeck zur Schule und studierte. Nach der Heirat meiner Eltern, kamen ich (1968) und meine Schwester (1971) auf die Welt. In den Ferien besuchten wir oft unsere Großeltern in Klein Wesenberg und besuchten mit unserer Großmutter Bauern im Ort und in Moorgarten, um bei ihnen Milch und Eier zu kaufen. Das liebte ich sehr! Dort half ich auch manches Mal beim Heumachen. Bis heute schwirren mir noch viele Geschichten aus der Zeit in Wesenberg durch den Kopf. Ich war so begeistert von dem Leben und Treiben in der Landwirtschaft, dass ich als Jugendliche den Wunsch in mir trug, später unbedingt einen Bauernsohn heiraten zu wollen.

Als Elfjährige hatte ich einige Schlachtkaninchen, ich züchtete und verkaufte ihre Jungen. Meine Schwester und ich hatten die Idee, der Massentierhaltung durch den Verkauf von gutem Fleisch von gesunden Kaninchen Konkurrenz zu machen. Unsere Biolehrerin in der Schule hatte meine Schwester und mich auf die Missstände, die auf Höfen mit Massentierhaltung oft herrschen, aufmerksam gemacht. Wir lernten bei ihr viel über die Überdüngung von Feldern und Äckern, über mangelhafte Tierhaltung, den Import und die Verfütterung von Sojamehl. Das hat uns stark beeinflusst. So versuchten wir etwa, nur noch vegetarisch zu essen und überlegten uns, wie wir andere Menschen überzeugen konnten, kein Fleisch aus der Massentierhaltung mehr zu essen. Wir versuchten das bei vielen Leuten mit Engelszungen, hatten aber nur wenig Erfolg. Auch meinen Vater störte, dass es zum Mittagstisch zu selten Fleisch gab. Meine Großmutter wollte ebensowenig auf Fleisch verzichten und wusste auch nicht, wie sie das Essen rein vegetarisch anrichten sollte. Für meine Schwester und mich war dann bald klar: Wenn schon Fleisch, dann Fleisch aus einer regionalen Produktion. Wir besannen uns auf unsere eigene Kaninchenzucht, die ja gutes Fleisch erbrachte, was dann auch in der Familie auf den Tisch kam. Nach einigen Jahren beendete die Karnickelkrankheit Myxomatose leider unsere Kaninchenzucht.

Mit 14 Jahren bekam ich mein eigenes Pony und suchte eine Weide. In der Nachbarschaft meines Elternhauses besaß eine ältere Dame in Lübeck eine Gärtnerei von etwa einem Hektar, wovon 5000 Quadratmeter an einen anderen Gärtner verpachtet waren. Sie stellte mir die restlichen 5000 Quadratmeter für mein Pony zur Verfügung unter der Bedingung, dass ich unter »altväterlicher Sitte« und ihrer Kontrolle die Weide ohne Dünger und Spritzen gut pflegen sollte. Aber eine Wiese nur mit einem Pony gut zu pflegen, war gar nicht so einfach. Die Frau brachte mir bei, wie ich die Wiese, ohne sie zu spritzen, bewirtschaften konnte, wie man Gras mit der Sense schneidet und das Heu mit einer Holzharke dreht, wendet und zusammenrecht. Ich musste das Gras auch zu Fuß in den nahegelegenen Stall und auf den Heuboden bringen. Für den Gebrauch eines Treckers war das Gelände einfach zu klein. In der Schulzeit las ich einen Artikel über die Möglichkeit, auf Wiesen und Weiden abwechselnd Galloway-Rinder und Ponys zu stellen. Die Weiden würden davon profitieren. Eine meiner Reit-Freundinnen hatte schon Galloway-Rinder, die sie auch schlachten ließ. Ich bat meinen Vater, ob ich nicht auch ein solches Rind bekommen könnte. Es war Ende 1986, als mein Vater in einem Zeitungsartikel von der Vereinsgründung von Landwege las. Er meinte zu mir, ich sollte doch erst einmal dort hingehen, die würden interessierte Leute suchen. So lernte ich Thomas Böhm kennen.

Ein Galloway-Kalb in der Küche bei Jessika Mahnke.

Jessica Mahnke auf dem Lanz-Bulldog. Fotos: Privat

1987 machte ich mein Abitur am Johanneum zu Lübeck und stand vor der Frage, welchen beruflichen Weg ich einschlagen sollte. Ein langjähriges Studium der konventionellen Landwirtschaft schloss ich aus. So folgte ich dem Rat meines Vaters, ein Praktikum beim Umweltamt in Lübeck zu machen. Ich wurde der Abteilung von Thomas Böhm zugewiesen und war froh darüber, da ich ihn ja schon kannte. Wir verstanden uns sehr gut und planten bald gemeinsame Sache bei der Landschaftspflege durch ökologischen Anbau zu machen, was zeitgleich mit dem Aufbau des Vereins Landwege e. V. geschah.

Zufällig wurde in der Nähe meines Elternhauses und der benachbarten Gärtnerei eine städtische Fläche von zwei Hektar frei, die wir pachten konnten. Auf diese Fläche stellten wir zur Freude der alten Gärtnersfrau zwei weibliche Jungtiere, Galloway-Kreuzungsrinder (eine Kreuzung von Schwarzbunten und Galloways), die wir über ein Mitglied des Vereins Landwege e. V. in der Nähe von Ahrensbök erwerben konnten. Unseren ersten Trecker, einen Lanz-Bulldog, Baujahr 1957 mit Hydraulik und Mähwerk, bekamen wir von einem Freund von Thomas, der ihn nicht mehr brauchte. Der Freund war begeistert von unserer Idee der Landschaftspflege und ökologischen Tierhaltung und schenkte uns zur Unterstützung den Trecker. Unsere Galloway-Rinder stellten wir im Winter in einem Pferdestall unter, den wir dann auch ausmisten und versorgen mussten. Ansonsten waren die Tiere nur draußen. Diese beiden weiblichen Rinder auf unseren zwei Hektar Weide waren die ersten Tiere, die dann auch die Stammmütter unserer heute großen Herde wurden, die wir nun in Schattin halten. Damals suchte ein Galloway-Züchter aus Groß Grönau jemanden, der sich an den Anschaffungskosten eines Bullen beteiligte. Wir stiegen in das Geschäft ein und schlossen mit ihm einen Bullenhaltervertrag ab, was für uns bei der Tiervermehrung und der Landschaftspflege in Schattin von großem Vorteil war.

Beim Lübecker Umweltamt dauerte mein Praktikum ein halbes Jahr. Ich schloss weitere Praktika bei verschiedenen Gärtnereien an, um dann 1988 eine dreijährige Lehre als Tischlerin für Altbausanierungen bei der Tischlerei Schütt in Lübeck zu starten. Obwohl ich immer den Berufswunsch in mir trug, Landwirtin zu werden, war mir das Studium der ökologischen Landwirtschaft von ca. fünf Jahren doch zu lang. Außerdem hätte ich das nicht in Schleswig-Holstein machen können. Eine abgeschlossene Ausbildung als Grundlage für die Zukunft erschien mir aber sinnvoll. Nach der Lehre war ich noch ein weiteres Jahr im gleichen Unternehmen angestellt, bis Thomas und ich im Jahr 1992 in Schattin den Weidenhof erwarben. Hier erwarteten mich viele Renovierungsarbeiten, aber auch Arbeiten wie Zäune setzen, Tore bauen, Heu und Silage werben und Brennholz machen. Das handwerkliche Geschick – wie organisiere ich eine Baustelle, wie kalkuliere ich einen Preis, wie warte ich Maschinen usw. – hatte ich in meiner Tischlerlehre gelernt. Das kam mir hier in Schattin sehr zugute. Über Lehrgänge und eine Fortbildung von Bioland eignete ich mir Fachwissen unter anderem über Rinderzucht, Fütterung und Klauenschneiden an. Thomas war tagsüber häufig in seinem Büro in Lübeck tätig, er hatte nach der Grenzöffnung der DDR tolle Aufträge als Landschaftsplaner.

Im Jahr 1991 ließen wir unser erstes Rind schlachten. Das war der Start unserer Direktvermarktung, bei der ich mir über die Jahre einen festen Kundenstamm aufgebaut habe. Viele dieser Kunden nehmen mir schon seit 20 Jahren regelmäßig Anteile der geschlachteten Rinder ab. Die Arbeit mit den Tieren in der freien Natur ist nach wie vor eine erfüllende Aufgabe, wenn auch besonders das Füttern in der Kälte oft kräftezehrend ist.

## Jessica Mahnke und Thomas Böhm

1989 öffnete sich die innerdeutsche Grenze, und wir schauten uns in den »neuen Bundesländern« mit dem Auto jedes freie Wochenende nach einem günstig zu erwerbenden Hof um. In Lübeck und näherer schleswig-holsteinischer Umgebung ging diesbezüglich gar nichts, und so suchten wir nach Alternativen im benachbarten Mecklenburg-Vorpommern in Ortschaften, die rasch von Lübeck erreichbar waren. Es dauerte etwa drei Jahre, bis wir zum Jahresende 1992 in Schattin einen reetgedeckten Hof kaufen konnten. Zum Hof gehörten drei Hektar Land und eine Reihe alter Stallungen und Gebäude. Der Hof lag in der ehemaligen Sperrzone der DDR. In einem Betongebäude waren ein Büro und eine Werkstatt der LPG untergebracht gewesen. Das Dach des alten Bauernhauses war offen, und wir mussten dafür sorgen, dass es schnell mit Reet wieder geschlossen wurde. Insgesamt bedeutete dieser Kauf über Jahre viele Renovierungs- und Aufbauarbeiten. Mit großen Bemühungen und viel Aufwand schafften wir es, in Schattin weitere Flächen in der Nähe unseres Hofes zu erwerben. Wir hatten das Glück, einige verwilderte und unaufgeräumte Flächen beim Nachbarn pachten zu können, um mehr Fläche für unsere Rinder zu haben. Viel Land war jedoch schon bald nach der Grenzöffnung an große landwirtschaftliche Betriebe vergeben.

Mit den anfangs zwei weiblichen Kreuzungsrindern in Lübeck wuchs unsere Herde stetig. Mit einem Bullen, den wir uns gemeinsam mit einem Kollegen anschafften, konnten wir unsere Stammkühe regelmäßig decken lassen. Heute besitzen wir eine Herde von 150 Tieren auf 200 Hektar, ein hoher Anteil sind Naturschutzflächen sowohl in Lübeck als auch in Mecklenburg. Unsere ersten beiden Muttertiere wurden bei uns biblische 21 bzw.

23 Jahre alt. Sie haben in etwa jedes Jahr ein Kalb geworfen und werden somit je um die 13 bis 14 Kälber bekommen haben. Alle unsere Tiere werden direktvermarktet. Wir arbeiten mit einem vertraglich gebundenen, von uns beauftragten Schlachter zusammen, über den das Fleisch an unsere Kunden weitergeleitet wird. Momentan übersteigt die Nachfrage bei weitem unsere Liefermöglichkeiten. Es ging uns allerdings nie darum, in möglichst großem Umfang Fleisch zu produzieren. Der Grundsatz war immer: Die Tiere haben der Fläche zu dienen, nicht umgekehrt! Gemeint ist damit, dass die Eigenart des jeweiligen Bodens und der Vegetation zu bestimmen hat, von wann bis wann wie viele Tiere dort grasen können oder ob dort nur gemäht werden sollte. Wir beobachten die Flächen genau und passen unsere Weidehaltung so an, dass eine aus ökologischer Sicht positive Entwicklung eintritt. Gedüngt wird dabei überhaupt nicht, Gräben werden geschlossen, damit sich der natürliche Wasserstand wieder einpendelt. Wir lassen es zu, dass Gehölzinseln oder Tümpel auf den Weiden entstehen. Auf diese Weise wieder bunte Wiesen und Weiden entstehen zu lassen, erfordert einen langen Atem: Es benötigt 20 bis 25 Jahre gleichartiger Pflege, bis sich eine dem Standort angepasste Pflanzengesellschaft eingestellt hat.

Dazu haben wir alle unsere feuchteren Flächen mit Weiden-Steckhölzern eingezäunt. Etwa armdicke, knapp drei Meter lange, frisch geschnittene Weidenstangen werden so in den Boden gesteckt, dass sie anwachsen. Es entstanden lebende Zäune, die uns zudem Brennholz liefern. Mittlerweile können wir vollständig mit Holz heizen, das von Bäumen stammt, die wir selbst gepflanzt haben. Alle fünf bis sechs Jahre werden die Weiden in einer Höhe von ca. zwei Metern »geköpft«, die schon recht dicken Kopfweiden mit ihren Höhlen und Nischen haben ebenfalls eine bedeutende ökologische Funktion. Unser Name »Weidenhof« hat deshalb eine bewusste Doppelbedeutung

## Fazit von Thomas Böhm

Die Landwirtschaft erfordert leider in immer höherem Maße genaueste schriftliche Nachweise, zum Beispiel über die Flächenverwertung und den Viehbestand. Diese Arbeit belastet auch die Biolandwirte immer stärker. Es fehlt dann Zeit für die eigentlichen praktischen Tätigkeiten. Diese Entwicklung fördert meines Erachtens die Industrialisierung der Landwirtschaft, denn: Je kleiner ein Betrieb, desto – prozentual gesehen – höher ist der bürokratische

Galloway-Rotbunte-Kreuzung. Foto: Privat

Aufwand, nur Großbetriebe können sich Personal leisten, das ausschließlich für die Büroarbeit zuständig ist. Diese überbordende Bürokratisierung und die staatlichen Kontrollmechanismen ärgern mich und kommen mir meist wie überflüssige Zeitverschwendung vor. In den letzten Jahren war die Politik in Schleswig-Holstein scheinbar gegen naturnah wirtschaftende Betriebe ausgerichtet. Sanktionen wurden ausgesprochen, zum Teil verbunden mit immensen Rückforderungen von Fördergeldern. Die Freilandhaltung tritt scheinbar immer weiter in den Hintergrund, dagegen wird der Ackerbau industrialisiert. Kaum noch sieht man Kühe auf einer Weide grasen, große Teile ökologisch wertvollen Dauergrünlandes wurden durch diese Art des Ackerbaus ersetzt. Wir müssen auch in Zukunft mit weiter voranschreitendem Artenschwund rechnen, wenn sich die Entwicklung nicht bald umkehrt. Die Erzeugung von Agrargas boomt, riesige Mais- und Gülle-Laster transportieren ihre Ladungen kilometerweit. Die Maschinen bekommen immer größere Arbeitsbreiten, werden immer schwerer. Dies belastet die Böden, den Gewässerhaushalt und fördert dadurch wiederum den Artenschwund.

Auch der Milchsektor erlebt im Moment einen unglaublichen Intensivierungsschub. Die bei Schweinen und Geflügel längst »normale« industrielle Haltung wird jetzt bei Milchkühen perfektioniert. Die Stallbauten werden immer riesiger, die Technik immer differenzierterer, so dass auch die Milchbauern mehr und mehr in einen Wettbewerbsdruck mit niedrigen Erzeugerpreisen gezwungen werden. Eine Gefahr bei solch großen Betrieben ist, dass die landwirtschaftliche Fläche zum rein ökonomischen Faktor wird und die Wertschätzung verliert, die ihr von früheren Bauerngenerationen entgegengebracht wurde. Das merken wir auch bei städtischen Flächen. In Lübeck besteht inzwischen eine hohe Nachfrage selbst nach den »schlechtesten« Flächen, gleichzeitig fordert das immer höhere Pachteinnahmen. Extensiv wirtschaftende Betriebe und kleine Hobbybauern geraten dabei in Not. Ich sehe die Gefahr, dass die Bodenschutzbeschlüsse der Hansestadt Lübeck so ausgehebelt werden. Die Naturschutzanforderungen werden durch den ökonomischen Druck heruntergeschraubt und ökologischer Anbau wird verdrängt, weil Extensivbetriebe die geforderten Pachten nicht mehr zahlen können. Ökologie interessiert vielleicht heute einfach weniger als früher und scheint der Ökonomisierung untergeordnet. Meines Erachtens hat diese Ökonomisierung alle gesellschaftlichen Bereiche erreicht, was ich sehr bedaure.

*Thomas Böhm und Jessica Mahnke 2015/2016*

Kälberfütterung (1988). Foto: Privat

# Reiterhof Daerr — Bargteheide

## Frauke Daerr

* 1972

Beruf: Diplom-Sozialpädagogin, Selbstständige Betriebsleiterin eines Reiterhofes

Als gebürtige Lübeckerin besuchte ich bis 1982 die Grundschule Marli in Lübeck und bis 1988 die Otto-Anthes-Realschule. Mein berufliches Ziel war es, Erzieherin zu werden. 1989 machte ich mein erstes Praktikum in einem Kindergarten, dann schlossen sich zwei Jahre Ausbildung an. 1992–93 erreichte ich mit dem Besuch der zwölften Klasse in der Dorothea-Schlözer-Schule die Fachhochschulreife und konnte damit das Studium der Sozialpädagogik antreten. Nach meiner Diplomarbeit entschied ich mich anders und machte mich 1998 mit einer ganz anderen Neigung selbstständig. Ich pachtete am 1. Oktober 1998 in Wahrendorf (Ostholstein) eine alte Reitanlage.

Wie kam es zu diesem Sinneswandel? Meine Mutter schickte mich mit zwölf Jahren auf einen Reiterhof in den Urlaub. Meine Großmutter war Sportlehrerin. Sie unterstützte meinen Hang zu Pferden auch, indem sie mir Reitstunden schenkte. 1985 machte unsere Familie Campingurlaub auf Fehmarn mit Freunden meiner Eltern. Dort verbrachte ich meine ganze Freizeit auf einem Reiterhof. Ich war dort auch in den Ferien der Folgejahre, um mit den Ponys zu arbeiten. So kam es dazu, dass ich als 17-Jährige diesen Ponyverleih während meiner Ferien schon leiten durfte. Während ich im Sommer auf Fehmarn bei den Ponys war, verbrachte ich meine Winterferien als Ski- und Snowboardlehrerin in den Bergen. Sobald ich 18 Jahre alt wurde, machte ich meinen Führerschein, um flexibel und unabhängig von meinen Eltern auch in den kürzeren Ferien nach Fehmarn zu fahren. Mit 21 Jahren verdiente ich als Studentin auf dem Reiterhof sehr gutes Geld über eine vorher abgesprochene Gewinnbeteiligung. Dann wurde ich dem Reiterhof aber zu teuer. 1995 beendete ich meine Tätigkeit auf der Insel Fehmarn und jobbte stattdessen auf einem Trakehner-Gestüt bei Rohlsdorf in Ostholstein. Das war mein erster Kontakt zu großen Pferden. 1997 kaufte ich mir mein erstes eigenes Pferd, auf dem auch meine Mutter das Reiten lernte. 1998 leitete ich den Ferienreiterhof für Kinder »Lewitzer Schenkenhof« bei Scharbeutz.

Der Schritt in die Selbstständigkeit mit Dressur- und Springunterricht auf eigenen Pferden und Ponys war schon ein Wagnis, hatte ich doch längst nicht Einblick in alle Bereiche einer Betriebsführung bekommen. Eine Stallhilfe einzustellen, war mir seinerzeit zu teuer, aber meine Mutter konnte mir zumindest bei der Buchführung helfen. Zum Hof gehörten zwei große Reitplätze und eine Reithalle mit Unterstellmöglichkeiten für 30 Pferde. Ausritte in die nähere Umgebung waren auch möglich. Gegenüber von der Hofanlage mit einem tollen, alten Wohnhaus lag ein Kuhhof. Auch ein Schweinebauer hatte dort seine Felder. Mein Angebot erweiterte ich um Longen-, Einzel- und Gruppenunterricht für Kinder und Erwachsene. 1999 machte ich mein eigenes Reitabzeichen und nahm erfolgreich am Landesponyturnier in Bad Segeberg und an der Hubertusjagd in Güldenstein in Harmsdorf teil. Um einen Sachkundenachweis für Pferdehaltung vorweisen zu können, machte ich in der Lehranstalt Futterkamp, eine Berufsschule für landwirtschaftliche Berufe speziell für Kuh- und Pferdehaltung, eine Ausbildung und legte 2002 den Trainerschein C und 2003 den Trainerschein B für Reiter ab. Im Jahr 2000 kam im April das erste Haflinger Fohlen auf die Welt. Es folgten in den Jahren darauf weitere Fohlen aus eigener Zucht. Ich beteiligte mich mit meinen Ponys regelmäßig bei Ponyturnieren und konnte jährlich bei bis zu 41 Kindern erfolgreich das Reiterabzeichen abnehmen lassen. Im Schnitt hatte ich wöchentlich bis zu 80 Reitschüler. Die Kinder mussten von ihren Eltern zu mir gebracht werden. Ich lebte in Wahrendorf aber »am Ende der Welt« – ohne Zugang zum Internet und war damit gänzlich auf das ländliche Leben und Arbeiten reduziert. Nachdem ich auch noch Ärger mit dem Verpächter

*Reiterhof Daerr – Bargteheide*

Reiterhof Daerr. Foto: Wiedemann

Luftbild der Hofanlage. Foto: Privat

wegen Reparaturen und Renovierungsarbeiten bekam, war meine Mutter die treibende Kraft, die mich davon überzeugte, dass es sich nicht lohnte, mehr Geld in den Hof zu stecken. So begann für mich die Suche nach einem neuen Reiterhof.

Ich fand bald zwei Objekte, die zum Verkauf angeboten wurden. Der erste Hof war mit einem Wohnhaus verbunden. Auf diesem Hof hatte ich als Zwölfjährige reiten gelernt. Zum Objekt gehörten 20 Pferde, die aber wegen ihres hohen Alters kaum noch weiterverkauft werden konnten. Zur Anlage gehörte auch kein Eigenland, die Flächen waren gepachtet. Das zweite Angebot war ein Hof mit Reithalle und Eigenland, bot aber keine Ausreitmöglichkeiten in die nähere Umgebung, da er direkt an der B75 gelegen ist. Es gab aber die Möglichkeit, einen Stalltrakt und ein Wohnhaus neu anzubauen. Meine Mutter entschied sich mit mir für das zweite Objekt, das wir dann am 1. Oktober 2005 kauften. So zog ich mit 14 Ponys und Pferden, zwei Ziegen, einem Schaf, zwei Hunden und neun Katzen von Wahrendorf nach Delingsdorf, nahe Bargteheide im Kreis Storman. Die Vorbesitzerin hatte in den ehemaligen Kuhbetrieb eingeheiratet und den Reitstall eingerichtet. Ihr Mann war an einem Blutgerinnsel gestorben, und sie selbst war an Krebs erkrankt. So war sie gezwungen, die Anlage aufzugeben und zu verkaufen. Zu der Anlage gehörten sechs Hektar Eigenland und zwölf Hektar Pachtland. Ich übernahm den gesamten Hof, das Reitgeschäft und das Inventar, aber auch die Kinderreitschule mit 160 Schülern samt freiberuflicher Reitlehrerin, die vorher schon den Hof geführt hatte. Zur Anlage gehörten auch fünf kleine Ferienhäuser, welche im Sommer von den Ferienkindern genutzt werden können. Im Winter konnte und kann ich sie an Monteure und andere Personen kurzfristig vermieten. Mein Bruder war so freundlich und hilfsbereit, mit mir das Anwesen neu einzuzäunen. Mein Vater wurde zu dieser Zeit Rentner, und so konnte er fast jeden Tag von Lübeck aus kommen, um mir zu helfen. Er baute mir auch gleich ein großes Katzenhaus für meine vielen verwaisten Katzen aus Tierheimen. Meine Mutter arbeitete zu dieser Zeit noch, sie kam aber jeden Dienstag zu mir aufs Land gefahren, um zu reiten. Seitdem sie in Rente ist, kommt auch sie fast jeden Tag hierher. Bei der Heuernte hilft mir mein Vater, der günstig einen ausrangierten Deutz-Traktor ersteigern konnte. Er baute sich eine Hydraulikanlage an und kann nun mit diesem Fahrzeug alle schweren Tätigkeiten, zum Beispiel Fütterung und Heumachen, übernehmen. Vorher hatte ich schon einen IHC Trecker mit Frontlader, Baujahr 1972/73 für Stroh, Heulage und für Arbeiten in der Halle. Es ist auch möglich, Stroh und weiteres Heu vom benachbarten Kuhbauern zu erwerben. Mir hilft auch ab und zu ein benachbarter Bauer beim Düngen und Mähen. Im Sommer 2007 begannen wir, den Neubau meines eigenen Wohnhauses auf dem Grundstück neben den fünf Ferienhäusern zu errichten. Zwischen den Jahren 2009/10 konnte ich dann endlich einziehen, obwohl es bis heute noch nicht fertig ist.

Inzwischen habe ich auf meinem Hof 36 Ponys und elf Pferde, über 220 Reitschüler und damit einen Fulltime-Job. Zu meinem Tierbestand gehören auch zwei treue Tiere mit nur einem Auge, ein Pony und eine Oldenburger Stute, Letztere sogar mit sehr guten Papieren. Die Stute hatte ich über Facebook erstanden. Um meinen Reitbetrieb zu bewältigen, beschäftige ich eine freiberufliche Reitlehrerin und zwei geringfügig Beschäftigte, die von mir selbst ausgebildete Reitschülerinnen sind. Natürlich habe ich auch eine Reinigungskraft für meine Ferienhäuser. Meine Mutter macht mir nach wie vor die Buchführung und übernimmt alles, was mit Geld zu tun hat. Das fällt ihr relativ leicht, da sie früher als Sekretärin gearbeitet hat. Mein Vater hatte vor seiner Verrentung beim Grünflächenamt in Lübeck gearbeitet und fühlt sich heute bei mir als Hausmann für alle Reparaturen und Arbeiten mit dem Traktor verantwortlich. Er ist seit seiner Altersteilzeit von Anfang an bei mir auf dem Hof tätig und kennt jeden Winkel. Auf der anderen Seite kennen ihn auch alle Tiere, so laufen ihm auch gerne ein altes Shetlandpony und zwei Ziegen hinterher. Meine Eltern sind mir eine unglaubliche Hilfe. Mein Bruder Jens wohnt mit seiner Familie zwar am Bodensee, in der Sommerzeit kommt er aber gerne mit seinen Kindern zu uns aufs Land, um mit anzupacken. Leider habe ich keinen Meistertitel, um selbst Pferdewirte ausbilden zu können. Aber Tierpfleger kann ich ausbilden. Meist sind es junge Mädchen, die einen Hauptschulabschluss haben und die Chance nutzen, über eine dreijährige Ausbildung den Beruf des Tierpflegers zu erlernen. Leider unterschätzen aber viele den harten Beruf.

Mein Tagesablauf sieht inzwischen wie folgt aus: um sieben Uhr Pferdefüttern, acht Jungtiere füttern sich selbst. Anschließend füttere ich meine acht Katzen, drei Hunde und zwei Ziegen. Es folgt mein Frühstück, das gerne bis zehn Uhr dauern darf. Im Anschluss folgen Reitunterricht und Stallhilfe, meine Auszubildenden und Stallhilfen kommen gegen neun Uhr. Selten komme ich vormittags selbst zum Reiten, das schaffe ich eher in Ruhe am Abend. Meine Mutter bereitet das Mittagessen, das wir dann gemeinsam einnehmen. Sie ist mir auch hier eine große Hilfe, da sie auch das Einkaufen für mich übernimmt. Ab 14.30 Uhr arbeite ich im Büro, im Reiterstübchen, und führe mit den Eltern der Reitschüler Gespräche. Ab 18 Uhr beginnt wieder die Fütterung; auch später gebe ich noch Reitunterricht. Der Betrieb endet etwa um 21.30 Uhr, dann beginnt für mich der Feierabend, und ich kümmere mich um private Dinge.

Zu der Tierhaltung: In den Stallungen sind außer im Shettylaufstall alle Pferdetränken an einer Umlaufpumpe mit

*Reiterhof Daerr – Bargteheide*

Frauke Daerrs Mutter hilft seit der Hofgründung fleißig mit. Sie reitet auch selbst.

Im Sommer sind die Pferde tagsüber auf der Weide. Fotos: Wiedemann

isolierten Leitungen ausgestattet. Dadurch haben wir im Winter keine Probleme mit einfrierenden Leitungen. Der »Kindergarten« – Jungtiere, die noch nicht eingeritten sind – ist Tag und Nacht, auch im Winter, draußen auf dem Paddock mit einem Offenstall und einer Heuraufe. Die Tiere haben immer Raufutter, und die drei jungen Pferde werden mit Kraftfutter zusätzlich versorgt. Draußen haben wir eine beheizte Wintertränke installiert. Zudem sind zwei Pferde und zwei Ponys fremd eingestellt. Da wir den ganzen Nachmittag und Abend Reitunterricht geben, ist kein Platz zum Reiten für Einsteller. Der Außenreitplatz ist witterungsabhängig und kann deshalb nicht immer genutzt werden.

In der Winterzeit vom 1. November bis zum 30. April sind Pferde und Ponys Tag und Nacht in ihren Boxen. Morgens um 7.30 Uhr werden alle Tiere mit Heulage gefüttert, die Pferde bekommen etwas Müsli dazu. Dann werden die Pferde ab neun Uhr auf die Weide gelassen, die Ponys ebenso. Jetzt werden die Boxen gemistet und »schick« gemacht; dann kommt Heulage und Stroh zum Fressen in die Boxen. Ab zwölf Uhr kommen die Tiere wieder zum Fressen in ihre Boxen zurück. Sie haben dann Ruhezeit. Ab 14 Uhr beginnt für sie der Reitunterricht.

Ab dem 1. Mai sind die Ponys Tag und Nacht draußen. Morgens kommen sie auf den Paddock, wo sie mittags mit Heulage gefüttert werden. Für den Schulbetrieb ist es einfacher, die Ponys vom Paddock zu holen. Abends geht es wieder auf die Weide zurück. Die Pferde werden morgens in ihren Boxen mit Heulage und etwas Kraftfutter gefüttert. Danach kommen sie auf die Weide bis abends, ca. 19 Uhr. Dann kommen sie zurück in ihre Boxen und werden dort wieder mit Heulage und Kraftfutter gefüttert.

Solange mir meine Eltern helfen können, mache ich mir wenig Sorgen. Diese Sorgen muss ich mir aber machen, falls sich dieser Zustand ändert. Ich bin meinen Eltern und meinem Bruder mehr als dankbar, dass sie mich seit 1998 so viele Jahre tatkräftig in meiner Arbeit auf dem eigenen Pferdehof unterstützen.

*Frauke Daerr im Herbst 2013*

Reiterhof Daerr. Foto: Wiedemann

# Stadtgut Krummesse/Hof Brömbsenmühle   Lübeck

## Hanna Holm

geborene Schwarzkopf

* 1939

Beruf: Textilingenieurin i. R.

Ich wurde 1939 in Lübeck geboren. Wir sind drei Geschwister, und ich bin die Jüngste. Mein Vater war selbstständiger hanseatischer Kaufmann und meine Mutter Privatlehrerin auf einem Gut in Grieben (Mecklenburg). Nach meinen Schulabschlüssen auf der Geibel-Mittelschule und Höheren Handelsschule absolvierte ich eine Einzelhandelslehre in der Firma Markmann & Meier in Lübeck und studierte an der Textilingenieurschule Neumünster mit dem Abschluss des Textilingenieurs. Ich stieg in den Betrieb meines Vaters mit ein und arbeitete dort bis zu meiner Hochzeit mit Otto-Henning Holm im Jahre 1968. Mein Mann hatte das Studium zum Agraringenieur in Hildesheim erfolgreich beendet und verbrachte seine Lehre auf verschiedenen Höfen, bevor er als Betriebsleiter auf dem Saatgutbetrieb Straube in Hebenshausen kam. Er hatte die Arbeit als Wirtschaftler unter der Bedingung angenommen, dass er jederzeit aus dem Arbeitsvertrag aussteigen könne, wenn der väterliche Betrieb auf dem Stadtgut Krummesse es erfordere. Mein Mann und ich hatten uns durch die Liebe zur Reiterei kennengelernt. Damals gab es noch eine Reitschule in der Eschenburgstraße in Lübeck. Mein Mann war aktiver Vielseitigkeitsreiter mit seinem Erfolgspferd »Loretta« – ein ehemaliges Holzrückepferd, misshandelt und heruntergekommen. Mit viel Liebe und Geduld behandelt, wurde Loretta sein bestes Turnierpferd. In unserer Ehe brachten wir zwei Töchter zur Welt: Kerstin (1969) und Kristine (1972). Beide sind inzwischen verheiratet und haben je drei Kinder von einem bis acht Jahren. Kerstin ist Agraringenieurin und bewirtschaftet mit ihrem Ehemann, er ist ebenfalls Agraringenieur und dazu Steuerberater, die Güter Perdoel und Horst bei Wankendorf. Zusammen bestehen diese Güter heute aus 1000 Hektar Ackerfläche, Wald und See. Zwischenzeitlich betreiben Kerstin und ihr Mann Ludwig noch eine große Biogasanlage sowie ein Hof-Café und Bistro die »Perdoeler Mühle«. Kristine, die jüngere Tochter, hat Grafik und Design studiert und lebt mit ihrer Familie in Lübeck.

Das Leben auf dem Lande mit meinem Ehemann gehört zwar der Vergangenheit an, aber es fühlt sich noch immer an, als läge alles direkt vor mir. 1969 mussten mein Mann und ich durch den plötzlichen Tod meines Schwiegervaters Otto Holm von heute auf morgen das Stadtgut Krummesse und größere Flächen des Stadtguts Moisling sowie die Kornbrennerei mit der dazugehörigen Destillation übernehmen. Das Stadtgut Krummesse war eine Pachtung von der Hansestadt Lübeck und wurde in dritter Generation seit 1927 von den Familien Nissen und Holm bewirtschaftet. Die Kornbrennerei war Eigentum der Familie Holm.

1194 wurde der Name »Crummesse« zum ersten Mal im Zehntenregister urkundlich und dokumentarisch erwähnt. Herzog Erich von Sachsen verpfändete die Dörfer Crummesse und Niemark 1321 an Johann von Crummesse. Das damalige sehr reiche Rittergeschlecht von Crummesse besaß die Höfe Crummesse, Niemark und Stockelsdorp und später noch weitere Ortschaften der Umgebung. Ende des 14. Jahrhunderts begann der Besitz des Rittergeschlechts zu schrumpfen. 1373 verpfändete Marquard von Crummesse dem Lübecker Rat wegen einer Spielschuld seinen Hof und die Güter in Crummesse. Später erwarben die Darsows aus Lübeck Teile von Crummesse. Die letzten Besitzer waren die Ratsherren von Brömbsen, deren Nachkommen in Afrika leben und uns zweimal in Krummesse besucht haben. Unsere Tochter hat mit ihrem Ehemann der Familie von Brömbsen dort einen Besuch abgestattet. Krummesse besteht aus einem Lübschen und einem Lauenburgischen Teil, wobei das Stadtgut Krummesse selbst zu Lübeck gehört. Die Übernahme eines zu der Zeit großen landwirtschaftlichen Betriebes mit 300 Hektar und die dazugehörige Kornbrennerei war für meinen Mann und mich eine große berufliche Herausforderung. Ich hatte keinerlei Ausbildung in der Land- und Hauswirtschaft, und vom Schnapsbrennen hatten wir beide keine Ahnung. Die Unterschlagung einer beträchtlichen Geldsumme durch den langjährigen Geschäftsführer erschwerte uns erheblich den Einstieg in die Firma. Nun galt das Motto: Ärmel aufkrempeln und loslegen. Zum Glück hatten wir einen langjährigen, qualifizierten und treuen Brennmeister zur Seite, der seine Arbeit sehr korrekt erledigte. So konnte mein Mann sich voll der Landwirtschaft widmen und ich mich der Buchhaltung, der Destillation sowie des Vertriebs mit einigen Vertretern. Das Geschäft musste reibungslos weiterlaufen. Wir haben die viele Arbeit mit großem Einsatz angepackt, natürlich mithilfe vieler treuer und langjähriger Mitarbeiter, die voll und ganz hinter uns standen. Das war schon beeindruckend!

Wir bewirtschafteten 1968 noch ca. 300 Hektar Nutzfläche, Tendenz in den Folgejahren fallend durch die für den Bau der A 20 abzugebenden Ausgleichsflächen, die die Hansestadt Lübeck benötigte. Die Kornbrennerei und die Destillation besitzen ein Kartoffelbrennrecht von 900 Hektolitern und ein Kornbrennrecht von 1370 Hektolitern. Der Rohalkohol aus Kartoffeln ist ablieferungspflichtig an die Bundesmonopolverwaltung. Der Rohalkohol aus Weizen oder Triticale wird zum Teil regional vermarktet. Der größte Teil jedoch wurde als Rohalkohol mit ca. 83/84 Vol.-% in Tankwagen an die Deutsche Kornbranntwein-Verwertungsstelle (DKV) geliefert.

Was bedeutete die Landwirtschaft für uns und wie sah das Bild eines Landwirts und einer Landfrau aus? Viele haben noch den Bauern in Gummistiefeln, Joppe und Mistforke vor Augen, die Bäuerin im langen Rock, mit Schürze, Holzpantoffeln und rotkariertem Kopftuch und den Korb mit Hühnerfutter in der Hand. Das ist das nostalgische Bild einer romantischen Zeit voller Menschlichkeit und Zusammenhalt auf dem Lande. Diese Zeit hatten wir auch noch in Teilen kennengelernt und miterlebt, als wir nunmehr vor 31 Jahren den Betrieb eigenständig in voller Verantwortung mit ca. 45 Beschäftigten in der Außenwirtschaft und im Viehbereich übernahmen. Wir waren wie eine große Familie.

Wir mästeten damals noch etwa 1800 Schweine und 500 Bullen jährlich und vermarkteten alles selbst, das meiste über die heutige Nordfleisch AG (damals NFZ). Die Landwirtschaft war als großer Wirtschaftsbetrieb eine kaufmännische Herausforderung. Das Management zur Führung der Landwirtschaft, der Brennerei und der Destillation bestand aus meinem Mann, der zuständig war für die gesamte Außenwirtschaft und die Vermarktung aller Anbauerzeugnisse, und mir. Ich übernahm alle innerbetrieblichen Aufgaben und die gesamte Buchhaltung. Jeder von uns hatte seinen festen Arbeitsbereich, dennoch wurden alle Schritte gemeinsam bis ins Detail besprochen und geplant mit der selbstverständlichen Hilfe unseres Steuer- und Wirtschaftsberaters. Darüber hinaus waren wir mit unserem Betrieb in einem großen landwirtschaftlichen Beratungsring, der die Großbetriebe in Schleswig-Holstein fachlich berät und betreut. Alle Betriebe verglichen sich hier im Beratungsring in genauen Betriebszahlen. Anhand des Reingewinns wurde die Erfolgsreihenfolge der Betriebe festgelegt. Alle verschiedenen Beratungsringe mit verschiedenen Beratern umfassten ca. 300 landwirtschaftliche Betriebe in Größenordnungen bis zu 2000 Hektar Nutzfläche.

Eine Zeit lang hatten wir viel Gemüse angebaut: Den Ertrag von etwa 17 Hektar Erdbeeren lieferten wir an die Bad Schwartauer Werke, 13 Hektar Sellerie sowie zwölf Hektar Kürbis gingen an die Kühne-Werke und zwei Hektar Rhabarber an den Berliner Frischmarkt. Das war eine leistungsstarke Zeit mit vielen Aushilfskräften, Arbeiterkolonnen und Erdbeerpflückern. Pro Saison kamen etwa 300 Polen, Türken oder Afrikaner als Erntehelfer und immer weniger heimische deutsche Kräfte. Die Aushilfskräfte kamen in Zelten unter mit polnischen und türkischen Dolmetschern. Die Einstellung geschah mit Anträgen vom Arbeitsamt in einem großen Passbüro. Die Löhnung und Auszahlung von Aushilfen und Pflückern geschah direkt auf dem Feld. Zum Auszahlen kamen wir mit zigtausend DM im Auto auf das Feld gefahren. Wir erlebten bei den Arbeitskräften keine Revolten gegen uns, dafür aber eskalierende Stammesfehden untereinander. Die Aushilfssaison dauerte von Anfang Juni bis September, danach dann wieder zur Ernte der Zuckerrüben im November. Die Bergung mit eigenen Maschinen war sehr arbeitsaufwendig und dauerte lange. Heute wird die Ernte von einem Lohnunternehmer und seinem vierreihigen und vollelektronischen Rübenroder erledigt. Diese Maschine hat eine Arbeitskapazität von bis zu zehn Hektar pro Tag. Der Anschaffungswert von 950 000 DM würde sich bei den meisten landwirtschaftlichen Betrieben nicht lohnen.

Trotz allem hatten wir uns noch die Zeit genommen für unser gemeinsames Hobby, die Reiterei. Wir ritten mit unseren Töchtern auf den Stoppelfeldern und unternahmen mit den Pferden auch Wochenendausflüge in die Lüneburger Heide. Das waren unvergessliche Erlebnisse! Aber auch die Jagd, eine Niederwildjagd auf unseren Krummesser Flächen, betrieb mein Mann leidenschaftlich. Meine Naturpassion lag darin, ihn auf Pirschgängen und Ansitzen bei Mondschein auf Schwarzwildjagd zu begleiten, um wunderbare Naturerlebnisse mit einer Super-8-Kamera und später mit einer sehr hochwertigen Videokamera filmerisch festzuhalten. Ich habe aus dieser Zeit noch sehr hübsche und beeindruckende Jagd- und Naturfilme, nicht nur mit der heimischen Tierwelt, sondern auch viele Elchfilme aus Schweden. Vor etwa 30 Jahren fuhren wir einmal im Jahr nach Schweden zur Elchjagd und genossen die großen schwedischen Wälder.

Leider mussten wir auf unserem Betrieb auch sehr schreckliche Ereignisse erfahren, wie 1982 der erste Großbrand unseres Bullenstalls. Dabei wurden etwa 450 Bullen zum Teil angebrannt und sie mussten alle in einer Nacht zum Schlachten an die Nordfleisch AG. Der Schaden bezifferte sich auf etwa vier Millionen Mark. Der zweite Brand ereignete sich nur zwei Jahre später. Da brannte unsere Mehrzweckhalle ab. Beide Brände waren Brandstiftung, und der Täter wurde gefasst. Wir ließen den Bullenstall wieder neu aufrichten und stallten für die Bullenmast neue Bullenkälber ein. Das Verkaufsgewicht lag bei ca. elf Zentnern, was für uns ein lohnendes Standbein bedeutete. Wir erhielten pro Kilogramm Fleisch bis zu 8,50 DM, später waren es nur noch fünf Deutsche Mark. Bei einem dritten Brand brannte ein abgelegenes Arbeiter-Wohnhaus, ein anderes Mal eine Regenmaschine. Es gab Einbrüche in der Brennerei, sogar in der verheerenden Brandnacht von 1982. Einmal wurden uns 26 Bullen gestohlen. Sie wurden einfach anderswo abgeladen. Trotz aller Ereignisse oder vielleicht gerade ihretwegen hatten wir ein sehr intensives, geradezu kameradschaftliches Familienleben mit unseren Kindern. Sie waren voll und ganz mit in unseren Geschäftshaushalt eingebunden und wussten um ihre Aufgaben. Gemeinsame Freizeit verbrachten wir im Reiterverein, wir gingen auf Reitturniere, verbrachten gemeinsame Ferien auf Amrum und Föhr oder fuhren zum Skilaufen. Unsere Unternehmungen wurden unvergessliche Erlebnisse für uns alle.

Betrieblich kam ab 1990 der große Umbruch. Die Preise, die uns die Fabriken für unser Obst und Gemüse zahlten, sanken stetig, und der Anbau von Erdbeeren und Gemüse lohnte sich nicht mehr. 1994 gaben wir auch die Bullenmast auf. Der Schlempeabfall wurde an umliegende Viehbetriebe verkauft. Das Abholen geschah täglich in der Brennkampagne jeden Jahres, je nach Höhe des Brennrechts. Die Menge des hergestellten Alkohols wurde jährlich neu festgelegt, basierend auf dem bestehenden Brennrecht – betrieblich unterschiedlich. Die Brennkampagne dauerte von Oktober bis Mai jeden Jahres. Unser Verwalter und einige Mitarbeiter hatten die Altersgrenze erreicht. Da sie alle ca. 35 bis 40 Jahre zum Betrieb gehörten, gingen sie mit einer betrieblichen Treueprämie-Versicherungsauszahlung in Rente.

Arbeitsintensiver wurde es für die Landwirtschaft dennoch von Jahr zu Jahr, überall wurde rationalisiert und mechanisiert, um Arbeitskräfte einzusparen. Unser Personalbesatz reduzierte sich deutlich: Es blieben mein Mann und ich, ein Festangestellter für die Landwirtschaft, ein Brennmeister für die Brennerei, Destillation und den Vertrieb sowie zwei Aushilfskräfte für alle anfallenden Arbeiten. Man beachte, 1969 fingen wir mit 45 Mitarbeitern auf dem Stadtgut an! Durch die stetig fallenden Erzeugerpreise in der Landwirtschaft begann das Aussterben vieler landwirtschaftlicher Betriebe. Für viele Vollblut-Landwirte bedeutete dies das Aus, den möglichen Erben und Nachkommen wurde zum Teil die Zukunft genommen.

Unsere eigene Pachtzeit endete offiziell 2002, danach wäre noch eine fünfjährige Weiterpacht mit ökologischem Anbau möglich gewesen, so der Lübecker Senatsbeschluss. Die Krummesser Pachtflächen reduzierten sich ständig durch den Bau der A 20. Es gab einen Ausgleichsflächenbedarf von etwa 600 Hektar. Auch in der Brennerei begann ein großer Umbruch. Das Branntweinmonopol war gefallen, das heißt die Stützbeiträge für Alkohol wurden gestrichen. So entstand ein freier Markt mit freikalkulierten Preisen. Die Spritlager waren voll, was weniger Absatz bei der Bundesmonopolverwaltung und der Deutschen Kornbranntwein-Verwertungsstelle (DKV) bedeutete. Die Brennrechte sanken ständig. Es meldeten sich um die 300 Brennereien ab, woraufhin diese über fünf Jahre Übergangs-Ausgleichszahlungen vom Staat erhielten.

Unser Zukunftsbild sah traurig aus, schien politisch gesteuert. Wir konnten aber auf eine wunderschöne Zeit mit vielen Höhen und Tiefen zurückschauen. Das Alter war fast erreicht, um aufzuhören, und die schwere Krankheit meines Mannes – er war an Krebs erkrankt – machte uns die Entscheidung leichter. Die jahrelange Zusammenarbeit mit der Hansestadt Lübeck als Verpächterin und uns als Pächter in der dritten Generation hatte viel Kraft und Nerven gekostet. Die Position der Stadtgutpächter war nichts mehr wert und Verhandlungspartner wie den ehemaligen Lübecker Bürgermeister Robert Knüppel gab es nicht mehr. Mir schien, die Tradition galt nicht mehr, das Hanseatische kannte man nicht mehr. Diese Ära war vorbei.

Aber mein Mann und ich dachten gerne zurück an die vielen Besichtigungen der Liegenschaftssenatoren in Krummesse, die wir regelmäßig und gemäß unseres Pachtvertrags ausrichteten. Es gab viele wichtige Gesprächsthemen, heiße Diskussionen, die aber immer fair verliefen und hinterher gab es ein fröhliches Beisammensein mit »einer der Tageszeit angemessenen Mahlzeit«, die wir kostenlos zu servieren hatten – so stand es in unserem Pachtvertrag. Auch andere Events fanden statt. Die Polizeibeamten des ersten Reviers in der Mengstraße zum Beispiel unternahmen ihre Vatertagstour – anfangs noch mit einem Pferdefuhrwerk, später mit einem Kleinbus – mit unserem Stadtgut als Ziel. Es wurde wunderbar getafelt, getrunken und musiziert mit Pauken und Trompeten bis zum Ende. Der letzte Gast wurde noch aus dem Gebüsch gezogen, er hatte auf sich mit einem Posaunenton aufmerksam gemacht, und alle wurden dann mit PKWs nach Lübeck gefahren. Schöne Erinnerungen hängen auch am Krummesser Spielmanns- und Fanfarenzug, die uns zum 1. Mai so gegen sechs Uhr morgens ihr Ständchen brachten.

*Stadtgut Krummesse/Hof Brömbsenmühle – Lübeck*

Strohrundballen vor dem Krummesser Stadtgut (2008).

Gutshaus Stadtgut Krummesse (2017). Fotos: Wiedemann

*Stadtgut Krummesse/Hof Brömbsenmühle – Lübeck*

Viele Erinnerungen habe ich an schöne, große Feste in unserem Gutshaus, auf der Diele mit unseren Freunden, an die Gartenfeste in so eindrucksvoller, romantischer Umgebung. Wir hatten auch zur Krummesser Kirchengemeinde viel und guten Kontakt und hatten das christliche Kirchenleben intensiv gelebt. Viele Ereignisse in dieser Kirche bleiben in guter Erinnerung: die Konfirmation meines Mannes, unsere Trauung, der Goldene Hochzeitsdienst meiner Eltern, Trauerfeiern aller Elternteile sowie die Konfirmationen und Trauungen unserer beiden Töchter. Und zum Schluss die Beerdigung meines Mannes im September 2005. Er war an Krebs erkrankt, war aber durch einen Unfall ums Leben gekommen.

2002 übergaben wir das Stadtgut an unseren Nachfolger, den Landwirt Herrn Möller, als der Verkauf der Kornbrennerei und der Destillation bevorstand. Die Pacht lief am 30. Juni 2002 aus, und unser Entschluss, alles aufzugeben, war gefallen. Wir wollten aufs Altenteil gehen, zumal die schwere Krankheit meines Mannes immer wie ein Damoklesschwert über uns schwebte. Das Stadtgut sollte nur an einen ökologisch wirtschaftenden Pächter vergeben werden. Die konventionelle Bewirtschaftung für die Neuverpachtung der verbliebenen Stadtgüter hatte ein Ende und wurde durch die ökologische Landwirtschaft abgelöst.

Auf die Nachfolge hatten sich um die 50 Interessenten beworben und vorgestellt. Von ihnen blieben zum Schluss, nach Bekanntwerden der ganzen Auflagen und der Höhe des Pachtpreises, lediglich zwei Bewerber übrig.

Otto-Henning Holm. Foto: Privat

Diese Entwicklung hatte uns nicht verwundert. Nachdem auch unser Gutshaus von allen besichtigt wurde, begann die Übergabe an Herrn Möller mit Gutachtern seitens der Stadt und uns. Wir hatten uns zusätzlich zu einem hochqualifizierten Obmann unseren Wirtschaftsberater, den Wirtschaftsberater des Beratungsrings und unseren Rechtsanwalt und Notar zur Seite gestellt. Es gab lange Verhandlungen für die Übernahme und Auslösung unseres Inventars. Unsere Brennerei und Destillation wurden von der Hansestadt Lübeck gekauft. Damit ging eine Ära zu Ende; wir hatten 33 Jahre das Stadtgut erfolgreich bewirtschaftet und konnten mit Stolz sagen, einen gut geführten Betrieb hinterlassen zu haben. Am 30. Juni 2002 gaben wir alle Schlüssel an unseren Nachfolger. Der Abschied fiel uns natürlich schwer. Alles hinter sich zu lassen: das Elternhaus meines Mannes, alles Liebgewordene in den vielen Jahren, die wir mit unserer Familie auf dem Stadtgut verbracht hatten. Wir zogen in unser neues Zuhause, in unser wunderschönes Haus direkt mit Blick auf den Elbe-Lübeck-Kanal und auf die damals von uns bewirtschafteten Ländereien. Nach vollzogenem Umzug besuchten wir noch einmal unser ehemaliges Gutshaus und nahmen Abschied. In diesem Moment krachte mit lautem Getöse unsere vor der Tür stehende uralte Kastanie zu Boden, als wenn sie sagen wollte:»Wenn Ihr geht, dann gehe ich auch!« Wir waren sehr wehmütig, versuchten aber, diesen neuen Lebensabschnitt, den des Rentnerdaseins, anzunehmen und zu verarbeiten. Es war nicht leicht und wir hatten beide damit zu kämpfen.

Die Hoffnung, noch einige schöne Jahre gemeinsam leben und genießen zu können, war uns nicht vergönnt. Im Urlaub nach Masuren Ende Juli 2005, ein langersehnter Wunsch meines Mannes, verunglückte er am dritten Tag mit schweren Kopfverletzungen in Allenstein. Nach drei Wochen im Koma liegend verstarb mein Mann am 28. September 2005 in Bad Segeberg. Wir hatten noch so viele Pläne, der liebe Gott hatte es jedoch so entschieden, und wir mussten es schmerzlich so akzeptieren. Für mich und die ganze Familie war es ein furchtbares Schicksal, das wir versuchen zu begreifen und zu ertragen. Jetzt lebe ich allein mit meinem Dackel Anton in unserem relativ großen Haus mit sehr großem Grundstück. Es bleiben mir leider nur viele Erinnerungen an die so inhaltsreichen, zusammen verlebten 37 Ehejahre mit wunderbar glücklichen, aber auch schweren Tagen, die mein Mann und ich immer dankbar in Liebe durchgestanden haben. Das ist ein großer Trost, der mir hilft, mein Leben jetzt alleine weiterzuleben und neu zu gestalten mit der Hilfe meiner Kinder, meiner liebenswerten Enkelkinder und aller langjährigen guten und sich sehr um mich kümmernden Freunde. Sie alle fangen mich auf und schenken mir Geborgenheit.

*Hanna Holm im Sommer 2012*

*Stadtgut Krummesse/Hof Brömbsenmühle – Lübeck*

# Ulrich Möller

\* 1939
Beruf: Landwirt i. R.

Mein Großvater väterlicherseits besaß bis 1895 den Boysenhof in Oberbüssau bei Lübeck. Er hatte acht Kinder, vier Jungs und vier Mädchen. Als er jedoch das Stadtgut Roggenhorst pachtete, verkaufte er den Boysenhof. Da nur der älteste Sohn das Stadtgut weiterführen konnte, pachtete mein Vater sich später im Ort Laage bei Rostock einen Hof mit Land. Ich kam dann 1939 in Rostock zur Welt und hatte noch zwei Geschwister, einen 14 Jahre älteren Bruder, der 1943 im Zweiten Weltkrieg fiel, und eine ältere Schwester, die heute verheiratet mit einem Landwirt in der Schweiz lebt. Zu unserem großen und ansehnlichen Anwesen gehörten ein Gutshaus, eine Schäferei, eine Schweinemästerei, eine Schmiede und eine Gärtnerei. Mein Vater besaß erstaunlicherweise schon zwei Lanz-Bulldog. Er baute unter anderem Rüben an, die er im benachbarten Tessin in einer Zuckerfabrik gut absetzen konnte.

Als sich 1945 die russischen Truppen auch Rostock näherten, entschlossen sich meine Eltern zur Flucht. Im April bestiegen meine Mutter, meine Schwester und ich sowie ein polnischer Kutscher die schon fertig bepackten Wagen, und wir zogen los nach Westen. Mein Vater blieb erst einmal in Laage. Die russischen Soldaten hatten unsere Flucht bemerkt und wollten uns zurückholen. Mein Vater hatte auf seinem Gut russische und französische Gefangene beschäftigt und auch gut behandelt. Daher konnte er mit den russischen Offizieren gut verhandeln. Ansonsten fackelten die Russen nicht lange: Großagrarier sollten alle nach Sibirien geschickt werden. Mein Vater konnte im Herbst 1945 mit einem Kohlenzug nach Lübeck fliehen. Meine Eltern trafen sich dann nach der Flucht in Struckdorf bei dem Bruder meiner Mutter. Ich wurde dann zusammen mit meinem Cousin in Struckdorf eingeschult. Ein Bruder meines Vaters führte in Mönkhof das Stadtgut.

Mein Vater gründete in Mönkhof ein Torfwerk und führte es bis zur Währungsreform 1948. Er erstellte mit 30 bis 40 Arbeitern Torfmieten. Nach der Trocknung wurde der Torf als Brennmaterial verkauft. Mit der Einführung der Deutschen Mark wollte jedoch keiner mehr Torf haben, da man mit der neuen Währung plötzlich auch Kohle und Brikett kaufen konnte. Als der Bruder meines Vaters hörte, dass in Krummesse ein Hof zu pachten wäre, gab er diese Nachricht an meinen Vater weiter. In Krummesse führte die Familie Sedemund eine Land- und Gastwirtschaft, sie hatte aber ihre Arbeit auf den Feldern nicht mehr geschafft. So kam es, dass mein Vater 1949 in Krummesse dieses Land pachten und wieder seine eigene Landwirtschaft führen konnte. In der Niedernstraße 11 in Krummesse baute mein Vater sich sein neues Wohnhaus.

Inzwischen war ich zehn Jahre alt und besuchte die Krummeser Grund- und Hauptschule. Nach dem dortigen Abschluss konnte ich in der Handelsschule Friedrich-List später meine Mittlere Reife machen. Als mein Vater 1960 verstarb, führte ich den kleinen Hof mit 22 Hektar einfach so weiter, wie es mein Vater zuvor getan hatte. Wir bauten zehn Hektar Kartoffeln an, die ich jahrelang an Kunden in Lübeck auslieferte. Mit der Zeit verlagerte ich die Arbeit weg von den Kartoffeln und hin zu mehr Milchvieh- und Sauenhaltung. Der Milchbock, der für das Abstellen der vollen Milchkannen, das Abholen der Milch und die Bestellung von Milch und Butter durch die Meierei-Betriebe benutzt wurde, lag direkt vor unserem Haus. Diese hölzerne Abstellbank war der Treffpunkt vieler Bauern für einen Klönschnack. Da ich ab der Mitte der 1960er Jahre schon neue und bessere Maschinen als andere Bauern besaß, konnte ich häufig beim Bauern Hülse an der Brömbsenmühle aushelfen. Dabei lernte ich seine Tochter Anneli kennen. Anneli

*Stadtgut Krummesse/Hof Brömbsenmühle – Lübeck*

Ulrich und Anneli Möller vor ihrer Wassermühle.

In Kornbrennerei Krummesse wird noch immer Korn gebrannt, heute mit ökologisch angebautem Weizen. Fotos: Wiedemann

*Stadtgut Krummesse/Hof Brömbsenmühle – Lübeck*

Die Mannschaft auf dem Hof Möller.

Ulrich Möller hilft auf dem Hof, den sein Sohn Christoph heute führt. Unter anderem kümmert er sich um die Rinder. Fotos: Wiedemann

hatte mir einmal einen sehr netten Brief geschrieben, der seine Spuren in mir hinterließ. 1971 heiratete ich Anneli und konnte zu ihr auf den elterlichen Hof ziehen. Meinen Pachthof führte ich weiter. Anfang der 1980er Jahre wollten wir die Rinderhaltung ausdehnen und rationalisieren. Wir besichtigten mehrere neue Rinderställe, und mithilfe eines Architekten der Landgesellschaft wurde der neue Boxenlaufstall von der Kronsforder Maurerfirma Brinkmann bei uns hochgezogen. Unser neuer Stall war für 45 freilaufende Kühe gedacht, und wir sollten mit unserem Traktor und Futterwagen durchfahren können. Finanziell hatten wir uns mit dem Bau des Stalls und dem Erwerb von weiteren 20 Kühen enorm belastet. Aber der Kuhstall und der gesamte Betrieb liefen die folgenden zwei Jahre so positiv, dass wir aus den gröbsten Schulden herauskamen. Seit dieser Zeit hatten wir eigentlich immer viel Glück: Ich hatte für meinen Hof in der Niedernstraße vom Verpächter das Vorkaufsrecht. Als ein Interessent das Wohnhaus meiner Mutter, die 1975 starb, in der Niedernstraße kaufen wollte, konnte ich das Haus erwerben. Nach und nach erhielten wir die Chance, weiteres Land dazuzukaufen. Insgesamt konnten wir mit viel Glück unseren Betrieb auf 100 Hektar vergrößern. 2002 konnte ich zusammen mit unserem Sohn Christoph, der inzwischen seine Ausbildung zum Agraringenieur abgeschlossen hatte, das Stadtgut Krummesse pachten. Seit 2004 – mit Eintritt ins Rentenalter – beschäftigten wir auf unserem Betrieb mit inzwischen 400 Hektar Eigen- und Pachtland zwei Mitarbeiter, einen Lehrling und Saisonkräfte. Ein Fischteich mit Karpfen und Schleien war und ist für uns eine weitere Einkommensquelle. Ein zusätzliches Zubrot ist die Kornbrennerei. Es handelt sich aber um eine alte Anlage, und es muss ständig etwas repariert werden.

Unseren »Ehegattenhof« gaben wir an unseren Sohn Christoph, als ich mit 65 Jahren in Rente ging. Unser Sohn ist der alleinige Pächter des Stadtguts und auch unseres eigenen Betriebs und wohnt mit seiner Familie in dem wieder aufgebauten Wassermühlengebäude. Ich selbst helfe meinem Sohn, wo ich kann. So beaufsichtige ich zum Beispiel die Rinder und die Kälbertränken und bin auch verantwortlich für die Brunstbeobachtung.

*Ulrich Möller Mai 2014*

# Anneli Möller

* 1952
Beruf: Meisterin der ländlichen Hauswirtschaft i. R.

Mein Vater Oskar Hülse war Landwirt in Hermsdorf, Kreis Heiligenbeil in Ostpreußen. Er musste 1945 flüchten und rettete sich mit einem Schiff nach Westen. Er landete dann in Lübeck, wo er Arbeit auf dem Hof meiner Großeltern Dürkop fand. Mein Großvater mütterlicherseits war Ortsgruppenleiter. Er wurde nach dem Krieg interniert und verstarb in einem Lager bei Neumünster. Die drei Brüder meiner Mutter sind alle im Krieg gefallen, deshalb war nach dem Krieg kein Mann auf dem Hof. Meine Großmutter Martha Dürkop, geb. Scharbaus, war damals 53 Jahre alt. Nach dem Krieg war in Krummesse und auf dem Hof der Brömbsenmühle wie überall das Haus voll mit Flüchtlingen. Ich weiß von meinen Eltern, dass selbst in der nicht mehr im Betrieb stehenden, kalten Windmühle Familien mit vielen Kindern wohnten. Die Bauern hatten zu dieser Zeit natürlich die Pflicht der Unterbringung und Verköstigung. Sie konnten aber auch den positiven Effekt der günstigen Erntehelfer nicht verkennen. Mein Vater lernte 1945 meine Mutter auf besagtem Hof kennen, 1951 heirateten sie. Aus der heutigen Sicht war der Hof recht klein. Zum Hof zählten 25 Hektar Ackerland, Wiesen und Weiden und zehn Hektar Karpfenteich. Der großelterliche Windmühlenbetrieb hatte wegen einer Zerstörung schon vor dem Zweiten Weltkrieg den Betrieb eingestellt. Die Wassermühle lief bis 1955, wozu die Karpfenteiche mit ihrem Wasserspeicher eine wichtige Voraussetzung waren. Diese Mühle war für den elterlichen Betrieb ein wichtiges Standbein. Sie mahlte das Korn für den Krummesser Bäcker Brede und für viele Haushalte in Krummesse. Ich erinnere mich noch gut daran, wie die Steinmetze zu unserer Mühle kamen, um die Steine zu schärfen. Diese mühsame Arbeit nahm meist einen ganzen Tag in Anspruch. Später hatten viele Ortschaften mit ihren Raiffeisengenossenschaften eine eigene Mühle. So auch in Krummesse. Die Bäcker konnten jetzt direkt, einfacher und schneller ihr Korn mahlen lassen. Ich kam 1952 auf der Brömbsenmühle zwischen Lübeck und Krummesse zur Welt. Meine Mutter starb 1955 nach der Geburt meiner jüngeren Schwester an einer Lungenembolie.

Der Hof meiner Eltern war nach dem Krieg bis 1971 ein reiner Ackerbaubetrieb mit Viehhaltung wie zehn Kühe und ein paar Sauen, deren Ferkel verkauft wurden. Seit 1952/53 besaßen meine Eltern einen 28 PS starken Deutz Traktor. An weiteren Maschinen hatten sie einen Heukehrer bzw. Wender, eine vier- bis sechsarmige Hungerharke, auch Hampelmann genannt, einen Mähbalken und einen Selbstbinder zum Garbenbinden, der erst noch von dem Pferd, später von dem Trecker gezogen wurde.

Meine ersten Schuljahre verbrachte ich in der Krummesser Grund- und Hauptschule. In der Lübecker Dorothea-Schlözer-Schule – eine staatliche Bildungsanstalt für Frauenberufe – machte ich meine Mittlere Reife. Ich war mir schon sehr früh sicher, dass ich den elterlichen Hof übernehmen würde, was ja damals für eine Frau eher als unüblich galt. Daher lernte ich »Ländliche Hauswirtschaftslehre« und verbrachte meine zwei Jahre Lehrzeit auf unterschiedlichen Höfen. Ein Wintersemester lang besuchte ich die Landwirtschaftsschule in Mölln. 1975 legte ich meine Meisterprüfung der Ländlichen Hauswirtschaft ab. In Krummesse galt in der Erbfolge das Ältestenrecht. Als meine Mutter 1955 mit 37 Jahren starb, war zwar die Erbfolge nicht geregelt, aber ich wurde vom Landwirtschaftsgericht als Hoferbin anerkannt. Meine Großmutter starb 1966. Mein Mann Ulrich Möller hatte 1966 eine Strohhochdruckpresse und eine Drillmaschine mit Hydraulik in Betrieb. Damit half er bei meinen Eltern ab und zu aus. 1971 heirateten wir. Wir lebten damals und auch heute noch auf der Brömbsenmühle und bewirtschafteten sowohl meinen elterlichen

Die Brömbsen-Windmühle (1936). Foto: Privat

Die Brömbsen-Windmühle (1977). Sie ist längst nicht mehr intakt. Nach dem Krieg wurden hier trotz Kälte noch Flüchtlingskinder untergebracht. Foto: Wiedemann

Betrieb als auch den Pachtbetrieb seines Vaters. 1972 kam unser Sohn Christoph zur Welt, es folgten 1976 Henrik und 1979 Johannes.

1983 nahmen mein Mann und ich einen Kredit auf, um unseren Kuhstall zu erneuern. Ab 1997 restaurierten wir mit großem Aufwand und der fachkundigen Hilfe meines Schwagers Burkhard unsere baufällige Wassermühle, die lange Zeit als Hühner- und Kohlenstall funktionierte. Ein Holzkundler bestätigte das Baujahr der Wassermühle auf ca. 1517 mithilfe eines alten, schwarzen Eichenbalkens, den wir im Keller bergen konnten. Der Name der Mühle geht auf die Lübecker Ratsfamilie von Brömbsen zurück, die diese Mühle von 1618 bis 1757 besessen hat. Die Mühle wurde mit dem Wasser versorgt, das in den Teichen vor der Mühle aufgestaut wurde. Das Wasserrad der Mühle ist heute nicht mehr vorhanden. Eine Turbine aus dem Jahr 1937 wurde wohl Ende der 1970er Jahre ausgebaut. Bis 1960/61 lieferte die Mühle über diese Turbine noch Strom (110 Volt), der in großen gläsernen Batterien gespeichert wurde. Als dann endlich eine Stromleitung zu uns ins Wohnhaus gelegt wurde, kauften wir uns gleich eine Melkmaschine, eine Waschmaschine und eine Gefriertruhe und waren glücklich über diesen Besitz. Bis 1975 war das Gebäude noch reetgedeckt, dann wurde das Dach durch die Teerpappe Ondoline notdürftig gesichert. 1998 war der rechte und erste Bauabschnitt fertig, und unsere Tante Marie-Luise konnte dort in eine kleine Wohnung einziehen. Sie konnte dort noch knapp vier Jahre verbringen, dann starb sie. Nach ihrem Tod zog unser Sohn Christoph mit seiner Frau Verena in diese kleine Wohnung, und nach der Restaurierung und dem Ausbau der restlichen Haushälfte, bei der er, mein Schwager Burkhard und unsere Angestellten kräftig mithalfen, bezog er dann auch den mittleren Wohntrakt. Die rechte Haushälfte haben wir inzwischen vermietet. Den Wasserlauf der Mühle durch den Keller haben wir fachkundig mit großen Findlingen wieder so hergestellt, dass das Wasser ohne Schäden anzurichten durch das Gebäude fließen kann.

Nachdem unser Sohn Christoph 2004 den Hof übertragen bekommen hatte, helfe ich weiterhin mit, wo ich kann, zum Beispiel in der Küche oder beim Ausnehmen der Fische. Inzwischen genieße ich auch meine fünf Enkel, aber auch die Freiheit, Reisen unternehmen oder ausgiebig lesen zu können.

*Anneli Möller im Sommer 2014*

Getreideaussaat auf den Ländereien in Krummesse. Fotos: Wiedemann

*Stadtgut Krummesse/Hof Brömbsenmühle – Lübeck*

## Christoph Möller

\* 1972

Beruf: Dipl.- Ing. agr. Landwirt

Ich bin gebürtiger Lübecker, aufgewachsen bin ich aber auf dem Lande, auf dem Hof meiner Eltern. Der Betrieb der Brömbsenmühle gehört noch zum südlichsten Zipfel der Hansestadt Lübeck. Meine Brüder und ich hatten eine traumhafte Jugend. Unsere Eltern ließen uns viel Freiheit, wir hatten immer viele Freunde zu Besuch und konnten überall herumtoben. Mit meinen beiden Brüdern war ich in dieser ländlichen Idylle und in alle ländlichen Tätigkeiten schnell integriert, und wir lernten schnell, auf dem Betrieb mit anzupacken. So halfen wir zum Beispiel beim Einstreuen der Tierställe, Füttern oder dabei, den Melkstand zu putzen. Den Trecker, unseren 55er Deutz, lernte ich schon mit acht Jahren zu fahren. Für uns Kinder war es nur wichtig, mit den Füßen an das Kupplungspedal zu kommen, um andere Gänge einlegen zu können. Ich half dabei, die Wiesen zu schleppen oder Brennholz einzufahren. Wenn ich als Jugendlicher einmal Dampf ablassen musste, rannte ich in den Erlenbusch, um Erlen mit der Axt umzulegen.

Meine Eltern waren sehr aktiv, so konnte der ehemalige Kleinbetrieb schnell zu einem attraktiven Hof anwachsen. Mir wurde schon als Jugendlicher klar, dass ich Koch oder Landwirt werden würde. 1979 wurde ich in die Krummesser Grundschule eingeschult, auf dem Lübecker Wirtschaftsgymnasium, der Friedrich-List-Schule, machte ich 1992 mein Abitur. Nach einem Jahr Praktikum auf einem Hof mit Milchvieh in Bünningstedt bei Ammersbek legte ich meine Praktikantenprüfung ab und erhielt damit die Zulassung zum Studium der Landwirtschaft an der Fachhochschule in Kiel, bzw. in Rendsburg. Ich begann mein Studium in der Zeit, als die Agrarpreise sehr niedrig waren. Ich überlegte mir sehr gründlich den Weg, den ich zukünftig als Landwirt einschlagen wollte. Da ich mir bewusst war, dass ich als traditioneller Landwirt nur einer unter vielen sein würde, es also schwer haben würde, den Betrieb zu vergrößern, entschied ich mich für die ökologische Landwirtschaft mit der Überzeugung, dass die Kunden zukünftig lieber hochwertige Nahrungsmittel haben wollten. So studierte ich gleich ab dem ersten Semester ökologischen Landbau. Nach drei Jahren hielt ich mein Diplom des Agraringenieurs in den Händen. Wegen »betrieblicher Unabkömmlichkeit« kam ich letztlich um die Grundwehrpflicht bei der Bundeswehr herum und konnte mit 24 Jahren in den elterlichen Betrieb als Angestellter einsteigen.

Ende 2001 wurde das Krummesser Stadtgut von seiner Eigentümerin, der Hansestadt Lübeck, zur Pacht neu ausgeschrieben. In der Bewerbungsphase bewarb ich mich zusammen mit meinem Vater um diese Ländereien. Die Stadt Lübeck wollte das bis 2002 konventionell bewirtschaftete Gut jetzt unter ökologischen Gesichtspunkten bewirtschaften lassen. Unter den 60 Bewerbern hatten wir aber eine »Trumpfkarte«: Wir boten der Stadt an, dass wir im Falle des Zuschlags auch unseren Betrieb der Brömbsenmühle ebenfalls auf ökologische Bewirtschaftung umstellen würden. Wir erhielten dann tatsächlich den Zuschlag und konnten auf diesem Wege unseren 120 Hektar großen Hof um 185 Hektar Neupacht vergrößern. Ein halbes Jahr später, im Januar 2003, pachteten wir auch die Krummesser Kornbrennerei. Von dem Vorbesitzer Henning Holm kauften wir das Inventar des Betriebes. Wir erwarben auch die wenigen Restspirituosen, die noch nicht vermarktet waren. Einige Wochen später starteten wir mit der ersten eigenen Schnapsbrennerei. Nach einem Probejahr zusammen mit dem ehemaligen Brennmeister Herrn Wilfried Mehlich erwiesen sich die Brennerei und der Absatz bei dem alten Kundenstamm und den Lebensmitteleinzelhändlern als

*Stadtgut Krummesse/Hof Brömbsenmühle – Lübeck*

Pflügen.

Rundballen pressen.

Dreschen.

Im alten Mühlenstall.

Heutransport auf den Heuboden. Fotos: Wiedemann

*Stadtgut Krummesse/Hof Brömbsenmühle – Lübeck*

Das sanierte Gebäude der Wassermühle wird heute von Christoph Möller mit Frau und Kindern bewohnt. Foto: Wiedemann

rentabel. Das Abfüllen und den Vertrieb der Brennprodukte übernahm meine Familie. Der Absatz konnte sogar bis zum Jahr 2007 gesteigert werden und ist trotz der folgenden Wirtschaftskrise bis jetzt als sehr zufriedenstellend zu bezeichnen. Das hat wohl auch etwas mit der Umstellung auf die ökologische Produktion mit Bio-Weizen zu tun.

Hatten wir vor der Umstellung auf biologisch-ökologische Bewirtschaftung und dem Erwerb des Stadtguts Krummesse etwa 55 bis 60 Kühe, so wuchs jetzt die Herde auf 80 Milchkühe an. Unsere 500 000 Liter Biomilch pro Jahr gehen heute als Hamfelder Hofmilch zur Osterhusumer Meierei nach Witzwort bei Husum. Früher war die Meierei in Trittau. Wir waren zugunsten des Tierwohls noch nie auf den maximalen Milchertrag aus und empfinden große Genugtuung, dass es auch ohne diesen Druck geht. Im Ackerbau genauso: Es funktioniert auch ohne chemischen Pflanzenschutz und chemische Düngemittel. Das bedeutet natürlich den Verzicht auf höchstmögliche Erträge, wir sparen aber an finanziellen Aufwendungen für die Anschaffung der Chemikalien. Waren unsere Kunden anfangs etwas skeptisch, so haben wir heute viele Sympathisanten. Unser Weizen, Roggen, Hafer und Dinkel bleibt in der Region und wird an die regionalen Bäckereien ausgeliefert; der Rest ist Futtergetreide für Kühe und Schweine. In der Öko-Szene ist unter den regionalen Produzenten ein reger Austausch und Handel üblich. Unser ökologisch produzierter Hafer geht zum großen Teil nach Elmshorn in das riesige Werk der »Köllnflocken«, aber auch in die Schweiz. Der Absatz läuft sehr zufriedenstellend. Wir haben noch 100 Hektar Grünland für die Fütterung und den Weidegang der Rinder. Dazu kommen 300 Hektar Ackerland für den Anbau von Getreide, und den sogenannten Leguminosen – Erbsen und Lupinen, Mais und Kleegras. Leguminosen sind für Tierfutterbereitung und Gründüngung nützlich, weil sie viel Eiweiß enthalten und zudem den Boden mit Stickstoffdünger anreichern.

Vom Vorbesitzer des Stadtgutes haben wir einige Maschinen und Geräte übernommen. Momentan besitzen wir vier Schlepper von 130 bis 200 PS, alles Maschinen von Fendt und Deutz. Dann sind wir froh, einen Teleskoplader zu besitzen, der uns fast bei allen Tätigkeiten nützliche Dienste erweist, wie zum Beispiel beim Futter aufladen und Pfähle eindrücken. Zum Pflügen haben wir einen Vier- und einen Sechs-Schaar-Pflug, zum Säen eine vier Meter breite Drillmaschine, für die Grasernte zwei Mähwerke mit jeweils drei Metern, zum Wenden und Kehren einen Acht-Meter-Kehrer und für die Getreideernte einen Lexion Mähdrescher mit sechs Meter Dreschbreite. Allein für das Häckseln nutzen wir einen Lohnunternehmer. Die vielen eigenen Geräte und Maschinen sind bei einem so großen Betrieb wie unserem sehr sinnvoll. Von einem Kollegen konnte ich auch einen großen Güllewagen zum fairen Preis erwerben. Mit Harald Kipp, der einen Resthof vom Gut Klempau betreibt, habe ich einen Kollegen, der mir bei der Futterbergung hilft. Umgekehrt helfe ich ihm genauso. Zurzeit sehe ich unseren Betrieb als sehr gut aufgestellt an, und ich sehe in dem ökologischen Anbau auch unsere Zukunft. Es ist möglich, dass wir die Anzahl unserer Milchkühe noch etwas erhöhen.

Auf dem betrieblichen Anwesen wohnen meine Eltern im Wohntrakt des älteren Bauernhauses; ich wohne mit meiner Familie in der benachbarten ehemaligen Wassermühle. Meine Frau Verena und ich haben drei Kinder, zwei Mädchen Lara (geb. 2004) und Johanna (geb. 2007) und einen Sohn Justus (geb. 2011).

Wir beschäftigen zwei festangestellte Gehilfen, einen Lehrling und zwei bis drei Teilzeitkräfte. Der Betrieb läuft als eine Gbr. Ich bin Teilinhaber und meine Eltern besitzen den Resthof. Die Fischerei – die Zucht von Karpfen und Schleien – vor unserer Wassermühle läuft als kleiner Betrieb nebenher und beschäftigt uns im Winter. Wir haben das unterhalb des Sees liegende Mühlenhaus mit großem Aufwand und mit viel Liebe saniert und als Wohnhaus wiederhergestellt. Zurzeit habe ich einen heruntergekommenen Schuppen als große Garage wiederauf- und umgebaut. Mit der Zeit sollen aber alle Ställe saniert und vergrößert werden und die Ondoline-Bitumbedachung von den Dächern genommen werden. Demnächst wird unsere alte Scheune aus dem Jahr 1793 zum Kälber- und Abkalbstall umgebaut.

*Christoph Möller 2014/2015*

*Stadtgut Krummesse/Hof Brömbsenmühle – Lübeck*

Kühlendes Bad im Teich der Brömbsenmühle (2012). Foto: Wiedemann

*Stadtgut Krummesse/Hof Brömbsenmühle – Lübeck*

Im Winter kümmern sich die Möllers um ihre Karpfen- und Schleienzucht. Fotos: Wiedemann

# Thünen-Institut  Trenthorst/Wulmenau

## Dr. Hans Marten Paulsen

* 1963

Beruf: Stellvertretender Institutsleiter des Thünen-Instituts für Ökologischen Landbau

Mein Vater führte einen landwirtschaftlichen Familienbetrieb von etwa 72 Hektar auf Nordstrand. Meine Mutter war dort Englisch- und Französischlehrerin. Als ich 1963 in Husum das Licht der Welt erblickte, hatte mein Vater gerade sein Vieh abgeschafft. Er führte dann einen klassischen Marktfruchtbetrieb, welcher sich bis zum Jahr 2001 weiterentwickelte, besonders in der Kartoffelsaatproduktion.

1982 machte ich in Husum mein Abitur. Zu meiner beruflichen Planung gehörte es durchaus, den elterlichen Betrieb zu übernehmen und weiterzuführen. Dies stand für mich immer als Chance und Möglichkeit im Raum. Meine landwirtschaftlichen Lehrjahre verbrachte ich auf Viehbetrieben (Sauenhaltung, Bullenmast und Milchkühe) in Stuvenborn bei Segeberg und in Tüttendorf bei Kiel. Die Ausbildung zum Landwirt war für mich eine sehr inspirierende Zeit, aus der ich sehr viel praktisches Rüstzeug für meinen späteren Berufsweg mitnehmen konnte, zumal ich von der praktischen Tierhaltung zuvor wenig mitbekommen hatte. Davon profitiere ich bis heute noch. In Kiel begann ich 1986 mein Studium der Agrarwissenschaften mit den Schwerpunkten Pflanzenernährung und Bodenkunde. Nach Abschluss als Diplom-Agraringenieur absolvierte ich von 1991 bis 1992 noch ein Aufbaustudium zur Umweltschutztechnik an der Technischen Universität München. Parallel zum Studium half ich meinem Vater auf dem elterlichen Betrieb auf Nordstrand und war in einer Gutachterfirma tätig, die Umweltverträglichkeitsprüfungen erstellte, zum Beispiel für die Genehmigung von Müllheizkraftwerken. Meine ein Jahr ältere Schwester studierte Biologie. Sie ist heute freiberufliche Fachjournalistin für biologische und medizinische Fragen. Mein Vater führte während und nach meinem Studium den Betrieb in Kooperation mit einem Fachkollegen weiter. Nach meinem Studium erhielt ich die Möglichkeit, an der ehemaligen Bundesforschungsanstalt für Landwirtschaft in Braunschweig (die Vorreiterorganisation des Instituts, an dem ich heute arbeite) und dort am Institut für Pflanzenernährung und Bodenkunde in Forschungsprojekten mitzuarbeiten. Es ging um die Verwertung von industriellen Reststoffen in der Landwirtschaft, um Düngungsfragen, Bodenschutz und Gewässerbelastung. Über den Themenkreis der Forschungsprojekte Abwasserverwertung promovierte ich dann 1998 an der TU in Braunschweig im Fach Geoökologie zum Dr. rer. nat. Mein Spezialgebiet ist die Schwefeldüngung mit industriellen Nebenprodukten. Ökologische Landwirtschaft war damals eigentlich gar nicht in meinem Fokus, dazu war ich an der schleswig-holsteinischen Westküste zu sehr vorgeprägt von dem traditionellen intensiven Pflanzenbau. Im Übrigen gab es zum Ökologischen Landbau an den Universitäten oder auch in der landwirtschaftlichen Ausbildung damals nahezu keine Angebote. Dennoch drängten die Fragen des Umweltschutzes und des ökologischen Anbaus immer mehr in das Bewusstsein der Bevölkerung.

Nachdem ich meine Promotion und die Forschungsprojekte in Braunschweig abgeschlossen hatte, arbeitete ich von 1999 bis 2001 in Mölln bei der Landwirtschaftskammer Schleswig-Holstein als Leiter der dortigen Bildungs- und Beratungsstelle. Es ging um die Fachberatung der Landwirte aus den umliegenden Landkreisen Lauenburg, Segeberg, Storman, Steinburg und Lübeck bezüglich Pflanzenbau und Düngung. Von dieser Stelle in Mölln bewarb ich mich im Dezember 2000 bei dem damals neu gegründeten Institut für Ökologischen Landbau in Trenthorst. Seit April des Jahres 2001 arbeite ich am heutigen Thünen-Institut für Ökologischen Landbau als wissenschaftlicher Mitarbeiter. Mein Arbeitsbereich umfasst unter anderem die Fachthemen Bodenkunde, Ressourcenschutz und Systembewertung im Ökologischen Landbau. Seit 2008 bin ich dort stellvertretender Institutsleiter.

Stallgebäude Gut Wulmenau.

Guts- und Verwaltungshaus Gut Trenthorst. Fotos: Wiedemann

Als mein Vater mit 65 Jahren ins Rentenalter kam, lebte ich mit meiner Familie im Raum Lübeck und war schon auf einer anderen beruflichen Schiene. Wir entschieden uns, den Betrieb an den Fachkollegen zu verpachten, der meinem Vater vorher schon zur Seite stand und ihn bis heute weiterführt. Meine Mutter lebt heute noch auf dem Hof. Mein Vater starb 2013. Ich bin also nicht dorthin zurückgekehrt, wie es die Geschwistergeneration meines Vaters erwartet hatte. Da ich die praktische Landwirtschaft dort noch selbst betrieben habe und von ihr auch geprägt bin, denke ich heute noch oft etwas wehmütig an den Betrieb auf Nordstrand. Dennoch halte ich die damals gefällte Entscheidung weiterhin für sinnvoll. Die Erfahrungen, die wir auf unserem Betrieb mit dem Preisverfall landwirtschaftlicher Produkte in den 1990er Jahren gemacht hatten und der rasch ablaufende Strukturwandel in der Landwirtschaft haben mich bei der Entscheidung beeinflusst.

Die Frage nach dem Spritzen der Felder, auf denen Saatgutkartoffeln gepflanzt waren, kann ich wie folgt beantworten: An der Westküste gibt es sogenannte »Gesundlagen«. Die Winde von See senken den Befall von Läusen, die Viren übertragen. Wenn solche Viren in Pflanzkartoffelbeständen festgestellt werden, bedeutet das einen Vermarktungsausschluss. Bei den Kartoffeln geht es im Wesentlichen auch um die Kraut- und Knollenfäule, eine Pilzkrankheit. Auch hier ist die Übertragung von anderen Flächen in den Gesundlagen an der Westküste weniger wahrscheinlich, aber trotzdem häufig. Die Felder bekommen daher meist je nach Wetterprognose eine Vorbehandlung, um einen Hauptbefall zu vermeiden. Nach Wetterlagen und Wetterprognosen wird dann entsprechend weiterbehandelt, ggf. auch mit Insektiziden, wenn Läuse im Bestand gefunden werden. Es gehört eine Menge Erfahrung dazu, um wirklich nur dann zu spritzen, wenn die Bestände akut gefährdet sind. Es geht ja schließlich auch um große Summen bei einem Vermarktungsausfall. Insgesamt wird aber in der Pflanzkartoffelproduktion auch nicht viel mehr gespritzt, als bei den Speisekartoffeln, die nicht in diesen »Gesundlagen« angebaut werden. Biobauern dürfen chemisch synthetisierte Spritzmittel nicht benutzen. Sie müssen ihre Felder in entsprechenden Abständen zu anderen Kartoffelflächen anbauen. Von den chemischen Pflanzenschutzmitteln dürfen sie gegen die Kraut- und Knollenfäule nur Kupferpräparate verwenden. Kupfer ist zwar Pflanzennährstoff, aber trotzdem nicht ganz unproblematisch. Er kann sich im Boden anreichern und zum Risiko für Bodenorganismen werden. Insofern ist weitere Forschung nach ökologisch verträglicheren Alternativen unbedingt notwendig.

Die konventionelle Landwirtschaft ist meines Erachtens zurzeit ganz problematisch aufgestellt. Hatten die Politiker und die Berufsverbände in den 1950er bis in die 1980er Jahre noch den Erhalt der bäuerlichen Klein- und Familienbetriebe gefordert und gefördert, kam es danach zu einem gegenläufigen Trend. Die Landwirte genossen bis dahin jahrzehntelang den Schutz der Milchquote (bis 2015) und der gestützten Markt- und Agrarpreise. In der Politik, bei Bauernverbänden, in der EU und anderen Institutionen glaubte man sich inzwischen stark genug, um mit ihren erzeugten Waren weltmarktfähig zu werden. Es ist heute so, dass wir tatsächlich zu Weltmarktbedingungen konkurrieren müssen. Der Bund und die EU unterstützen die Landwirte zwar immer noch finanziell, man sieht aber heute eindeutig, wohin die Reise geht. Sobald herkömmliche Betriebe mit ihren Erzeugnissen auf dem Weltmarkt konkurrieren müssen und auf die Vermarktung über große Handelsketten angewiesen sind, ergeben sich für sie erhebliche Probleme, die sie in Existenznöte bringen können. Das Problem haben zum Teil auch Biolandwirte, jedoch wissen sie meist mehr über die Notwendigkeit der Selbstvermarktung ihrer Produkte, weil der Markt stets kleiner und spezieller war. Der Ökologische Landbau ging daher genau den entgegengesetzten Weg. Er lebte nach seinen Forderungen: lokale Produktion, regionale Vermarktung, faire Preise und eine Honorierung von Umweltleistungen statt unbegrenztem Wachstum. Und der Ökologische Landbau hat mit seiner Ausrichtung offensichtlich Erfolg. Es gibt inzwischen in Deutschland einen großen Kundenstamm, einen erfreulichen Marktanteil und hohe Zuwachsraten beim Absatz ökologischer Produkte im Lebensmittelhandel. Am Thünen-Institut sind einige Kolleginnen und Kollegen, die nicht aus der »Öko-Szene« kommen. Ich halte das für gut. Wir kennen auch die Realität der konventionellen Produktion und glauben, damit eine gute Basis zu haben, das System Landwirtschaft insgesamt ökologischer zu machen. Zumindest für mich glaube ich, dass mir meine Herkunft ermöglicht, heute viele Dinge sachlicher und ohne Vorurteile zu sehen.

Die Max-Planck-Gesellschaft ist Besitzerin der Güter von Trenthorst und Wulmenau. Die Betriebe sind mit Erbpachtverträgen bis zum Jahr 2052 an uns verpachtet. Bis wir vom Thünen-Institut hier neu anfingen, wurde auf dem Betrieb noch intensiver, konventioneller Ackerbau mit Raps, Weizen, Gerste und Futtermitteln betrieben. Die Einrichtung eines Forschungsinstituts für Ökologischen Landbau hat für diese Liegenschaft enorme Veränderungen bedeutet. Andere Fruchtfolgen wurden eingerichtet, und die Haltung von Milchkühen, Ziegen und damals auch noch Schafen und Schweinen wurde in extensiverer Ausrichtung mit Beweidung und Selbsterzeugung nahezu aller Futtermittel auf dem Betrieb eingeführt. Die Einführung des Ökologischen Landbaus mit seinen Veränderungen löste bei der Mitarbeiterschaft letztendlich eine große Motivation aus. Es gab neue Ansätze in der Bewirtschaftung und neue Techniken. Es wurde nicht mehr gegen Unkraut gespritzt, sondern gestriegelt und gehackt. Wir Mitarbeiter mussten uns alle auch selbst erst einmal zusammenfinden und neue Forschungsfragen für unser Institut formulieren. Die vorhandenen Flächen von 660 Hektar mussten sinnvoll für die Bearbeitung der Forschungsfragen aufgeteilt werden. Alles war für uns eine komplett neue Situation.

Von den Anwohnern in der Nachbarschaft und den benachbarten Landwirten wurde unser auch optisch umgestellter Betrieb erst einmal argwöhnisch beäugt, in dem Sinne: Was geht hier vor, wie geht es weiter, können wir eventuell noch etwas Land abbekommen? Unsere Pflanzenbestände wurden aber sehr schnell gelobt. Man erkannte an, dass sich das Ergebnis der Umstellung zeigen konnte. Ein kleines Beispiel für den positiven Effekt der Umstellung ist, dass schnell viel mehr Brutpaare an Feldlerchen zählbar waren. Heute sind wir mit relativ kleinen Tierbeständen trotz unserer großen Flächen tätig. Wir haben hier nicht vorrangig die Maximalproduktion im Blick, da wir primär gezielt Forschungsfragen bearbeiten. Wir können aber zeigen, wie Weidehaltung aller Tierarten in gewissen Produktionsabschnitten abläuft und gestaltet werden kann. Das sind bedeutende, auch provokative Elemente für die Kunden und für andere Landwirte. Sie besuchen uns mitunter gerade, um mögliche neue Wege in der Tierhaltung zu sehen. Ich glaube, dass besonders durch verbesserte, tierfreundliche und für die Kunden sichtbare Tierhaltungssysteme auch Landwirtschaft wieder glaubhaft und vorzeigbar wird. Wir haben Platz für 100 Milchkühe und deren Nachzucht, das sind ca. 100 Rinder und Kälber zusätzlich. Legehennen haben wir derzeit etwa 200, 400 bis 500 Masthähnchen und 50 Sauen mit ihren Ferkeln. Für Forschungszwecke reichen diese Tierbestände zunächst aus. Gestartet sind wir in der Rinderhaltung mit der Schwarzbunten Holstein-Friesian-Kuh und der alten Deutschen Rotbunten mit je zwei Herden von 50 Tieren. Wir wollten überprüfen, ob eine Genetik mit mehr Fleischanteil und weniger Milchleistung, wie die alten Rotbunten, vielleicht generell besser für den Ökolandbau geeignet ist als eine Rasse, die massiv auf Milchleistung gezüchtet ist. Wenn jedoch der Schwerpunkt die Milchproduktion sein soll, ist es natürlich sinnvoll, den Zuchtfortschritt bei Milchviehrassen auch im Ökologischen Landbau in gewissen Grenzen zu nutzen.

Wir züchten heute die alten Rotbunten modern um zu hochleistenden Tieren mit Hörnern. Die Schwarzbunten werden derzeit umgezüchtet auf Schwarzbunte mit hornloser Genetik. Bei der Horn-Frage prallen die Themen Arbeitsschutz, Verletzungsrisiko für die Tiere, das schmerzhafte Enthornen und das Ausleben artgerechten Verhaltens aufeinander. Vielleicht bietet unsere Umzucht für die Zukunft eine Alternative. Denn im Ökologischen Landbau ist ja gefordert, dass Tiere nicht enthornt werden. Bei den wissenschaftlichen Untersuchungen dazu geht es nicht nur um Produktionsmengen, sondern auch um Verhaltensfragen: Wie gehen die Tiere miteinander um, stellen Hörner ernsthafte Verletzungsrisiken dar? Ist das Tierverhalten bei den genetisch hornlosen Tieren anders? Hierzu wissen wir noch nicht viel.

Wir forschen auch zu Geschmacksfragen. Es ist bekannt, dass Gemüse und Früchte aus ökologischem Anbau bei Geschmackstestern besser abschneiden. Konventionell Angebautes hat größere Früchte, weniger Schalenanteil und auch mehr Wasser. Das beeinflusst den Geschmack. Beim Fleisch ist das Fett der Geschmacksträger. Bestimmte Futtermittel können der Geschmacksbildung jedoch entgegenwirken. Wir testen zum Beispiel, ob der Geschmack von Fleisch aus der Ebermast mit verschiedenen Fütterungsvarianten positiv beeinflusst werden kann. Denn aus Tierschutzgründen will man das Kastrieren der männlichen Ferkel vor der Mast in Zukunft vermeiden und das Risiko, dass Eberfleisch durch hormonelle Abbauprodukte streng schmeckt, ist dadurch höher. Unter dem Aspekt des Tierwohls sollte allen Tieren möglichst wenig Leid angetan werden. Die politische und gesellschaftliche Toleranz hierzu schwindet auch. Die Frage nach der richtigen Vorgehensweise ist von den Fachgremien noch nicht ausdiskutiert, und es wird in der Forschung stets nach Alternativverfahren gesucht. Auch die Frage: »Was will die Gesellschaft?«, ist bisher noch nicht richtig erforscht. Fest steht, der Großteil der Gesellschaft kauft das billige Fleisch. Es gibt für Eberfleisch mit Geruch natürlich auch andere Vermarktungswege, zum Beispiel in der Wurstherstellung, aber man benötigt, wie ich finde, sichere Standards zur Qualitätsfleischproduktion.

Alternativen müssen vor allem zur Tötung von männlichen Tieren gefunden werden. Das Vernichten der Tiere ist aus ethischen Gründen nicht mehr vertretbar. Das ist vor allem bei der Legehennenzucht ein bekanntes Problem.

Gut Wulmenau wird vom Thünen-Institut bewirtschaftet. Man findet dort solche Infotafeln, hier über die Alte Deutsche Rotbunte. Foto: Wiedemann

Auch bei den Rindern sind die männlichen Kälber aus den hochleistenden Rassen zur Mast schwerer zu verkaufen. In England und in den USA haben solche Tiere noch weniger Chancen. Es muss gewährleistet sein, dass für alle Jungtiere Nutzungsrichtlinien und Haltungsverfahren bestehen, die das Tierwohl sicherstellen. Zweinutzungsrassen sind in diesem Zusammenhang bei Rind und Huhn interessant. Vor allem in der ökologischen Tierhaltung wird diesbezüglich die Weiterentwicklung solcher Verfahren angestrebt und gefordert. Generell werden hier weniger Tiere bei besserer Haltung, aber eben auch zu höheren Produktionskosten gehalten.

Als Bundesforschungsinstitut sind wir durch das Bundesministerium für Ernährung und Landwirtschaft grundfinanziert und können daher langfristige Forschungsansätze in der Tierhaltung gewährleisten. Das tun wir hier, denn auch im Ökologischen Landbau müssen in diesem Bereich noch viele Aspekte verbessert und entwickelt werden. Unser Institut hat sich das Motto »Forschen für den Ökologischen Landbau von morgen: umweltfreundlich, tiergerecht und effizient« gesetzt. Wir wollen zeigen, wie wir unsere Tiere in diesem System gut halten und ernähren können. Dabei haben wir natürlich die gesamte Kette im Blick: Pflanzenbau, Bodenkunde und Umweltschutz, aber auch Ernährungsfragen, die Tierhaltungsfragen nach Tierwohl und Medikation. Forschen im System bedeutet auch zu untersuchen, wie wir Futtermittel erzeugen können und wie wir sie dann effizient unter den besonderen Bedingungen der ökologischen Tierhaltung nutzen können. Wir fokussieren uns sehr auf diesen Systemansatz, denn vom Gesamtsystem hängt auch die Umweltwirkung der Landwirtschaft und auch das Einkommen der Betriebe ab.

Inzwischen ist politisch und weltweit anerkannt, dass der Ökolandbau eine Vorreiterrolle an der Weiterentwicklung in der gesamten Landwirtschaft haben kann. Ökolandbau hat die drei wesentlichen Abgrenzungsmerkmale zur traditionellen Landwirtschaft:

1. Im Pflanzenbau keine chemisch-synthetischen Mineraldüngemittel, vor allem Stickstoff macht hier den Unterschied, und kein Einsatz chemisch-synthetischer Pestizide.
2. In der Tierhaltung mehr Platz und Außenzugang für die Tiere und Restriktionen bei der Medikamentenanwendung.
3. Kein Einsatz von gentechnisch veränderten Organismen. Im Pflanzenbau führt das zu messbaren Verbesserungen bei der Biodiversität, beim Grundwasserschutz und bei der Pestizid-Belastung in der Nahrungskette.

Wichtig ist, dass wir grundsätzlich allen interessierten Landwirten, besonders auch Auszubildenden, frühzeitig unsere Forschungserkenntnisse über den Ökologischen Landbau mitteilen. Viele traditionell arbeitende Landwirte stehen heute durch den Milchpreisverfall mit ihren zum Teil riesigen Investitionen am Rand ihrer Existenz. Wir gehen vom Institut mit unseren Forschungs- und Beratungsprogrammen auf alle Landwirte zu. Ein Beispiel ist unser Netzwerk »Pilotbetriebe«. Hier untersuchen wir 80 ähnlich aufgestellte Betriebe bundesweit, immer im Paar ein konventioneller und ein ökologisch geführter Hof in einer Region. Dabei untersuchen wir die gesamte Prozesskette vom Einkauf bis zum Endprodukt über Klimawirkung und Nachhaltigkeit. Inzwischen bewerten wir auch das Tierwohl und den Arzneimitteleinsatz. Das Ergebnis diskutieren wir mit den betroffenen Landwirten. Es ist sehr wichtig, die Informationen über neue Forschungsergebnisse auf die Betriebe zu bringen und Forschungsfragen aus der Praxis abzuleiten. So geht es zum Beispiel im »Tierschutzkompetenzzentrum« darum, auf praktizierenden Betrieben Tierschutzmaßnahmen umzusetzen, sie als »Leuchttürme« zu fördern und weiterzuentwickeln. Andere Landwirte können sich dann anschauen, wie so etwas funktioniert. Das ist eine sinnvolle Verknüpfung von Praxis und Theorie. Allein die Personal- und Betreuungskosten solcher Projekte sind allerdings sehr hoch. Ansonsten haben wir hier in Trenthorst und Wulmenau Feldtage, Stallführungen und Vorträge, wohin viele Landwirte kommen, um sich zu informieren oder Rat zu holen.

Ein anderes Thema ist die Bioenergie. Die ersten Biogasanlagen wurden von Biobetrieben noch vor den staatlichen Förderprogrammen gebaut. Leider hat das Thünen-Institut diese Energieerzeugung nicht in seinem Portfolio, obwohl wir schon sehr gerne eine Biogasanlage auf unserem Betrieb hätten. Für eine Biogasanlage hätten wir nicht nur das angebaute Kleegras zum Vergären, sondern auch unsere Reststoffe wie Mist und Gülle. Neben Strom und Wärme hätten wir mit der Biogasgülle ein interessantes Substrat für die Düngung. Insgesamt hätten wir pflanzenbautechnisch eine Reihe von Vorteilen, und für unsere Produktivität wäre eine eigene Biogasanlage sehr förderlich. Leider ist das aus haushaltstechnischen und forschungsstrategischen Gründen bisher nicht bewilligt worden. Spannend ist aber, dass wir über Jahre zu Pflanzenöl als Treibstoff geforscht haben. Das funktioniert und Motorenkonzepte sind vorhanden. Wir könnten mit pflanzlichem Treibstoff fahren. Nur wäre das derzeit angesichts der niedrigen Mineralölpreise wirtschaftlich großer Unsinn. Zudem ist die Frage, ob wir ökologisch und ernährungsphysiologisch wertvolles Rapsöl in den Tank packen, anstatt es als Speiseöl zu vermarkten. Die »Teller-Tank-Diskussion« muss man führen, und dies betrifft natürlich auch die Mais-Biogasanlagen. Auch in der Politik rudert man hier ja derzeit zurück und sucht nach Alternativen, nach Gärmassen wie die Reststoffe aus der Braunen Tonne. Vergleicht man die Energieerträge verschiedener Energiepflanzen, sind für die Energieerzeugung vor Ort besonders schnell wachsende Hölzer attraktiv. Wir haben erste Versuchsbestände an solchen leistungsfähigen Weiden

*Thünen-Institut – Trenthorst/Wulmenau*

Hofanlage Gut Wulmenau.

Ehemalige und inzwischen abgegebene Stallgebäude auf Gut Trenthorst.

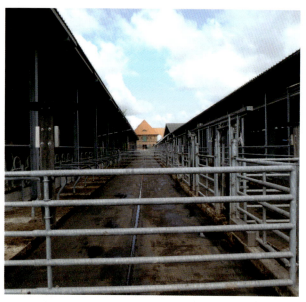

Die Hofanlage und Stallungen auf Gut Wulmenau sind auf dem modernsten Stand.

Schweinehaltung im Sinne des Tierwohls.

Rotbunte, Gut Wulmenau. Fotos: Wiedemann

und Pappeln, und natürlich gibt es bei uns und in der Region Holz aus der Knickpflege. Neben der Forschung zu den Anbauverfahren der Energiepflanzen bauen wir ein Holzhackschnitzel-Heizwerk für unsere Institutsgebäude. Für mich persönlich ist die Frage nach dem zukünftigen Treibstoff für den Schlepperbetrieb in der Landwirtschaft nach wie vor spannend. Aus Windkraft und Solarenergie haben wir inzwischen in Schleswig-Holstein überflüssigen Strom. Daraus sollte Wasserstoff produziert und gespeichert werden, um zum Beispiel die Traktoren zu betreiben. Das wäre dann hundertprozentig regenerativ, ohne Pflanzenöl und Biogas und auch keine Konkurrenz zur Nahrungsmittelproduktion. Auf unserem Betrieb haben wir derzeit in einem Forschungsprojekt einen Gasmotor auf einem Schlepper, es ist ein Prototyp. Grundsätzlich könnte man hierfür statt Erdgas auch Biogas nutzen. Ich will sagen, dass es schon Optionen in der Energieversorgung gibt und auch Ideen, wie sich die Landwirtschaft mit Treib- und Kraftstoffen selbst versorgen könnte. Natürlich unter der Voraussetzung, dass die Motortechnik rasch weiterentwickelt und die Forschung und Entwicklung dahingehend gefördert wird. Auf diesem Gebiet würde ich gerne selbst weiterforschen.

Die Frage, ob EU-Subventionen an Landwirte weiterhin sinnvoll sind, kann ich nicht so einfach beantworten. Der verkorkste Milchmarkt kann gewiss nicht mit einer einfachen finanziellen Unterstützung aller Milchbauern gerettet werden. Von den vielen Betrieben werden gewiss einige aufgeben müssen, auch um die Milchmenge zu reduzieren. Ebenso halte ich die hohen Subventionen an die Ackerbauern orientiert an ihren Hektarflächen für fehlgesteuert und nicht gerecht, da in der Landwirtschaft zu unterschiedlichen Konkurrenzbedingungen und mit unterschiedlichen Standortbedingungen produziert wird. Wir wissen, die intensive Landwirtschaft ist der Hauptbodennutzer und damit auch Verursacher des Artensterbens und der Verunreinigung der Gewässer, daher sollten der Staat und die EU hier ihre Gelder sinnvoll einsetzen. Das Problem ist die gerechte Verteilung der Gelder. Es wäre aber angesichts der derzeitigen Entwicklung und der erzeugten Überschüsse auch in Deutschland sinvoll, eher in landwirtschaftliche Betriebe zu investieren, die die Umwelt so wenig wie möglich belasten.

In der Summe geht es mir in meinem Berufsleben um eine positive Entwicklung der europäischen Kulturlandschaft und den Schutz der Lebensgrundlagen nachfolgender Generationen, kurz: um die Förderung eines lebenswerten, ländlichen Raums. Die gesamte Entwicklung ist eine gesellschaftspolitische Aufgabe. Sie muss unter Einbindung der Bevölkerung, der Landwirte und der Forschung intensiv bearbeitet werden.

*Dr. Hans Marten Paulsen im Sommer 2016*

Rinderherde Gut Wulmenau. Foto: Wiedemann

# Glossar

### Agrarreform
Im März 1948 leitete der schleswig-holsteinische Landtag die erste Agrarreform ein. Es sollten künftig nur noch bis zu 100 ha (bzw. 150 ha bei einem Einheitswert 100 000 RM) Grundeigentum in einer Hand bleiben. Das kam einer Enteignung der Gutsbesitzer gleich.

### Altenteilerhaus
Nach einem alten Brauch hat der Hoferbe meist vertraglich die Verpflichtung für seine Eltern bis zu deren Tod zu sorgen. Die Eltern verlassen im Alter den Wohntrakt des Hofgebäudes und erhalten dafür auf dem Betriebsgelände das lebenslange Wohnrecht in einem Altenteilerhaus oder in einer extra Wohnung im großen Wohnhaus.

### Alternative Standbeine
Hofläden sind ein übliches alternatives Standbein zur landwirtschaftlichen Produktion. Es entstanden aber auch z. B. »Erlebnishöfe«, Angebote für »Ferien auf dem Bauernhof« und Reiterferien. Straußenfarmen, die Wachtelzucht oder die Haltung besonderer Rinderrassen, z. B. Galloway- oder Angus-Rinder sind ebenfalls Optionen. In Negenharrie (Rendsburg-Eckernförde) wurde ein Betrieb auf die Züchtung von Wagyu-Rindern umgestellt. Diese ehemals japanische Rinderzucht ist die teuerste Rasse der Welt. Ihre langsame und sehr aufwendige Mast mit u. a. Popmusik und Treber (ein Nebenprodukt in der Bierherstellung) machen das Fleisch zu einem gefragten Luxusprodukt für Sterneköche.
Eine weitere, wenn auch nicht neue Idee ist das »Crowdfunding«, bzw. das Prinzip der Wirtschaftsgemeinschaft. Eine Hofgemeinschaft betreibt z. B. Landwirtschaft, eine Meierei und eine Gärtnerei und wird von weiteren hofexternen Mitgliedern der Wirtschaftsgemeinschaft durch Mitgliedsbeiträge unterstützt. Für Ihren Beitrag erhalten die Mitglieder dann Lebensmittel.
Auch die Zurverfügungstellung von Anbauflächen zur Miete ist eine gängige Praxis. Ursprünglich stammt die Idee aus Österreich, entstanden nach der Nuklearkatastrophe von Tschernobyl.

### Bauernblatt
Ab Mai 1948 erschien mit Genehmigung der britischen Militärbehörde das »Bauernblatt für Schleswig-Holstein« als Mitteilungsblatt. Heute wird das meist 120 bis 130 Seiten starke Magazin für Schleswig-Holstein und Hamburg gemeinsam herausgegeben. Im »Bauernblatt« werden Themen wie Agrarpolitik, Betriebsführung, Pferd und Reiter, Land und Leute und Märkte und Preise behandelt. Außerdem gibt es einen Anzeigenteil.

### Biogasanlagen
Biogas entsteht durch die Vergärung der pflanzlichen Biomasse von z. B. Raps, Getreide oder Gras. Biogasanlagen sollen vermehrt auch Gülle verwenden, sie entstehen darum häufig in der Nähe von Viehbetrieben. Die Idee: Bei der Mitvergärung von Gülle werden Methan- und Geruchsemissionen reduziert. Zudem werden die Nährstoffe besser verwertbar. Vor allem der Maisanbau wurde attraktiv subventioniert und daher in großem Maße betrieben. Am Energiepflanzenbau wird weiter geforscht. Produktionsüberschüsse von Zuckerrüben werden für den Testeinsatz in Biogasanlagen abgegeben. Es eignen sich auch organische Rückstände wie Getreide und Rapsstroh, in der Zukunft auch Kartoffeln, Kleegras, Ackergras, Sorghum, Micanthus (Elefantengras), Sudangras und Sonnenblumen. Erprobt werden auch schnell wachsende Holzarten (Pappel, Weide, Robinie). Noch ist unklar, wie rentabel Biogasanlagen sein können. Nur etwa ein Drittel der bisher erbauten Anlagen arbeitet rentabel, zwei Drittel arbeiten (eher) schlecht. Biogaswirte mit relativ neuen Anlagen berichten noch über Probleme mit den Pumpen.

### Deich- und Küstenschutz durch Schafverbiss
Der Großteil der Schafe in Schleswig-Holstein läuft auf den Deichen der Ost- und Westküste. Sie dienen hier dem Küstenschutz. Durch ihren Verbiss wird die Grasnarbe kurz gehalten, die Bestockung angeregt und das Wurzelwerk gestärkt. Der Tritt der Tiere festigt zusätzlich den Deich. Solange diese Arbeit nicht von Maschinen erledigt werden kann, sind Schafe für die Deichpflege unerlässlich.

In den Wintermonaten werden die Schafe auf Weiden im Binnenland verlegt. Die meisten Schäfer bringen viele kleine Schafgruppen (ca. 50 bis 100 Tiere) in unterschiedliche Winterquartiere. Ab April können die Mutterschafe mit ihren Lämmern zurück auf die Deiche.

### Digitalisierung in den Ställen
Viele Landwirte kontrollieren heute ihr Vieh über das Handy oder Tablet. Z. B. Geburten werden auf die Geräte gemeldet. Füttern und Ausmisten geschieht häufig vollautomatisch. Technische Probleme werden wiederum gemeldet. Chips mit Sensoren werden an Halsbänder oder auch direkt z. B. ans Ohr angebracht. Dies dient der Identifizierung. Der Chip speichert den Lebenslauf sowie Informationen zur Gesundheit und Fütterung. Futtermengen und -zeiten sowie alle Aktivitäten werden gespeichert. Viel Bewegung könnte eine Brunst bzw. Rausche bedeuten. Verbringt eine Sau mehrmals täglich eine Zeit in der Nähe eines Ebers, ist sie vermutlich rauschig. Sie könnte dann vollautomatisch zum Decken von der Herde getrennt werden. Sensoren messen sogar die Fressgeschwindigkeit z. B. von Schweinen. Frisst die Sau schnell, kommt sofort frisches Futter nach. Außerdem können Krankheiten früh erkannt werden. Für seine Arbeit auf dem Feld kann der Landwirt per Handy auch Beikräuter bestimmen, die Luftfeuchtigkeit, Temperatur und Windrichtung prüfen.
Ein Problem ist die z. T. noch mangelnde Versorgung mit mobilem Internet. Derzeit werden die konkurrierenden Netze unter großen Anstrengungen ausgebaut.

### Direktvermarktung
Die Direktvermarktung eigener Produkte ist ein möglicher Vertriebsweg für viele Bauern. In eigenen Hofläden verkaufen meist die Frauen der Landwirte regional selbsterzeugte Waren wie Spargel, Gemüse, Eier und Fleisch aus der Selbstschlachtung. Die Direktvermarktung bietet auch eine Chance für Milchviehhalter. Durch Zusammenschlüsse mehrerer Milchbauern werden im Land gemeinschaftliche Meiereien aufgebaut. Manche Milchbauern bieten ihre Milch auch in Milchautomaten an.

### Drohne
Testweise fliegen schon Drohnen über die reifen Getreidefelder oder Grasflächen in Schleswig-Holstein, um z. B. Rehwild oder Wildschweinherden vor den Erntemaschinen zu schützen. Zudem prüfen sie den Zustand der Pflanzen: Wie kräftig wächst die Saat? Liegt ein Schädlingsbefall vor? Haben Tiere das Feld zertreten oder darin gewühlt? So können Ernteverluste vermieden werden.

### Folientunnel
Spargel kann über Bodenheizungen und bestimmte Folientechnik früher als üblich und ergiebiger geerntet werden.

In Schleswig-Holstein bauen 60 Betriebe auf rund 450 ha Spargel an. Die größten Flächen mit gutem Sandboden liegen rund um Hamburg, bei Neumünster und zwischen Lübeck und Lauenburg. Viele Betriebe wollen wegen der starken Konkurrenz, auch aus dem Ausland, möglichst früh ernten. Die Folien dienen der Saisonverlängerung. Inzwischen lässt man auch Erdbeeren durch Vlies, Lochfolie und Folientunnel schneller reifen.

### Flurbereinigung
Flurbereinigung, erstmals 1954, meint u. a. die Schaffung möglichst großer und wirtschaftlicher Felder, die Rodung, Verschiebung und Neuanpflanzung der Knicks und Bodenverbesserungsmaßnahmen (Drainage, Tiefenlockerung). Das Ziel war eine erleichterte Bewirtschaftung und höhere Produktivität. Der Schwerpunkt lag anfänglich auf agrar- und wasserwirtschaftlich problematischen Regionen im Norden und Westen des Landes. Finanziert wurden die Maßnahmen mit öffentlichen Mitteln des Bundes, des Landes und der Teilnehmergemeinschaft der Landwirte. Die Flurbereinigung bietet auch die Grundlage für den heutigen Einsatz moderner Großtechnik.

### Giebelschmuck
Oben am Giebel eines Bauernhauses befand sich traditionell eine Öffnung, das sogenannte ›Eulenloch‹. Durch diese Öffnung konnte der Rauch des Herdes abziehen, und Eulen konnten zum Mäusefangen auf den Dachboden fliegen. Traditionell waren die Dächer mit Stroh oder Reet gedeckt. Um den First vor den Ausfransen durch Windböen zu schützen, wurden die Kanten oft mit Windbrettern (auch: »Windfedern«) eingefasst. Am Eulenloch wurden diese Windbretter oft über die Spitze hinausgezogen, um Verzierungen anzubringen, häufig zwei einfache, stilisierte Pferdeköpfe, deren Symbolik nicht klar überliefert ist. Eine Deutung ist, dass es in Norddeutschland im 16. Jahrhundert Sitte gewesen sein soll, zur Gefahrenabwehr echte Pferdeköpfe auf Stangen neben einem Haus aufzustellen. Genauso einleuchtend ist die Idee, dass nach innen gerichtete Pferdeköpfe Friede oder Eintracht im Hofgebäude, nach außen gerichtete Köpfe Abwehr von Bösem meinen. Auch denkbar ist, dass die Köpfe an kleinen Höfen nach innen, an großen Betrieben nach außen gerichtet angebracht wurden.

### GPS/Satellitentechnik
Eine moderne Navigationstechnik über GPS (Global Positioning System) spart Zeit und Energiekosten und schützt sogar vor Verschleiß. Satellitenbilder werden ausgelesen, um den Boden und das Pflanzenwachstum zu kontrollieren und rechtzeitig notwendige Schritte einzuleiten. Ein mit Sensoren ausgestatteter Schlepper kann während der Fahrt über Satellitenbilder den aktuellen Pflanzenbestand

erfassen. Per GPS und mithilfe der Bodenkarte erkennt der Trecker automatisch, wie viel Dünger an welcher Stelle eingesetzt werden muss. So wird nach Bedarf und damit kostensparend und umweltfreundlich gedüngt. Auf inzwischen bis zu acht Monitoren erkennt der Fahrer, wo schon Dünger aufgetragen wurde.

## Gülle
Gülle enthält wertvolle Nährstoffe zur Bodendüngung. wird jedoch zur Umweltbelastung, wenn sie zu großzügig auf den Feldern verteilt wird. Aus dem ansonsten wichtigen Stickstoffdünger Gülle entsteht das gesundheitsgefährdende Nitrat, das ins Oberflächen- und Grundwasser gelangt. Darüber hinaus entweichen klimaschädliche Gase in die Atmosphäre. Laut EU sind 82 % aller Seen und Flüsse sowie 36 % aller Grundwasservorkommen nicht in einem »guten ökonomischen Zustand«. In Schleswig-Holstein gibt es inzwischen aufwendige Gülletransporte. Der Güllehandel scheint ein vielversprechender Geschäftszweig zu werden. Die überschüssige Gülle wird auf die Biogasanlagen verteilt und rückläufig den benachbarten Viehhöfen als Wärme wieder zugeführt.

## Glyphosat
Glyphosat der Herstellerfirma Monsanto ist eines der meistgenutzten Pflanzenschutzmittel weltweit. Das Breitbandherbizid wird seit den 1970er Jahren weltweit zur Unkrautbekämpfung in der Landwirtschaft, im Gartenbau, in der Industrie und in Privathaushalten eingesetzt. Das Mittel ist in den letzten Jahren in den Verdacht geraten, Krebs zu erregen und auch z. B. für das Bienensterben verantwortlich zu sein. Glyphosat-Rückstände konnten bereits im Grundwasser, in Bier und Brot, in Tierfutter, im Urin des Menschen und in Muttermilch nachgewiesen werden.

## Hansa-Meierei GmbH
Die Meierei wurde 1900 von 39 Landwirten in Lübeck gegründet. In den ersten Jahren des Nationalsozialismus wurde die Gesellschaft in eine Genossenschaft umgewandelt (Hansa-Meierei eGmbH) und der Leitung des Milchwirtschaftsverbandes Schleswig-Holstein und der Kreisbauernschaften Lübeck und Stormarn unterstellt. 1969 entstand ein Vertriebsverbund, der seit 1970 unter dem Namen Hansano firmiert. Dem Vertriebsverbund schlossen sich weitere Betriebe in Schleswig-Holstein und Niedersachsen an. 1995 wurde die in Lübeck unter Platznot geratene Hansano-Meierei nach Upahl in Mecklenburg verlegt. Inzwischen gehört die Hansano-Meierei zur schwedischen Arla-Gruppe.

## Kartoffelvollernter
Bis in die 1970er Jahre wurden Kartoffeln noch überwiegend per Hand geerntet. Heutzutage können Kartoffeln mithilfe von Pflanzmaschinen samt Beizvorrichtung gepflanzt und durch den Kartoffelvollernter geerntet werden. 1852 wurde in England der Schleuderroder entwickelt. Es folgten der Siebroder sowie der Ein- und Mehrreihenroder.

## Knick
In Schleswig-Holstein soll es 85 Knicktypen geben, in denen abhängig von Boden und Klima sowie der Entstehungsgeschichte unterschiedliche Pflanzen wachsen. Seit dem 18. Jahrhundert galten die Knicks als lebende Zäune. Sie waren und sind bis heute Rückzugsorte für viele Tiere. Die Bezeichnung »Knick« entstand etwa um 1770 und geht auf das Umknicken von Ästen zurück, wodurch sich dichte, verflochtene, heckenartige Abgrenzungen entwickelten. König Christian VI hatte angeordnet, dass die Bauern ihr Land mit Knicks abgrenzten. Diese Abgrenzungen regelten das Kleinklima im Acker, dienten als Viehzäune, verminderten Winderosionen und grenzten das Eigentum ab. Das Knicknetz in Schleswig-Holstein ist mit etwa 68 000 km Länge einmalig in Deutschland.
Seit 2013 gilt die Regelung, die Knicks zur Pflege alle 10 bis 15 Jahre »auf den Stock« zu setzen. Bäume mit einem Stammumfang von 2 m (gemessen in 1 m Höhe) dürfen gar nicht mehr gefällt werden. Auf einem mindestens 50 cm breiten Saum- oder Pufferstreifen dürfen keine Kulturpflanzen angebaut werden. Knickbewohner sollen so vor Dünger, Pflanzenschutzmittel und Maschinenlärm geschützt werden. Zurzeit werden Knicks durch § 21 Abs. 1 des Landesnaturschutzgesetzes vom 24. Februar 2010 als gesetzlich geschützte Biotope definiert. Laut Bundesnaturschutzgesetz (§ 30) ist die Beseitigung eines Biotops verboten.

## LandFrauenverband Schleswig-Holstein ab 1945
Der LandFrauenverband Schleswig-Holstein wurde im September 1947 in Rendsburg gegründet. 1948 wurden bereits 16 Kreisverbände und zehn Bezirksvereine mit 1650 Mitgliedern gezählt. Große Teile der Satzung wurden von der Vorgängerorganisation »Reichsverband landwirtschaftlicher Hausfrauenvereine« übernommen, erweitert und angepasst. Mit Beginn der 1950er Jahre trat die Frage der Arbeitserleichterung der Landhausfrau immer mehr in den Vordergrund im Zusammenhang mit einer verstärkt einsetzenden Technisierung der ländlichen Hauswirtschaft. Stationäre Beratungszentren oder mobile Beratungswagen informierten die Landbevölkerung auch in abgelegenen Ortsvereinen über moderne hauswirtschaftliche Einrichtungsgegenstände und Maschinen. Auf Initiative der Landfrauenvereine wurden örtliche Gemeinschaftswasch-, Gefrier- oder Backanlagen installiert. Auch Hygienemaßnahmen rückten in den Fokus der Verbandsarbeit. Später rückten allgemeinbildende und kulturelle Angebote für die Landfrauen ins Blickfeld

des LandFrauenverbandes. In den 1970er und 1980er Jahren entstanden die Bereiche Sozial- und Rechtspolitik, Gesundheit, Jugend- und Bildungspolitik, Umweltschutz und Raumplanung. 1985 zählte der LandFrauenverband Schleswig Holstein e. V. 34 316 Mitglieder. Heute haben sich noch rund 33 000 Landfrauen in zwölf Kreisverbänden und 176 Ortsvereinen organisiert. Der Rückgang der Mitgliederzahl ist u. a. der Auflösung dörflicher Strukturen, der Mobilität und der breiteren schulischen Ausbildung der weiblichen Dorfbevölkerung geschuldet. Ziel der Arbeit der Landfrauenverbände ist bis heute die Weiterbildung und Anpassung der Lebensbedingungen von Frauen und ihren Familien auf dem Land an die städtischen Standards. Der LandFrauenverband e. V. ist inzwischen zur größten Frauenorganisation im Land Schleswig-Holstein geworden.

### Landesbauernverband Schleswig-Holstein
Der Bauernverband Schleswig-Holstein wurde 1947 in Rendsburg gegründet. Sein Zweck ist die Interessensvertretung der Berufe in der Landwirtschaft und im ländlichen Raum in wirtschaftspolitischen Fragen auf Landes- und EU-Ebene. Heute sind über 90 % der Landwirte Mitglieder des Verbandes. Zu den Verbandsaufgaben gehört auch die individuelle Beratung in Sozial-, Arbeits-, Steuer- und landwirtschaftsrechtlichen Fragen. Die Tätigkeit der Kreisverbände vollzieht sich im engen Zusammenwirken mit dem Landesverband, der wiederum mit dem Deutschen Bauernverband (DBV) und dessen Gremien zusammenarbeitet. Seit 1948 werden alljährlich Landbauerntage abgehalten. Der Bauernverband gliedert sich in die Kreisverbände Dithmarschen, Flensburg, Herzogtum Lauenburg, Husum-Eiderstedt, Ostholstein-Lübeck, Pinneberg, Plön, Rendsburg-Eckernförde, Schleswig, Segeberg, Steinburg, Storman und Südtondern.

### Landflucht
Anfang der 1950er Jahre genoss die Wirtschaft in Westdeutschland ein ungeahntes Wachstum. In den Städten wurden immer mehr Arbeitskräfte gebraucht. So zog es viele Landbewohner in die Stadt. Vor allem die Flüchtlinge lebten und arbeiteten zunächst auf den Bauernhöfen, verdienten sich dann aber Brot und Lohn in der Industrie. Die Landflucht hatte negative Auswirkungen für die Landwirtschaft. Diese verlor Jahr für Jahr tausende Arbeitskräfte, wobei die Löhne der verbleibenden Arbeitskräfte stark stiegen.

### Landgrabbing
Landgrabbing bedeutet die vermeintlich ungerechte Aneignung von Land. Besonders negativ werden Investoren empfunden, die nicht aus der Landwirtschaft kommen. Wenn Großbauern mit Großinvestoren zusammenarbeiten, sieht man die Wertschätzung der regionalen Landwirtschaft in Gefahr. Auf Großbetrieben, die mit mehr als 1000 Mitarbeitern um die 45 000 Hektar bewirtschaften, ist die Feldarbeit vollautomatisiert. Die Gewinne fließen an die Konzernzentrale, anstatt auf dem Land zu verbleiben.

### Landjugendverband
1950 wurde der Landjugendverband Schleswig-Holstein räumlich in direkter Nachbarschaft zum Landesbauernverband gegründet. Die Jugend wollte lernen, etwas Neues aufzubauen, Grenzen zu überwinden und soziale Spannungen abzubauen. So kam es ab Ende der 1950er Jahre zu einem regen Praktikantenaustausch mit dem europäischen Ausland und zu internationalen Wettkämpfen, z. B. im Leistungspflügen, Schleppergeschicklichkeitsfahren, Tiergewichtsschätzungen oder Back- und Handarbeit. Heute vereint der Landjugendverband 11 Kreisverbände und 84 Landjugendgruppen.

### Landwirtschaftlicher Verein Lubeca
1862 gründete Kuno Graf zu Rantzau gemeinsam mit 68 Bauern und Gutsherren den Landwirtschaftlichen Verein in Lübeck. Die Landwirtschaft litt damals unter extremen Erntemengenschwankungen. Mit dem Ziel, die Lebensmittelversorgung zu verbessern führte der Verein neueste Entwicklungen in Technik, Zucht und Düngung in die landwirtschaftliche Praxis ein. 1971 schloss sich der Landwirtschaftliche Verein in Lübeck mit dem Landwirtschaftlichen Verein ehemaliger Landwirtschaftsschüler zusammen. Seither gilt der Name Landwirtschaftlicher Verein Lubeca.

### Landwirtschaftskammer Schleswig-Holstein
1953 wurde die Landwirtschaftskammer Schleswig-Holstein neu gegründet. Sie kümmert sich u. a. um die Berufsausbildung und Fortbildungen in den landwirtschaftlichen Berufen, die pflanzenschutzfachliche und wirtschaftliche Beratung seiner Mitglieder und das landwirtschaftliche Versuchswesen.

### Laufställe
Laufställe erlauben eine vollständig andere Organisation aller Abläufe. Die Tiere können sich darin frei bewegen und wählen, wann sie zu den Liegeboxen, zum Futtertisch und zum Melken gehen. Unter dem modernen Melkstand befindet sich die tiefer gelegte Melkgrube, die den Landwirten das Melken körperlich erleichtert.

### Mähdrescher
Alte Mähdrescher besitzen noch einen Schüttler, heutige Hybridmaschinen sind mit Trommel und Rotor ausgestattet und bringen 50–60 % mehr Leistung. Die neuen Geräte

sind auch kosten- und personaleffizienter als die älteren. Die Anschaffungskosten eines 12 m breiten Schneidwerks des Mähdreschers Lexion 770 von Claas lagen 2012 bei etwa 400 000 Euro. Der Drescher mit diesem Schneidwerk kann im Jahr 1000 ha Getreide abernten. Der etwa gleichpreisige Mähdrescher S680 von John Deere schafft mit seinen 480 PS 5 ha in der Stunde. In seinen Korntank passen mehr als 14 000 Liter.

## Marktordnung von 1952

Die Marktordnung von 1952 bedeutete staatliche Vorschriften bei der Erzeugung von Milch- und Milchprodukten. Milch und Sahne mussten fortan an eine bestimmte Meierei geliefert werden. Der Markt war in Meierei-Einzugsgebiete und in Meierei-Absatzgebiete gegliedert. Die Meiereien waren gezwungen, die gesamte qualitativ einwandfreie Milch zu staatlich festgelegten Preisen und Handelsspannen abzunehmen. Umgekehrt konnten Milchhändler ihre Produkte nur von bestimmten Meiereien beziehen. Auch die Butterpreise waren gestützt, sie entwickelten sich am Markt unter dem Einfluss der Einfuhr- und Vorratsstellen. Fleischprodukte wurden mengenmäßig über den Außenhandel durch die Einfuhr- und Vorratsstellen beeinflusst.

## Melkmaschinen/Melkstände

Mit der modernen Melkmaschine können die Landwirte, wenn sie selbst überhaupt noch tätig werden müssen, im Stehen die Euter reinigen und die Maschinen ansetzen, während die Kühe von alleine durch die Melkstände oder Karussells gehen. Die modernen Anlagen arbeiten milchflussgesteuert, d. h. der Unterdruck ist abhängig vom Milchfluss. Eine Rohrmelkanlage saugt die gewonnene Milch sofort durch eine zusätzliche Milchleitung ab und führt sie in den Milchtank. Die Landwirte müssen lediglich für das An- und Absetzen der Melkbecher von Kuh zu Kuh gehen. In Verbindung mit dem Laufstall brachte der neu entwickelte Melkstand eine erhebliche Zeit- und Arbeitsersparnis. Die Kühe ordnen sich in einem Melkkarussell oder schräg zum Gang in Fischgrätenoptik an. Bei beiden können die gemolkenen Tiere die Vorrichtung verlassen, während bei anderen Tieren der Melkvorgang beginnt. Auch das bedeutet Zeitersparnis.

## Milchquote

Die Milchquote beschränkte von 1984–2015 die Milchproduktion in der Europäischen Union. Nach dem Wegfall der Quote verfiel der Milchpreis, der sich bis dahin gerade erst stabilisiert hatte. Zudem entfielen der Absatz nach Russland und China, was die Milchpreise weiter sinken ließ. Bald erhielten die Landwirte von den Meiereien nur noch höchstens 33 Cent für den abgegebenen Liter Milch. Für Biomilch und andere Bioprodukte werden höhere Preise gezahlt. Eine Umstellung auf Bioproduktion können sich jedoch nur wenige Landwirte leisten. Viele stehen vor dem Ende ihrer Existenz.

## Meierei-Genossenschaft Witzwort

Nach dem Zweiten Weltkrieg wurden die Einfuhrbeschränkungen für Käse aufgehoben, und die Marktbedingungen änderten sich. Die Meierei-Genossenschaft Witzwort reduzierte daraufhin ihre Käseproduktion zugunsten der Butterei. 1951 wurden erstmals mehr als 5,5 Mio. kg Milch angeliefert, zum hundertjährigen Bestehen 1994 meldete die Meierei die Anlieferung von 32 Mio. kg Milch. 2001 kam es zu einer Fusion der Osterhusumer Meierei eG mit der Meierei-Genossenschaft Witzwort zur zukunftsorientierten Osterhusumer Meierei Witzwort eG, die bis heute breit aufgestellt ist. Unter dem neuen Namen spezialisierte sich die Meierei auf die Herstellung von frischen Milchprodukten von Landwirten aus der Region.

## NORLA

Im September 1949 wurde auf dem Gelände der Rendsburger Viehmarkthalle die erste Landwirtschaftsausstellung nach dem Zweiten Weltkrieg eröffnet. Zwischen 1966 und 1999 fand die NORLA nur noch alle zwei Jahre statt, danach wieder jährlich. Im jährlichen Wechsel wird die NORLA durch die Schwerpunktthemen Landestierschau und Landtechnik ergänzt.

## Öko-/Biolandbau

Im ökologischen Anbau dürfen keine chemisch-synthetischen Pflanzenschutzmittel und keine leichtlöslichen »Kunstdünger« eingesetzt werden. Ein Biobauer verpflichtet sich zur besonders schonenden Bodenbearbeitung und einer ausgewogenen Fruchtfolge. Der Erhalt der Bodenfruchtbarkeit und Bodengesundheit hat höchste Priorität. Die natürlichen Regulationsmechanismen und Selbstreinigungsprozesse werden gezielt gefördert. Bioprodukte sind gentechnikfrei. Mindestens einmal im Jahr wird die Einhaltung dieser Regeln in jedem Biobetrieb kontrolliert. Jedes Produkt trägt eine Kontrollnummer. Der ökologische Landbau verursacht höhere Betriebskosten als der traditionelle Landbau. Die Tiere benötigen mehr Platz sowie Tageslicht, Auslauf im Freien und artgerechtes Futter aus regionaler, ökologischer Erzeugung. Die Gesamtzahl der Biobetriebe ist von 2014 bis Ende des Jahres 2015 von 490 auf 520 gestiegen. Im Jahr 2016 haben sich 20 weitere Betriebe mit insgesamt 1400 ha Fläche neu im Öko-Kontrollverfahren angemeldet. Die Ökoanbaufläche wuchs von 37 000 ha Fläche im Jahr 2014 auf 40 500 ha im Jahr 2015 an, Tendenz steigend. Damit werden derzeit 4,1 % der landwirtschaftlich genutzten Flächen in Schleswig-Holstein ökologisch bewirtschaftet.

### Pflanzenschutzmittel

Die Einsatzziele von Pflanzenschutzmitteln, Herbiziden, Fungiziden und Insektiziden sind sichere und höhere Erträge, bessere Qualitäten, Unterdrückung von Beikräutern und Verhinderung von Krankheiten (z. B. Pilzbefall) sowie die Bekämpfung von Schädlingen (z. B. Rapsglanzkäfer). EU-Politiker und die Fachwissenschaft sind sich uneinig darüber, ob und wie schädlich Pflanzenschutzmittel für die Umwelt und den Menschen sind.

### Pflanzenschutzspritze

Um Felder mit Pflanzenschutz zu besprühen, nutzt man heute moderne Großflächenspritzen als Anhänger oder Selbstfahrer. Fahrgeschwindigkeit, Aussprühmenge und Spritzdruck werden vom Bordcomputer ermittelt und koordiniert. Konnte man früher mit einer Tankfüllung 0,5–1 ha Land besprühen, so reicht heute eine Tankfüllung Pflanzenschutz für bis zu 20–30 ha. Dazu wird eine verhältnismäßig geringe Wassermenge von 100–200 l/ha benötigt. Die Spritzgestänge der modernen Geräte haben eine Arbeitsbreite von 18–36 m. Sie sind einklappbar und höhenverstellbar. Die Kosten für solche Großflächenspritzgeräte gehen an die 70 000 Euro.

### Rübenroder

Die Rübenernte wird meist von Lohnunternehmern mit sechsreihigen Rübenvollerntern erledigt. Es werden inzwischen nur noch wenige ein- und zweireihige Roder eingesetzt. Der Vollernter erledigt das Köpfen, Roden und Reinigen der Rüben sowie das Entleeren des Bunkers. Es gibt gezogene und selbstfahrende Maschinen. Noch kommen gezogene Maschinen häufiger zum Einsatz, der Trend geht jedoch zum Selbstfahrer. Bei geschobenen oder gezogenen Erntegeräten erfolgt der Antrieb durch die Zapfwelle des Traktors. Häufig arbeitet vorne am Traktor ein Krautschläger mit Köpfer, hinter ihm arbeitet das Rodeaggregat. Bei Vollerntern werden die Rüben aus der Erde gehoben, durch Reinigungswalzen und Siebbänder von der anhaftenden Erde getrennt und in den Vorratsbunker der Maschine befördert. Am Feldrand werden die Rüben zu Mieten abgelegt oder schon während des Rodens auf ein Transportfahrzeug übertragen. Die Rübenblätter verbleiben zur Düngung auf dem Acker oder dienen als Viehfutter und können frisch oder als Silage verfüttert werden. Inzwischen haben neun- und zwölfreihige Roder-Maschinen z. B. der Firma Ropa (Ropa-Tiger 5) mit ihren großen und breiten Rädern wegen ihrer großen Arbeitsbreiten teleskopierbare Achsen zum Vergrößern der überrollten Fläche. Mit einem Knickrahmen und mit Allradlenkung können die großen Maschinen im sogenannten »Hundegang« über den Acker rollen. Es gibt einseitig arbeitende und beidseitig arbeitende Rübenroder, beide haben je nach Feldanlage ihre Vorteile.

### Rübenreinigungslader (RRL)

Die in der Miete abgelegten Rüben können mithilfe des RRL in einem Arbeitsgang von Erde befreit und durch ein Überladeband auf einen LKW oder Traktoranhänger verladen werden. Es gibt zwei Ausführungsarten von Reinigungsladern: den stationären, sich nicht selbstbeladenden Rübenlader und den selbstfahrenden und sich selbst beladenden Lader. Die selbstfahrenden und -beladenden Maschinen nennt man in Anlehnung an eine Verkaufsbezeichnung der Firma Ropa auch »(Ropa)maus«. Nach der Aufnahme der Rüben werden die Erdreste im Bauch der Maschine über Siebbandgurte und Walzen abgetragen. Erst dann werden die Rüben über einen auf das Transportfahrzeug geschwenkten Überlader geladen. Der Überlader ist ein schwenkbarer, höhenverstellbarer Ausleger mit Siebbandgurt. Die Ladehöhe kann angepasst werden, um Höhenunterschiede auszugleichen. Der Überlader wird per Joystick bedient. Wegen des enormen Gewichts des Überladers, gibt es ein Ausgleichgewicht. Mit all seinen Vorrichtungen wirkt die Rübenmaus wie ein riesiges Insekt. Es gibt auch eine ›Minimaus‹. Dieses Rübenladesystem wurde vom Unternehmen Josef Brettmeister entwickelt. Sie arbeitet angehängt an einem Traktor und wird vor dem Transport zusammengeklappt. Der Antrieb erfolgt über eine Zapfwelle oder direkt über die Schlepperhydraulik. Mit einer Überladeweite vom 8 m, einer Aufnahmebreite von 5,3 m und einer Ladeleistung von ca. 150 bis 200 t/h ist die »Minimaus« eher klein.

### Schweinemast

Im Jahr 2013 lebten 1,52 Mio. Schweine bei 1300 Schweinehaltern in Schleswig-Holstein. 1,51 Mio. Schweine wurden im selben Jahr auf konventionellen Betrieben gezählt, 11 600 Tiere zählte man bei rund 100 Betrieben mit ökologischer Viehhaltung. Ein Schweinemastbetrieb im Kreis Bad Segeberg füttert dreimal am Tag 2000 Schweine mit einer Mischung aus Wasser, Getreide, Soja- und Raps-Extraktionsschrot. Die Schweine bleiben durchschnittlich 100 Tage auf ihrem Hof und werden fünf Monate alt. Der Landwirt verdient etwa 5 Euro pro Tier. Aus Sicht der Landwirte sind die niedrigen Fleischpreise in Supermärkten und Discountern ein großes Ärgernis.

### Strohballenpresse

Rundballenpressen z. B. von John Deere, Krone, Claas, Mc Hale und Deutz lösen die alten Strohballenpressen zunehmend ab. Sie verfügen über eine Netz- und/oder Garnbindung mit einem integrierten Folienwickler. Die John Deere RB 990 und 995 mit einer Netzbindung an den Vorderseiten der Maschine haben ein 2,20 m breites Pickup für Heu, Silage oder Stroh. Sie pressen dichte Ballen bis zu einem Durchmesser von 1,60 m. Der Krone Fortima V 1500 hat ein etwas kleineres Aufnahmegerät von

2,15 m, ein Stabkettenpresssystem, welches 1,50–1,80 m große Ballen presst. Beide Maschinen arbeiten schnell und geräuschreduziert. Die Anschaffungskosten dieser Maschinen sind beachtlich: ab 74 000 bis 80 000 Euro.

## Thünen-Institut

Die benachbarten Güter Trenthorst und Wulmenau gehören zu den Lübschen Gütern. Die Güter stehen unter dem Schutz der Hansestadt Lübeck. Beide Güter gehörten schon viele Jahrhunderte zusammen. Das Herrenhaus auf Gut Wulmenau besteht heute nicht mehr, seine Wirtschaftsgebäude aus der Gründerzeit sind heute dem Gut Trenthorst angegliedert.

Im Zuge der Bodenreform wurden nach 1945 aus dem riesigen Gesamtkomplex 60 ha für Anliegersiedlungen enteignet. Seinem Verwalter und Inspektor W. Johannsen übertrug Gutsbesitzer Reemtsma damals ca. 81 ha Landfläche. Reemtsma selbst behielt ca. 201 ha. Den Rest musste er 1949 verkaufen. Nach der Aufteilung des ehemaligen Doppelgutes wurden das 201 ha umfassende Obstgut Trenthof von Philipp Fürchtegott Reemtsma und der ca. 81 ha große Hof Johannsen ab 1950 als Betriebsgemeinschaft geführt. Nach dem Tode von Philipp F. Reemtsma führte seine Frau Gertrud die Betriebsgemeinschaft mit Willy Johannsen bis 1966 unter dessen Leitung weiter. Als Johannsen in Rente ging, wurde die Betriebsgemeinschaft aufgelöst. 1951 waren die größeren Flächen des Doppelgutes nach einem jahrelangen Hin und Her an die Max-Planck-Gesellschaft (MPI) für Forschungszwecke verpachtet worden. 1957 kaufte die Max-Planck-Gesellschaft das Gut mit etwa 660 ha von der Landstelle Schleswig-Holstein, zog sich aber im Jahr 1974 aus der landwirtschaftlichen Forschung wieder zurück. Daraufhin ging das Institut für Tierzucht und Tierverhalten für vorerst zehn Jahre an den Bund über. Als Bundesforschungsanstalt für Landwirtschaft (FAL) arbeitete es weiter bis zum Jahr 2000. Am 1. Dezember 2000 wurde das Institut für Ökologischen Landbau in Trenthorst/Wulmenau als zehntes FAL-Institut gegründet. Es bildete seither ein eigenständiges Institut, für das eigene Verwaltungs- und Forschungsstrukturen aufgebaut wurden. Gesetzte Ziele sind die Analyse und Weiterentwicklung ökologischer Verfahren zur Milchkuh-, Schaf-, Mastrinder- und Schweinehaltung. Die Entwicklung des Ökolandbaus mit Tierhaltung steht im Mittelpunkt. Seit 2008 ist dieses Institut eines von 15 Instituten des Johann Heinrich von Thünen-Instituts. Das Thünen-Institut hat seine heutige Verwaltung im Herrenhaus des Landgutes Trenthorst untergebracht.

## Tierschutz

Man geht davon aus, dass in der Bundesrepublik im Jahr 2010 etwa 900 t Antibiotika in der Tiermast verbraucht wurden. Tendenz steigend, da auch die Tierbestände zunehmen. Oft werden vorbeugend alle Tiere behandelt. Inzwischen dürfen Tierärzte nach einem erfolglosen Einsatz eines Antibiotikums nicht einfach ein anderes einsetzen, sondern müssen den konkreten Erreger ermitteln. Außerdem sollen strengere und unabhängigere Kontrollen durchgeführt werden. Das eigentliche Problem werden die neuen Regeln nicht beseitigen: Die Besatzdichte gilt als eine der wesentlichen Ursachen für den massenhaften Einsatz von Antibiotika.

Seit dem Jahr 2006 dürfen Antibiotika nur noch aus medizinischen Gründen und nicht mehr zur Leistungssteigerung eingesetzt werden. Um den Antibiotika-Einsatz zu reduzieren, werden heute auch Probiotika in den Ställen versprüht. Sie sollen die Keimflora im Magen und Darm der Tiere widerstandsfähiger machen, damit sie gar nicht erst erkranken.

## Tierwohl

Tierwohl zeigt sich z.B. im Verzicht auf die Kastration männlicher Ferkel oder im Bau von Außenklimaställen, die den Tieren einen höher temperierten Bereich zum Schlafen und Ausruhen und einen Aktivitätsbereich im Freien bieten. Mit Spielzeug für Schweine kann man die Tiere vor Langeweile schützen. Auch die ganzjährige Weidehaltung von Rindern, Kälber eingeschlossen, ist eine Maßnahme zugunsten des Tierwohls. Ein Ziel bleibt, dass Jungtiere nicht mehr enthornt werden. Auch Hühner brauchen viel Platz und Beschäftigung. Damit erspart man den Tieren auch den schmerzhaften Eingriff des Schnabelkürzens. Solange keine Langeweile im Gehege vorherrscht, werden sich die Tiere nicht gegenseitig angreifen. Sogenannte Pickblöcke helfen den Hennen, ihre Schnäbel zu wetzen, genügend Stroh und z.B. Möhren helfen beim Scharren und Picken, ebenso das mehrmals am Tage stattfindende Einstreuen von Maissilage in die Futternäpfe.

## Tötung männlicher Tiere in der Geflügelhaltung

Im Mai 2016 wurde von einem Gericht das Urteil bestätigt, dass in der Massengeflügelhaltung männliche Küken weiterhin geschreddert werden dürfen. Ab dem Jahr 2017 soll die Geschlechtsbestimmung schon vor dem Schlüpfen der Küken über das Durchleuchten der Eier festgestellt werden. Normale Legehennen werden schon nach einem Jahr Legezeit ausgesondert und als unrentabel eingestuft. Auf diesem Wege werden in Deutschland 40 Mio. Hennen geschlachtet und für wenig Geld in den Supermärkten verkauft.

## Traktoren/Schlepper und Anhängefahrzeuge

Traktoren haben heute üblicherweise bis zu 1000 PS starke Motoren. Die Straßenverkehrsordnung setzt dem Größenwachstum Grenzen: höchstens 4 m Höhe, nur mit Ausnahmegenehmigung 3,50 m Breite, 20 m Länge und 9 t Gewicht pro Achse sind erlaubt. Die Straßen werden durch die breiten und dicken Pneus vermutlich sogar weniger belastet. Sie verteilen den Druck besser. Auf der Straße fahren die Maschinen mit mehr als 2 bar in den Reifen. Auf dem Acker wird die Luft abgelassen bis auf 0,3–0,4 bar, dadurch wird die Auflagefläche breiter und länger. Vor allem technologisch werden die Maschinen immer ausgereifter, die Anschaffungskosten steigen.

### Windkraftanlagen

Heute ist die Windenergie in Schleswig-Holstein mit mehr als 3000 Anlagen der größte Produzent von Strom aus erneuerbaren Energien. Als Land zwischen den Meeren hat Schleswig-Holstein Vorteile bei der Nutzung der Windenergie, sowohl im Binnenland (onshore) als auch auf See (offshore). Mehr als 6,5 GW Leistung sind bereits ans Netz angeschlossen. Neue Windparkanlagen werden gebaut, viele sind in der Planung. Ältere Anlagen werden abgebaut oder »repowered«. Windkraftgegner befürchten, dass Offshore-Anlagen in küstennahen Natur- und Vogelschutzgebieten für Tiere im Wasser und in der Luft sehr schädlich bis tödlich sein können. Onshore-Anlagen werden vor allem dann kritisiert, wenn sie zu nahe an Wohngebieten gebaut werden, weil sie Lärm und Schattenwürfe verursachen und die freie Sicht behindern. Die notwendigen Stromleitungen stehen mitunter in der Kritik, gefährliche Strahlung auszusenden. Möglichkeiten von Erd- oder Überlandleitungen werden öffentlich diskutiert.

### Zuckerrüben

Für die Zuckerrübenernte gibt es eine Verarbeitungsfabrik in Uelzen (Niedersachsen). Dort werden die Rüben gewaschen, geschnitzelt und weiter verarbeitet. Nach einer Erhebung im Jahr 2016 wurden im Jahr 2015 allein In Schleswig-Holstein 350 000 t reine Rüben geerntet. Davon gingen etwa 30 % an örtliche Biogasanlagen. Die Rübenbauern sind positiv überrascht von den hohen Erträgen. Die Ernte im Jahr 2016 unterlag zum letzten Mal der EU-Marktordnung von 2013, in der Rübenmindestpreise geregelt waren. Künftig ist daher mit stärkeren Preis- und Mengenschwankungen zu rechnen. Zu den größten Zuckerabnehmern gehören große Unternehmen wie Coca-Cola.

# Bildnachweis

Die Bildrechte sind den jeweiligen Bildunterschriften zu entnehmen.

Die Porträts stammen von Rainer Wiedemann.

Die ganzseitigen Abbildungen stammen von Rainer Wiedemann (S. 12, 14, 22, 26, 32, 64, 76, 82, 92, 102, 116, 122, 136, 140, 146, 154, 158, 164, 172, 178, 194, 216, 222, 240, 248) oder aus Privatbeständen (S. 38, 46, 52, 58, 70, 126, 200, 206).